M.A.

PhD Researcher
Aberystwyth
University
4/6/2022.

Rudolf Heß
Briefe 1908-1933

C. HORN
-Dez. 1932-

Rudolf Heß

Briefe 1908-1933

Herausgegeben
von Wolf Rüdiger Heß

Mit einer Einführung
und Kommentaren
von Dirk Bavendamm

Langen Müller

Alle Abbildungen einschließlich des Frontispizes
aus dem Archiv des Herausgebers.

Sie zeigen Rudolf Heß
als Schüler (Seite 43)
als Leutnant (Seite 85)
auf dem Parteitag in Nürnberg (Seite 233)
auf dem Königsplatz in München (Seite 361)

Der Briefausschnitt, der auf dem Schutzumschlag und dem Haupttitel
verwendet wurde, stammt aus einem Brief vom 08. 11. 1923,
der auf der Seite 311 wiedergegeben ist.

Umschlaggestaltung: Christel Aumann, München
Satz: Setzerei Janß, Pfungstadt
Schrift: Linotype Century 10/11, 9/10, 8/8½
Satzsystem: Linotronic 300
Druck und Binden: Mohndruck, Graphische Betriebe GmbH, Gütersloh
Printed in Germany
ISBN: 3-7844-2150-4

INHALT

Einführung
Seite 7

Teil I
Jugendjahre
1908–1914
Seite 43

Teil II
Das Fronterlebnis
1914–1918
Seite 85

Teil III
Die Kampfzeit
1918–1924
Seite 233

Teil IV
Der Weg zur Macht
1924–1933
Seite 361

Dokumentenverzeichnis
Seite 427

Personenregister
Seite 437

Einführung

Die nun schon einige Jahre zurückliegende Veröffentlichung der falschen »Hitler-Tagebücher« durch eine Hamburger Illustrierte erschwert auch heute noch jeden ernsthaften Versuch, unser in vielfacher Hinsicht verzerrtes Bild von der jüngeren deutschen Geschichte mit Hilfe neuer Dokumente zurechtzurücken. Dennoch sind die Briefe, die Rudolf Heß von 1908 bis 1933 mit seinen Eltern wechselte – vornehmlich mit seiner Mutter, aber auch mit seinem Vater und seiner Braut – eine bisher unbekannte, unzweifelhaft echte und einzigartige Quelle von hohem Rang. Zwar gehe ich nicht so weit wie die, die seinerzeit behaupteten, nun müsse die Geschichte des Dritten Reiches »umgeschrieben« werden. Die hier erstmals veröffentlichte Korrespondenz erlaubt aber an dem Bild, das wir uns bisher von Rudolf Heß, Adolf Hitler und der Entstehung des Nationalsozialismus bis hin zur sogenannten »Machtergreifung« gemacht haben, manche Korrektur.
Ein halbes Jahrhundert lang lagen die fast (Anzahl) Briefe mehr oder weniger unbeachtet auf dem Dachboden eines Allgäuer Bauernhauses. Die Eltern von Rudolf Heß, Klara und Fritz Heß, hatten sie einst zusammengetragen und aufbewahrt. Über den Englandflug von Rudolf und Ilse Heß, den Zweiten Weltkrieg und dessen Folgen gerieten sie in Vergessenheit, bis sie Wolf Rüdiger Heß, der Sohn von Rudolf Heß, vor ein paar Jahren entdeckte.
Sein Entschluß, die Briefe der zeitgeschichtlichen Forschung zugänglich zu machen, erregte in Wolf Rüdiger Heß selbst Bedenken, die einer Veröffentlichung zunächst im Wege standen. Immerhin ist die Korrespondenz sehr privater Natur. Da es Rudolf Heß in Spandau verboten ist, über seine nationalsozialistische Vergangenheit und alles, was damit zusammenhängt, zu sprechen, konnte der Sohn nicht die Zustimmung seines Vaters zu einer Veröffentlichung einholen. Auch mußte Wolf Rüdiger Heß bei seiner Mutter, der Ehefrau von Rudolf Heß, erst begreifliche Widerstände überwinden.

Auf die Möglichkeit, daß sie und ihr Mann der Veröffentlichung von Briefen allzu intimen Charakters nicht zustimmen würden, hatte ich Rücksicht zu nehmen, als mich Wolf Rüdiger Heß vor eineinhalb Jahren bat, ihn bei der Herausgabe zu unterstützen. Ansonsten ließ er mir bei der Auswahl vollkommen freie Hand und billigte das Ergebnis. Damit war für mich die entscheidende Voraussetzung, seiner Bitte nachzukommen, gegeben.

Für eine Veröffentlichung zog ich nur diejenigen Briefe in Betracht, die mir für die Korrespondenzpartner als typisch erschienen, die für den Zeitpunkt, zu dem sie geschrieben wurden, charakteristisch sind und die Auskunft über das Werden des Nationalsozialismus geben. In der Regel mußte ein Brief alle drei Kriterien auf einmal erfüllen, um sich zu qualifizieren. War dies nicht der Fall, gab ich den Briefen den Vorrang, die einen wie auch immer gearteten Bezug zum politischen Geschehen der Jahre 1908 bis 1933 haben. Nur in wenigen Ausnahmefällen habe ich Briefe rein privaten Inhalts in die Edition aufgenommen, um dem Leser die persönlichen Lebensumstände der Familie Heß zu erhellen.

Eine solche Auswahl ist, auch wenn man sie nach bestem Wissen und Gewissen trifft, notwendigerweise subjektiv. Sie wurde außerdem durch den Umstand erschwert, daß eine Veröffentlichung aller von mir ausgewählten Briefe in voller Länge nicht in Frage kam. Der vorliegende Band wäre sonst zu stark angeschwollen. So mußte ich bis auf wenige Ausnahmen, bei denen mir ein Verstoß gegen die verlegerische Vernunft in Anbetracht aller Umstände geboten schien, die ausgewählten Briefe auf Fragmente reduzieren. Dabei bemühte ich mich allerdings, die einzelnen Schnitte so zu legen, daß der Sinnzusammenhang innerhalb des betreffenden Briefes, aber auch bezogen auf die Gesamtedition, erhalten blieb.

Auch wurden nicht alle Zeitabschnitte, in denen die Eltern mit ihrem Sohn korrespondierten, gleichmäßig berücksichtigt. So enthält die vorliegende Sammlung 49 Briefe aus der Vorkriegszeit, 196 Briefe aus der Zeit des Ersten Weltkrieges und 176 Briefe aus der Zeit von 1918 bis 1933. Dieses Ergebnis beruht einerseits auf dem Zufall der Ergiebigkeit, der in den einzelnen Zeitabschnitten unterschiedlich waltete. Es hätte keinen Sinn gemacht, ihn durch den Schematismus gleichmäßiger Repräsentanz zu ersetzen. Andererseits halte ich es nicht für abwegig, daß die Briefe aus dem Ersten Weltkrieg in dieser Edition annähernd so stark vertreten sind wie die Briefe aus der Zeit danach und davor. Denn im Verlauf meiner Arbeit verfestigte sich der Eindruck, daß der Erste

Weltkrieg, die Niederlage und die Art ihrer »Bewältigung« durch die deutsche Nachkriegsgesellschaft für die Entstehung des Nationalsozialismus von entscheidender Bedeutung gewesen sind.

Der erste Brief dieser Sammlung stammt aus dem Jahre 1908, als der damals 14jährige Rudolf Heß ein Internat in Bad Godesberg besuchte. Den letzten Brief dieser Edition schrieb er als einer der engsten Mitarbeiter Adolf Hitlers einen Tag nach jenem 30. Januar 1933, an dem der Führer der nationalsozialistischen Bewegung Kanzler des Deutschen Reiches geworden war. Um dem Leser die nötige Orientierung über die Ereignisse und Entwicklungen zu geben, auf die alle zwischen diesen beiden Eckdaten verfaßten Briefe in der einen oder anderen Weise Bezug nehmen, habe ich einen vielleicht etwas unkonventionellen Weg eingeschlagen.

Die meisten Quellensammlungen versuchen die Aufgabe, den Leser über ihren geschichtlichen Kontext aufzuklären, durch nachgeschaltete Kommentare und Anmerkungen zu lösen. Dieses Verfahren kam mir jedoch wenig »leserfreundlich« vor, weil es zum ständigen Hin- und Herblättern zwingt, ganz abgesehen davon, daß zu viele und zu lange Anmerkungen häufig eher verwirrend als klärend wirken. Deshalb stellte ich jedem der hier veröffentlichten Briefe einen kurzen geschichtlichen Exkurs voran, der es dem Leser erlaubt, sich vor der Lektüre des nachfolgenden Dokuments in die jeweilige Situation des Briefschreibers hineinzuversetzen. Auch die knapp gehaltenen Anmerkungen wurden den einzelnen Briefen zugeordnet.

Der Versuch, komplexe Zusammenhänge auf wenige Sätze zu verdichten, ist sicher problematisch. Alle meine Exkurse zusammen beanspruchen auch nicht, einen vollständigen Überblick über das Vierteljahrhundert zwischen 1908 und 1933 zu geben. Im wesentlichen beschränkte ich mich darauf, diejenigen politischen Entwicklungen und Ereignisse zu skizzieren, auf die der betreffende Brief unmittelbar abhebt. Dabei bemühte ich mich darum, die geschichtlichen Hintergründe so darzustellen, wie sie von den Schreibern dieser Briefe vermutlich wahrgenommen wurden.

Was die Briefe der Jahre 1908 bis 1914 angeht, die der Knabe und Jüngling Rudolf Heß schrieb, sah ich mich freilich gezwungen, von meiner Methode der Einzelexkurse abzugehen. Dies vor allem aus zwei Gründen: Erstens enthalten diese frühen Briefe nur wenige politische Bezüge. Zweitens ist es unmöglich, die zum Teil sehr verwickelte und auch historisch nach wie vor umstrittene Vorgeschichte des Ersten Weltkrieges gleichsam häppchenweise

abzuhandeln. Deshalb habe ich für die Dokumente Nr. 1 bis 49, gewissermaßen als »Sammelvorspann«, eine essayistische Form gewählt.
Erst als ich diesen Essay zum Schluß meiner editorischen Kleinarbeit schrieb, wurde mir vollends bewußt, daß mich die hier veröffentlichten Briefe zu einer eigenen Stellungnahme herausfordern. Darüber, daß der Nationalsozialismus, Adolf Hitler und der Zweite Weltkrieg ein Verhängnis waren, brauchen wir heute nicht mehr zu streiten. Aber wie es zu diesem Verhängnis kam – das ist die Frage, die uns noch lange beschäftigen wird.
Dieses Verhängnis begann nicht mit Hitlers Polenfeldzug, nicht mit der sogenannten »Reichskristallnacht« und nicht mit dem Jahr 1933. Es begann nicht mit der Weltwirtschaftskrise, nicht mit dem Hitler-Putsch von 1923 und nicht mit dem Diktat von Versailles. Es begann nicht mit der russischen Oktoberrevolution, nicht mit Langemarck und auch nicht mit der Ermordung des österreichischen Thronfolgerpaares in Sarajewo.
Kurzum, je weiter ich mich gedanklich in die Vergangenheit vertiefte, desto deutlicher wurde mir, daß das Verhängnis eine Vorvergangenheit hat. Irgendwo in dieser Vorvergangenheit – vermutlich im gleichzeitigen Aufstieg Deutschlands und Amerikas zu Großmächten, die mit England um die Führung der Welt rivalisierten – hatte es einmal begonnen.
Es gibt heute nur noch wenige Menschen, deren Leben in diese Vorvergangenheit zurückreicht. Einer von ihnen ist Rudolf Heß. Das macht sein langes Leben so exemplarisch. Rudolf Heß wurde 1894 in Alexandrien/Ägypten als Sohn eines deutschen Kaufmanns geboren. Von 1908 bis 1914 besuchte er verschiedene Schulen in Deutschland und der Schweiz, absolvierte in Hamburg eine kaufmännische Lehre und eilte dann, wie viele seiner Altersgenossen, freiwillig zu den Fahnen.
Seine ersten Briefe aus dieser Zeit vor dem Ersten Weltkrieg sind harmlos und naiv, Briefe, wie sie Knaben dieses Alters, die in Internaten leben, an ihre Eltern zu schreiben pflegen. Die Entfernung von zu Hause zwingt den jungen Rudolf Heß freilich auch von früh an zu einer gewissen Selbständigkeit. Er muß eigene Entscheidungen treffen. Die erste fällt im Oktober 1908: Freiwillig geht er eine Klasse zurück, um nicht sitzenzubleiben, obwohl er damit seine Trennung von den Eltern verlängert.
Es folgen offenbar unbeschwerte Jugendtage in der Schweiz und in Hamburg. Durch Sprachstudien, eine Lehre und den Verkehr

mit »besseren Kreisen« der Gesellschaft bereitet sich Rudolf Heß auf den Beruf des Kaufmanns vor. Er soll einmal die väterliche Firma übernehmen. Mitten in die unbeschwerten Sommertage des Jahres 1914 – Rudolf Heß will gerade in das Fichtelgebirge reisen, um dort gemeinsam mit seinen Eltern und Geschwistern die Ferien zu verbringen – platzt jedoch der Ausbruch des Ersten Weltkrieges hinein.

Kein Brief von Rudolf Heß kündigt ihn an – es ist, als würde er ihn gar nicht kommen sehen. Nur seine Mutter – eine warmherzige, religiöse, dem Leben zugewandte, deutsch-national und kaisertreu eingestellte Frau – wettert einmal gegen die »elenden« Serben[1], die den österreichischen Thronfolger ermordet haben. Ihr ältester Sohn rümpft über den »Hurrapatriotismus« seiner Landsleute zwar die Nase[2] – bis zuletzt hofft er darauf, »die Vernunft der Menschheit« werde den Krieg verhindern[3]. Aber selbstverständlich ist er für den Fall, daß sich ein Waffengang nicht vermeiden läßt, bereit, in das Heer seines Vaterlandes einzutreten.

Ohne Ankündigung, ohne Diskussion, ohne Äußerung übertriebener Haßgefühle auf die Feinde: Rudolf Heß meldet sich freiwillig zu den Schweren Reitern. Das Regiment ist aber schon überfüllt, so daß er nur zur Reserve kommt. Bestärkt von der Mutter (»Wäre ich ein Mann in der Blüte der Jahre, ich würde auch mit Begeisterung für mein Vaterland kämpfen«[4]), hat er nur die eine Angst: Der Krieg könnte schon wieder vorbei sein, bevor er ins Feld kommt. Schließlich klappt es bei der Infanterie. Anfang November 1914 geht er mit seinen Kameraden über die deutsch-belgische Grenze. Das Verhängnis beginnt auf ihn zu wirken.

Rudolf Heß macht den Ersten Weltkrieg vom ersten bis zum letzten Tag mit. Endloses Ausharren im Schützengraben, Angriff und Verteidigung, schwerste Kämpfe. Es ist das Fronterlebnis, das eine ganze Generation von jungen Männern überall in der Welt prägt – nur unterbrochen durch einige kurze Urlaube, einen Offiziersanwärterlehrgang und einen längeren Lazarettaufenthalt, den eine schwere Verwundung erzwingt. Rudolf Heß ist der Typ des pflichtbewußten, harten, aber auch fairen Soldaten – auf seine Kameraden wirkt er durch Eifer, Einsatz und Beispiel. Er erhält

---

[1] Nr. 46: Klara Heß 30. 06. 1914 Rudolf Heß, S. 82.
[2] Nr. 49: Rudolf Heß 27. 07. 1914 Klara u. Fritz Heß, S. 84.
[3] ebda.
[4] Nr. 53: Klara Heß 06. 08. 1914 Rudolf Heß, S. 90.

das Eiserne Kreuz und wird zum Leutnant befördert, keine Selbstverständlichkeit für einen jungen Mann mit Mittlerer Reife.
Das Kriegserlebnis nimmt Rudolf Heß zunächst mit jener Mischung aus Sportsgeist und Neugier in sich auf, wie sie jungen, gesunden, leistungsfähigen Männern damals eignet. »Brennende Ortschaften! Packend schön. Krieg!« schreibt er in den Novembertagen des Jahres 1914[5], fast begeistert. Natürlich geht er zunächst davon aus, daß Deutschland den Krieg sehr schnell gewinnen wird. Doch im Laufe des Sommers 1915 kommen ihm die ersten Zweifel. Und mit den Zweifeln politisieren sich seine Briefe. Worum es in diesem Krieg geht? Um das »Fortbestehen Deutschlands«[6]. Natürlich gehört er noch »zu denen, die das höchste Vertrauen zum Sieg und zur Gerechtigkeit unserer Sache haben«. Aber schon muß er »gewaltig gegen die Flaumacher« anreden[7].
Das Verhängnis nimmt seinen Lauf. 1915/16 glaubt Rudolf Heß, Deutschland werde den Endsieg durch viele kleine Siege an den verschiedenen Fronten erringen – das Heer braucht ja nur das besetzte Nordfrankreich zu halten, dann werden die anderen schon Frieden machen. Lokale Waffenstillstände, wie sie sich im sonst so erbarmungslosen Grabenkrieg aus der gemeinsamen Not heraus manchmal quer über die Fronten ergeben, vermitteln ihm ergreifende Bilder des tief im Herzen ersehnten »Völkerfriedens«[8] – natürlich eines Friedens nicht auf Kosten Deutschlands. Aber die Zweifel wachsen.
Artois, Verdun, Rumänien – Rudolf Heß gehört längst einem »Heldenbataillon« an. Aber was nützt all' das heroische Kämpfen? Seine Erbitterung über Amerika und England wächst – die sind offenbar nicht kleinzukriegen, verbünden sich gegen Deutschland. Kein Wunder, daß der Kaiser den uneingeschränkten U-Boot-Krieg erklärt. Schlimmer aber sind noch die »Schwarzseher und Flaumacher«, die sich im Verlauf des Jahres 1916 immer breiter machen. »Wenn man doch nur mal dazwischenfahren könnte. Es braucht ja nicht gleich so grob zu sein, wie es sich meine Soldaten wünschen . . .«[9]
Die Erbitterung wird größer: »Oh, sie wissen ja gar nicht, wie sie

[5] Nr. 86: Rudolf Heß 21. 11. 1914 Klara u. Fritz Heß, S. 115
[6] Nr. 124: Rudolf Heß 31. 05. 1915 Klara u. Fritz Heß, S. 142f.
[7] Nr. 128: Rudolf Heß 15. 07. 1915 Klara u. Fritz Heß, S. 145.
[8] Nr. 147: Rudolf Heß 17. 12. 1915 Klara u. Fritz Heß, S. 159.
[9] Nr. 170: Rudolf Heß 30. 03. 1916 Klara Heß, S. 175.

sich an uns versündigen, diese Schwätzer am Biertisch!«[10] Und mit der Erbitterung wächst die Verhärtung: »Weiterkämpfen, durchhalten, im Felde wie daheim.«[11] Das erste Friedensangebot der Mittelmächte, Ende 1916, kommt für Rudolf Heß völlig unerwartet: »Wir haben's natürlich nicht geglaubt ...«[12] Dann, mitten im Hungerwinter 1916/17, wehmütige Rückblicke auf eine »freudenreiche, glänzende Jugend«, durch den Krieg »plötzlich unterbrochen«. Aber »verlorene Jahre sind diese Kriegsjahre auch nicht. Sie entwickeln den Charakter, Entschluß, Tat, Selbständigkeit. Mögen es spätere Jahre beweisen.«[13]

Der unvermutete Rückzug im Westen, der demütigende Waffenstillstand, die Revolution in Deutschland drohen Rudolf Heß zu zerbrechen. Inzwischen zu den Fliegern versetzt, bringt er seine Maschine zwar noch heil nach Hause. Aber im Grunde war alles umsonst – er will sich eine Kugel durch den Kopf jagen. Eine Kusine richtet ihn wieder auf. Sein Résumé in jenen düsteren Novembertagen des Jahres 1918: »Wenn nur unsere Regierung nicht zu schlapp wird. Wir stehen nicht schlechter da als 1914, als wir die Russenfront noch hatten. Im Gegenteil. Unsere Leute waren nur eine Zeitlang nicht mehr standhaft, in Folge Hetzereien aus der Heimat und durch geschickt verfaßte Flugblätter des Gegners.«[14] Der feige Dolchstoß in den Rücken des tapfer kämpfenden Heeres, das, im Felde unbesiegt, die von ihm besetzten Gebiete aus politischen Gründen wieder räumen muß – das Verhängnis nimmt Gestalt an.

Im Grunde schmerzt Rudolf Heß die Kränkung seiner Ehre am meisten. Seiner Ehre? Es ist die Ehre ganz Deutschlands, seiner heißgeliebten Nation. Daß »Teile unseres Volkes so niedrig, so gemein, so schamlos« sein können, mit dem Feind – gewollt oder ungewollt – zu paktieren, und die Friedensbedingungen der Entente »so furchtbar erniedrigend!«[15] Das tut ihm tief innerlich furchtbar weh. Das ist der große, bohrende, alles andere überwuchernde Schmerz, der ihn nie mehr verlassen wird. Das ist nach den erhebenden Hoffnungen auf Deutschlands Sieg, Stärke und Zukunft die bittere, niederschmetternde, fast tödliche Enttäuschung.

---

[10] ebda., S. 177.
[11] ebda., S. 178.
[12] Nr. 183: Rudolf Heß 15. 12. 1916 Klara u. Fritz Heß, S. 189.
[13] Nr. 189: Rudolf Heß 30. 01. 1917 Klara u. Fritz Heß, S. 194.
[14] Nr. 243: Rudolf Heß 01. 11. 1918 Klara u. Fritz Heß, S. 228.
[15] Nr. 248: Rudolf Heß 14. 11. 1918 Klara u. Fritz Heß, S. 236.

Natürlich läßt sich Rudolf Heß von seinen meuternden Kameraden weder die Achselklappen von den Schultern reißen, noch die Waffe aus der Hand schlagen. Augen zu und durch: »An den Frieden darf man nicht denken«[16] – es könnte einen um den Verstand bringen. Und, die Worte seiner Kusine im Ohr, die ihm in seiner Lebenskrise zurief, auf ihn, Rudolf Heß, komme es um der Zukunft Deutschlands willen an: »Das einzige, das mich hochhält, ist die Hoffnung auf den Tag der Rache.« So in einem Brief vom 25. Juni 1919.[17]

Die Hauptschuldigen an der nationalen Katastrophe stehen für Rudolf Heß fest: Es sind die Unabhängigen Sozialdemokraten, jene linke, an sozialistischen oder gar kommunistischen Idealen hängende Splittergruppe der SPD, die wie ihre Gesinnungsgenossen in Rußland das Ende des Krieges, den Sturz des Kaisers und die proletarische Revolution gefordert haben. Und alles, was links und rechts von der USPD steht – der Spartakusbund und der linke Flügel der SPD, die zum Teil ähnliche oder sogar noch radikalere Forderungen erheben.

Eine nationale Katastrophe ist das schon, was sich 1918/19 in und um Deutschland abspielt, die Mitte Europas: Der Kaiser – nach Holland geflohen. Die Monarchie – in allen Teilen Deutschlands abgelöst von Anarchie, linksradikalen Arbeiter- und Soldatenräten und einem antibürgerlichen Veränderungswillen, der sich zum Teil ausgesprochen terroristischer Methoden bedient. Und dann noch das Diktat von Versailles – von einem gerechten, auf dem Grundsatz von Treu und Glauben beruhenden, unter Gleichen abgeschlossenen Vertrag so weit entfernt wie die Erde vom Mond.

Der sogenannte »Frieden« von St. Germain nimmt dem Deutschen Reich im Norden, Osten, Süden und Westen rund 71000 Quadratkilometer Land mit 6,5 Millionen Menschen weg, so viel wie das heutige Bayern, das allerdings 11 Millionen Einwohner zählt. Er verkrüppelt die einst stolz »schimmernde Wehr« zu einer schwächlichen Polizeitruppe von 100000 Mann. Er beraubt das deutsche Volk seiner Kolonien, Handelsflotte und sonstiger Vermögenswerte in einer noch gar nicht genau abzuschätzenden Höhe.

Und er schiebt ihm – einem Volk, das sich selbst angegriffen fühlte, als es 1914 angriff – die Alleinschuld am Kriege zu. Der Kaiser, seine Heerführer und eine große Anzahl von Fürsten,

---

[16] Nr. 257: Rudolf Heß 25. 06. 1919 Klara u. Fritz Heß, S. 243.

[17] ebda., S. 243.

Politikern und U-Boot-Kommandanten sind den Siegern als »Kriegsverbrecher« auszuliefern. Das ist kein Frieden, sondern die Einladung zum nächsten Krieg. Ausländische Beobachter mit Abstand und Augenmaß sehen es so. Rudolf Heß auch.
Er setzt sich nach München ab, während seine Eltern, vom Krieg in der Sommerfrische des Jahres 1914 überrascht, weiter im abgelegenen Fichtelgebirge ausharren müssen, zur Untätigkeit verdammt. Mit der großbürgerlichen Herrlichkeit der Vorkriegsjahre ist es jetzt vorbei. Der Kriegsheimkehrer – durch Elternhaus, Internate und Krieg ohnehin zu Selbständigkeit, Sparsamkeit und Lebenstüchtigkeit erzogen – muß sich allein durchschlagen. Ehemalige Kameraden, die sich als treue Freunde erweisen, fangen ihn auf. Technisch und künstlerisch begabt, gründen sie mit dem gelernten Kaufmann Rudolf Heß eine kleine Firma, die »Münchner Wohnungskunst GmbH«. Sie stellt preiswerte, funktionstüchtige, beschwingte Fichtenholzmöbel im Stil der neuen Sachlichkeit her.
Durch diese Kontakte begegnet der 25jährige Rudolf Heß 1919 einem Mann, der ihn wie ein Ersatz-Vater an sich zieht: Professor Dr. Karl Haushofer, Gelehrter, Künstler, im Kriege ein ebenso beliebter wie standhafter Brigadekommandeur. Soldat, Denker und reifer Mensch – genau das, was der junge, entwurzelte, demoralisierte Rudolf Heß jetzt braucht. Haushofer ist nicht nur belesen, gebildet und weitgereist. Er hat auch eine Idee von der Vergangenheit und Zukunft, die den orientierunglosen Rudolf Heß fasziniert – die Idee nämlich, daß die geographischen Gesetzmäßigkeiten der Erde die Politik bestimmen. Es ist die Idee der Geopolitik.
Die väterliche Freundschaft des sehr viel älteren »Generals« öffnet Rudolf Heß, den gelernten Kaufmann und Frontsoldaten, für die Welt des Geistigen – sie weist ihm den Weg an die Münchner Universität. Kurz darauf, im Frühjahr 1920, lernt Rudolf Heß in der kleinen Schwabinger Pension, in der er wohnt, eine junge Frau kennen, Tochter eines preußischen Sanitätsoffiziers und einer vermögenden Hannoveranerin, ebenso eigenwillig und gutaussehend wie begabt. Es ist Ilse Pröhl, seine spätere Frau. Sie gibt auf ihre Weise Rudolf Heß das, was er braucht: Verständnis, Gesprächsbereitschaft, Zuneigung.
Von Ilse Heß, geb. Pröhl, stammt aus späterer Zeit eine lebhafte Schilderung, wie Rudolf Heß damals auf sie wirkte: »düstere Erscheinung«, »versponnen und versunken im Gram um einen 1918 zertrümmerten Glauben«, »eine bis zum Zerreißen gespannte

Saite, auf der das Schicksalslied von deutscher Not niemals endend gespielt« wird[18]. Rudolf Heß lacht nicht, Rudolf Heß raucht nicht, Rudolf Heß trinkt nicht. Er hat für die kleinen Freuden des Lebens anscheinend keinerlei Verständnis. Denn Rudolf Heß befindet sich nach wie vor im Krieg, genauer gesagt: im Bürgerkrieg, der Deutschland in Stücke zu reißen droht.

1918, auf dem absoluten Tiefpunkt seiner persönlichen Entwicklung, ist er der »Thule-Gesellschaft« beigetreten, einem einflußreichen, international verflochtenen, bürgerlich-völkischen Geheimorden, der unter Leitung eines gewissen Freiherrn Rudolf von Sebottendorf im Münchner Hotel »Vier Jahreszeiten« tagt. Vor dem Hintergrund von »Deutschlands tiefster Erniedrigung« beschäftigt sich die Thule-Gesellschaft mit Fragen der rassischen Auslese, des germanischen Okkultismus und des deutschen Wiederaufstiegs zur Groß- oder gar Weltmacht, Fragen, die bei ihr eine stark antisemitische Spitze haben.

Damals, Anfang November 1918, bricht in Bayern ebenso wie im übrigen Reich die alte Ordnung zusammen. Eine von der SPD organisierte Massenkundgebung unter freiem Himmel gerät außer Rand und Band. Linksradikale Demonstranten unter Führung des bayrischen USPD-Führers Kurt Eisner bringen die bayrische Hauptstadt unter ihre Kontrolle. Der König und seine Familie fliehen außer Landes. Bei der im Januar 1919 folgenden Landtagswahl entscheidet sich aber der weit überwiegende Teil der Bayern gegen Eisners Räterepublik und für die parlamentarische Demokratie. Der linke Schriftsteller und Utopist wird am 21. Februar 1919 von dem 22jährigen Maximilian Graf von Arco-Valley auf offener Straße ermordet. In diesem von Haß, Gewalt und Verwirrung geprägten Klima macht Rudolf Heß seine ersten Schritte in die Politik. Sein Motiv ist, wie man an seinen Briefen aus dieser Zeit ablesen kann, nicht der Antisemitismus, sondern der Kampf um die nationale Wiedergeburt Deutschlands.

Als Student der Münchner Universität erlebt Rudolf Heß die mächtigen Demonstrationen seiner Kommilitonen und Professoren für die Begnadigung des zunächst zum Tode verurteilten Attentäters als »Aufflammen der nationalen Begeisterung« – »eine Erinnerung für's Leben«[19]. Endlich wieder ein Hoffnungsschimmer

---

[18] Ilse Heß, Gefangener des Friedens. Neue Briefe aus Spandau. Leoni 1965, S. 23.

[19] Nr. 261: Rudolf Heß 18. 01. 1920 Klara Heß, S. 246.

am Horizont seines geschlagenen, gedemütigten, geschundenen Deutschlands. Als der junge Graf tatsächlich zu Festungshaft begnadigt wird, kommentieren es ein paar Arbeiter mit den Worten: »›Das ist gescheit, sollen sie lieber ein paar Juden erschießen.‹« Rudolf Heß kommentiert diesen Kommentar nicht.[20]
Aber der politisch noch Suchende kann sich in dem rechten Milieu, in dem er sich nach Herkunft und Neigung bewegt, auf die Dauer doch nicht antisemitischer Gefühle erwehren. Schließlich sind auch einige der bayrischen Revolutionäre, die er hautnah erlebt, Juden. Andererseits – sein väterlicher Freund Haushofer ist mit einer Halbjüdin verheiratet.
Davon, daß ein Teil der russischen Revolutionäre ebenfalls Juden sind, weiß Rudolf Heß offenbar noch nichts – er denkt im Frühjahr 1920 nur an Rußland als einen möglichen Verbündeten Deutschlands gegen die westlichen Siegermächte, die Entente. »Bezeichnend ist ja«, schreibt er am 8. März 1920 an seine Eltern, »daß im allgemeinen unsere Judenpresse von einem politischen Zusammengehen [Deutschlands] mit Sowjet-Rußland nichts wissen will. Dadurch könnte ja den Juden-Kapitalisten drüben bei der Entente das Geschäft verpatzt werden...«[21] – das Geschäft mit der wirtschaftlichen Ausbeutung Deutschlands.
Die Denk- und Vorstellungsmuster des frühen Nationalsozialismus bilden sich allmählich heraus, nicht nur bei Rudolf Heß: der extreme Nationalismus, der aggressive Antisemitismus, der pragmatische Antikapitalismus. Was jetzt noch fehlt, ist eine »kraftvolle Regierung«, ein »Diktator, der Ordnung schafft, gegen die Judenwirtschaft auftritt, die Schieberei und Wucherei unterbindet«.[22]
Da, im Frühjahr 1920, nach dem ersten, noch fehlgeschlagenen Putsch gegen die Weimarer Republik, trifft Rudolf Heß im verräucherten Hinterzimmer des Münchner »Sterneckerbräus« den Mann, der dies alles für ihn eines Tages verkörpern wird: Adolf Hitler.
Die beiden sahen sich schon einmal während des Weltkrieges kurz an der Westfront, ohne weiter voneinander Notiz zu nehmen. Auch scheinen sie einander als Mitglieder der Thule-Gesellschaft vorher nicht begegnet zu sein. Jetzt aber, an diesem Frühjahrsabend, auf einer öffentlichen Veranstaltung der Deutschen Arbei-

[20] ebda., S. 246.
[21] Nr. 264: Rudolf Heß 08. 03. 1920 Klara u. Fritz Heß, S. 249.
[22] Nr. 266: Rudolf Heß 24. 03. 1920 Klara u. Fritz Heß, S. 251.

terpartei, schlägt es wie der Blitz der Erkenntnis bei Rudolf Heß ein: Dieser unbekannte Redner da vorn mit der grellgrollenden Stimme, dieser ehemalige Frontsoldat mit dem kleinen schwarzen Oberlippenbart, dieser Adolf Hitler wird Deutschland von Versailles befreien. Rudolf Heß hastet nach Schluß der Versammlung zurück in seine Pension. Atemlos berichtet er Ilse Pröhl von seinem Erweckungserlebnis – »wie ausgewechselt, lebendig, strahlend, nicht mehr düster, nicht vergrämt«, wie sie sich aus der Rückschau erinnert.[23]

Dennoch fällt Rudolf Heß dem Charisma Hitlers nicht sofort und schon gar nicht hemmungslos zum Opfer. Zwar wünscht er sich, darin von seiner Mutter und den politischen Wirren der Weimarer Republik bestärkt, eine Partei, »die Ordnung und Gleichheit aller Parteien durchführen kann«, die das soziale Gefälle »zwischen Reich und Arm« einebnet, die einen »Führer« hat, der die Arbeiter »für geistiges Wachstum gewinnen« kann[24], nicht nur für Lohnsteigerungen, Selbstbefreiung und die Vergesellschaftung der Produktionsmittel, wie es die Gewerkschaften, die Sozialdemokraten und die Kommunisten tun. Aber Rudolf Heß liebäugelt einstweilen noch mit der großbürgerlich-industriellen DVP (Deutsche Volkspartei) oder mit der Bayrischen Mittelpartei, einem Ableger der DNVP (Deutsch-Nationale Volkspartei). Der Grund: Niemand anderes als Professor Haushofer nahm ihn – rein interessehalber – auf den »Sprechabend« der Deutschen Arbeiterpartei (DAP) mit. Und Haushofer hat mit Hitler noch nichts im Sinn.

Für Rudolf Heß beginnt damit eine Periode von etwa drei Jahren, in denen er zwischen zwei Feuern steht – zwischen Haushofer und Hitler. Zwar tritt er am 1. Juli 1920 in die eben erst aus der DAP hervorgegangene Nationalsozialistische Deutsche Arbeiter-Partei (NSDAP) ein, und ihm leuchtet auch der nationalsozialistische Grundgedanke ein, daß es eine Partei geben muß, die imstande ist, das deutsche Volk wieder »zu einen, statt noch weitere Gegensätze hervorzurufen«. Heß hofft darauf, daß sich die Anhänger der anderen Parteien – bis hin zu den Kommunisten, unabhängigen Sozialisten und »Idealisten, die vom Internationalen gründlich geheilt sind und sich wieder dem Nationalen zuwenden« – unter den Fittichen der NSDAP sammeln werden.[25]

[23] Ilse Heß, a. a. O., S. 25.
[24] Nr. 271: Klara Heß 25. 04. 1920 Rudolf Heß, S. 254f.
[25] Nr. 278. Ausarbeitung Rudolf Heß, August 1920, S. 263.

Diese Partei steht für seine Begriffe deshalb über allen anderen Parteien, weil sie »national bis zum Äußersten« ist und dies mit »sozialen Bestrebungen« wie Bodenreform und Zinsbrechung verbindet[26]. Heß tritt sogar in die Dienste seiner noch kleinen, ziemlich proletarischen und rabaukigen Splitterpartei, um – Bourgeois, der er ist – die Brücke zum Bürgertum zu schlagen. Er führt Hitler schließlich einen der prominentesten und umstrittensten Helden des Ersten Weltkrieges zu: General a. D. Erich Ludendorff, Stabschef der letzten kaiserlichen Heeresleitung. Aber Heß ist Hitler nicht verfallen.

Ein bißchen bremst zunächst auch Ilse Pröhl, die Rudolf Heß schon bald auf einen dieser »Sprechabende« mitgenommen hat, auf denen Hitler als »glänzender nationaler Redner«[27] auftritt. Sie kann, aus dem Blickwinkel eines hochgebildeten und vermögenden Potsdamer Bürgerhauses, nachvollziehen, was den seelisch schwer verwundeten Ex-Frontoffizier Rudolf Heß tief in seinem Innersten bewegt: »Das *Reich* ... Es war vorhanden und ungreifbar, ein Versprechen nur und ein Glaube, es war vor allem eine Aufgabe, eine große, männliche, aber ewig *tragische* Aufgabe.«[28] (Hervorhebg. i. Orig.) Aber sie, die mit Lessing, Goethe und Kleist, mit Keller, Stifter und Hölderlin, Mozart und Beethoven aufwuchs, kann gewisse bürgerliche und geistige Vorbehalte gegen die nationalsozialistische Hintertreppenpolitik zunächst nicht unterdrücken, obwohl sie Rudolf Heß bei seiner politischen Funktionärstätigkeit als Sekretärin hilft.

Aus der gleichen Richtung kommen Haushofers Bedenken. Der vielseitig engagierte Gelehrte und »Soldatenvater«, wie er von seinen ehemaligen Untergebenen liebevoll genannt wird, zählt zu den beherrschenden Figuren der Münchner Geisteswelt Anfang der zwanziger Jahre. Schon sein Elternhaus, in dem die Schriftsteller Felix Dahn, Paul Heyse und Conrad Ferdinand Meyer verkehrten, ist vor dem Krieg ein kultureller Mittelpunkt der bayrischen Landeshauptstadt gewesen. Jetzt, nach dem Krieg und dem großen Zusammenbruch aller überkommenen Ordnungen, Maßstäbe und Verhaltensmuster in Deutschland, setzt Karl Haushofer mit seiner »realistisch durchsetzten Romantik« den ehemaligen Frontsoldaten, die ihn umgeben, neue geistige Richtmarken. Er

---

[26] ebda., S. 263.
[27] ebda, S. 263.
[28] Ilse Heß, a. a. O., S. 20.

gibt die geopolitischen Werke des Schweden Kjellen in deutscher Sprache heraus, läßt sich von der »Politischen Geographie« Friedrich Ratzels anregen und schreibt selbst eine große Anzahl wissenschaftlicher Werke. Die Universität München ehrt ihn mit einer Professur.

Haushofer gibt Heß mit seiner eigenen Weltsicht und mit Ratzels Grundsatz »Weiter Raum wirkt lebenserhaltend« einen Denkanstoß, den der junge Student in Anbetracht seines vom Versailler Diktat nicht nur moralisch und politisch, sondern auch geopolitisch verstümmelten Vaterlandes als logisch empfindet. Er macht ihn mit »Huttens letzten Tagen« bekannt. Verse wie diese – »Nichtsnutzig eine Freiheit, die vergißt, / was sie der Reichsehre schuldig ist! / Nichtsnutzig eine deutsche Libertät, / die prahlerisch im Feindeslager steht! / Geduld! Es kommt der Tag, da wird gespannt / ein einig Zelt ob allem deutschen Land! / Geduld! Wir stehen einst um *ein* Panier! / Und wer uns scheiden will, den morden wir! / Geduld! Ich kenne meines Volkes Mark! / Was langsam wächst, wird doppelt stark. / Geduld! Was langsam reift, das altert spat! / Wenn andre welken, werden wir ein Staat!« – diese Verse sind Balsam auf die verwundete Seele des Rudolf Heß.[29] Sie stammen nicht von einem frühen Nationalsozialisten, sondern von dem Schweizer Conrad Ferdinand Meyer, aus dem Reichsgründungsjahr 1871. Dadurch erhalten sie politische Patina und durch Haushofers Übermittlung geistige Autorität.

Unter dem Einfluß dieser kulturellen Anregungen beginnt Rudolf Heß – dieser eckige Mann mit dem breiten, von schattigen Augenhöhlen und buschig-schwarzen Brauen gezeichneten Gesicht, das immer so aussieht, als würden die Kiefer mahlen – selbst zu dichten. Ilse Heß überliefert später unter dem Titel »Vor Verdun« ein paar Verse[30], deren locker fallenden Zeilen man – Ernst Jüngers »Stahlgewitter« und die Nachkriegsliteratur der zwanziger Jahre vor Augen – eine gewisse expressive Wucht nicht absprechen kann: ». . . Stockfinstre Nacht, / und kalter Regen rinnt ohn' Unterlaß. / In ihren eingefallnen, schlammgefüllten Gräben / hocken die hartgesottnen alten Kämpfer, / dazwischen weiche Milchgesichter – Knaben –, / die wen'ge Tage zuvor / blumengeschmückt und singend / durch heimatliche Straßen ausmarschiert . . .«

Wer dieses Höllenfeuer von 1914/18 erlebt hat – und am Ende war

[29] ebda., S. 51f.
[30] ebda., S. 29f.

alles vergeblich –, dem geht es nicht mehr aus dem Sinn: »Blutspuren auf den abgeschabten, lehmiggelben Röcken. / Verwesungsdüfte, / vermischt mit beißend Schwaden der Gas- und Ekrasitgeschosse, / streiften die fröstelnden Gestalten. / ... Am Horizont heben sich die Panzertürme von Fort Thiaumont am roten Himmel ab. / Durch all' das Pfeifen, Dröhnen, Krachen / der beiderseitigen Beschießung / jaulen die allerschwersten Brocken ins Fort hinüber – / Donnerschläge – / die Erde scheint sich schier zu heben, / und himmelhoch steigt eine Riesenpinie nach der andern auf.../«[31]
Aber viele Deutsche, von den frischen Verheißungen der Demokratie, des Konsums und der kulturellen Entgrenzung wie betäubt, gehen über dieses Fronterlebnis hinweg. Sie gehen zur Tagesordnung der Weimarer Republik und deren Nöten über.
Gerade dieser Gegensatz aber zwischen den eigenen Erinnerungen an den grauenvollen Krieg, die nicht weichen wollen, und der Leichtigkeit, mit der die deutsche Nachkriegsgesellschaft die Hunderttausende von Gefallenen, Verwundeten und Verschollenen verdrängt, beschäftigt Rudolf Heß am meisten. Dieser Widerspruch ist für ihn einfach unerträglich. Aus der satirischen Zeitschrift »Kladderadatsch« schneidet er sich irgendwann im Jahr 1920 ein Gedicht aus, das sein Trauma unter dem Titel »Vergessen« thematisiert: »Ich weiß ein Wort, mit reißendem Stoß will es die Seele mir fressen; / Es krallt sich fest, und es läßt mich nicht los, das grausige Wort ›Vergessen‹!...« Es sind Verse, die ihm freilich zugleich auch neue Hoffnung geben: »Ich aber weiß: es kommt der Tag, der wird empor dich rütteln [gemeint ist das deutsche Volk – D. B.] / da steigst du auf aus dem Sarkophag, da wird der Ekel dich schütteln. / Da wird erwachen der stürmende Groll und den züngelnden Drachen vernichten; / da wird man, göttlichen Zornes voll, gewaltige Taten verrichten...«[32]
Der Träger dieser Hoffnung ist für Rudolf Heß seit der ersten Begegnung im Hinterzimmer des »Sterneckerbräus«, Frühjahr 1920, dieser Adolf Hitler. Wie Heß hat Hitler den ganzen Krieg in vorderster Linie mitgemacht. Wie Heß wurde Hitler verwundet. Wie Heß hat es Hitler nie zu höheren Offiziersweihen gebracht. Er ist schlicht und ergreifend derselbe namenlose, fronterfahrene, feldgraue Kamerad, der den Krieg und die mit ihm verbundenen Opfer ebensowenig vergessen kann wie Rudolf Heß und der unter

[31] ebda.
[32] Nr. 274: Auszug aus Kladderadatsch, 1920, S. 258.

der Vergeßlichkeit der deutschen Nachkriegsgesellschaft ebenso leidet. Das schmiedet diese beiden Männer vom allerersten Augenblick an zusammen. Das gibt ihrer Beziehung eine besondere, von keiner anderen Beziehung erreichte Qualität. Das ist der »magische Bann«, den Ilse Heß meint[33], wenn sie das Innenverhältnis zwischen Rudolf Heß und Adolf Hitler beschreibt.
Wie eng der Zusammenhang zwischen dem eigenen Kriegserlebnis und dem kollektiven Vergessen der deutschen Nachkriegsgesellschaft einerseits und dem Bekenntnis zu Hitler und dem Nationalsozialismus andererseits bei Rudolf Heß ist, macht sein Brief vom 3. Juli 1921 an seine Kusine Milly Kleinmann deutlich[34]. Der kritischen jungen Frau erläutert der NS-Funktionär zunächst einige Punkte des nationalsozialistischen Parteiprogramms in einer ganz rationalen Weise. Dann aber, als Rudolf Heß auf die geplante Einziehung der Kriegsgewinne zu sprechen kommt, bricht es aus ihm heraus: »Während daheim Kriegsgewinne eingestrichen wurden, stand der beste Teil des Deutschtums im Feld, körperlich oder geistig kämpfend, ringend und leidend. – In vorderster Linie verbluteten täglich Tausende.« Und dann erteilt er allen, die »nicht draußen waren« wie er und Hitler – allen, die sich drückten, die gegen den Krieg waren, die an ihm verdienten und die sich nun aktiv an dem kollektiven Verdrängungsprozeß beteiligen – noch einmal eine drastische Lektion darüber, wie es »draußen« wirklich war – draußen im Graben, an der Front, unter dem feindlichen Feuer. Und das drei Jahre nach Waffenstillstand.
Dieses verzweifelte Anrennen gegen die dicke Mauer des Vergessens – eine Mauer, die ihrer Meinung nach von Sozialisten, Kommunisten und Juden mit einer teuflischen Planmäßigkeit um den Krieg hochgezogen wird, um ihn in des Wortes ursprünglicher Bedeutung »sinnlos« zu machen, das heißt nicht mehr nachvollziehbar für die Sinne der Nachwelt – verleiht frühen Nationalsozialisten wie Rudolf Heß ihre eigentümliche Aggressivität. Alle ihre Gefühle der Frustration, des Hasses und der Rachsucht, die sich gegen die inneren und äußeren Feinde von einst und jetzt richten, sind in dieser Aggressivität aufgehoben. Und damit macht diese Aggressivität für sie einen neuen Sinn.
Aber obwohl Hitler dieser Aggressivität einen geradezu exemplarischen Ausdruck verleiht, obwohl sich Ilse Pröhl immer mehr

[33] Ilse Heß, a. a. O., S. 26.
[34] Nr. 285: Rudolf Heß 03. 07. 1921 Milly Kleinmann, S. 272.

dem Nationalsozialismus zuwendet und obwohl er selbst ab dem Spätsommer 1920 in die Führungsarbeit der Partei als Chef einer »Nachrichtenabteilung« einbezogen wird, wahrt Rudolf Heß einen gewissen Abstand. Sein väterlicher Freund Haushofer will den »Glarner Dickschädel«, den Heß von seinen Schweizer Verwandten geerbt hat, vor dem Aufgehen in der Tagespolitik bewahren. Er ermutigt Heß zur Fortsetzung seines Studiums. Und er nennt Hitler einen »Tribunen« – einen gewiß begabten, aber letzten Endes der besonnenen und entschlossenen Tat unfähigen Redner.

Rudolf Heß weiß in diesen Jahren bis zum Hitler-Putsch selbst nicht genau, wo's langgehen soll: in die Wissenschaft oder an die Seite des nationalsozialistischen Führers? Er beschäftigt sich mit allerlei volkswirtschaftlichen Grundsatzfragen – zwar immer mit dem Hintergedanken an ihre politisch-praktische Nutzanwendung, aber letztlich doch in einer unbeholfen wissenschaftlichen Weise.

Schließlich ist dieser Rudolf Heß selbst noch ein in sich ungefestigter junger Mann. So schreibt der 29jährige am 24. Oktober 1923 an Ilse Pröhl, die inzwischen mehr für ihn geworden ist als eine bloße »Sekretärin«: Er sei eben eine »in allem ganz eigentümliche Mischung, woraus auch die Spannungen entstehen, die mir zeitweise das Leben so schwer machen. Heute Bedürfnis nach Ausgeglichenheit, stiller Arbeit und Zurückgezogensein, nichts hören wollen von Politik und Kriegsgeschrei, Sehnen nach einer Umgebung mit Kultur bis in die Fingerspitzen, nach Mozart, nach Klavier und Flöte, und morgen Marsch durch Sturm und spritzende Pfützen, Hineinstürzen in den Trubel, Volksrednerei, wilde Debatten, beinah' Verachtung dessen, was mir gestern noch lieb und heilig – heute überweich, morgen rauh, borstig und polternd.« Kurzum: »Ich kenn' mich nicht aus mit mir . . .[35]«

Wie fern Rudolf Heß zu diesem Zeitpunkt noch Adolf Hitler steht, macht die Vor- und Nachgeschichte des nationalsozialistischen Putschversuches deutlich. Wohl weiß er, schon im Spätsommer 1923, daß Hitler mit dem Gedanken an einen Umsturz spielt – zwischen München und Berlin, wo die wichtigsten Verschwörer sitzen, schwirrt es nur so vor Gerüchten. Aber die letzten Wochen vor dem 8. November verbringt Rudolf Heß bei seinen Eltern in Reicholdsgrün/Fichtelgebirge, über seine volkswirtschaftlichen Studien gebeugt. Beklommen fragt er Ilse Pröhl, die lose Verbin-

[35] Nr. 321: Rudolf Heß 24. 10. 1923 Ilse Pröhl, S. 309.

dung zu Hitler hält, am 10. Oktober 1923[36]: »Ob ich noch vor Semesterbeginn geholt werde?«

Er wird geholt – aber erst am Morgen des 8. November 1923, dem Tag der »nationalen Revolution«. Hitler weist ihn gegen neun Uhr kurz an, am Abend auf einer politischen Kundgebung im »Bürgerbräukeller« die bayerische Staatsregierung festzunehmen und an einen sicheren Ort zu verbringen, damit sie ihm nicht in die Quere kommt. Nachdem er gemeinsam mit Hitler und einer Handvoll bewaffneter Nationalsozialisten die Versammlung gesprengt hat, erfüllt Rudolf Heß seine Aufgabe, die ihn aus dem Aktionszentrum entfernt. Durch das Scheitern des Putschversuchs und durch ein Mißverständnis kommen ihm die Minister jedoch in der folgenden Nacht abhanden. Für einen jungen Parteiaktivisten, der sich hier hätte Lorbeeren verdienen können, kein Ruhmesblatt.

Aber das Erstaunlichste ereignet sich erst nach der mißglückten Revolution: Während Hitler und seine Mannen nach einem Feuergefecht mit der Polizei beim Marsch auf die Münchner Feldherrnhalle festgenommen werden, setzt sich Rudolf Heß über die »grüne Grenze« nach Österreich ab. Er bleibt für die nächsten Monate verschwunden. Benimmt sich etwa so ein fanatischer Nationalsozialist, der dem Führer hündisch ergeben ist? So das Bild, das man gemeinhin von Rudolf Heß zeichnet. Aber in Wirklichkeit genießt dieser Mann irgendwo in den Alpen die grandiose Natur, fährt Ski, trifft sich gelegentlich mit seiner Freundin Ilse Pröhl und bildet sich volkswirtschaftlich weiter. »In meinen Jahren noch immer ohne wohlbestallten Ruf, ohne Haus, Kind und Kegel« – in ihm regen sich bürgerliche Lebensideale.[37]

Ein letztes Mal. Denn die Entscheidung fällt im Jahre 1924 – die Entscheidung über seinen ferneren Lebensweg. Im Mai stellt sich Rudolf Heß den bayerischen Behörden aus einem einzigen Grund: Er fürchtet, sie könnten ihn sonst zu einem Zeitpunkt erwischen, der ihm noch weniger paßt. So kann er doch wenigstens, wenn er schon wegen Hochverrats verurteilt wird, im Gefängnis »in Ruhe studieren, in interessanter Gesellschaft. Verpflegung soll gut sein, gemeinsames Wohnzimmer, Einzelschlafzimmer, Garten, schöne Aussicht also«.[38] Was macht es, daß Hitler bereits seit Monaten in der Festung Landsberg sitzt – erst in Untersuchungs-, dann in Strafhaft.

[36] Nr. 319: Rudolf Heß 10. 10. 1923 Ilse Pröhl, S. 307.
[37] Nr. 325: Rudolf Heß Januar 1924 Klara Heß, S. 315.
[38] Nr. 330: Rudolf Heß 11. 05. 1924 Klara Heß, S. 322.

In Landsberg am Lech lernt Heß diesen Hitler erst richtig kennen. Daß der Österreicher »hinreißend« reden kann, weiß er schon lange – mehrfach hat es Heß bei diesen Reden so »gepackt, daß ich die Zähne zusammenbeißen mußte«. Neu aber ist für ihn Hitler als ein Mann der Tat: Während Politiker und Reichswehrführer immer nur vom Putsch faselten, hat Hitler ihn – unter Einsatz seines Ansehens und seines Lebens – gewagt. Anfang Oktober hatte Heß noch »das instinktive Gefühl« gehabt, »daß der richtige Augenblick immer noch nicht da [ist]«[39]. Jetzt aber, nach dem Scheitern der »nationalen Revolution«, setzt sich in ihm der Glaube fest, Hitler werde sich trotz aller Niederlagen und Fehlschläge am Ende doch durchsetzen.

Hat Generalstaatskommissar Kahr, den Hitler zum Mitmachen zwingen wollte, im Bürgerbräukeller wirklich nur »Komödie gespielt«? War der Aufstand gegen Weimar und Versailles, den die Freikorps und SA-Einheiten in jener Novemberschlacht probten, innen- und außenpolitisch tatsächlich so aussichtslos, wie die veröffentlichte Meinung jetzt behauptet? Und was wäre mit dem bei seinen ausländischen Gläubigern hochverschuldeten Reich in wirtschaftlicher Hinsicht geschehen, wenn Hitler Erfolg gehabt hätte mit seinem geplanten »Marsch nach Berlin«? Über alle diese Fragen hat sich Rudolf Heß schon Rechenschaft abgelegt, bevor er sich den Behörden stellt.

Sein Resumé[40]: An der Spitze des Deutschen Reiches waren sich im Grunde vor dem mißglückten Putschversuch alle einig – einig darin, wie es der Chef des 100000-Mann-Heeres, General Hans von Seeckt einmal ausdrückte, daß »auf illegalem Wege« gehandelt werden müsse. Hitler gab mit seinem Pistolenschuß in die Decke des »Bürgerbräukellers« also nur den letzten Anstoß, nachdem die anderen immer wieder vor einer endgültigen Entscheidung zurückgezuckt waren. Hitler wollte damit beweisen, daß er nicht nur »der beste Volksredner Deutschlands«, sondern auch »einer der ganz wenigen zur letzten entschlossenen Tat fähigen Menschen ist«. Und der Umfall Kahrs war »kein Theater«, sondern echt. Der bayerische Reichswehrgeneral Otto von Lossow war hier die treibende Kraft.

Aber ist der Putschversuch so, wie er durchgeführt wurde, nicht reichlich ungekonnt, dilettantisch, geradezu operettenhaft verlau-

---

[39] Nr. 317: Rudolf Heß 01. 10. 1923 Ilse Pröhl, S. 306.
[40] Nr. 328: Ausarbeitung Rudolf Heß 09. 04. 1924, S. 318ff.

fen? Nun, Hitler setzte darauf, daß die Machthaber in Bayern entweder mitzogen oder ausgeschaltet werden konnten. Wenn das Gegenteil davon eintrat, dann wegen des Ungehorsams von »zwei Führenden« der neuen, nationalen, von Hitler eingesetzten Regierung: Sie ließen »die Betreffenden [Kahr und Lossow – D. B.] allein [aus dem Bürgerbräukeller – D. B.] fortfahren«, so daß diese in der Nacht vom 8. auf den 9. November das Ruder herumwerfen konnten. Eine schwere Panne zwar, die das Ganze zum Scheitern brachte, aber auch nicht mehr. Allerdings: Wären Kahr und Lossow bei der Stange geblieben und wäre die 7. bayerische Reichswehrdivision gemeinsam mit den Freikorps und der SA nach Berlin marschiert, dann wäre sie wohl nicht weit gekommen. Die norddeutschen Reichswehrverbände hätten das Revolutionsheer vermutlich schon weit vor der Reichshauptstadt gestoppt, meint Rudolf Heß, ohne den Sinn des ganzen zu bezweifeln.
Wenn der Putschversuch also militärisch nicht ausreichend abgesichert war – wie steht es um seine außenpolitische Absicherung? Heß argumentiert hier aufgrund von Informationen, die er über die nichtöffentlichen Sitzungen des Volksgerichts hat: Der britische Außenminister Curzon sandte noch vor dem Umfall Kahrs ein Glückwunschtelegramm an Hitler – Zeichen der Billigung und zugleich stärkstes Indiz dafür, daß Frankreich die »nationale Revolution« nicht zum Anlaß genommen hätte, militärisch einzugreifen. Da auch der tschechoslowakische Außenminister Beneš Nichteinmischung in die inneren Angelegenheiten Deutschlands signalisierte, war am 8./9. November 1923 die größte Gefahr gebannt, in der das Reich seit jeher schwebte – die Gefahr, in einen Zweifrontenkrieg verwickelt zu werden. Auch die Südfront war gesichert, wie die Glückwünsche des italienischen Diktators Mussolini zeigen.
Und wirtschaftlich? Hitler hatte sich die Anleihe »eines fremden Staates ... nach Herbeiführung vertrauenswürdiger Zustände in Deutschland« gesichert. Er hatte sich ausführlich mit »historischen Sanierungen« halbbankrotter Staaten beschäftigt, wie es das Deutsche Reich nach der Hyperinflation des Jahres 1923 war. Nach einem Erfolg seiner »nationalen Revolution« hätte Hitler die deutsche Wirtschaft mit amerikanischen Methoden wieder angekurbelt – mit Hilfe von Rationalisierungen und Fließbandarbeit – wie sie sein großer antisemitischer Gesinnungsgenosse, der amerikanische Automobilproduzent Henry Ford, schon seit langem praktiziert.

Wäre Hitler die »nationale Diktatur« gelungen, dann wäre sogar der Dawes-Plan überflüssig geworden, der nach Heß' Meinung »über Versailles hinausgeht«, weil er die »Überführung der nationalen Produktionsmittel in die Hände der internationalen Hochfinanz bedeutet, d. h. Sklavenarbeit an der Grenze des Existenzminimums«. Für den wirtschaftlich vorgebildeten Rudolf Heß ist dies vielleicht das wichtigste Argument für Hitlers Führungsfähigkeit. Sein Fazit: »In Voraussicht des Kommenden hat Hitler gehandelt – *mußte* er handeln« (Hervorhebg. i. Orig.) – mag die militärische Zusammenarbeit mit den norddeutschen Reichswehrverbänden auch nicht gesichert gewesen sein.
Dies alles ist für Rudolf Heß Grund genug, fortan nicht nur dem Redner Hitler, sondern auch dem Politiker Hitler zu vertrauen: »Klar, einfach und dabei außerordentlich geistreich in allen seinen Äußerungen erhält man bald den Eindruck, es mit einer ganz bedeutenden Persönlichkeit zu tun zu haben.« Und auch über Hitlers Persönlichkeit lautet sein Urteil positiv: »Das Geniale und das Heldische, die Fähigkeit zur Tat« träfen bei diesem Mann zusammen. Hitler habe »bei aller persönlichen großen Bescheidenheit« einen »gewaltigen Glauben an sich selbst«.[41]
Dieser positive Gesamteindruck wird nun in Landsberg vollends bestätigt. Heß kann hier »täglich zusammensein mit dem prachtvollen Menschen, mit Hitler, den Du ja ebenso hochhältst wie ich«, schreibt er am 16. Mai 1924 an seine Mutter.[42] »Ich sagte Dir schon mal, daß ich bestimmt nicht bös' wäre, wenn es dazu käme.« Auch das klingt noch etwas distanziert. Aber die beiden Männer, miteinander verbunden durch das Fronterlebnis und durch den Kampf gegen das Vergessen, kommen sich näher. Rudolf Heß staunt über die Kenntnisse, die Hitler auf den verschiedensten Gebieten hat. Ganz Sohn aus gutbürgerlichem Hause mit Einblick in die Entwicklung eines Mannes, der vor seinem Putschversuch noch ein Niemand war, urteilt Heß: »Und Zeit, sich weiter zu vertiefen, hat er [in Landsberg – D. B.] auch.«[43]
Hitler »vertieft« sich, indem er in der Festung Landsberg sein erstes Buch schreibt, eine Mischung aus Autobiographie und politischem Programm. Fast täglich geht er mit Rudolf Heß durch den blühenden Garten oder hockt sich zu ihm ins Zimmer, um ihm zu

[41] ebda., S. 320.
[42] Nr. 332: Rudolf Heß 16. 05. 1924 Klara Heß, S. 323.
[43] ebda., S. 324.

erzählen, was ihm so durch den Kopf geht: Straßenbau, Massenmotorisierung, Bewaffnung von Kriegsschiffen, Reiseerlebnisse, Weltraumfahrt, Staatswirtschaft, Architektur. Einmal skizziert er Rudolf Heß sogar seinen Ideal-Staat: Das Staatsoberhaupt und der Senat verabschieden gemeinsam die Gesetze, die beide Kammern des Parlaments – eine für politische, die andere für wirtschaftliche Fragen – vorher beraten haben. Aber diesen Staat kann es wohl erst geben, nachdem ein Diktator das deutsche Volk auf nationalsozialistischer Basis geeinigt hat.
Diese Pläne, Gedanken und Aussagen hören sich alle recht harmlos und plausibel an. Sind sie nur die diabolischen Ausgeburten eines dämonisch überlegenen Kopfes, der sein argloses Gegenüber täuschen will? Für Rudolf Heß stellt sich diese Frage nicht. Er erlebt diesen Adolf Hitler in Landsberg als einen Menschen, der in einer bestimmten Phase seines Lebens, die ihn zur Ruhe zwingt, über seine Zukunft nachdenkt. Hitler ist jetzt, 1924, 35 Jahre alt. Und er ist noch neun Jahre von seiner sogenannten »Machtergreifung« entfernt. Rudolf Heß beobachtet ihn mit einer Mischung aus Urvertrauen und Nüchternheit, und er kommt zu dem ermutigenden Schluß: »Ich sehe mit großen Hoffnungen in die nähere und fernere Zukunft, was diesen Mann anbetrifft.«[44]
Überraschend, was dieser Hitler in Landsberg so alles treibt. Er malt, zeichnet, »sportelt« sogar. Er liest viel, z. B. den »Untergang des Abendlandes« von Oswald Spengler (Rudolf Heß über Hitlers Reaktion: »Nicht sehr erbaut.«), Haushofers Japan-Buch, ein Büchlein über Amerika. Von Heß' Freundin, Ilse Pröhl, die die Männer hin und wieder in Landsberg besucht, läßt er sich aus seiner Wohnung zwei Bände über Architekturgeschichte holen, sein Lieblingsgebiet.
Heß kann es zunächst gar nicht fassen – dieser rauhe Volksredner und tatentschlossene Politiker ist ja auch eine Künstlernatur. »Was sagt sie denn zu *unserem* Tribunen, zur Entdeckung dieses Tribunen« (Hervorhebg. i. Orig.), fragt er Ilse Pröhl in einem Brief[45]. Und er beschließt, jetzt endlich den Konflikt aufzulösen, im dem er sich befindet, seit er als demoralisierter Frontoffizier 1919 nach München kam: Er führt Hitler und Haushofer zusammen.
Ihm liege »sehr daran, daß Du Dein Bild vom Tribunen etwas revi-

[44] Nr. 333: Rudolf Heß 18. 05. 1924 Ilse Pröhl, S. 328.
[45] Nr. 338: Rudolf Heß 11. 06. 1924 Ilse Pröhl, S. 333.

dierst«, schreibt Rudolf Heß seinem Mentor am 11. Juni 1924[46]. »Und da scheint mir gerade sein Urteil über Persönlichkeiten der Vergangenheit und Gegenwart besonders geeignet zu sein. Es hat mich selbst sehr überrascht, wie mich überhaupt in letzter Zeit vieles aus seinem Munde überraschte, und ich habe erst hier den Mann wirklich kennengelernt. ... Gedacht hatte ich z. B. auch nicht, daß er erst nach schweren inneren Kämpfen zu seinem heutigen Standpunkt in der Judenfrage sich durchgerungen hat. Immer kamen wieder Zweifel, ob er nicht doch unrecht tue. Und noch heute spreche er in einem kleinen Kreis von Gebildeten anders, als wie er vor der Masse sprechen müsse; vor dieser könne er nur den radikalsten Standpunkt vertreten.«

Vor allem schreibt Adolf Hitler in Landsberg »Mein Kampf«, und Rudolf Heß hilft ihm dabei, indem er sich als Gesprächspartner zur Verfügung stellt und als Zuhörer, wenn ihm der Autor wieder einmal ein paar frisch getippte Seiten vorlesen will, manchmal auch als Widersacher, wenn ihm etwas nicht einleuchtet. Den Höhepunkt erreicht diese Zusammenarbeit am 29. Juni 1924.[47] Hitler trägt Heß ein paar umgeschriebene Seiten über den Ersten Weltkrieg vor: Über den Kriegsausbruch, über seinen Eintritt in das bayerische Heer, über die Kämpfe in Flandern, bei denen die jungen deutschen Regimenter, das Deutschlandlied auf den Lippen, in den sicheren Tod stürmten.

Und da geschieht es: »Der Tribun hatte zuletzt immer langsamer, immer stockender gelesen, mit unbeweglichem Gesicht suchte er auf seinem, wie mir schien, unübersichtlichen Konzept, er machte immer längere Pausen, dann ließ er plötzlich das Blatt sinken, stützte seinen Kopf in seine Hand und – schluchzte –. Daß es da auch mit meiner Fassung zu Ende war, brauch' ich Ihr das zu sagen!«

Es ist kaum zu glauben, aber es steht in diesem Brief: Fast sechs Jahre nach dem Waffenstillstand beweinen Adolf Hitler und Rudolf Heß in Landsberg den gemeinsam geführten und gemeinsam verlorenen Krieg. Sie beweinen ihre toten Kameraden, die sie zu den besten Deutschen zählen. Sie beweinen ihr Heer, das sich während des Stellungskrieges vergeblich im französischen Boden festkrallte. Sie beweinen ihre Kämpfe und Leiden und den »Verrat«, der allem ein Ende machte. Hitler: »›Oh, ich werde erbar-

[46] Nr. 339: Rudolf Heß 11. 06. 1924 Karl Haushofer, S. 334.
[47] Nr. 345: Rudolf Heß 29. 06. 1924 Ilse Pröhl, S. 341 ff.

mungslos und fürchterlich Rache nehmen, an dem Tag, an dem ich es kann! Ich nehme Rache im Namen der Toten, die ich dann vor mir seh'.‹« Heß: »Über die ›Lesepause‹ haben wir kein Wort verloren; aber als ich ging, reichten wir uns die Hand zu festem, langem Druck. – Ich bin ihm ergeben mehr denn je! Ich liebe ihn!« So in seinem Brief an Ilse Pröhl vom gleichen Tage.

Dieser tränenreiche Augenblick, in dem sich die beiden verbissenen Männer gegenseitig ihre Herzen öffnen, schmiedet sie für immer zusammen. Es ist das gemeinsame Erinnern und der gemeinsame Kampf gegen das Vergessen, das sie miteinander verbindet, die Rachsucht. Niemand außer Ilse Pröhl wird davon jemals etwas erfahren. Bis heute, da dieser Brief veröffentlicht wird.

Ende Dezember 1924 wird Hitler aus der Haft entlassen, Heß folgt ihm wenig später. Was Heß bleibt, ist das Bild, wie Hitler »in meinem Zimmer [beim Vorlesen aus ›Mein Kampf‹ – D. B.] im Korbstuhl vor mir sitzt . . ., wie er strahlt und die Freude eines kleinen Buben zeigt, wenn er sieht, daß seine eigene Überzeugung von der Güte seiner Ausführungen durch den Eindruck auf den anderen bestätigt wird und wenn man ein paar Worte der Anerkennung sagt.«[48] Was ihm bleibt, ist die Überzeugung: »*Der* Mann ist auf seinem Wege nicht aufzuhalten durch Parteischiebungen und -verschiebungen, durch Parlamentsmehrheiten und Mehrheitsbeschlüsse.« (Hervorhebg. i. Orig.)[49] Was ihm bleibt, ist die Treue Hitlers.

Damit sind die Würfel gefallen: Heß gibt seine Gedanken an eine wissenschaftliche Laufbahn auf. Er tritt in die persönlichen Dienste Hitlers. »Ich wirke dort, wo es nach meiner Überzeugung am notwendigsten ist und wo ich am direktesten wirken kann: an der Seite des Tribunen«, schreibt Heß am 24. April 1925 seinen Eltern[50]. Politische Überzeugung und persönliche Freundschaft mischen sich bei dieser Lebensentscheidung mit ganz banalen Zweckûberlegungen: Heß bekommt von Hitler, der jetzt als »nationaler Märtyrer« am Verkaufserfolg seines Buches kräftig verdient, das Doppelte von dem, was ihm Haushofer zahlte. Auch der Zugewinn an Ansehen ist ihm wichtig.

Aber so ganz geheuer ist Heß dieser Schritt ab vom Wege eines bürgerlichen Lebens nicht – er fühlt sich genötigt, ihn vor seinen

[48] Nr. 349: Rudolf Heß 23. 07. 1924 Ilse Pröhl, S. 346.
[49] Nr. 358: Rudolf Heß 27. 11. 1924 Ilse Pröhl, S. 356.
[50] Nr. 364: Rudolf Heß 24. 04. 1925 Klara u. Fritz Heß, S. 366.

Eltern zu verteidigen. »Wenn jemand sagt, ich stelle mich [durch seine Vertrauensstellung bei Hitler – D. B.] auf eine schmale Plattform, so frage ich ihn, wo er mir in diesen Zeiten eine wirklich sichere und breite nennen will, auf der man so ohne weiteres noch Platz nehmen kann. Man darf nicht vergessen, daß wir im Zeichen des Abbaus stehen und erst recht stehen werden, wenn die vorerst zu erwartenden bösen Jahre kommen ... Es *muß* doch immer fühlbarer werden, wenn man aus einem ohnehin ausgesogenen Volk fortfährt, ständig Goldmilliarden über Goldmilliarden herauszuziehen.« (Hervorhebg. i. Orig.)[51]
Und Heß weiß auch die Vorzüge zu rühmen, die ihn Hitler empfehlen: »Tatsächlich gibt es wohl nicht viele, die so wie ich das, was er braucht, [in sich] vereinen. Ich bin bei der Bewegung seit den Tagen, da sie noch keine 100 Köpfe zählte, kenne also den äußeren Aufbau, das äußere Wirken durch und durch, ebenso kenne ich aber die inneren Gedanken des Tr[ibunen], seine Einstellung zu allen nur möglichen Fragen, seine ganze Art. Er kennt mich: das gegenseitige Vertrauen bis zum letzten, das Verstehen ist da.«[52]
Seit Landsberg weiß Rudolf Heß auch, wie lang der Weg ist, der vor ihm liegt. Hitler hat es ihm gesagt: Für das Ausreifen seiner Ideen, für die Anpassung der Wirklichkeit an diese Ideen und der Ideen an die Wirklichkeit bedarf es vieler Generationen. Aber Heß ist sich nicht zu schade, Hitler »als Bindeglied zwischen der Massenbewegung und der Schicht der Gebildeten« zu dienen. »Andererseits bin ich viel zu sehr von der Notwendigkeit der an sich oft unerfreulichen Mittel und Formen des Kampfes – im Hinblick auf die Psychologie der Massen – überzeugt«, bekennt er offen, »als daß ich mich durch sie vom Mitwirken bei dieser Bewegung abschrecken lassen würde, wie so viele andere Gebildete. – Ich habe die Überzeugung, in [der] Einflußnahme nach vielen Richtungen hin an *der* Stelle [an der er als persönlicher Sekretär Hitlers jetzt steht – D. B.] Gutes wirken zu können.«[53] (Hervorhebg. i. Orig.)
Damit hat Rudolf Heß, ohne daß er es schon weiß, das Motto formuliert, das über seinem späteren Wirken als »Stellvertreter des Führers« stehen wird. Aber als ob er selbst noch eine Hintertür braucht, durch die er notfalls entkommen könnte, aber vielleicht auch nur, um seine Eltern endgültig zu beruhigen, fügt er hinzu:

[51] ebda., S. 367.
[52] ebda., S. 367.
[53] ebda., S. 368.

»Ich bin ja damit noch nicht für alle Zeiten an den Tribunen gebunden.«[54]
Das ist ein Irrtum. Denn seine neue Stellung verschlingt ihn mit Haut und Haaren. Heß hat keine Zeit mehr, nebenbei weiterzustudieren. Kaum, daß er noch Zeit findet, seine Freundin zu treffen oder seinen Eltern zu schreiben. An der Seite Hitlers eilt Heß in den nächsten Jahren von Station zu Station auf dem Wege zur Macht – mehr noch durch seinen Schicksalsglauben als durch eigenen Willen und Entschluß vorangetrieben.
»Man hilft halt rudern auf dem Schicksalsstrom und hofft, daß es doch zu [et]was nutze [ist]«, schreibt er 1924, noch in Landsberg, an seine Mutter[55], »daß man innerhalb der Ufer und der Bewegung dieses Stromes ›wirkt‹, ›schafft‹, statt daß man die Ruder sinken und den Kahn treiben läßt. Treiben lassen, ohne Ruderschlag, heißt aber steuerlos sich preisgeben. Die Gewißheit haben wir aber, wir, die man sucht, wir hieben ein in den Strom im Rhythmus des Führers.«
Daß diese Hatz nebenbei auch noch Spaß macht, versteht sich bei diesem jungen, sportiven, von seiner Sache überzeugten Mann von selbst. »Ich hielt mich ohnehin nur einen Tag in M[ünchen] auf, da ich Sonntag früh mit dem Tribunen in Stuttgart war. (Der Tribun fuhr einen Tag nach Berlin und dann mit dem Schlafwagen nach St[utt]g[ar]t, in der nächsten Nacht wieder nach Berlin!) Ich traf in Stgt. 4 Minuten vor Beginn der Führerbesprechung ein, sprang vom Bahnhof in ein Auto und war pünktlich im Saal. Eine kleine Illustration, wie's manchmal ›zugeht‹, aber gerade das macht Spaß. – Neulich war ich für 2 Tage in Berlin (wohnte wieder bei den Bechsteins). Der Herr Sekretär bekommt vom großzügigen Tribunen immer 2ter Kl[asse] Schlafwagen. Da kommt er immer frisch an . . . Abends, als wir das Geschäftliche erledigt hatten und durch die hell erleuchteten Straßen Berlins im Mercedeswagen federten, Maurice am Steuer, kam der Tribun auf den Gedanken, mir den Luna-Park zu zeigen. Das müsse man auch gesehen haben, um Berlin zu kennen. So sind wir denn in diesen Jahrmarktstrubel im Millionenstadt-Stil.«[56]
Aber es geht nicht um Lustbarkeiten, sondern es geht um die Macht. Als persönlicher Referent des Führers erlebt Rudolf Heß

---

[54] ebda., S. 368.
[55] Nr. 325: Rudolf Heß, Januar 1924, Klara Heß, S. 315.
[56] Nr. 365: Rudolf Heß 07. 07. 1925 Klara u. Fritz Heß, S. 369.

die Redeauftritte Hitlers aus nächster Nähe mit, ohne vielleicht immer den vollen Überblick über die politische Strategie des NSDAP-Vorsitzenden zu haben. Nach einer dieser langen Reden vor einer Massenversammlung in einem Eisenacher Hotel, in der es Hitler wieder einmal schafft, das anfangs eher zugeknöpfte Publikum in helle Begeisterung zu versetzen, notiert sich Rudolf Heß[57]: »Aber der Tribun war fertig! Käsebleich, eingefallen, wankend, noch nach dem Bad, den Kopf schweigend auf den Tisch gelegt, kaum mehr verständlich vor Heiserkeit.« Heß, auch für den Terminplan seines Chefs verantwortlich, nimmt sich vor, nie wieder zwei Kundgebungen so knapp hintereinander anzusetzen.

Ab 1927 glaubt auch Hitler, der weniger auf astrologische Prophezeiungen gibt, als die Nachwelt annehmen wird, daß er demnächst »seinen großen Aufstieg nimmt«. Er sagt zu Heß: »›Sie werden sehen, Heß, ich habe recht! Wer soll's denn sonst auch machen?! Ich kenne doch die ganzen Politiker bei uns, es ist doch nicht ein einziger wirklicher Kopf, kein einziges Genie darunter!‹«[58] Geistiger Hochmut, gepaart mit einem letzten Rest innerer Unsicherheit. Wer soll's denn sonst machen – die Befreiung Deutschlands von Weimar und Versailles, seinen Wiederaufstieg zur Großmacht und die ganze Drecksarbeit, die mit der Rache für 1918/19 verbunden sein wird? Für Heß steht es fest: »Und er hat Recht zu dieser Überzeugung zu sich selbst.« Seit Jahren weisen alle astrologischen Voraussagen darauf hin, der Retter Deutschlands werde wie Adolf Hitler »den unteren Schichten des Volkes entstammen«.[59]

Allmählich beginnt sich Ende der zwanziger Jahre in Rudolf Heß auch der Antibolschewismus zu verfestigen, der zu den festen Bestandteilen der nationalsozialistischen Ideologie gehört. Er ist nur die andere Seite jenes Antisemitismus, dem Heß schon seit Anfang der zwanziger Jahre huldigt, der sich bei ihm freilich zunächst nur gegen die westliche Hochfinanz gerichtet hat. Ausschlaggebend für diesen Wandel sind die Berichte, die Augenzeugen des stalinistischen Terrors dem Ausland vermitteln. Die sowjetische Geheimpolizei will »die Beseitigung der einst führenden Schichten in Rußland. . . . Die Tscheka-Leute – die Kommissare übrigens fast durchgehend – Juden und . . . Jüdinnen – haben das Hinrichten bald wie eine Art Sport betrieben. Die Beschreibun-

[57] Nr. 370: Rudolf Heß 14. 01. 1927 Ilse Pröhl, S. 374.
[58] Nr. 372: Rudolf Heß 23. 01. 1927 Klara Heß, S. 375.
[59] ebda., S. 375.

gen dieser Blutorgien sind grauenhafter als alle Vorstellungen der Phantasie.«[60]

Heß nennt seiner Kusine einige Einzelheiten: Monatelang werden die Opfer »in kalten finsteren Kellern« fast nackt gefangengehalten. Dann werden sie »auf abwechslungsreichste und unterhaltsamste Weise« abgeschlachtet. Ihnen wird heißer Dampf in den Körper geblasen oder der Boden unter den Füßen weggezogen, so daß sie in eine Grube stürzen. Da die späteren Opfer auf die leblosen Körper der früheren Opfer fallen, müssen sie noch einmal gesondert umgebracht werden. Heß graust davor, »wie erfinderisch perverse Menschen bei der Befriedigung ihrer Bluttriebe sind«. Aber er fügt bezeichnenderweise hinzu: *»Nur wer sich obiges lebendig vor Augen hält, darf über uns und unsere Methoden urteilen.«* (Hervorhebg. i. Orig.)

Noch ist Heß in der Lage, die negative Seite seines Kampfes um die Macht mit der positiven aufzuwiegen – mit seiner Hoffnung, er könne ein »Teilchen beitragen zur Wendung des Schicksals«. Noch einmal, neun Jahre nach dem schmählichen Waffenstillstand, kommt er in bewegenden Worten auf seine Erlebnisse an der Front zu sprechen: auf den »Dreck und Schlamm«, auf die »Hölle von Verdun«, auf das »Todesgrauen in allen Spielarten«. Und auf seine erste Begegnung mit Hitler im Frühjahr 1920, die die große Erkenntnis brachte: »Der oder keiner schafft's. Hier kann ich mitwirken mit Aussicht auf Erfolg; der ist der einzige, der ganz klar erfaßt hat, worauf es ankommt« – auf »die Nationalisierung der Masse«. Nur »mit Hilfe einer nationalisierten Volksmasse« kann Deutschland die »ideellen Fesseln des Versailler Vertrages« sprengen und »Raum« und »Luft« für Wohlstand und kulturelle Entwicklung finden.[61]

Diese Überzeugung ist es, die ihn vorantreibt – sie ist »die gesündeste Basis, die heute für mich möglich ist«, schreibt er seiner zweifelnden Kusine, die ihm einst durch ihren tapferen Zuspruch das Leben gerettet hat. »Denn wisse«, fährt Rudolf Heß fort, »auf ungesunder Basis befinden wir uns alle, die wir die zweifelhafte Ehre besitzen, heute dem deutschen Volke anzugehören.«[62]

Diese ungesunde Basis in eine gesunde Basis zu verwandeln, das ist für Rudolf Heß »die Aufgabe der Nationalsozialisten«. Wie

---

60 Nr. 373: Rudolf Heß 15. 04. 1927 Gret Georg, S. 376.
61 ebda., S. 378.
62 ebda., S. 378.

um sich seiner selbst zu vergewissern, der er früher selbst bürgerliche Lebensideale hatte, rechnet er mit dem deutschen Bürgertum ab. Es hat »im Kampf gegen die volkszersetzenden Kräfte restlos versagt«. Es könnte, wie in Rußland, eines Tages noch ganz zugrundegehen, wenn es die Nationalsozialisten nicht gäbe. »Und ›abschrecken‹ würden wir's?« Da kann Rudolf Heß nur verächtlich lachen: »Ach nein, das [Bürgertum] trottet mal eben so brav mit, wie es schon bei anderen Gelegenheiten mitgetrottet ist.«[63]

Er behält recht. Ende der zwanziger Jahre, unter dem Eindruck des Parteienwirrwarrs, der beginnenden Weltwirtschaftskrise und der bleibenden Isolierung Deutschlands gelingt der nationalsozialistischen Bewegung auf breiter Front der Einbruch in die bürgerlichen Schichten. Großindustrielle wie Emil Kirdorf – wie Ilse Heß rückschauend meint, von Rudolf Heß für die NSDAP geworben[64] – gewinnen an Einfluß. Für Hitler bahnt sich die Chance an, nicht nur eine mit anderen geteilte, sondern die ganze Macht zu erringen.

An der Heß-Korrespondenz kann man die einzelnen Etappen dieses Aufstiegs zur Macht ablesen, wenngleich die Briefe – je mehr sie sich dem Jahr 1933 nähern – immer seltener, immer formaler, immer oberflächlicher werden. Rudolf Heß hält nach wie vor relativ engen Kontakt zu seinen Eltern. Er bindet sich an Ilse Pröhl erst durch Verlobung, dann, 1927, durch Heirat. Aber störend schieben sich der zunehmende Zeitdruck, politische Schweigegebote und die für Heß selbstverständliche Diskretion gegenüber Hitler dazwischen.

So kann man an den Briefen, die er ab 1927 mit seinen Eltern und seiner Frau wechselt, immer weniger die innere Entwicklung dieses Mannes zum »Stellvertreter des Führers« ablesen. Immerhin ist es recht aufschlußreich, daß Rudolf Heß neben seiner aufreibenden Haupttätigkeit für Hitler und die Partei immer noch genügend Kraft und Zeit findet, sich seiner großen Leidenschaft – dem Fliegen – zu widmen. 1927, nach dem ersten Atlantik-Flug des Amerikaners Charles Lindbergh in west-östlicher Richtung, versucht er vergeblich, ganz im amerikanischen Stil einen Sponsor für eine Atlantiküberquerung in der Gegenrichtung zu finden.

Im ganzen vermittelt auch der Heß dieser Jahre nicht den Ein-

[63] ebda., S. 378.
[64] Mündliche Äußerung von Frau Ilse Heß gegenüber dem Autor am 28. 02. 1987.

druck eines Mannes, für den die Politik der Hauptinhalt seines Lebens ist. Sicher, er nimmt seine Pflichten ernst, er ist rastlos unterwegs, und er würde sich, würde es von ihm verlangt, für Hitler aufopfern. Aber Hitler selbst, der sich ja zum Politiker ebenso wie zum Künstler berufen fühlt, und Heß finden immer wieder Zeit, sich neben dem politischen Tag- und Nachtgeschäft die eine oder andere Oper anzusehen, das Theater zu besuchen oder Baudenkmäler zu besichtigen. Heß fotografiert, liest, spielt Tennis, steigt auf die Berge, fährt Ski und wandert.

Auch aus den gelegentlichen Studien, die Heß seiner Frau und seinen Eltern über Hitler verfertigt, tritt ein Mann hervor, der bei aller Hingabe an seinen Führer und an seine Sache doch immer noch einen gewissen inneren Abstand wahrt. »Für mich, der ich dauernd in seiner [Hitlers] Umgebung bin«, heißt es z. B. in einem Brief vom 20. November 1927[65], »ist es erstaunlich zu sehen, wie er jetzt geradezu von Tag zu Tag wächst, immer neue Erkenntnisse grundlegender Art hat, alle an ihn herantretenden Probleme noch ganz anders als früher verarbeitet, von Ideen übersprudelt, in seinen letzten Vorträgen sich selbst übertrifft. Der beste Teil seiner Kräfte wurde eben bisher durch Sorgen kleinlichster Art, die doch ungeheuer drückend sind, aufgesogen. Er strahlt und sprudelt über vor guter Laune, so daß es für Dritte verdächtig werden könnte. Denn außer ihm und mir weiß hier keiner Einzelheiten, ja kaum etwas in der großen Linie. – Ich bitte Euch daher, auch selbst meine Andeutungen nicht über die engste Familie hinausdringen zu lassen.«

Am 8. März 1928 findet Rudolf Heß sogar[66], Hitler würde eine Seereise mit der »Cap Arcona« nach Lateinamerika guttun, zu der ihn brasilianische Parteigenossen eingeladen haben. »Ich versuche, ihn zur Zusage zu bringen. Die 6 Wochen wird die NSDAP schon nicht zum Schlachtfeld aller entfesselten Leidenschaften werden. *Was würde aber dieser Blick hinaus für den Tr[ibunen] bedeuten!*« (Hervorhebg. i. Orig.) Obwohl Hitler seinen Sekretär durch wesentlich bessere materielle Ausstattung gerade in letzter Zeit noch fester an sich gebunden hat – so schreibt niemand, der jede Kritikfähigkeit gegenüber dem NSDAP-Führer verloren hat. Gelegentlich scheint es sogar so, als sei nicht Heß mit Hitler, sondern als sei Hitler mit Heß befreundet. Ja, es könnte sein, daß

---

[65] Nr. 381: Rudolf Heß 20. 11. 1927 Klara u. Fritz Heß, S. 386.
[66] Nr. 384: Rudolf Heß 08. 03. 1928 Ilse Heß, S. 390f.

Heß die Fähigkeit Hitlers, »bei seiner uferlosen Phantasie, beim Gedanken an die Verwirklichung seiner Ideen mit den Realitäten, mit den Grenzen des augenblicklich Möglichen zu rechnen«,[67] gerade aus dieser inneren Distanz heraus überschätzt hat.

Hitlers Frotzeleien über die »Teutschvölkischen«, wie er die ewig gestrigen Anhänger eines germanischen Blut-und-Boden-Kultes ironisch nennt, scheint jedoch seiner inneren Einstellung zu entsprechen. Im Grunde ist dieser Mann in den zwanziger Jahren von dem Beispiel fasziniert, das ihm in verschiedener Hinsicht die Vereinigten Staaten von Amerika geben. Natürlich hat Hitler, der Wagner und die Antike verehrt, wie Heß ein unüberwindliches Vorurteil gegen die amerikanische »Parvenue-Kultur«. Aber die Art und Weise, wie es die Amerikaner verstehen, ihre Wirtschaft zu rationalisieren, mit der Technik umzugehen und den Lebensstandard der breiten Masse zu heben, imponiert ihm sehr. Am liebsten würde Hitler sein Parteihauptquartier in einem vollautomatisierten Wolkenkratzer, wie sie in New York schon zu Hauf herumstehen, aufschlagen.

Eng verbunden mit diesen technokratischen Visionen eines Nationalsozialismus nach amerikanischem Vorbild, wie es ihm der Detroiter Automobilfabrikant Henry Ford gibt, sind Hitlers außenpolitische Überlegungen. In einem zweiten Buchmanuskript, das zu seinen Lebzeiten nicht mehr veröffentlicht wird, legt er sie ja gerade Ende der zwanziger Jahre noch einmal nieder. Dazu Heß[68]: »Der Tribun denkt viel an den seines Erachtens über kurz oder lang kommenden Krieg zwischen England und Amerika, bei dem sich Deutschland auf die Seite Englands schlagen müßte – natürlich unter einer Reihe von Bedingungen.« Später wird die Welt erfahren, welcher Art diese Bedingungen sind: Sie beinhalten die Revision des Versailler Vertrages. Ihre Erfüllung würde Deutschland wieder den Rang einer europäischen Großmacht zurückgeben.

Die Erwartung eines amerikanisch-englischen Krieges ist keine bloße Spinnerei – sie wird Ende der zwanziger Jahre auf beiden Seiten des Atlantiks verschiedentlich geäußert. Die USA, vor dem Ersten Weltkrieg der Netto-Schuldner der Welt, sind nach dem Ersten Weltkrieg zum Netto-Gläubiger der Welt aufgestiegen. Mit ihrer ständig wachsenden Wirtschafts- und Finanzmacht haben sie

[67] ebda., S. 391.
[68] Nr. 388: Rudolf Heß 18. 12. 1928 Klara u. Fritz Heß, S. 395.

– über Kriegskredite, Nachkriegsanleihen und Direktinvestitionen – in Europa ungeheuer an Einfluß gewonnen. Handelspolitisch steht ihrer Welthegemonie eigentlich nur noch das britische Empire im Wege – und die britische Flotte, vom Sonderfall des bolschewistischen, von Wirtschaftsnöten geplagten, weitgehend von der Außenwelt abgeschnittenen Rußland Stalins einmal abgesehen.

Zur Verdeutlichung von Hitlers außenpolitischen Vorstellungen, die seit den frühen zwanziger Jahren um eine deutsch-englische Achse kreisen, fügt Rudolf Heß hinzu: »Die Begründung [einer Parteinahme Deutschlands für England im Kriegsfalle – D. B.] der Wilson-Nation gegenüber würde ebenso lauten, wie deren Begründung beim Eintritt in den Ersten Weltkrieg: ›Aus einer Reihe von Gründen liegt für uns auf dieser Seite das bessere Geschäft!‹«

Heß ist davon überzeugt: »Der Tribun am Steuer [des Deutschen Reiches – D. B.] würde bestimmt mit der deutschen Sentimentalität in außen- und innenpolitischer Beziehung gründlich aufräumen! Was ihn nicht hinderte, kulturelle Leistungen ersten Ranges auf vielen Gebieten zu vollbringen. Als Architekt hat er den Ausbau Berlins zur großen Metropole des neuen deutschen Reiches schon im Kopfe – zum Teil auch in wundervollen Einzelentwürfen zu Papier gebracht. Solch' alles überragende Metropole allein könnte als unbestrittener Mittelpunkt den Hang zur Einzel- und Kleinstaaterei endgültig überwinden. – Wir haben oft gelacht – aber doch mit ernstem Unterton – wenn er, mit uns durch Berlin gehend, das er wie seine Westentasche kennt, mit einer Handbewegung alte und unschöne Häuserblocks niederlegte, damit vorhandene oder erst recht kommende Bauten mehr freien Raum zur besseren Wirkung haben. ›ERBAUT IM DRITTEN JAHRE DES NATIONALSOZIALISMUS‹, so wird die Inschrift einst ... lauten. Voraussetzung bei all' den Plänen ist natürlich, daß man sich so oder so wieder holt, was an materiellen Gütern in den Jahren der heutigen Republik [an die Siegermächte des Ersten Weltkrieges – D. B.] abgeliefert wurde. Und daß dies der Fall sein wird, die Überzeugung habe ich, je genauer ich die Art dieses Feuerschädels, der doch wieder so kühl und nüchtern berechnend sein kann, kennenlerne und in der Weiterentwicklung verfolge.«[69]

Schwer zu sagen, wie diese Sätze zu deuten sind. Schwebt Hitler 1928/29 eine friedliche Entwicklung Deutschlands an der Seite Englands vor, in der er seiner Lust an der architektonischen Gi-

[69] ebda., S. 395f.

gantonomie in Berlin frönen kann, oder will er den Krieg? Oder will er den Krieg nur, wenn dieser England von Amerika aufgezwungen wird? Oder will er – wie Amerika von 1914 bis 1917 – auch in einem solchen Krieg möglichst lange neutral bleiben, um die deutschen Energien für die Schaffung eines Lebensraumes im Osten aufzusparen – sein eigentliches Ziel? »Voraussetzung bei all' den Plänen ist natürlich, daß man sich so oder so wieder holt, was an materiellen Gütern in den Jahren der heutigen Republik abgeliefert wurde«, schreibt Heß[70]. Dieses »so oder so« klingt verdächtig. Es kann eigentlich nur bedeuten: auf dem Verhandlungswege oder, wenn es nicht anders geht, durch Krieg.

Der Young-Plan – diese neue amerikanische Initiative, die europäischen Wirtschafts- und Finanzprobleme in den Griff zu bekommen, ohne das Grundproblem, den ruinösen Kreislauf von deutschen Reparationen, englisch-französischen Kreditrückzahlungen und amerikanischen Anleihen zu durchbrechen – bringt Hitler und Heß der Macht einen entscheidenden Schritt näher. »Der Tag wird kommen, da das [deutsche] Volk selbst seine Geschicke in die Hand nimmt, durchaus entsprechend der Verfassung, aber nicht im Sinne der Verfasser«, höhnt Rudolf Heß in einem Brief vom 23. Oktober 1929.[71]

Die dann gerade ausbrechende Weltwirtschaftskrise macht den Aufstieg Hitlers zum Reichskanzler in einer gewissen Weise unvermeidlich. Haben die Nationalsozialisten nicht schon immer gesagt, daß sich die internationale Ausplünderung Deutschlands eines Tages bitter rächen würde? Der schlechte Lauf der Dinge in der Wirtschaft und bei den Finanzen verleiht ihrer steil ansteigenden Erfolgskurve den Charakter der politischen Zwangsläufigkeit. Jedenfalls für Rudolf Heß, der seinen Eltern am 14. Mai 1930 triumphierend schreibt[72]: »Unsere Gegner wissen nicht mehr recht, was sie machen sollen. Sie fühlen, daß unser Vormarsch unaufhaltsam ist. Alles schlägt gegen sie aus. Sie dachten uns zu schaden, indem sie uns ›endlich mal‹ zur ›positiven Arbeit‹, zum ›Mittragen der Verantwortung‹ in Thüringen heranzogen. Und siehe da, wieder wurde es zu einem Erfolg für uns!«

Dennoch staunt Heß nicht schlecht, wie hoch das Ansehen Hitlers und der NSDAP nach der siegreichen Reichstagswahl im Septem-

[70] ebda., S. 396.
[71] Nr. 389: Rudolf Heß 23. 10. 1929 Fritz Heß, S. 397.
[72] Nr. 396: Rudolf Heß 14. 05. 1930 Klara u. Fritz Heß, S. 403.

ber 1930 plötzlich gestiegen ist[73]: »Wir sind plötzlich ›hoffähig‹ geworden. Leute, die früher einen großen Bogen um H[itler] machten, ›müssen‹ ihn plötzlich sprechen. In- und ausländische Presse-[vertreter] laufen [ihm] die Türen ein . . . Prominenteste Wirtschaftsführer bitten heimlich und leise um eine Zusammenkunft . . . Und Mitglieder treten bei!«

Rudolf Heß muß es schließlich wissen. Ab März 1931 sitzt er in Hitlers Vorzimmer im »Braunen Haus« zu München. »Mein Zimmer hat ein Fenster auf die Brienner Straße«, berichtet er seinen Eltern, die inzwischen wieder nach Ägypten zurückgekehrt sind, »[es] ist sehr schön, licht und luftig. Ich hab's mir extra ganz einfach machen lassen – hatte direkt einen Kampf mit dem Reichsschatzmeister [der NSDAP], der es auch recht schön einrichten wollte. – Damit nicht die Besucher den Eindruck bekommen, daß wir in der Zentrale im Luxus sitzen. Das Zimmer des Führers sticht um so mehr als Repräsentationsraum ab.«[74]

Persönlich ist der 37jährige Rudolf Heß ganz der alte geblieben – eher bescheiden in seinem Auftreten, von Selbstironie nicht frei und zu allerlei Eskapaden neigend. So will er sich ausgerechnet jetzt, da Hitler an die Macht strebt und die NSDAP in Preußen Uniformverbot hat, auf einem Flug mit seiner Parteimaschine umziehen und dann zur Verblüffung der Menge, mit dem Braunhemd bekleidet, vor Hitler hintreten. Seine Mutter redet ihm diese »Hanswurstiade« aus. Ein anderes Mal handelt sich Heß von der Polizei in Hannover ein Strafmandat ein, als er im Tiefflug über eine Kundgebung des Reichsbanners Schwarz-Rot-Gold hinwegbraust, um sie zu stören.

So tierisch ernst nimmt er die Dinge nicht. Andererseits finden sich in der Korrespondenz dieser 25 entscheidenden Jahre keinerlei Anzeichen dafür, daß Rudolf Heß, wie spätere Betrachter ohne genauere Kenntnis seiner persönlichen Entwicklung leichtfertig formulieren, ein für totalitäre Haltungen anfälliger Zwangsneurotiker gewesen ist. Absolut nüchtern und rational beschreibt er am 3. September 1931 Hitlers Weg zur Macht[75]: »H[itler] ist jetzt mehr in Berlin als in München. Er hat es sich zur Aufgabe gesetzt, die noch vorhandenen Stützen der jetzigen Regierung in Industrie und Bankwelt zum Wanken zu bringen. Er betreibt dies mit gro-

---

[73] Nr. 398: Rudolf Heß 24. 10. 1930 Fritz Heß, S. 405f.

[74] Nr. 401: Rudolf Heß 10. 03. 1931 Klara u. Fritz Heß, S. 408f.

[75] Nr. 407: Rudolf Heß 03. 09. 1931 Klara u. Fritz Heß, S. 413.

ßem Erfolg. Sogar führende Bankleute haben sich nun dahin geäußert, daß H[itler] der einzige sei, der die Lage noch retten könne.« Kein Wunder, mit dem großen Bankenkrach erreicht die Weltwirtschaftskrise auch in Deutschland gerade ihren Höhepunkt.

Britische Konservative, über das anmaßende Frankreich verstimmt, lassen Hitler wissen, sie würden unter ihm auf Deutschland als Gegengewicht setzen. Führende Unternehmer und Bankiers bedrängen Reichskanzler Brüning, Hitler doch wenigstens in seine Regierung aufzunehmen. Hitler fordert als Gegenleistung Neuwahlen, die der NSDAP, so verzweifelt wie die Dinge jetzt in und um Deutschland stehen, sofort riesige Stimmengewinne bringen würden. »Er kann es sich leisten, durchaus sich auf den Boden der Verfassung zu stellen, während die anderen sich mit Artikel 48 über die Verfassung kühl hinwegsetzen«, kommentiert Rudolf Heß die Entwicklung[76].

Am 14. Oktober 1931 wird der NSDAP-Führer zum erstenmal von Reichspräsident Hindenburg empfangen. Damit erklimmt er eine weitere Stufe auf dem Weg zur Macht. Zwar wird Hitler weder in die Regierung Brüning noch in die Regierungen Papen und Schleicher einbezogen. Er verliert die Reichspräsidentenwahl im Frühjahr 1932, und seine Partei muß bei den Reichstagswahlen im November 1932 sogar eine empfindliche Schlappe hinnehmen. Die aber hindert Hindenburg nicht, Adolf Hitler, der inzwischen die ganze Macht fordert, am 30. Januar 1933 zum Kanzler des Deutschen Reiches zu ernennen.

Rudolf Heß muß sich zwicken, um zu erkennen, ob er träumt oder wacht – er hat offenkundig Schwierigkeiten, sich auf die neue Lage einzustellen, die er bis eben noch für unmöglich gehalten hat. Am Tage nach der sogenannten »Machtergreifung« schreibt er seiner Frau Ilse aus der Reichskanzlei am Berliner Wilhelmsplatz[77]: »Ich sitze im Arbeitszimmer des Kanzlers . . . Ministerialbeamte nähern sich auf weichen Teppichen geräuschlos . . . Draußen steht die Menge geduldig Kopf an Kopf und wartet . . . stimmt das Deutschlandlied an und bringt Heilrufe auf den ›Führer‹ oder auf den ›Reichskanzler‹ aus. Und dann durchschüttelt es mich wieder, und ich muß die Zähne aufeinanderbeißen . . .«

Die Zähne aufeinanderbeißen – das muß Rudolf Heß immer, wenn es ihn in existenzieller Weise packt – im Schützengraben, wenn er

[76] Nr. 408: Rudolf Heß 09. 09. 1931 Fritz Heß, S. 414.
[77] Nr. 422: Rudolf Heß 31. 01. 1933 Ilse Heß, S. 424f.

eine von Hitlers mitreißenden Reden hört oder jetzt im Vorhof der Macht. In den letzten Januartagen des Jahres 1933 erfüllt sich für Hitler und Heß ein Traum, den sie erstmals in den düsteren Novembertagen des Jahres 1918 träumten – der Traum vom Wiederaufstieg Deutschlands zu Ehre, Größe und Macht. Diesen Traum träumten sie, als sie ihre Waffen gegen England und Frankreich sinken ließen. Diesen Traum träumten sie, als sie in München 1923 die »nationale Revolution« ausriefen. Diesen Traum träumten sie jetzt, als sie im Kanzlerzimmer der Berliner Reichskanzlei saßen.

Wir wissen heute, daß daraus ein Alptraum wurde – ein Alptraum nicht nur für Juden, Russen oder Franzosen, sondern auch für uns Deutsche. Wir suchen nach einer schlüssigen Erklärung. Aber wir finden sie nicht, vermutlich, weil es viele Erklärungen gibt. *Eine* Erklärung liegt sicher in der Natur der Menschen, die sich Nationalsozialisten nannten, in ihren Motiven und Zielen. Einer von ihnen war und ist Rudolf Heß. Wenn wir ihn besser verstehen, werden wir auch die deutsche Geschichte besser verstehen. Aber wir werden dann auch verstehen, daß die deutsche Geschichte ein Teil jenes großen Verhängnisses ist, in dessen Schatten wir noch heute leben.

So möchte ich an den Schluß dieser Einleitung die Worte stellen, die Jacob Burckhardt, der große Schweizer Geschichtslehrer, einst für den Zusammenhang zwischen National- und Weltgeschichte fand: »Das wahrste Studium der vaterländischen Geschichte wird dasjenige sein, welches die Heimat in Parallele und Zusammenhang mit dem Weltgeschichtlichen und seinen Gesetzen betrachtet, als Teil des großen Weltganzen, bestrahlt von denselben Gestirnen, die auch anderen Zeiten und Völkern geleuchtet haben, und bedroht von denselben Abgründen und einst heimfallend derselben ewigen Nacht.«

Reinbek, im März 1987 — Dirk Bavendamm

Teil I

Jugendjahre

1908–1914

Die »gute alte Zeit« – hat es sie jemals gegeben? Wenn ja, dann vielleicht in jenen Jahren, die zwischen dem Rücktritt Bismarcks und dem Ausbruch des Ersten Weltkrieges lagen. Mitten in diesem Vierteljahrhundert, 1894, wurde Rudolf Heß in Alexandrien/Ägypten als Sohn einer deutschen Kaufmannsfamilie geboren, die es durch ihr Handelsgeschäft zu einigem Wohlstand gebracht hatte. Der Knabe war erst 14 Jahre alt, als er zwecks Aneignung einer höheren Bildung auf ein Internat in Bad Godesberg gegeben wurde.
Hätte er sich damals schon für Politik interessiert, hätte der junge Rudolf Heß die Spätzeit des deutschen Kaiserreichs noch bewußter miterleben können. Hätte er gewollt, dann hätte er auch die verschiedenen Reichskanzler kommen und gehen sehen. Und ohne Zweifel hätte er dann auch die diversen Affären, Krisen und Beinahe-Kriege wahrgenommen, die schließlich zum Ersten Weltkrieg führten.
Aber der junge Rudolf Heß interessierte sich gar nicht für Politik, jedenfalls nicht über das Maß hinaus, das für einen Jungen seines Alters, der aus großbürgerlichem Hause stammte, damals typisch war. Außerdem war das, was er aus eigener Anschauung hätte beobachten können – die Reichstagsdebatten, Paraden und kaiserlichen Proklamationen – auch gar nicht so entscheidend. Das war nur ein Kräuseln an der Oberfläche, das ein großer Wind auslöste, ein großer Wind der Veränderung, der sich nachher, in Krieg und Nachkrieg, zum Sturm auswuchs, zu einem wahren Orkan, der alles, woran zwei oder drei Generationen von Deutschen geglaubt, wofür sie gekämpft und gelitten hatten, fast über Nacht hinwegfegte.
Woher kam dieser Wind? Schwer zu sagen. Manchen schien es so, als wehte er aus jenen gesellschaftlichen Abgründen, die damals noch die verschiedenen Bevölkerungsschichten voneinander trennten – den Adel vom Bürgertum und beide zusammen von den rasch anwachsenden Arbeitermassen. Anderen wiederum kam es so vor, als wehte der Wind von Frankreich herüber, das die schmachvolle Niederlage von 1870/71 nicht vergessen konnte, oder aus den eisigen Weiten des slawischen Rußlands, das an die warmen Meere drängte. Nur einigen wenigen wurde damals schon klar, daß der große Wind der Veränderung über den Nordatlantik wehte.
Man mag es Tragik oder Schicksal nennen – Tatsache ist, daß sich die Vereinigten Staaten von Amerika und das deutsche Kaiserreich fast gleichzeitig zu Großmächten entwickelten. Oder doch zumindest zu Mächten, die das Zeug hatten, die Weltmacht England gemeinsam von der Spitze der Pyramide zu verdrängen. Unüberhörbar meldeten die beiden Mächte ihre Führunganspruche an – die Vereinigten Staaten von Amerika, indem sie die westliche Hemisphäre zur eigenen Interessenzone er-

klärten, und das Deutsche Reich, indem es neben England, neben Frankreich und natürlich vor oder neben Rußland für sich einen »Platz an der Sonne« beanspruchte. Aber leider kamen Amerika und Deutschland damals nicht zusammen – noch nicht. Anderenfalls wäre der Welt viel Leid erspart geblieben.
Der große Unterschied zwischen den beiden Mächten: Die Amerikaner hatten es leichter als die Deutschen. Es gab weder in Nord- noch in Südamerika irgendeine Macht, die den Amerikanern den Platz an der Sonne hätte streitig machen können. Sie nahmen ihn mit einer Selbstverständlichkeit ein, als hätte ihnen der liebe Gott eine Weltmachtrolle zugewiesen. Und sie hatten auch den Bewegungsspielraum, die wirtschaftliche Kraft und die Gabe einer sympathischen Selbstdarstellung, um sich immer mehr auszubreiten – bis in den Pazifik und nach China hinein.
Preußen-Deutschland, ohnehin ein Gebilde von mühsam hochgezüchteter Zerbrechlichkeit, hatte es da sehr viel schwerer. Es hatte zwar mit seiner Einigung 1871 die unscharfe Grenze zwischen einer europäischen Mittelmacht und einer europäischen Großmacht überschritten, und nichts in der Welt – schon gar nicht die deutsche Politik nach Bismarck – konnte diesen Schritt ungeschehen machen, es sei denn, man hätte das Deutsche Reich wieder aufgelöst.
Kein Zweifel, daß dies im Interesse aller anderen europäischen Mächte gelegen hätte und im Interesse mancher Deutschen. Im Interesse Frankreichs, weil Deutschland die kontinentale Stellung Frankreichs bedrohte. Im Interesse Englands, weil Deutschland die maritime Stellung Englands bedrohte. Und im Interesse Rußlands, das nicht allein einem übermächtigen Deutschland gegenüberstehen wollte. Sogar im Reich selbst gab es politische Kräfte, die gegen das Reich waren, sofern es in der Form einer bürgerlichen, militärisch starken und wirtschaftlich expansiven Monarchie weiterbestehen wollte.
Im Gegensatz zu den Vereinigten Staaten hatte das deutsche Kaiserreich also viele interne und externe Gegner. Aber ihr größter Gegner waren auf die Dauer doch die Vereinigten Staaten. Gar nicht einmal so sehr in politischer Hinsicht, wenn man von Zwischenfällen absieht wie der Samoakrise oder von der Konferenz von Algeciras, auf der US-Präsident Theodore Roosevelt allerdings zum ersten Mal das amerikanische Gewicht in die europäische Waagschale legte, bezeichnenderweise zuungunsten Deutschlands.
Sicher, es gab immer wieder Ärgernisse und Zwistigkeiten zwischen Washington und Berlin. Die ganze politische Richtung, die Deutschland seit der vergeblichen Revolution von 1848 eingeschlagen hatte, paßte vielen amerikanischen Demokraten und Republikanern nicht. Manche von ihnen fürchteten schon zur Jahrhundertwende, die deutsche Flotte könnte eines Tages den stählernen Riegel der britischen Flotte durchbrechen, in dessen Schutz die Vereinigten Staaten groß und stark geworden waren.
Aber die Interessenkonflikte, Pressefehden und Notenwechsel, die quer über den Atlantik gingen, waren eher Randerscheinungen. Oder besser

gesagt: Sie waren der Ausdruck für etwas, was sich im Hinter- und Untergrund der gegenseitigen Beziehungen abspielte. Gemeint ist keine finstere internationale Verschwörung zwischen Kapitalisten, Katholiken und Kommunisten, wie sie deutschvölkische Kreise in ihrer Aufregung über den verlorenen Krieg von 1918/19 zusammenphantasierten. Gemeint sind vielmehr jene »überstaatlichen Mächte«, die General Erich Ludendorff einmal in einer Rückschau auf die letzten beiden Kriegsjahre diagnostizierte.

Der frühere Generalquartiermeister der Obersten Heeresleitung vermutete diese Mächte zwar nebulös irgendwo zwischen Vatikan und Weißem Haus – ihm fehlte für seine Zeit noch das richtige analytische Verständnis. Aber obwohl sich Ludendorff später in einer abseitigen weltanschaulichen Ecke verrannte, hatte er – vielleicht nur zufällig – den Nagel doch auf den Kopf getroffen.

Will sagen: Was mit den Vereinigten Staaten von Amerika vor dem Ersten Weltkrieg in die Weltpolitik kam, waren Mächte, die sich überhaupt nicht mehr um irgendwelche Staatsgrenzen, Staatsformen oder Staatsmänner scherten – schon gar nicht um so bizarre Gebilde, Dynastien und Gestalten wie Preußen-Deutschland, die Hohenzollern-Monarchie oder Kaiser Wilhelm II., die der kommerziell ausbeutbaren Verbreitung des »American way of life« nur hinderlich im Wege standen. Es waren Mächte, die mit einer Mischung aus Nonchalance und Härte über sämtliche Grenzen, Umgangsformen und Menschenschicksale hinwegschritten. Ihre ebenso ungreifbaren wie wirkungsvollen Bewegungen riefen jenen großen Wind der Veränderung hervor, der in Deutschland, gerade in Deutschland – zusammen mit dem unglücklich geführten Krieg – über Nacht alles hinwegfegte, was sich bis dahin bei den meinungsführenden, besitzenden und auch kulturell stilbildenden Schichten an Maßstäben, Grundsätzen und Lebensweisen eingebürgert hatte.

Was waren das für Mächte? Für die Nationalsozialisten war es das »internationale Finanzjudentum«. Für die Linkssozialisten war es das Großkapital. Für die betulichen deutschnationalen Bildungsbürger war es die amerikanische Sensationspresse, die plötzlich überall ausbrechende Sucht nach Sport, Nervenkitzel und Kosmetik und die sich allenthalben breitmachende Gier nach Geld, Publicity und Hollywood-Filmen. Die »überstaatlichen Mächte« hatten also viele Namen. Aber sie hatten eines miteinander gemeinsam: Sie waren meistens anonym und daher nur schwer zu fassen, nur schwer verständlich.

Natürlich wurden auch die anderen europäischen Länder von diesen Mächten in Mitleidenschaft gezogen. Auch hier löste der große Wind der Veränderung, der über den Atlantik wehte, Erosionen in den gewachsenen Kulturen aus, die konservative, nationale und kulturell selbstbewußte Kreise in Wien, Paris, London oder Rom alles andere als erbaulich fanden. Aber der große Unterschied zwischen England und Frankreich einerseits, Deutschland und Österreich-Ungarn andererseits war der: Die anderen hatten den Krieg gewonnen. Deswegen machten ihnen die Veränderungen nicht so viel aus. Dagegen hatten sie auf das geschlagene, gedemütigte und politisch enthauptete Deutschland eine so verheerende Wirkung.

Von diesem großen Wind der Veränderung war vor dem Ersten Weltkrieg noch relativ wenig zu spüren – kaum mehr als ein Hauch, ein lindes Lüftchen, manchmal auch eine Brise, die liberal, progressiv und urban eingestellte Menschen hierzulande als erfrischend empfanden. Aber in Wahrheit waren es die Vorboten eines epochalen Unwetters, das sich vor 1914 über Europa zusammenbraute, erste Böen eines politischen, wirtschaftlichen und kulturellen Taifuns, der nach 1918/19 – zusammen mit der inzwischen ausgebrochenen russischen Revolution – weltweit zu einer einschneidenden Klimaveränderung führte. Und das Auge dieses Taifuns lag über Deutschland – der Mitte Europas.

Der Zeitgeist wandelte sich unter amerikanischem Einfluß, und er wandelte sich in einer Richtung und Weise, die besonders dem Deutschen Reich, so wie es sich nun einmal als politische Kultur inmitten Europas etabliert hatte, zuwider war. Nicht umsonst sprach man vor 1914 von »Gewitterluft«, wenn man die europäisch-deutsche Atmosphäre meinte. Es war schwül, auf eine unfaßliche Weise drückend, das politische Wetter in Europa. Alle Welt sah das Unheil kommen, das der amerikanische Diplomat George Kennan einmal die »Urkatastrophe des 20. Jahrhunderts« nannte. Kein Wunder, daß die deutsche Politik nervös reagierte.

Der deutsche Kaiser war sicher kein Genie der politischen Führung, und auch über seine Ratgeber gehen die Meinungen weit auseinander. Selbst die Reichsregierungen der Vorkriegszeit, wiewohl von rechtschaffenen Männern geführt, beschrieben mit ihrer Politik keine Ruhmesblätter. Aber was hätten sie wirklich anders machen können? Keine Flottenrüstung? Keine wirtschaftliche Expansion nach Ostmitteleuropa? Kein »Griff nach der Weltmacht«, wie der Historiker Fritz Fischer die weltpolitischen Gehversuche des Deutschen Reiches im Vorfeld des Ersten Weltkrieges einmal nannte?

Sicher wurden viele Fehler gemacht. In allem, was der Kaiser und seine Regierungen in der Zeit vor dem ersten großen Krieg dieses Jahrhunderts sagten, taten oder unterließen, kann man kaum etwas wirklich Ingeniöses finden. Vieles davon war ungeschickt, überflüssig oder einfach unintelligent. Jedenfalls vermittelt es dem Betrachter aus der Rückschau kein wirklich überzeugendes Bild von einer deutschen Führungsleistung. Aber war das rhetorische Säbelrasseln, der Aufbau einer »Risikoflotte« und das Streben nach einem blockadefesten, verteidigungsfähigen und wirtschaftlich autarken Großraum, das die deutsche Politik vor dem Ersten Weltkrieg kennzeichnete, wirklich so ganz und gar unverständlich?

Die Antwort auf diese Frage hängt von dem politischen Standort desjenigen ab, der sie gibt. Sicher wird ein Marxist, Sozialist oder Pazifist keinerlei Gefallen an der martialischen, expansiven und zumindest verbal aggressiven Politik des deutschen Kaiserreichs finden. Und das ist auch nicht unverständlich. Der Historiker aber, der die damaligen Abläufe aus einem Abstand von mehreren Jahrzehnten betrachtet, muß jede Anstrengung machen, die nötig ist, um sich über rein parteipolitische Standpunkte zu erheben – es sei denn, er will erklärtermaßen »parteiliche« Geschichte schreiben.

Das ist unsere Sache nicht – und zwar gerade angesichts der Folgen nicht, die der Erste Weltkrieg für Deutschland und die ganze Welt hatte. Diese Folgen bestanden, grob vereinfacht, aus einem Zweiten Weltkrieg, der bei allen Unterschieden in der Verursachung, im Verlauf und im Ergebnis das operative Grundmuster des Ersten Weltkrieges doch in einer geradezu frappierenden Doppelung wiederholte. Wenn aber ein Jahrhundert wie das unsere innerhalb einer Generation zwei Kriege dieses schrecklichen Ausmaßes erlebt – wobei der Zweite Weltkrieg den Ersten an Grausamkeit noch bei weitem überbot –, sollte man eher nach den Gemeinsamkeiten als nach den Unterschieden fragen.

Die wichtigste Gemeinsamkeit zwischen dem Ersten und dem Zweiten Weltkrieg besteht darin, daß Deutschland von vornherein keine wirkliche Siegeschance hatte. Es mag zwar sein, daß sich der Kaiser oder die Alldeutschen vor 1914 etwas anderes einbildeten, und Hitler hat nach dem siegreichen Frankreichfeldzug von 1940 vielleicht wirklich von einem großgermanischen Weltreich geträumt. Das mag alles so sein. Aber es ändert nichts an der Tatsache, daß sowohl das kaiserliche als auch das nationalsozialistische Deutschland schon vor 1914 und vor 1939 übermächtigen Koalitionen gegenüberstanden. Und die Macht, die diese Koalitionen schließlich zum Siege führte, waren in beiden Fällen die Vereinigten Staaten.

Lassen wir einmal die Vorgeschichte des Zweiten Weltkrieges beiseite – es würde zu weit führen, hier alle Parallelen zur Vorgeschichte des Ersten Weltkrieges aufzuzeigen. Wann wollen wir aber dessen Vorgeschichte beginnen lassen? Mit der Juli-Krise des Jahres 1914? Oder mit der zweiten Marokko-Krise von 1911? Oder mit der »Daily-Telegraph«-Affäre des Jahres 1908, als Rudolf Heß von Ägypten nach Deutschland herüberkam? Oder müssen wir noch weiter in die Vergangenheit zurückgreifen? Auf diese Frage gibt es viele mögliche Antworten, die wir hier nicht alle abhandeln können. Nur eines ist sicher: Die Vorgeschichte des Ersten Weltkrieges war keine Einbahnstraße, die nur von den Deutschen befahren wurde.

Wenn wir von allen Einzelheiten absehen – als »Schnee von gestern« sind sie längst zu Eisklumpen der historischen Überlieferung erstarrt –, dann sehen wir in den Jahren vor 1914 folgendes Grundmuster: Da ist das geeinte, starke und expansive Deutsche Reich in der Mitte Europas – und da sind alle übrigen Mächte, die dieses Faktum mit einem gewissen Argwohn betrachten. Denn das »europäische Gleichgewicht« – jene politische Fiktion, mit deren Hilfe England bis dahin die Welt regiert hatte – stand seit 1870/71 auf dem Spiel.

Wie konnte dieses »Gleichgewicht« aus der Balance gebracht werden? Entweder dadurch, daß sich das Deutsche Reich, seinem politischen, wirtschaftlichen und auch militärischen Schwergewicht wie dem Gravitationsgesetz folgend, dem Status einer Weltmacht friedlich annäherte. Oder dadurch, daß es dies auf kriegerische Art und Weise tat. Welchen Weg Deutschland einschlagen würde, darüber gingen die Meinungen überall in der Welt weit auseinander. Vor allem aber in England und in den Vereinigten Staaten von Amerika.

Stark vereinfacht, gab es hier wie dort zwei ganz verschiedene Lager – nur mit dem kleinen Unterschied, daß es in Amerika damals wie heute große Teile der Bevölkerung gibt, die sich für ihre Außenwelt überhaupt nicht interessieren: Das eine Lager war von der Notwendigkeit eines großen, starken und auch expansiven Deutschlands überzeugt, oder es war wenigstens bereit, die Entwicklung des Reiches zur europäischen Hegemonialmacht hinzunehmen. Dieses Lager war die »Friedenspartei« – zum Frieden mit Deutschland bereit, sofern auch Deutschland friedlich blieb.

Das andere Lager aber war weder von der Notwendigkeit noch von der Friedlichkeit der deutschen Entwicklung überzeugt – es sah in dem Reich von 1871 einzig und allein eine ständig wachsende Gefahr, die, wenn sie einen bestimmten quantitativen und qualitativen Grenzwert überschritt, das Machtinstrument zu zerbrechen drohte, mit dessen Hilfe die Welt vor 1914 regiert wurde: die englische Weltherrschaft zur See. Dieses Lager war die »Kriegspartei« – zum Krieg gegen Deutschland bei der nächsten sich bietenden Gelegenheit entschlossen.

Die englische Weltherrschaft zur See konnte Deutschland auf zweierlei Weise bedrohen: indem es zur Hegemonialmacht auf dem europäischen Kontinent wurde, oder indem es eine der Grand Fleet vergleichbare Kriegsmarine aufbaute. Von beiden Möglichkeiten war Deutschland zwar 1914 noch ziemlich weit entfernt – trotz Bagdad-Bahn und Schlachtkreuzerbau. Das hinderte die anglo-amerikanische Kriegspartei indessen nicht daran, die »deutsche Gefahr« aus jedem beliebigen Anlaß in den grellsten Farben auszumalen.

Diese Anlässe konnten so harmlos sein wie eine Parade des preußischen Garde du Corps Unter den Linden in Berlin oder so alarmierend wie die Krüger-Depesche – ganz gleich: Immer blieb etwas am deutschen Kaiserreich hängen, und so setzte sich in großen Teilen der Weltöffentlichkeit langsam, aber sicher das erwünschte Zerrbild eines kriegslüsternen, bis an die Zähne bewaffneten und auf allerlei kriminelle Untaten fixierten Deutschlands fest.

Um jedes Mißverständnis zu vermeiden, soweit man Mißverständnisse bei Lesern vermeiden kann, die diese Zeilen mißverstehen wollen: Wir bestreiten nicht, daß »das deutsche Wesen«, an dem bekanntlich die Welt genesen sollte, seine gefährlichen Untiefen hatte. Wenn der Aufstieg Deutschlands zur europäischen Großmacht seit 1870/71 jemandem unheimlich war, dann war er es den Deutschen. Viele von ihnen wußten oder ahnten zumindest, was sie sich mit dem Bismarck-Reich an Verantwortung für den Frieden in Europa und in der Welt aufgeladen hatten. Viele litten darunter sogar.

Aber das war nur das eine. Das andere war, was die anderen Mächte dieser Welt aus ihrer Verantwortung für den Frieden machten. Bei Frankreich und Rußland lag es auf der Hand – sie wollten das Deutsche Reich so schnell wie möglich wieder ungeschehen machen. Es war ihnen zu unbequem, und es bildete für sie als Macht, die im Zentrum Europas lag, auch eine objektive Gefahr, je länger, desto mehr. Aber England schwankte – und mit ihm schwankte Amerika.

Dieses Schwanken zwischen Friedensvermittlung und Kriegseintritt setzte sich bis zum Jahre 1917 fort. England erklärte Deutschland erst dann den Krieg, als dieses die belgische Neutralität verletzt hatte. Und die USA traten erst dann in den Krieg ein, nachdem Deutschland den uneingeschränkten U-Boot-Krieg eröffnet hatte. Die Zeitpunkte und die Anlässe waren jeweils verschieden. Gleich war in beiden Fällen jedoch die verlockende Möglichkeit, Deutschland als Aggressor vor aller Welt bloßzustellen und damit ein schon lange gehegtes Feindbild wirkungsvoll zu erhärten. Und von dieser Möglichkeit wurde in England und Amerika auch ausgiebig Gebrauch gemacht – bis weit über den Krieg hinaus.

Im Grunde genommen ist es jedoch gar nicht so wichtig, wann die endgültige Entscheidung zwischen der Kriegs- und der Friedenspartei in England und in den Vereinigten Staaten fiel. Wichtig ist dagegen, daß England 1912 – nach Verabschiedung des dritten Flottenbauprogrammes in Berlin – seinen sogenannten »Two-Power-Standard« verlor. Das heißt: Die Weltmacht England konnte Amerika von da an nicht mehr garantieren, daß es in der Lage war, gleichzeitig zwei Seemächten siegreich zu widerstehen. Da sich in jenen Jahren außer Deutschland auch die Vereinigten Staaten von Amerika eine beachtliche Flotte zulegten, waren die Tage der britischen Weltherrschaft gezählt. Der Rest der politischen Entwicklung blieb mehr oder weniger dem Zufall überlassen.

Und an Zufälligkeiten reich war die Entwicklung bis zum Kriegsausbruch am 1. August 1914 allemal. Der Platz reicht nicht aus, sie hier alle aufzuzählen. Und doch wohnte dieser Entwicklung eine für uns Deutsche furchterregende, eine niederschmetternde, eine geradezu schicksalhafte Zwangsläufigkeit inne: Mit jedem Jahr, das verging, wurde das Reich in der Mitte Europas größer, stärker und expansiver – nicht unbedingt einiger, denn die Entwicklung des Wilhelminischen Deutschland war innerhalb der eigenen Grenzen auf das heftigste umstritten.

Aber seine Fähigkeit nahm doch wenigstens dem äußeren Anschein nach zu, beides auf einmal zu tun, vor dem sich die Welt nach allem, was die anglo-amerikanische Kriegspartei über dieses scheinbar so barbarische, rückständige und kriegslüsterne Land inzwischen verbreitet hatte, am meisten fürchten mußte: Das Reich konnte die Hegemonie über den europäischen Kontinent an sich reißen, und es konnte die britische Weltherr-

schaft zur See brechen. Zumindest würde ihm das eine genügen, um das andere zu erreichen.

Und so nahm denn das Schicksal seinen Lauf: England schloß mit Frankreich eine Flottenkonvention, und es aktivierte die Entente. Die Dritte Republik, mit Rußland schon seit 1892 gegen unprovozierte Angriffe verbündet, schloß mit dem Zarenreich ebenfalls eine Marinekonvention, und Deutschland – von dem Anblick des sich schließenden Ringes zwischen Nachgiebigkeit und verbissenem Trotz hin- und hergerissen – geriet langsam aber sicher in die Isolierung. Was ihm blieb, war der Dreibund mit Österreich-Ungarn und Italien, zwei unsicheren Kantonisten, von denen der eine bereits das Kainsmal des drohenden Unterganges auf der Stirne trug, während der andere es vorzog, ab 1915 auf der Seite von Deutschlands Gegnern zu kämpfen.

»Wann immer England zustimmt, werden Frankreich und Rußland über Deutschland und Österreich herfallen«, notierte sich Oberst House im Sommer 1914. House war der engste Berater von US-Präsident Woodrow Wilson, der die USA drei Jahre später in den Weltkrieg führte. Angeblich hielt sich der Oberst in Europa auf, um zwischen den Mächten zu vermitteln – ein offenbar nicht ganz ernst gemeintes Vorhaben, denn der Amerikaner kam in bezug auf das deutsch-englische Verhältnis zu dem Ergebnis, daß »es für uns einige Nachteile bedeuten würde, wenn sich die beiden zu nahe kommen«. Eine deutsch-englische Verständigung durfte es nach der Überzeugung der anglo-amerikanischen Kriegspartner nicht geben – dann lieber Krieg.

Der Zeitpunkt, zu dem England zustimmte, daß Frankreich und Rußland über Deutschland herfielen, war der Sommer 1914. Natürlich hatte es sich vorher vergewissert, daß ihm die Vereinigten Staaten beispringen würden, wenn irgend etwas schiefgehen sollte. Und natürlich mußte alles so ablaufen, daß die anglo-amerikanische Kriegspartei Deutschland die Alleinschuld am Kriege zuschieben konnte. Daher gab es in der entscheidenden Juli-Krise des Jahres 1914 keine Ultimaten oder gar Kriegserklärungen von seiten der Entente, sondern nur dieses augenzwinkernde Zusammenspiel von Teilmobilisierungen, Beschwichtigungsversuchen und nicht beantworteten Noten.

Eines war gewiß: Wenn Frankreich und Rußland Anstalten machten, über Deutschland herzufallen, mußte der Kaiser – den drohenden Mehrfrontenkrieg vor Augen – seine Armeen als erster marschieren lassen. Das war so sicher wie das Amen in der Kirche. Und so schlug das Deutsche Reich am 1. August 1914 zu, und in den vierjährigen Krieg, der nun folgte, wurde auch der junge Rudolf Heß hineingerissen. Es war ein Jahrhundertereignis, das nicht nur sein Leben, sondern das die ganze Welt verändern sollte. Bis auf den heutigen Tag.

Nr. 1

Handschriftlicher Brief Rudolf Heß
an Klara und Fritz Heß [1],
Alexandrien/Ägypten

Bad Godesberg, 27. 09. 1908

Liebe Eltern!

Wie geht es Euch? Wie geht es Alfred [2] und Gretel [3]? Letzte Woche ist mir ziemlich schnell vergangen. Wir sind diesmal nicht in's Manöver gegangen, sondern haben selbst Manöver gespielt. Donnerstag war nämlich wegen Rektor's Geburtstag der Nachmittag frei, welcher zu sogenanntem Felddienst verwendet wurde, zu welchem, wer Lust hatte, kommen konnte. Ich war natürlich auch dabei. Der Anführer meiner Partei war Herr Eulemann, der Turnlehrer der Gegenpartei Herr Dr. Nachtigall. Auf jeder Seite waren einige Radfahrer, die den Vorpostendienst besorgten. Das Ende vom Lied war immer eine allgemeine Prügelei, bei der wir aber regelmäßig verloren haben. Der Gegner, der zu Boden geworfen worden war, galt nämlich als tot und mußte seine Mütze umkehren. Das Schönste war immer nachher. Jeder wollte Heldentaten vollbracht haben und zuletzt nur durch irgendeinen unglücklichen Zufall gefallen sein.

Heute morgen waren wir zusammen in der Kirche. Nachher gehen wir an den Rhein, wo heute eine Segelregatta sein soll. Nachmittags geht's wahrscheinlich wie letzten Sonntag spazieren. Übrigens läutet's eben. Sonntags gibt's nämlich zum zweiten Frühstück Kakao und Hörnchen.

Während wir unten saßen, erhielt ich Mamas lieben Brief, es tut mir leid, daß ich in meinem letzten Brief die dummen Fehler gemacht habe. Das Essen ist hier sehr gut, neulich gab es z. B. als Mittagessen nur Obst (Birnen, Pfirsiche, Pflaumen, Mirabellen, Nüsse etc.) und dann eine Suppe. Gestern abend gab es Pflaumenkuchen und Milch. Übrigens ist heute derselbe Radau wie's letzte Mal. Neben mir sitzt ein Rudolf Graven (genannt Izich), der meinen Rücken mit einem Riemen bearbeitet, er nennt es »Massage«.

[. . .]

Mit herzlichen Grüßen an Alfred, Gretelein und Herrn Haffner

Euer treuer Sohn

Rudi

---

zu Nr. 1

[1] Fritz Heß (1864–1941) und Klara Heß, geb. Münch (1867–1951), verheiratet seit 1892, Eltern von Rudolf Heß.

[2] Alfred Heß (1897–1963), genannt »Fredi«, jüngerer Bruder von Rudolf Heß.
[3] Margarete Rauch, geb. Heß (geb. 1908), genannt »Gretel«, jüngere Schwester von Rudolf Heß.

Nr. 2

Handschriftlicher Brief Rudolf Heß
an Klara und Fritz Heß,
Alexandrien/Ägypten

Bad Godesberg, 11. 10. 1908

Liebste Eltern!
Durch Herrn Eichenberg[1] habt Ihr ja wohl schon erfahren, daß ich nach Untertertia zurückversetzt worden bin. Es ging wirklich nicht anders. Unser Klassenlehrer sagte, ich müßte noch mehr arbeiten als bis jetzt, und dann wäre es noch fraglich, ob ich versetzt würde. Da dachte ich, es ist besser, jetzt zurückversetzt [zu] werden als nachher sitzenzubleiben. Übrigens war mehr arbeiten kaum möglich, da ich bis jetzt fast jeden Abend von 5 bis 9, ½ zehn gearbeitet habe und auch fast alle freien Nachmittage dazu benutzt habe. Und dann hätte ich auch in soundsoviel Fächern Nachhilfestunde haben müssen. Das eine nur, das mir leid tut, ist, daß es noch ein Jahr länger dauert, bis ich wieder zu Euch kann. Doch es schadet schließlich auch nichts, dafür bin ich hier ein Jahr mit Alfred zusammen, und es ist hier auch ganz schön. [. . .]
Mit herzlichsten Grüßen und Küssen
Euer Sohn

Rudi

Herr und Frau Eichenberg lassen auch noch grüßen.

zu Nr. 2
[1] Das Ehepaar Eichenberg leitete das Internat des »Pädagogiums« in Bad Godesberg, das Rudolf Heß von 1908 bis 1911 besuchte.

Nr. 3

Handschriftlicher Brief Rudolf Heß
an Klara und Fritz Heß,
Alexandrien/Ägypten

Bad Godesberg, 18. 10. 1908

Liebe Eltern!
[. . .] Abends geht es hier in unserer Bude lustig zu. Mich hatten sie neulich so voll Wasser gegossen, daß ich mein Hemd wechseln

mußte. Der Fußboden war so voll Wasser, daß am nächsten [Tag] noch Pfützen waren.
Nach dem Abendessen spiele ich meistens mit Herrn Eichenberg Schach. Samstags spielen wir Vierschach. Überhaupt wird hier so viel gespielt, daß die Spielkasse noch ein drittes Spiel anschaffen [kann], doch reicht das meistens noch nicht.
Die Spielkasse wird dadurch unterhalten, daß wir, wenn wir z. B. einen Fleck auf das Tischtuch gemacht haben oder zu spät zum Essen kommen, einige Pfennige von unserem Taschengeld zahlen müssen.
Ich habe mir schon ein paar Mark Taschengeld gespart. Übrigens hatte ich noch zwölf Mark von Papa. Ich hab' sie Herrn Eichenberg ge[ge]ben, der sie mit zu dem Reisegeld gerechnet hat.
Wann reist Ihr ab? Feiert Ihr Papas Geburtstag noch in Reicholdsgrün? Die großen Koffer sind ja nach Mamas Brief schon gepackt.
Hier in der Arbeitsstube machen sie wieder lauter dummes Zeug. Mit einer Benzinstichflamme schmelzen sie jetzt Glasröhren, natürlich brennen sie durch die niederfallenden glühenden Tropfen Löcher in den Tisch. Den Schlauch zum Brandapparat haben sie jetzt glücklich auch schon durchgebrannt.
Richard[1] hat gestern abend mit einem Katapult von unserer Bude aus den Leuten an die erleuchteten Fenster geschossen; es kann ihm, wie er selbst sagt, schlecht bekommen.
Sagt bitte Alfred, er möchte dem arabischen Lehrer einmal schreiben; ich komm' vorläufig nicht dazu.
Mit herzlichsten Grüßen an alle
Euer Sohn Rudi

---

zu Nr. 3
[1] Richard Wunderlich, ein Schulfreund von Rudolf Heß.

Nr. 4

Handschriftlicher Brief Rudolf Heß
an Klara und Fritz Heß,
Alexandrien/Ägypten

Bad Godesberg, 08. 11. 1908

Liebe Eltern!
Wenn Ihr diesen Brief erhaltet, seid Ihr schon zu Hause[1], hoffentlich hat Gretelein die Reise gut überstanden. Ich wollte, ich

könnte einmal nur für einige Stunden zu Euch. Aber die Zeit vergeht hier ziemlich schnell, so wird es auch nicht so sehr lang dauern, bis ich wieder bei Euch bin. – Heute nachmittag ist bei uns im Schulhaus Chorgesang des Männerchors »Liederkranz«, ich geh' natürlich auch hin. Übrigens frug Mama neulich, ob in unserem Haus viel Musik getrieben würde, leider ist das nicht der Fall, es sind zwar sehr viel musikalische Jungen hier, aber leider wird im Haus selbst nicht viel gespielt. Ich selbst habe aber sehr viel Lust, wenn ich in der Schule richtig drin bin, Klavier zu spielen.
Letzten Sonntag waren Richard und ich, wie ich Euch schon schrieb, mit Grete in Königswinter und haben dort zu Mittag gegessen. Sonst ist hier eigentlich gar nichts los, und [ich] weiß auch gar nicht, was ich Euch noch schreiben soll. [. . .]
Mit herzlichen Grüßen an Alfred
Euer Sohn Rudi

zu Nr. 4
[1] Klara und Fritz Heß lebten bis zum Kriegsausbruch 1914 in Alexandrien/Ägypten, wo der Vater von Rudolf Heß eine Handelsfirma betrieb.

Nr. 5

Handschriftlicher Brief Rudolf Heß
an Klara und Fritz Heß,
Alexandrien/Ägypten

Bad Godesberg, 28. [?] 11. 1908

Liebe Eltern!
[. . .] Gestern abend war Adventssingen. Erst wurde vom Turm des Pädagogiums herunter auf Hörnern ein Choral heruntergeblasen, worauf wir mit »Wie soll ich dich empfangen« und »Tochter Zion, freue dich« antworteten. Dann zogen wir etwa drei Häuser zusammen, von einem Haus zum anderen, und sangen davor einige Lieder. Jeder von uns hatte eine kleine Öllaterne umhängen, so daß es aussah, als wenn lauter Glühwürmchen (in der Luft) versammelt waren. Als wir nach Hause kamen, hatte die Hausfrau auf jeden Platz einen Teller mit Äpfeln, Nüssen, Pfefferkuchen und in der Mitte ein Licht etc. hingestellt, sowie das Eßzimmer mit Tannengrün ausgeschmückt; der Duft der Tannenzweige und der Lichter erinnerte mich sehr an Weihnachten zu Hause. Das wiederholt sich noch zweimal.

Das halbe Haus hier ist im Flottenverein »Jung Deutschland«, darunter auch ich. Leider ist es ein ziemlicher Schwindel, ich hätte lieber meine Mark, die es Eintritt kostet, gespart. Dafür kriegt man aber monatlich Vereinsblätter, in welchen die neugebauten Schiffe etc. angegeben sind, und kann Lichtbildervorträge über Marine umsonst besuchen. [. . .]
Mit herzlichen Grüßen an alle, Euer Sohn Rudi

Nr. 6

Handschriftlicher Brief Rudolf Heß
an Klara und Fritz Heß,
Alexandrien/Ägypten

Bad Godesberg, 17. 01. 1909

[. . .] An Kaisers Geburtstag haben wir natürlich frei. Wir haben vor, an diesem Tag wieder ein Preiskegeln zu veranstalten [. . .]. Wir üben schon fleißig in den Turnstunden an dem Parademarsch, der an Kaisers Geburtstag stattfinden soll.
[. . .] Am Weihnachtsabend waren, wie ich Euch schon schrieb, Onkel Alfred und Tante Fany [1] in Mainkur. Nach der Bescherung gingen wir zum Essen. Es gab Gänsebraten. Wir blieben etwa bis zwölf Uhr auf. Am Silvester haben wir natürlich Blei gegossen und sog. Lebensschifflein schwimmen lassen, die aus Nußschalen bestanden. Dabei trank ich zum ersten Mal Punsch.
Mit herzlichen Grüßen an Alfred,
Euer treuer Sohn Rudi

zu Nr. 6
1 Alfred Heß und Fany Heß, Onkel und Tante von Rudolf Heß.

Nr. 7

Handschriftlicher Brief Rudolf Heß
an Klara und Fritz Heß,
Alexandrien/Ägypten

Bad Godesberg, 24. 01. 1909

[. . .] Bei uns ist seit Freitag wieder Frost, so daß gestern schon verschiedene [Schüler] Schlittschuh gelaufen sind. Ich dagegen habe »Freiheitsklasse gemacht«, wie es hier genannt wird. In der dritten Freiheitsklasse darf man nämlich jede Woche einmal [. . .] allein ausgehen. [. . .] Ich nahm also mein Rad und fuhr am Rhein entlang nach Bonn zu. Unterwegs traf ich [auf] einen Wagen, in dem ein Student in militärischer Begleitung kutschierte, hinten saß ein Lakai, vermutlich war es Prinz Oskar[1], der hier in Bonn studiert. Sonst sah ich noch verschiedenes Interessantes wie z. B. die Überfahrt der Trajektboote, die die Eisenbahnzüge über den Rhein bringen. [. . .]

zu Nr. 7

1 Prinz Oskar von Preußen (1888–1958), fünfter Sohn des deutschen Kaisers Wilhelm II. und dessen Frau Auguste Viktoria.

Nr. 8

Handschriftlicher Brief Rudolf Heß
an Klara und Fritz Heß,
Alexandrien/Ägypten

Bad Godesberg, 07. 03. 1909

[. . .] Ich fürchte, daß mein Zeugnis diesmal schlechter als das letzte Mal ausfällt, ich sogar einige Plätze herunterkomme, da ich in Französisch bis jetzt nur Fünf geschrieben habe. Woher es kommt, daß ich darin so zurück bin, weiß ich nicht, ich arbeite jetzt immer nach dem Abendessen, um vorwärts zu kommen. – Gestern abend hatten wir ein Wagner-Konzert in der Aula, es war wunderschön, hauptsächlich das letzte Stück hat uns sehr gut gefallen. [. . .]

Nr. 9

Handschriftlicher Brief Rudolf Heß
an Klara und Fritz Heß,
Alexandrien/Ägypten

Basel, 14. 04. 1909

[. . .] Mein Zeugnis werdet Ihr wohl inzwischen erhalten haben, daß ich Erster geworden bin, hat mich ja gefreut, weniger daß ich in Ordnung eine Zwei bekommen habe; auf mein Befragen hat mir aber kein Lehrer einen Grund angeben können, weder in der Schule noch im Haus hat es sich verschlechtert, sondern ist im Gegenteil besser geworden. Die Note im Betragen kann ich mir nicht anders erklären, als daß sie daher kommt, daß ich mich mit einem anderen im Haus scherzhaft gebalgt habe, wobei uns Herr Eichenberg erwischte. Außerdem ist mir von Mitschülern sowie von Frau Eichenberg selbst gesagt worden, daß eine Eins in Betragen gar nicht schön sei, sondern im Gegenteil mehr als mädchenhaft gelte; nur finde ich es dann nicht richtig, daß es dann überhaupt Einsen gibt. [. . .]

Nr. 10

Handschriftlicher Brief Klara Heß
an Rudolf Heß, Bad Godesberg

Alexandrien, 14. 04. 1909

Mein lieber Rudi!
Nimm' mit innigem Kuß unsere herzlichsten Glück- und Segenswünsche zum Geburtstag. Gott erhalte Dich gesund und gebe zu Deiner Arbeit seinen Segen wie bisher. Wir werden am 26. April ganz besonders Deiner gedenken, mein lieber Sohn. Ist es doch der erste Geburtstag, den Du so weit weg von uns verlebst. [. . .]
Du hast uns mit Deinem guten Osterzeugnis eine freudige Überraschung bereitet. Wir hatten mit Dir gefürchtet, Du würdest einige Plätze zurückkommen. Ich war so glücklich, als Papa das Zeugnis mir zeigte, und ebenso Papa. Lerne nur so fleißig weiter, damit Du auch in der nächsten Klasse so wacker vorwärts kommst. [. . .]
Zu Deinem Geburtstag können wir Dir kein Geld schicken, da es in Eurer Pension nicht erlaubt ist, Geldgeschenke zu bekommen. Im Fall Du einen praktischen Wunsch hast, schreibe ihn mir, ich werde dann Herrn Eichenberg veranlassen, Dir das Geld zum Kaufen zu geben. Visitenkarten und Visitenkartentasche sowie Briefpapier hast Du wohl schon angeschafft und das Geld Dir geben lassen. [. . .] Gretelein ist Gott sei Dank und unberufen auch wohl. Sie läuft einige Schritte allein und ist stets vergnügt. Sie hat zum Geburtstag von den Paten viele hübsche Kleider und Puppen bekommen. [. . .] Ich freue mich, wenn auch Du Dich über die Kleine freuen kannst. Wie wird sie den großen Bruder anstaunen. [. . .] Großmama hat sich sehr über Deine Osterkarte gefreut. [. . .]

Wegen Pfingsten kann ich Dir noch nichts Genaues schreiben. Die Seereise [nach Alexandrien] ist sehr teuer, wenn Du die Schule gut durchgemacht [hast], wird Papa Dir sicher gern erlauben, noch einige Touren in der Rheingegend zu machen, bevor Du den Rhein verläßt. [. . .] Vergiß nicht, als Muster ohne Wert einen Meter Ventilgummi zu schicken an Adresse: Herren Heß u. Co. Fredi kann sein Rad gar nicht brauchen, weil das Gummi hier so schlecht ist. [. . .]
Mit innigen Grüßen und Küssen

Deine Eltern

Nr. 11

Handschriftlicher Brief Klara Heß
an Rudolf Heß, Bad Godesberg

Alexandrien, Ende April 1909

[. . .] Gretelein hat jetzt ein italienisches Kindermädchen, an die sie sich Gott sei Dank ganz gut gewöhnt hat. [. . .] Unsere Badehütte ist aufgestellt, wir freuen uns sehr auf die Seebäder. [. . .] Wir haben schon rechte Feuchtigkeit, der Garten gedeiht dabei herrlich. Der neue Gärtner ist unberufen sehr fleißig und hält den Garten exemplarisch ordentlich. [. . .] Wegen der 2 im Betragen sorge Dich weiter nicht. Herr Eichenberg schrieb, er würde sich freuen, wenn Du ein bißchen mehr aus Dir herausgehen würdest, bißchen mitteilsamer sein würdest. Probiere, ein wenig gesprächiger zu sein; es wird wohl gehen und ist sicher für Dich für später auch gut. [. . .] Du weißt, Papa spricht auch sehr wenig und bedauert immer, *nicht als Junge veranlaßt zum Reden* worden zu sein. [. . .] Du weißt, die Araber lieben sehr viel Worte. [. . .] (Hervorhebg. i. Orig.)

Nr. 12

Handschriftlicher Brief Klara Heß
an Rudolf Heß, Bad Godesberg

Alexandrien, Ende Juni 1909

[. . .] Soeben schreibe ich Tante Bauer[1], wir freuen uns, daß Du mit ihr nach Berchtesgaden kannst. Dort triffst Du auch Stiflers[2] und Moizelsbach[3] aus München. Wenn Deine Ferien begonnen [haben], reist Du wohl erst nach Gera. Von dort mit der ganzen Gesellschaft nach Berchtesgaden. Reise von Godesberg bis Gera dritte Klasse, wie Du weißt, reisen in Deutschland die gebildetsten Leute dritter Klasse. Da in Ägypten immer noch die Krise Opfer fordert und die Kaufleute sehr wenig verdienen, ist Papa sehr für's Sparen, und Sparen ist keine Schande. Mit der Konfirmation in der Schweiz ist es deshalb auch nichts. [. . .] Sei vernünftig und mache nur solche Bergtouren mit, die Tante Bauer Dir erlaubt und plage Tante nicht durch Bitten, wenn sie nicht gern ihre Zustimmung zu einer Tour gibt. Wenn Du erwachsen bist, kannst Du nach eigenem Ermessen handeln. Auch mit den Bädern im See nimm' Dich in acht, unter dreizehn ½° bade nicht. Du weißt, es bekommt Dir zu große Kälte schlecht. Auch bade nie, bevor Du richtig abgekühlt, folge mir, mein Lieb. [. . .]

---

zu Nr. 12

[1] Frau Bauer, Gera, Großtante von Rudolf Heß.

[2] Konnte nicht ermittelt werden.

[3] Konnte nicht ermittelt werden.

Nr. 13

Handschriftlicher Brief Klara Heß
an Rudolf Heß,
[Aufenthaltsort unbekannt]

Alexandrien, 03. 07. 1909

[. . .] Siehst Du, nun hat sich Dein Wunsch doch noch erfüllt, und Du wirst in der Schweiz konfirmiert[1]. [. . .] Nun mußt Du Dir aber auch rechte Mühe geben, viel französische Conversation während der Ferien zu treiben, damit Du den Aufenthalt recht ausnützen wirst. [. . .] Fredi freut sich mit Dir wegen der ersparten Religionsplage. [. . .] Spielst Du Tennis? Wir haben nächstens ein Wettspiel, ich bin neugierig, wer gewinnt. Ich habe leider Tennisitis, kann momentan nicht spielen, weil der Arm bei kräftigen Schlägen arg schmerzt. [. . .]

---

zu Nr. 13

[1] In der Schweiz lebten Verwandte von Rudolf Heß, so daß er dort konfirmiert werden konnte.

Nr. 14

Handschriftlicher Brief Rudolf Heß
an Klara und Fritz Heß,
Alexandrien/Ägypten

Bad Godesberg, 11. 07. 1909

[. . .] Am 26. dieses Monats werden wir höchstwahrscheinlich das Zeppelin-Luftschiff über Godesberg sehen. An diesem Tage soll es nach Köln gebracht werden. – Mitte Juli wird in der Festhalle in Bonn eine Marineausstellung eröffnet. Dort sollen Kriegsschiffmodelle, Schiffskanonen, Torpedos, feuernde Maschinengewehre etc. ausgestellt werden. Ich glaube, es wird sehr interessant. Da ich Mitglied des Flottenvereins »Jung Deutschland« bin, habe ich freien Eintritt. [. . .]

Nr. 15

Handschriftlicher Brief Klara Heß
an Rudolf Heß,
[Aufenthaltsort unbekannt]

Alexandrien, 07. 09. 1909

[. . .] Unsere Gedanken sind heute ganz besonders viel bei Dir[1]. Sie schließen die innigsten Wünsche für Deine Zukunft ein. Gebe Gott die Erfüllung dieser Wünsche. – Für Dich, mein Sohn, ist heute wieder ein neuer Lebensabschnitt angegangen. Nimm Gott als Deinen Vater fest in Dein Herz auf und als Deinen treuen Berater bei allen Gewissensfragen. So wirst Du Dein Leben lang ein reiner, gediegener, stets geehrter Mensch sein. Gott ist allmächtig. Du wirst viele Jahre auf Dich angewiesen sein und oft unschlüssig sein, soll ich so oder so handeln, lerne Gott nahe fühlen, so wird Dir Dein Gewissen stets das Rechte raten. Fühle Gott als Deinen Richter. [. . .]

zu Nr. 15

[1] Diesen Brief schrieb Klara Heß anläßlich der Konfirmation ihres Sohnes, die am 07. 09. 1909 bei Verwandten in der Schweiz stattfand.

Nr. 16

Handschriftlicher Brief Rudolf Heß
an Klara und Fritz Heß,
Alexandrien/Ägypten

Bad Godesberg, 10. 10. 1909

[. . .] Ich hatte Euch wohl schon geschrieben, daß ich drei Tage bei Wunderlichs[1] war. Herrn Consul geht es besser. Frau Consul hatte Rheumatismus und war deswegen zur Kur in Schweizer-Baden, wo auch Großmama hinwollte. Mit Richard[2] habe ich sehr hübsche Experimente gemacht, z. B. haben wir mittels Elektrizität Wasserstoff und Knallgas fabriziert und dann angezündet. Dann haben wir bis zwölf Uhr die Sterne durch das große Fernrohr angesehen. Hauptsächlich war der Mars mit der weißen Polarkappe sehr gut zu sehen; jetzt ist dieser Planet ja besonders deutlich, da er bald die Erdennähe erreicht. Dann sahen wir den Saturn mit seinen Ringen und Monden, den Andromedanebel und den Doppelstern im Wagen. [. . .]

zu Nr. 16
[1] Die Familie des deutschen Konsuls Richard Wunderlich in Alexandrien/Ägypten, befreundet mit der Familie Heß, hielt sich zu diesem Zeitpunkt in Deutschland auf.
[2] Vgl. Anmerkung 1 zu Dokument-Nr. 3.

Nr. 17

Handschriftliche Postkarte Klara Heß
an Rudolf Heß, Bad Godesberg

Alexandrien, 17. 10. 1909

[. . .] Gestern war Professor Dr. Schmidt bei uns; er ist auf der Inspektionsreise der Schulen im Orient. Da Papa momentan Präsident des Schulvorstands ist, mußten wir den Herrn einladen. [. . .]

Nr. 18

Handschriftlicher Brief Klara Heß
an Rudolf Heß, Bad Godesberg

Alexandrien, 20. 10. 1909

[. . .] Wir haben einen Koch, einen Griechen, namens Anastasius. Er kocht sehr gut und auch selbständig. Für mich eine Wohltat, ich hatte in den letzten Wochen viel Plage mit der Küche. [. . .]

Nr. 19

Handschriftlicher Brief Rudolf Heß
an Klara und Fritz Heß,
Alexandrien/Ägypten

Bad Godesberg, 31. 10. 1909

[. . .] Meine Weihnachtswünsche sind: 1. eine Reisetasche oder ein Reiseplaid; [. . .]
2. Einen Davoser Schlitten, es gibt schon welche zu 6–8 M[ark] (vielleicht von Großmama),
3. Bücher von der Cosmos-Gesellschaft, nämlich:
Weltschöpfung v. Dr. W. Meyer
Weltuntergang v. Dr. W. Meyer
Sonne u. Sterne v. Dr. W. Meyer
Jeder Band kostet M. 1,–. [. . .]

Nr. 20

Handschriftlicher Brief Rudolf Heß
an Klara und Fritz Heß,
Alexandrien/Ägypten

Bad Godesberg, 07. 11. 1909

[. . .] Letzten Mittwoch wachten wir um 6 Uhr durch ein Geschrei auf der Straße und ein eigentümliches Surren auf. Wir liefen ans Fenster und sahen den Zeppelin III aus dem Nebel auftauchen. Er kam gerade von einer Nachtfahrt nach Koblenz zurück und schwebte jetzt in einer Höhe von etwa 600 m über uns hinweg. – Zwei Tage darauf ertönte in der letzten Schulstunde der Ruf »Zeppelin kommt«. Ein paar Sec[unden] darauf standen die Lehrer allein in der Klasse.
Es war aber nicht Zeppelin, sondern das Großsche Militärluftschiff M II, gleich hinterher fuhr Parseval I und eine halbe Stunde später kam noch Parseval III. Damit hatten wir alle drei Luftschiffe aus nächster Nähe gesehen. [. . .]

Nr. 21

Handschriftlicher Brief Rudolf Heß an
Klara und Fritz Heß,
Alexandrien/Ägypten

Bad Godesberg, 12. 12. 1909

[. . .] In der Schule geht es ganz gut. In Aufsatz, Geschichte, Englisch und Mathematik stehe ich besser als letztes Tertial, im schriftlichen Französisch haben manche aus meiner Klasse bessere Noten, das kommt daher, daß sie nicht ganz ehrlich sind und während der Arbeit unter der Bank die Bücher offenhaben; auch beim Abhören von Vokabeln etc. wird fortwährend »gepfuscht«. – In den anderen Tertialen bin ich immer von Schülern und Lehrern ausgelacht worden, daß ich die freie Zeit zum Arbeiten benutzte, ich habe in den letzten Monaten versucht, die »Streberseele«, wie sie es nannten, abzulegen und die Arbeit auf die Arbeitsstunden zu beschränken. [. . .]

Nr. 22

Handschriftlicher Brief Rudolf Heß
an Klara und Fritz Heß,
Alexandrien/Ägypten

Bad Godesberg, 19. 12. 1909

[. . .] Gestern ist die Weihnachtsausstellung eröffnet worden, das Schönste, was dort ist, ist ein Modell eines Aeroplans aus Aluminium. [. . .] Vorgestern in der Aula Schlußkonzert, wir haben den Choral und die Weihnachtsszene gesungen. [. . .] Ich hätte gar nicht gedacht, daß Gretelein schon so groß ist, um auf dem Schaukelbrett allein zu sitzen. Ich freue mich zu sehr, daß ich sie bald wiedersehen kann. [. . .]

Nr. 23

Handschriftlicher Brief Rudolf Heß
an Klara und Fritz Heß,
Alexandrien/Ägypten

Bad Godesberg, 09. 01. 1910

[. . .] Die Ferien [über] hab' ich Euch leider nur wenig schreiben können, da jeden Tag etwas anderes los war. In den vierzehn Ta-

gen, die ich in Gera war, bin ich zweimal abends zu Hause gewesen. Ich war öfters bei Ampach[1], dann auch bei Tante Anna[2], wo Kurt Schuhmann[3] die Ferien über wohnte. Es hat mich auch gefreut, daß ich öfters ins Theater konnte, ich habe Maria Stuart, die Jüdin von Toledo und Lumpaci Vagabundus gesehen. [. . .]
Tante Bauer hat mein Reiseetui in einen Regenschirm mit Silbergriff umgetauscht. Dann habe ich von Tante Bauer ein Buch von Hagenbeck und von Onkel Walter B.[4] das Neue Universum bekommen, da wir jedoch diese Bücher in Godesberg schon haben, habe ich sie in ein Buch über Elektrizität und in »Das geruhige Leben« von Otto Ernst umgetauscht. Von Onkel Walter und Tante Ida[5] habe ich ein Buch und Lebkuchen, von Rothackers[6] verschiedene Bücher [bekommen], und Frau Pfarrer Kopp[7] hat mir Schokolade und einen selbstgehäkelten Schlips geschickt. – In Eurem Buch von Meyer habe ich schon viel gelesen, ich freue mich immer wieder über den interessanten Band. [. . .]

zu Nr. 23
1 Konnte nicht ermittelt werden.
2 Eine Verwandte. Näheres konnte nicht ermittelt werden.
3 Konnte nicht ermittelt werden.
4 Wahrscheinlich ein Verwandter. Näheres konnte nicht ermittelt werden.
5 Walter und Ida Heß, Großonkel und Großtante von Rudolf Heß.
6 Oscar und Emma Rothacker, Großonkel und Großtante von Rudolf Heß.
7 Vermutlich der Pfarrer, der Rudolf Heß in der Schweiz konfirmierte.

Nr. 24

Handschriftlicher Brief
Rudolf Heß an Klara Heß,
Alexandrien/Ägypten

Bad Godesberg, 16. 01. 1910

Liebe Mama!
Zu Deinem Geburtstage wünsche ich Dir von ganzem Herzen Glück und alles Gute für's neue Lebensjahr. – Nur noch zwei Monate, und wir sind zusammen in Reicholdsgrün. Du kannst Dir denken, daß mir jetzt die Zeit viel zu langsam vergeht, daß ich es kaum mehr abwarten kann, bis die Ferien beginnen und wir uns dann hoffentlich recht vergnügt und gesund wiedersehen. Für Dich, arme Mama, geht allerdings bald die Zeit des Kofferpackens an; dann mußt Du Dich eben im Fichtelgebirge ordentlich erholen

und von der Reise ausruhen. Wenn Ihr Ägypter kommt, wird es auch sicher nicht zu kalt sein, denn da der Winter so früh angefangen hat, ist der Frühling jetzt schon da, einige Bäume schlagen aus, und die Rosen bekommen frische Blätter. [. . .]
Nochmals viel Glück und laß' es Dir immer recht gut gehen.
Sei innigst geküßt von
Deinem treuen
Sohn Rudi

[. . .]

Nr. 25

Handschriftlicher Brief Rudolf Heß
an Klara und Fritz Heß,
Alexandrien/Ägypten

Bad Godesberg, 30. 01. 1910

[. . .] Zu Kaisers Geburtstag hat es hier ganz unerwartet geschneit. Am Morgen war Parademarsch bei Schneegestöber. Daß es gerade angenehm war, kann ich nicht behaupten. Bei Stillgestanden sind mir die Schuhe angefroren, später ist auf dem Glatteis jeden Augenblick einer hingefallen. Mittags gab es »Festessen«, und dann sind wir schon um 2 Uhr mit den Schlitten fortgegangen, um hinter der Drachenburg zu rodeln. [. . .]
Gestern war wenigstens einmal klarer Himmel, so daß wir den neuen Kometen 1910[a][1] sehen konnten. Kurz nach Sonnenuntergang stand er rechts von der Venus über dem Punkt, wo die Sonne versunken war. Der Schweif geht nach oben und ist an dem Ende etwa doppelt so breit als die Mondscheibe. Als der Kopf des Kometen schon unter dem Horizont verschwunden war, ragte der Schweif noch über den Pädagogiumsturm hinaus. – [. . .]

---

zu Nr. 25
[1] Vermutlich handelte es sich um den Halleyschen Kometen, der 1910 am Himmel auftauchte und nur alle 76 Jahre zu sehen ist.

Nr. 26

Handschriftlicher Brief Rudolf Heß
an Klara und Fritz Heß,
Alexandrien/Ägypten

Bad Godesberg, 13. 02. 1910

[. . .] Wie ich Euch schrieb, wäre ich Euch sehr dankbar, wenn Ihr die Dynamomaschine und den Kasten mit den Akkumulatoren mit nach Reicholdsgrün bringt. Die Akkumulatoren gehen in Alexandrien doch bloß kaputt, während ich sie im Fichtelgebirge und hier sehr gut gebrauchen kann. Die Dynamo[-maschine] wollte ich durch das Wasserrad [an-]treiben, um mit ihr die Zellen zu laden. Über Alfreds Brief habe ich mich sehr gefreut, hauptsächlich die Beschreibung von Gretelein und ihrem Puppenbett hat mir viel Spaß gemacht. Das Schwesterchen scheint ja mit ihrem Bruder sehr energisch umzugehen. [. . .]

Nr. 27

Handschriftlicher Brief Rudolf Heß
an Klara und Fritz Heß,
Alexandrien/Ägypten

Bad Godesberg, 19. 06. 1910

[. . .] Gestern war große Bismarckfeier. Die Turnabteilungen von Untertertia bis Untersekunda haben daran teilgenommen. Mit Musik sind wir zum Bismarck-Turm hinaufgezogen, der durch Buntfeuer und ein großes Feuer auf der Spitze beleuchtet war.
Es wurde natürlich auch eine Rede gehalten, wobei der Redner übrigens beinahe im Eifer von der Rednerbühne gefallen wäre, dann erklang der Gesang eines Chors. Vom Tor zurück nach der Stadt gingen wir im Fackelzug. Das Gehen in der herrlichen, klaren Nacht beim Scheine der Fackeln war wirklich ein Vergnügen. Nur schade, daß uns die Schutzleute auf Schritt und Tritt verfolgten; da es nämlich das letzte Mal vorgekommen war, daß die Schüler den Zuschauern die Fackeln unter die Nase hielten, mußte diesmal die hohe Polizei aufpassen. Oft kam ein Polizist und schnauzte einen an, man solle die Fackel steiler und rechts tragen, gleich darauf kam dann der Leiter vom ganzen, man solle sie links und schräg halten; wie man's macht, ist's falsch. [. . .]

Nr. 28

Handschriftlicher Brief Rudolf Heß
an Klara und Fritz Heß
Reicholdsgrün[1]

Bad Godesberg, 31. 07. 1910

[. . .] Das Turnfest haben wir jetzt glücklich hinter uns. [. . .] Gegen 11 Uhr haben wir uns vor der Schule aufgestellt, haben die Fahne feierlich [ein-]geholt und sind unter den Klängen der Musik zum Bahnhof hinaufmarschiert. Im Extrazug fuhren wir bis Rolandseck, und von dort aus gingen wir auf den ausgebrannten Vulkan Rockerberg. Oben begann gleich das Turnen. Ich hatte natürlich Pech, schon bei der Vorprobe hatte ich mir den Fuß beim Hindernisrennen verstaucht, bin aber trotzdem als Erster angekommen. Gestern sprang ich gerade vor dem Laufen auf den wehen Fuß, und das Unglück war geschehen; anstatt des Preises, auf den ich bestimmt gerechnet hatte, bekam ich nur eine »lobende Anerkennung«. Umso mehr habe ich mich dann gefreut, als ich trotz des Fußes beim Dreikatzensprung 6,15 m weit und 1,40 m hoch gesprungen bin; damit habe ich den 1. Preis, einen Eichenkranz, mir ergattert. Am Abend sind wir im Fackelzug heimgegangen. [. . .]

zu Nr. 28
[1] 35 Kilometer von Bayreuth entfernt, besaß die Familie Heß in Reicholdsgrün im Fichtelgebirge (damals Königreich Bayern) ein Landhaus, in dem sie in der Vorkriegszeit häufig die Sommer verbrachte. Vom Kriegsausbruch in Reicholdsgrün überrascht, mußten Klara und Fritz Heß in Deutschland zwangsweise bis 1924 ausharren. Erst dann kehrten sie nach Ägypten zurück.

Nr. 29

Handschriftlicher Brief Klara Heß
an Rudolf und Alfred Heß[1],
Bad Godesberg

Reicholdsgrün, 18. 10. 1910

[. . .] Das war ein Treiben in unserem Haus [in Reicholdsgrün]. Freitag bewirteten und logierten wir vier Gäste. [. . .] Sonnabend reiches Frühstück, dann zogen die Herren mit anderen, die noch angekommen, zur Treibjagd. Nachmittags gegen sechs Uhr traf Tante Grete mit Lena Bauer[2] ein. Sie haben mir geholfen, die Herren nach dem Diner (abends, 7 Uhr) zu unterhalten. Elf Her-

ren waren zu Tisch, wir Damen aßen allein. Später kamen wir zusammen; es wurde sehr heiter musiziert, getanzt und gesungen. Die Sache dauerte bis früh zwei Uhr. [. . .]
Meine Gedanken, ebenso Papas und Gretens, sind viel bei Euch. Es wird uns das Scheiden von Europa besonders schwer, da wir Euch zurücklassen müssen. Für uns und für Euch ist diese Trennung ein großes Opfer, das wir Eurer Bildung bringen. Deshalb nützt diese Zeit gut aus, und seid immer fleißig, aufmerksam und strebsam. Ihr wißt, Papas Geschäft ist so vielseitig und dadurch auch sehr interessant, daß alle Schulfächer für Euch von Wichtigkeit sind. Aber Eurer Gesundheit müßt Ihr auch leben. Ich glaube, dazu wird Euch auch durch Sport und Turnen Veranlassung gegeben. –
Gewisse Rücksicht Euren Lehrern und Hauseltern [gegenüber] vergeßt nicht. [. . .]

---

zu Nr. 29
[1] Alfred Heß besuchte ab 1910 ebenfalls das »Pädagogium« in Bad Godesberg.
[2] »Lena« (Elena) Bauer, eine Kusine von Klara Heß.

Nr. 30

Handschriftlicher Brief Rudolf Heß
an Klara und Fritz Heß,
Alexandrien/Ägypten

Bad Godesberg, 18. 10. 1910

[. . .] Samstag war feierliche Einweihung des Rudervereins und Bootstaufe. Um zwei Uhr sind wir vor der Schule angetreten und dann, mit Musik und Fahne voraus, nach dem Bootshause marschiert. [. . .]
Vom Ruderverein gingen wir zum Rheinhotel Dreesen[1] und tranken dort bei Musik gemütlich Kaffee.
Nach dem Abendessen sind wir noch einmal hinausgegangen, um die Erleuchtung der Godesburg zu sehen. Die Rotfeuer machten sich wunderschön, es sah wirklich aus, als wenn die ganze Burg brenne. Das siebenhundertjährige Bestehen der Godesburg wurde gefeiert. [. . .]

---

zu Nr. 30
[1] Das Rheinhotel Dreesen, in Bad Godesberg unmittelbar am linken Rheinufer gelegen, diente 28 Jahre später, auf dem Höhepunkt der sogenannten »Sudetenkrise« im Herbst 1938, dem deutschen Führer Adolf Hitler und dem englischen Premierminister Neville Chamberlain als Verhandlungsort.

Nr. 31

Handschriftlicher Brief Klara Heß
an Rudolf Heß,
Neuchâtel/Schweiz [1]

Alexandrien, 09. 02. 1912

[. . .] Vielen Dank für Deinen lieben Brief. Hoffentlich konntest Du am Sonntag nach Herzenslust skien. Die Winterlandschaft muß jetzt prachtvoll sein, ich würde mich freuen, wenn Deine Naturaufnahmen, auf dem Chaumont aufgenommen, gelungen wären. Man kann so schöne Vergrößerungen der Bilder machen und hat dann für immer eine Erinnerung an das Geschehen. [. . .] Du bleibst natürlich bis Herbst in Neuchâtel. Es ist wohl auch günstiger, denn Du fängst gewiß erst jetzt an, die Sprache leichter aufzufassen und zu erlernen. [. . .] Ich freue mich, daß Du so unternehmend bist, einen franz[ösischen] Vortrag zu halten. [. . .]

zu Nr. 31

[1] 1911, nach Abschluß der Internatszeit in Bad Godesberg mit der Mittleren Reife, wechselte Rudolf Heß an die Ecole Supérieure de Commerce in Neuchâtel, um Sprachstudien zu betreiben und sich auf den Kaufmannsberuf vorzubereiten.

Nr. 32

Handschriftlicher Brief Klara Heß
an Rudolf Heß,
Neuchâtel/Schweiz

Alexandrien, 27. 02. 1912

[. . .] Die Araberunruhen sind Gottseidank vorüber. Hoffentlich fangen sie nicht wieder durch die neuen Unverschämtheiten der Italiener an, siehe Beirut. Die Wüste soll noch wenig blühen, auch die Gärten sind wegen der Kälte noch recht zurück. Erst in den letzten Tagen fangen Anemonen, Fresien, Stiefmütterchen an zu blühen. [. . .] Zu Fastnacht hatten wir einen sehr vergnügten Kegelabend. Ich hatte wieder die Räume geschmückt mit Girlanden aus Papier, Blumen und Blättern und nachgeahmtem Tannengrün, auch mit Girlanden mit bunten Papierfransen. Die Dekoration sah entzückend aus. Ich habe aber auch mit Ibrahim [1] sechs Stunden lang daran gearbeitet. Dann waren zwei lange Tafeln gedeckt, reich mit frischen Blumen geschmückt. Ein reiches, kaltes Buffet erfreute aller Augen. Wir hatten den griechischen Koch für den Abend, und der hatte alles wunderschön angerichtet. Das Grammophon spielte Tanzweisen, und [es] wurde gekegelt und zugleich dort, wo sonst der kleine Tisch steht, getanzt. Es war eine echte Karnevalsstimmung. Wir hatten lustige Kopfbedeckungen kommen lassen und Schneeballen, Schlangen und Confettibälle, die mit großem Eifer geworfen wurden. Onkel Ludwig war zum Totlachen. Er hatte über seinen Gesellschaftsanzug (Weste u. Hose) einen blau und weiß gestreiften Trikotbadeanzug gezogen und darüber sein Jackett. Wein und Champagner sorgten für große Ausgelassenheit. Wir ließen nachgeahmte Krapfen servieren, die anstatt gezuckert gesalzen waren. Gefüllt waren sie mit weißen Papierschnitzeln. Wenigstens die Hälfte der Gäste hat mit Genuß hineingebissen, und das Hallo war groß. [. . .]

---

zu Nr. 32
[1] Der arabische Gärtner der Familie Heß in Alexandrien.

Nr. 33

Handschriftlicher Brief Rudolf Heß
an Klara und Fritz Heß,
[Aufenthaltsort unbekannt]

Neuchâtel, 10. 06. 1912

[. . .] Mir geht es gut wie immer. [. . .] Heute hatte ich die erste Prüfung, und zwar in Turnen. Natürlich hab' ich sechs; wenn es mit den geistigen Prüfungen auch so gut geht, bin ich zufrieden.[1] [. . .] Richard[2] geht wahrscheinlich nach England, um das für die Marine nötige Englisch zu lernen. Mit Richard schreib' ich mich viel in Stenographie, man bekommt dabei einen kleinen Brief auf die Postkarte. Vorderhand geht aber die Schnellschrift noch etwas langsam bei mir, erst mit der Übung werd' ich wohl gewandter.
Hier ist es zur Zeit Mode, allerlei lebendes Viehzeug im Zimmer zu haben. Einer hat z. B. vier Schildkröten und einen Vogel. Ich für meine Person danke ganz entschieden für solches Spielzeug, das einem die Luft verpestet. Dann hat es auch noch andere Unannehmlichkeiten: »Pitschikleck! Oh Schreck! Erleichtert flog das Vöglein weg«, sagt Busch[3] so schön. [. . .]

zu Nr. 33
[1] Die »sechs« war unter den in Neuchâtel gebräuchlichen Zensuren die beste zu vergebende Note.
[2] Vgl. Anmerkung 1 zu Dokument-Nr. 3.
[3] Wilhelm Busch (1832–1908), deutscher Maler, Zeichner und Schriftsteller, bekannt für seine humorvollen Verserzählungen, die er selbst illustrierte.

Nr. 34

Maschinenschriftlicher Brief Rudolf Heß
an Klara und Fritz Heß,
Alexandrien/Ägypten

Neuchâtel, 27. 06. 1912

[. . .] Ich habe eben Maschinenschreiben. Da es die letzte Stunde ist, dürfen wir uns nach Belieben beschäftigen. Ich bin an einer »Continental«, ich glaube, dieselbe ist auch in Alexandrien. Den Brief hab' ich übrigens erst in Stenographie aufgesetzt. Diese Woche haben wir recht wenig Stunden, während die oberen Klassen mündliche Prüfung haben, sind wir frei. Die guten Leute hätten uns gerade so gut schon jetzt abreisen lassen können. Gestern war ich den ganzen Morgen ohne Schule; ich hatte mir vorgenommen, mit einem Freunde zu tennissen, aber natürlich regnete es in Strömen, als ich am Morgen aufwachte. – – Kürzlich war große Regatta hier. Sie ist zwar nicht verregnet, aber dafür verstürmt. Die Wellen auf dem See gingen so hoch, daß die Boote nicht fahren konnten. [. . .]

Nr. 35

Handschriftliche Postkarte Rudolf Heß
an Klara und Fritz Heß,
[Aufenthaltsort unbekannt]

Hamburg[1], 29. 09. 1912

[. . .] Bin soeben wohlbehalten hier angelangt. Auf der Reise ging alles gut. In Berlin bin ich rumgebummelt und hab' mir die Hauptsachen: Unter d[en] Linden, Kaiserl[iches] Schloß, Brandenburger Tor usw. angesehen. [. . .]

zu Nr. 35
[1] Ab Oktober 1912 hielt sich Rudolf Heß in Hamburg auf, um eine Kaufmannslehre zu absolvieren.

Nr. 36

Handschriftlicher Brief Klara Heß
an Rudolf Heß, Hamburg

Alexandrien, 20. 11. 1913

[. . .] Papa schickt Dir mit der nächsten Post die 25 M[ark]. – Er freut sich sehr, daß Du auch Französisch treibst, da Du ohne diese Übung sicher viel von dem Gelernten in Neuchâtel vergessen würdest. Du möchtest ja Arabisch weiter studieren, wenn es auch schwer ist. Papa sagte, man brauche die Sprache des Landes immer nötiger als Kaufmann. Viel nötiger jetzt, als früher. Was wünschst Du Dir zu Weihnachten? Schreibe es bitte im nächsten Brief. Ich freue mich für Dich über die billigere Wohnung, die Du gefunden hast. Von dem dadurch ersparten Geld kannst Du Dir manch' anderen Genuß verschaffen. [. . .]

Nr. 37

Handschriftlicher Brief Klara Heß
an Rudolf Heß, Hamburg

München, 04. 03. 1914

Mein lieber Rudi!
Vielen Dank für Deinen lieben Brief und die Photographie. Ich freue mich sehr, Dich mit der neuesten Errungenschaft, dem Monokel, kennenzulernen. Es steht Dir ja großartig, ein Orang Utan ist kaum schöner. Alfred und ich sprechen viel von Dir, und wünschen wir Dich sehnlichst zu uns. Leider müssen wir uns aber auf später vertrösten. Papa kommt, wenn alles nach Wunsch geht, schon Ende Mai nach Reicholdsgrün; er will dieses Mal zum Anfang der Rehjagd schon dort sein, um den getreuen Nachbarn und desgleichen in's Handwerk zu pfuschen. [. . .] Unsere Reise von Ägypten bis München ging sehr gut vonstatten. Vom Kapitän bis zur Bedienung waren sie alle auf der »Schleswig« rührend aufmerksam. Ich hatte schon in Alexandrien meine Billettes für Reise- und Schlafwagen. Die Koffer besorgte der Gepäckmeister in Venedig an die Bahn, und mich selbst begleitete ein italienisch sprechender Steward bis zum Bahnhof in Venedig. Ich reiste bequem wie ein Prinz auf diese Art. [. . .] Bei der Einfahrt [in den Hafen von Venedig] kamen wir ganz nah an der »Hohenzollern« [1]

vorbei, der Kaiser beantwortete den Gruß der »Schleswig«, Hand an der Mütze, bis unser Schiff vorbei war. Unser Dampfer lag ganz nahe der »Hohenzollern«, so daß wir das Treiben auf derselben gut beobachten konnten. Als Begleitschiff lag die »Breslau«[2] daneben. Dieselbe lichtete und fuhr dann aus dem Hafen, um am anderen Morgen das Kaiserschiff nach Korfu zu begleiten. [. . .]

---

zu Nr. 37

[1] Kaiserliche Yacht Wilhelms II.

[2] Leichter Kreuzer der Kaiserlichen Kriegsmarine.

Nr. 38

Handschriftlicher Brief Rudolf Heß
an Klara Heß,
[Aufenthaltsort unbekannt]

Hamburg, 26. 03. 1914

[. . .] Letzten Sonntag hab' ich eine sehr schöne Wasserfahrt gemacht, zusammen mit einem Godesberger Freund und einem etwas älteren jungen Mann. Schon Sonnabend sind wir abends losgefahren, im canadischen Kanu. Es ging die Alster hinauf, einem Fluß so groß wie die Eder bei uns, aber ruhiger und ohne Felsen. Auf beiden Seiten blühende Obstbäume, dazwischen dunkle Laub- und Nadelwälder, Baumgruppen, die sich über einem laubenartig schließen.

Sonnabend fuhren wir bis Fuhlsbüttel, wo wir gegen ½11 Uhr anlangten. Dort übernachteten wir und fuhren in aller Frühe, trotz des Regens, das Alstertal weiter hinauf. Ließen uns durchschleusen und lagerten mittags an einem schönen Platz, da die Sonne inzwischen durchgekommen war. Essen hatten wir in unglaublichen Mengen mitgenommen. [. . .] Auf großen Kochern haben wir gekocht. Bouillon, Beefsteak, Gemüse. Ich bin schon [ein] perfekter Koch. – Flußab ging es in rascher Fahrt. Haben zusammen etwa 70 km zurückgelegt. Auf halber Strecke ist der »Alsterpark«, dort tranken wir Kaffee, aßen unser'n Kuchen. Ein schönes Tanzlokal ist dort, in dem sich alle Paddler treffen. Auch junge Damen aus den besten Familien sind dort, paddeln alle fleißig mit, oder tun wenigstens so. Alles ist im Sportanzug, unten weiß, oben bunt gestreifte Jacken, der Hals frei. Sieht beim Tanzen sehr nett aus. Nach zweistündigem Tanz fuhren wir weiter zum nächsten

»Schwoflokal«, namen Kiautschou[1]. Dort war es leider so voll, daß wir nur noch zusehen konnten. Gegen 8 kamen wir heim. [. . .]

zu Nr. 38
[1] Das Lokal nannte sich nach dem deutschen Pachtgebiet auf der Halbinsel Schantung in China, 1898–1914.

Nr. 39

Handschriftlicher Brief Rudolf Heß
an Klara Heß,
[Aufenthaltsort unbekannt]

Hamburg, 11. 04. 1914

[. . .] Vor ein paar Tagen kam von Lena Remy[1] eine Karte, Alfred und mich für Ostern einzuladen. Da aber die Klipper[2] gestern zum Wettspiel gegen die Marineoffiziere hin sind, besuchte ich sie dabei schon. Sie sind ganz reizend. Hab' dort zu Mittag gegessen. Das neueste Auto wurde mir auch vorgeführt, es ist erst vor ein paar Tagen gekauft. Hab' es mit Kennermiene von innen und außen beschnüffelt; bin durch Onkel Adolf[3] Spezialist. [. . .]
Am Nachmittag hatte der Regen glücklicherweise ganz aufgehört, so daß wir bei Sonnenschein [Hockey] spielten, allerdings auf glitschig-nassem Boden. Alle Augenblicke lag einer der Länge nach auf dem Gras. Die Sportplätze sind prachtvoll, fein gepflegte Wiesen, Rennbahn außen herum. Nach Halbzeit stand es 4 zu 2 für uns, am Schluß leider 6 zu 4 gegen uns. Das ist das große Elend bei uns. Das Durchschnittsalter der Spieler ist zu hoch, die älteren Herren sind in der Mitte des Spiels ausgepumpt und schlapp. Ich gehör' jetzt mit zu den Besten. Bin sehr stolz, besonders da ich doch erst so kurz spiel'. [. . .] Eine reizende junge Dame fiel mir auf, die mit sehr viel Begeisterung und Spannung das Spiel verfolgte. [. . .] Hinterher gab es Kaffee und Kuchen. Dann ging jeder in die Wohnung eines Offiziers zum Baden und hinterher war das übliche Festessen im Casino. Da Karfreitag war, besoff man sich sogar mal nicht. Kamen aber doch erst mit dem letzten Zug in Hamburg gegen 2 an. [. . .]

zu Nr. 39
[1] Konnte nicht ermittelt werden.
[2] Renommierter Hamburger Hockey- und Tennisclub.
[3] Adolf Zehender war ein Vetter von Fritz Heß.

Nr. 40

Handschriftlicher Brief von Fritz Heß
an Rudolf Heß, Hamburg

Alexandrien, 16. 04. 1914

Lieber Rudi!
Danke für Deinen Ostergruß, auch für Deine selbstgefertigte Photographie, freue mich, daß Du in der photogr[aphischen] Kunst bewandert [bist] und hoffe, daß Du Dich im Kaufmannsfach erst recht gründlich hineinarbeitest und speziell auch das Arabische gründlich lernst, denn Du wirst es sehr, sehr in Ägypten brauchen, insbesondere nachdem wir jetzt die Kohlen-Abteilung haben, in der man es fast durchweg mit Arabern zu tun hat.
Die »Victoria Luise«[1] hat s[einer] Z[eit] allerdings Kohlen von uns bezogen, ca. 400 tons, vorher schon die »Goeben«[2] 2.400 tons. An Schiffe liefern wir nicht regelmäßig, dagegen andauernd und viel an Kohlenhändler und an große Grundbesitzer, die für ihre Pumpwerke im Inneren große Posten brauchen. In diesem Jahr haben wir schon 9 Dampferladungen Kohlen erhalten, und weitere 3 kommen demnächst. Es kann gar nichts schaden, wenn Du Dich betreffs dieses Artikels in Hamburg ein wenig umschaust – im Hamburger Hafen kann manches zu sehen sein, das für hier später ausgenützt werden kann. [. . .]

zu Nr. 40
[1] Großer Kreuzer der kaiserlichen Kriegsmarine, 1892 vom Stapel gelaufen, 6050 t.
[2] Schlachtkreuzer der kaiserlichen Kriegsmarine, 1909 vom Stapel gelaufen, 23 000 t.

Nr. 41

Handschriftlicher Brief Rudolf Heß
an Klara Heß,
[Aufenthaltsort unbekannt]

Hamburg, 28. 04. 1914

[. . .] Anbei ein Bild von mir im Hockey-Anzug, leider nicht gut. Die Aufnahmen, die ich neulich schickte, hab' ich auch gemacht, ich knipste mit langem Faden. – Dann eine Blitzlichtaufnahme von einem Godesberger Abend mit Damen bei demselben Freunde, der das Boot hat. [. . .] Da noch andere Godesberger Kanus haben,

wollen wir zusammen in vierzehn Tagen von Samstag auf Sonntag eine längere Fahrt die Alster hinauf machen, mit Übernachten. Der Fluß ist nebenbei selten über einen Fuß tief, ertrinken ist also schwierig!
– Am Nachmittag des Sonntags hab' ich mit den Klippern von drei bis sieben getennist. Erst gegen Colombo, den Italiener mit der Meisterschaft, natürlich verloren, hab' aber viel dabei gelernt. Dann gegen einen Amtsrichter [. . .] gewonnen und mit diesem zum Schluß gegen einen Kapitänleutnant a. D. und dessen Frau gesiegt und auch verloren.
Die Klipper haben jetzt 6 tadellose Plätze, die täglich geweißt und geteert werden. Wenn wir nicht spielen, darf niemand anderes darauf. Abends hab' ich in der Pension noch eine kleine Maibowle gestiftet und hab' mich mit meinen Bekannten zusammen gefeiert – Papa hat mir einen langen Brief mit Geburtstagsgrüßen geschickt, über den ich mich natürlich riesig freute. Ich hatte ihn um zwei neue Sommeranzüge gebeten, und schickte er dafür und sonstige Neuanschaffungen gleich 300 M[ark], außerdem Geld für Arabisch. Rührend! [. . .]

Nr. 42

Handschriftlicher Brief Rudolf Heß
an Klara Heß,
[Aufenthaltsort unbekannt]

Hamburg, 11. 05. 1914

[. . .] Letzten Sonntag hat mich Onkel Adolf im Auto nach Oldesloe gefahren zum (Pferde-)Rennen. Dittorfs[1] fuhren in ihrem Wagen voraus. Onkel Adolf ging es wie mir. Er war auch zum ersten Mal auf der Rennbahn. [. . .] Onkel war nicht begeistert, einmal ist es interessant, aber öfters macht es keinen Spaß. Immerhin ist das bunte Leben ganz nett: die vielen Uniformen und mehr oder weniger hübsche Toiletten. [. . .] Die meisten Leute gehen ja zum Rennen, um zu wetten. Dazu sind wir aber zu solide. [. . .] Zum Klavierspiel hol' ich mir Haßkarl[2] noch oft, oder ich besuch' ihn in der billigen, finsteren Gegend, in der er jetzt wieder mal wohnt. Sein Spiel ist zu schön, neben den Opern kann er auch die hübschen Tangos und die weniger berauschenden modernen Schlager auswendig. – Letzte Woche war ich in »Carmen«[3]. Die Musik ist ja sehr schön, weniger nett für's Auge war die fette Gestalt der Carmen; die Stimme ist umso besser. Da die Sitzplätze auf der Galerie ausverkauft waren, mußte ich stehen. Vor einiger Zeit hab' ich sogar die ganzen »Meistersinger«[4] hindurch gestanden, ohne mich anzulehnen, fühlte die Beine nach den fünf Stunden aber doch sehr. [. . .]

---

zu Nr. 42
[1] Konnte nicht ermittelt werden.
[2] Konnte nicht ermittelt werden.
[3] Oper von Georges Bizet.
[4] Oper von Richard Wagner.

Nr. 43

Handschriftliche Postkarte Klara Heß
an Rudolf Heß, Hamburg

Reicholdsgrün, Juni 1914

Lieber Rudi! Papa ist nach Hof, um mal die dortigen Freunde zu begrüßen. Jetzt sind die Böckle scheuer und gehen auch viel in's Korn, so daß Papa viel umsonst zur Jagd war. Es geht uns allen unberufen recht gut. Haben täglich Gewitter. Wenig Regen. Will mit Grete später in den Wald, um Blumen zu holen und Frösche zu fangen. Viele herzliche Grüße, Deine Mutter.

Nr. 44

Handschriftlicher Brief Rudolf Heß
an Klara und Fritz Heß, Reicholdsgrün

Hamburg, 17. 06. 1914

Liebe Eltern,
noch vielen Dank für den letzten lieben Brief. Vor allem freute mich die Nachricht von den zur Strecke gebrachten Böckerln; gratuliere! Schreibt gelegentlich näher darüber, sind Sechser[1] darunter gewesen? –
Freue mich schon jetzt auf den Wald, auf die Jagd. Meine Ferien bekomm' ich wohl von Anfang bis Ende August. Auf diese Weise spar' ich dann auch noch das Zimmer hier, wenn ich vorher kün-

dige. Muß dann aber einen großen Koffer haben, um die Sachen zu verstauen, den mir aber wahrscheinlich Zehnders[2] leihen können. Dagegen schickt mir bitte zur Zeit einen Reisekoffer (Kabinenkoffer), da ich meinen Alfred überlassen hab', der mit seinem Korb nicht auskam. –

Im Geschäft ist mit meiner Verladungsabteilung nicht allzu viel zu tun. So bleibt mir Zeit, die Korrespondenz zu lesen, in der Buchhaltung etwas zu helfen und Arabisch zu lernen. Mit einem Telegramm hatten wir neulich Pech. In unserem Privatcode steht der Satz: »No reply in three days considered accepted«,[3] der an ein Strohgeflechts-Angebot von Japan angehängt war. Die Post hat mit dem Antwort-Telegramm gebummelt, und so haben wir gekauft, was wir gar nicht wollten. Da ist eben Sparsamkeit am falschen Platze. Bei wichtigen Aufträgen soll man ein paar Mark nicht sparen, sondern klipp und klar depeschieren, statt sich auf Kabel zu verlassen, besonders wenn sie über Rußland gehen. – Die halbverkrachte Schiffahrtslinie wird glücklich aufgelöst, nachdem wir das Glück hatten, noch vor dem Zusammenbruch des A. Schaaffhausenschen Bankvereins, chinesische Staatspapiere mit viel Profit zu verkaufen; durch obigen Verein. [. . .]

Meine Sportbetätigung ist nicht übermäßig groß. Hauptsächlich treib' ich ihn ja sonntags. Ich kann auf jeden Fall nie wochentags, wie meine Herren Kameraden, die Nächte hindurch in den »Etablissemangs«, wie man sie hier nennt, sind und das Taschengeld und mehr dort verputzen.

Auch die Autofahrten mit Onkel Adolf mach' ich nur an Sonntagen. Neulich hat er mir einen großen Genuß bereitet. Er hat mich in gemütlicher Fahrt durch den ganzen Sachsenwald gelotst, mitten durch die herrlichsten Waldungen im frischen Grün, durch saubere Dörfer, durch Friedrichsruh, vorbei am Grab unseres größten Deutschen[4]. Haben zusammen die Natur genossen, auf schönen Höhen gehalten, den Motor abgestellt, um die Ruhe zu genießen und die reine Luft einzuatmen. Dazwischen fuhren wir auf kleinen seitlichen, fast un[be]fahrbaren Waldwegen. Die Äste hingen tief in den Wagen, so daß wir uns bücken mußten. Diese Streiffahrten machten uns einen Heidenspaß. Kaffee haben wir getrunken in einem blühenden Park, der zum Schloß Reinbek gehört. In einer 400jährigen Mühle bei Trittau ließen wir uns am Wasser sitzend ein Bauern-Abendessen schmecken. Alles zahlt immer der Onkel, ich darf gar nicht vom Berappen anfangen; er ist ganz rührend. [. . .] Onkel ist der Wagen schon nicht mehr groß genug, er ist daran, sich einen wunderbaren [Mercedes] Benz zu kaufen. [. . .] Zu Eurer Beruhigung kann ich Euch sagen, daß ich keine 25 cm lange Mähne trage. Für Reicholdsgrün werd' ich mir die Haare überhaupt ganz abnehmen lassen. Hier gilt aber eine scheitellose Frisur für jüngere Leute nicht als fein. Auf Bällen im Winter ist es geradezu unmöglich, ohne Scheitel zu erscheinen. Ich trag eben einen zurückgekämmten Scheitel; man kann ja eine freie Stirn damit vereinen. [. . .]

---

zu Nr. 44

[1] Hirsche, deren Geweihstangen sechs Enden haben.

[2] Adolf und Else Zehender. (Vgl. Anm. 3 zu Dokument-Nr. 39)

[3] Handelsenglische Formulierung, frei übersetzt: »Stillschweigen gilt drei Tage nach Abgang der Offerte als Annahme des Angebots.«

[4] Gemeint ist Reichskanzler Otto Fürst von Bismarck (1815–1898), der in einem Mausoleum in Friedrichsruh ruht, einem kleinen Ort im Sachsenwald östlich von Hamburg.

Nr. 45

Handschriftlicher Brief Rudolf Heß
an Klara und Fritz Heß, Reicholdsgrün

Hamburg, 25. 06. 1914

[. . .] Den Stapellauf der »Bismarck«[1] hab' ich gesehen. Durch die Tochter eines Senators hatte ich gehört, daß der geheimgehaltene Name »Heimat« wäre. Glücklicherweise hatte der Vater dem Töchterchen etwas aufgebunden. »Bismarck« ist doch der schönste Name für den Riesen. Die Wahl dankt dem Kaiser ganz Deutschland. Es war klug vorbereitend von ihm; so wird er im folgenden Jahr bei der Jahrhundertfeier des Geburtstages [von Bismarcks] ganz ausgesöhnt dastehen[2]. [. . .]

---

zu Nr. 45

[1] Panzerkreuzer »Fürst Bismarck«, 1914 vom Stapel gelaufen, 10 700 t.

[2] Kaiser Wilhelm II. hatte seinen Reichskanzler von Bismarck 1890 wegen persönlicher und politischer Differenzen entlassen.

Nr. 46

Handschriftlicher Brief von Klara Heß
an Rudolf Heß, Hamburg

Reicholdsgrün, 30. 06. 1914

[. . .] Laß' Dich nur bitte für Reicholdsgrün *nicht igeln*[1], trage die Haare ruhig wie Du sie in Hamburg jetzt trägst. Früher, wie Du von Godesberg ankamst, hattest Du immer eine Art Künstlermähne, und die hatte ich abschreckend in Erinnerung. Die Großstadtfriseure frisieren sicher je nach dem betreffenden Gesicht, geschmackvoll und modern. Geigelt ist das Fürchterlichste, das ich mir denken kann. Die Hauptsache ist eine freie Stirn, ob Scheitel oder nicht ist ja ganz gleich. Wir sind alle ganz empört über die Ermordung des Erzherzogs Ferdinand und seiner Gemahlin[2]. Diese elende Mordbande, die Serben; ich hasse sie schon immer, besonders seit der Ermordung des Königs Alexander[3], dessen Leiche sie gemeinerweise noch zum Fenster hinausgeworfen haben. Zur Strafe sollten sie das ganze Volk unterjochen. – Durch die allgemeine Trauer leidet wohl auch die Kieler Woche. [. . .] Wir haben wieder wundervolles Sommerwetter; um uns [herum] werden die Wiesen gemäht, es duftet herrlich nach Heu. Gestern und Sonntag war Kirmes, mit dem bekannten Bauernempfang. Du hättest Deine Tanzbeine schwingen können. [. . .]

---

zu Nr. 46

[1] Rudolf Heß hatte offenbar vor, sich einen Bürstenhaarschnitt zuzulegen.

[2] Der österreichisch-ungarische Thronfolger, Erzherzog Franz Ferdinand (geb. 1863), wurde gemeinsam mit seiner Frau am 28. 06. 1914 in Sarajewo, das damals noch zur Donaumonarchie gehörte, von serbischen Nationalisten ermordet. Das Attentat war der äußere Anlaß für den Ersten Weltkrieg.

[3] König Alexander Obrenovič von Serbien, der eine österreichfreundliche Politik betrieben hatte, wurde am 11. 06. 1908 gemeinsam mit seiner Frau aufgrund einer nationalistischen Offiziersverschwörung in Belgrad ermordet.

Nr. 47

Handschriftlicher Brief Rudolf Heß
an Klara und Fritz Heß,
Reicholdsgrün

Hamburg, 12. 07. 1914

Liebe Eltern,
herzlichen Dank für Euren lieben Brief. Hab' mich riesig gefreut, daß Ihr Zehnders [nach Reicholdsgrün] eingeladen habt. Onkel

[Adolf] natürlich erst recht. Dann war er aber auch etwas niedergeschlagen, denn es hängt eben alles von [seiner Frau] Else ab, und wie lange es dauert, bis sie ganz gesund ist. Daß sie es wird, ist glücklicherweise sicher. Die Sache hing an einer Nasengeschichte, die der Arzt gefunden hat, und garantiert er sozusagen, daß Heilung eintritt. Onkel sagte mir, er wolle die endgültige Antwort an Euch etwas hinausschieben; ob er inzwischen geschrieben hat, weiß ich nicht. Geschossen hat Onkel Adolf in Konstantinopel viel, aber direkt Jäger ist er nicht. Er sagte aber schon oft, er freute sich, mal auf die Jagd zu gehen. Wenn er kommt, soll er auf jeden Fall seine Büchse mitbringen; Onkel Rudi freut sich doch, wenn ihm jemand Böcke schießt. – Neulich sind wir nicht nach Kiel gefahren, da es zu voll war, sondern nach Bremen und haben Fritz Naef[1] abgeholt. Es war wieder eine schöne Fahrt durch Moor, Heide, Wälder und Felder. Das Getreide steht wunderbar in der Gegend, hoffentlich kommt es gut ein. Wie sind die Ernteaussichten bei Euch? Hoffentlich hat das Nürnberger Unwetter Euch nicht erreicht. – Alfred ist also bei Euch, der Glückliche! Wie geht es denn dem Knaben? Hat er sich den Magen wieder in Ordnung gebracht? – Denkt bitte daran, mir einen größeren Koffer zu schicken, ich hab' keinen.
Im Geschäft ist jetzt wie immer im Sommer wenig los. Schreibe das nächste Mal darüber. Herzliche Grüße, Euch, Alfred, Gretel und der ganzen Verwandtschaft, Euer Rudi

---

zu Nr. 47
[1] Konnte nicht ermittelt werden.

Nr. 48

Handschriftlicher Brief Klara Heß
an Rudolf Heß, Hamburg

Reicholdsgrün, 19. 07. 1914

[. . .] Vergangene Woche brachte viel Abwechslung. Ich reiste mit Mad.[emoiselle][1] u. Grete nach Hof, blieb dort über Nacht. Papa reiste Donnerstag nach Leipzig zur Ausstellung, ich abends wieder zurück nach Reicholdsgrün. Heute, 12.30 [Uhr], kam Großmama an, Alfred 3.28 [Uhr]. Wir holten beide per Wagen ab. Sonnabend kamen Papa, Tante Grete und Walter 3.14 [Uhr] von

Hof an. Dienstag kommt Onkel Walter Heß[2] für vierzehn Tage. Hoffentlich bleibt schönes Wetter für unsere lieben Gäste, damit sie auch den Wald und Umgebung, das einzige, das Reicholdsgrün bietet, recht genießen können. Wir schicken Alfreds Kabinenkoffer, sobald der Koffer angekommen. [. . .] Hier mähen die Bauern fleißig, das herrliche Wetter ist sehr günstig zur Einfuhre. Mittwoch kommen die Hofer heraus, um die Ferienzeit hier zu verbringen. Sicher wird der Lohweiher wieder zum Baden benützt werden. Hast Du einen ganzen [Bade-]Anzug, um mit Damen zusammen baden zu können, wenn nicht, so kauf' Dir einen. Grete läuft viel im Badeanzug herum und ist meistens barfuß. Sie genießt das Landleben in vollsten Zügen. Papa traf den zwölften Bock noch nicht. Heute will er mit Alfred auf die »Hirsche« gehen. [. . .]

---

zu Nr. 48
1 Hauslehrerin von Margarete Heß, der Schwester von Rudolf Heß.
2 Walter Heß (1877–1946), jüngerer Bruder von Fritz Heß, Onkel von Rudolf Heß.

Nr. 49

Handschriftlicher Brief Rudolf Heß
an Klara und Fritz Heß,
Reicholdsgrün

Hamburg, 27. 07. 1914

[. . .] habt Dank für Euren lieben Brief, Koffer u. Schlüssel. – Ich werde nun also endgültig Sonnabend, d. 1. August, hier abfahren, komme Sonntag bei Euch an. [. . .]
Sonnabend hab' ich mir das große Kriegsgeheul in den Cafés angehört. Richtiger Hurrapatriotismus! Teilweise halbbesoffene Gestalten grölten unsere schönsten patriotischen Lieder, und man fühlte sich als Helden, wenn man irgendeinen Franzosen, Russen oder Serben rausgeschmissen hatte. Hat mir wenig imponiert. Die Begeisterung sollten wir uns aufheben, wenigstens die tätliche, bis auch für uns der große Augenblick da ist; dann bin ich auch dabei. Jetzt hätte die offizielle Kundgebung vor dem österr[eichischen] Konsulat gelangt. Warten wir die Dinge ab, und hoffen wir auf die Vernunft der Menschheit. [. . .]

Teil II

Das Fronterlebnis

1914–1918

Nr. 50

Nach der Ermordung des österreichisch-ungarischen Thronfolgerpaares am 28. 06. 1914 in Sarajewo durch serbische Nationalisten spitzte sich der Konflikt zwischen den beiden Nachbarstaaten im Juli immer mehr zu. Seit dem 28. 07. 1914 befanden sich Österreich-Ungarn und Serbien, von ihren beiden Hauptverbündeten, Deutschland und Rußland, unterstützt, miteinander im offenen Kriegszustand. Nur ihre Armeen marschierten noch nicht. Am 29. 07. 1914 begann jedoch die russische Mobilmachung, nachdem sich der Zar seines französischen Bündnispartners versichert hatte. Die Haltung Englands, das wiederum mit Frankreich verbündet war, schwankte zwischen Vermittlungsangeboten und Teilmobilmachung der Flotte. Am 31. 07. 1914 erklärte die deutsche Reichsregierung den »Zustand drohender Kriegsgefahr«. Als ein knapp befristetes Ultimatum an Rußland unbeantwortet blieb, erklärte das Kaiserreich dem Zarenreich am 01. 08. 1914 den Krieg. Am gleichen Tag wurden die Armeen jenseits und diesseits des Rheins mobilisiert. Da der Schlieffen-Plan als erstes die Niederwerfung Frankreichs vorsah, besetzten deutsche Truppen in der Nacht zum 02. 08. 1914 Luxemburg, um sich dort die für den Aufmarsch nötigen Eisenbahnlinien zu sichern. Am 03. 08. 1914 folgte die Kriegserklärung des Deutschen Reiches an Frankreich.

Handschriftlicher Brief Rudolf Heß
an Klara und Fritz Heß,
Reicholdsgrün

München, 03. 08. 1914

Liebe Eltern,
wie ich auf der Karte schrieb, ist das Schwere ReiterReg.[t] überfüllt. Ich war deshalb bei Generalleutnant von Nägelsbach[1]. Dort wurde ich als alter Bekannter sehr nett aufgenommen, soll auch bald wiederkommen. Er schrieb mir ein paar Zeilen als Empfehlung. Auch gab er mir sonstige Ratschläge. Morgen früh soll ich mich endlich in die Stammrolle des Regiments eintragen; durch die Mobilmachung hat es sich verschoben. Vorher hab' ich mich aber schon als Kriegsfreiwilliger gemeldet. Wie Nägelsbach sagte, kommt doch in ein paar Tagen die Kriegsaushebung meines Jahrganges. Wenn ich mich vorher aber schon freiwillig melde, macht es natürlich besseren Eindruck und ist doch entschieden ehrenvoller. Ich komm' dann jedenfalls in die Reserve des Reg[imen]t[s];

gleichgültig ob ich mich freiwillig melde oder nicht. Außerdem bin ich auch fest entschlossen, meinen Teil dazu beizutragen, diesen Barbaren und Völkerrechtsbrechern die verdiente Haue zu verabfolgen. Ihr habt doch auch in den Zeitungen gelesen, daß Flugzeuge vor der Kriegserklärung im Land herumschwirren; Bomben schmeißen. Daß in Metz Franzosen versuchten, Cholera-Bazillen in die Brunnen zu bringen. Es sträubt sich einem das Haar bei dem Gedanken allein. Also irgendwie schaden muß ich der Bande, und wenn es nur durch nachträgliche Besetzung des eroberten Landes ist. Dabei kann ich übrigens mein Französisch noch vervollkommnen. Macht Euch nicht etwa Gedanken. Selbst also wenn ich aus den Grenzen herauskomme, braucht die Sache noch nicht gefährlich zu sein. Außerdem gibt es eine höhere Macht, die alles zum besten wendet, komme es, wie es wolle. – Hier ist es riesig interessant natürlich. Freu' mich furchtbar auf die nächsten Tage, reiten lernen, Schießübungen usw. [. . .]
Herzlichen Gruß,
Euer tr[euer] Sohn Rudi

---

zu Nr. 50
[1] Generalleutnant Ludwig Naegelsbach (1851–1922), zuletzt Stadtkommandant von München, seit 1908 im Ruhestand, ein Bekannter der Familie Heß.

Nr. 51

Am 01. 08. 1914 hatte England seine gesamte Flotte mobil gemacht – die größte strategische Streitmacht der Welt. Am 02. 08. 1914 sicherte es seinem Verbündeten den Schutz der französischen Nordküste zu. Am 03. 08. 1914 fiel das deutsche Westheer in das neutrale Belgien ein, um zu dem allseits erwarteten Umfassungsschlag gegen Frankreich auszuholen. Das gab England am 04. 08. 1914 den letzten Anlaß zum offiziellen Kriegseintritt. Unter dem Eindruck des nunmehr vollendeten Mehrfrontenkrieges bewilligte der Deutsche Reichstag am gleichen Tage einstimmig die notwendigen Kredite. Kaiser Wilhelm II. erklärte: »Ich kenne keine Parteien mehr – ich kenne nur noch Deutsche.«

Handschriftliche Postkarte Rudolf Heß
an Klara und Fritz Heß,
Reicholdsgrün

München, 05. 08. 1914

Liebe Eltern, Herr von Wenz[1] läßt grüßen. Hat mich mit zum Frühschoppen in den Ratskeller genommen. War sehr nett und ge-

mütlich. Mittag gegessen hab' ich mit dem splenditen Onkel Alfred[2] im Parkhotel. Gestern und heute abend aß ich bei Bauers, die sich meiner rührend annehmen. [. . .]
Gruß
Euer Rudi

---

zu Nr. 51
[1] Konnte nicht ermittelt werden.
[2] Alfred Heß (1876–1946), jüngerer Bruder von Fritz Heß, Onkel von Rudolf Heß.

Nr. 52

Während die Jugend aller europäischen Länder zu den Fahnen eilte, ließ die Oberste Heeresleitung des Deutschen Reiches die beiden Flügel des Westheeres nur in einem Stärkeverhältnis von 3:1 zugunsten des rechten Flügels antreten statt in einem Stärkeverhältnis von 7:1, wie es der Schlieffen-Plan ursprünglich vorgesehen hatte. Trotzdem gelang es der I., II. und III. Armee ab dem 04. 08. 1914, Belgien zu erobern und in Richtung Nordfrankreich vorzustoßen, das von der französischen Nordarmee und von dem britischen Expeditionsheer hinhaltend verteidigt werden sollte. Gleichzeitig rückten die französischen Armeen aber, gestützt auf ihren Festungsgürtel zwischen Verdun und Belfort, auf Elsaß-Lothringen vor, das seit dem deutsch-französischen Krieg von 1870/71 zum Reich gehörte. Gleichzeitig ballte sich die Angriffskraft der russischen Armeen an der Ostfront in einem Stärkeverhältnis von 2:1 gegenüber Deutschland und Österreich-Ungarn zusammen. Insgesamt standen den 3,8 Millionen Soldaten der beiden Mittelmächte bei Kriegsbeginn auf seiten der Entente (England, Frankreich, Rußland) 5,7 Millionen Mann gegenüber.

Handschriftliche Postkarte Rudolf Heß
an Klara und Fritz Heß, Reicholdsgrün

München, 06. 08. 1914

Liebe Eltern,
Bin nun endlich aufgenommen bei den Schweren Reitern. Die körperliche Untersuchung ist vollkommen befriedigend ausgefallen. Wurde geimpft. Meine Adresse ist jetzt also:

Einj[ähriger] Freiw[illiger] Heß
1. Schweres Reiterregiment.
Oberwiesenfeld.
München.

Morgen 7 Uhr geh' ich in die Kaserne und werd' wohl gleich eingekleidet. –
Von gestern bis heut' abend war ich noch bei Stiflers in Herrsching. Bin noch mal verwöhnt worden. Bowle gab's, Gefrorenes, Torte. –
Stiflers lassen grüßen, desgleichen Onkel Alfred, Bauers.
Herzl. Grüße,
Euch, den Geschwistern, Großmama und Münchs
Euer tr[euer] Sohn Rudi

Nr. 53

Handschriftlicher Brief Klara Heß
an Rudolf Heß, München

Reicholdsgrün, 06. 08. 1914

Mein lieber guter Rudi!
Dein lieber Brief war uns eine Herzensfreude. Wie freuen wir uns, daß Du durch all' die lieben Verwandten Zerstreuung hast. Auch das viele Interessante, das die Mobilisierung mit sich bringt, wird Dich ein wenig ablenken von dem Ernst der Zeit. Bist Du nun schon als Reservist aufgenommen? Alfred beneidet Dich darum. Wie gerne würde er neben Dir sein. Ich kann ihn auch gut begreifen. Wäre ich ein Mann in der Blüte der Jahre, ich würde auch mit Begeisterung für mein Vaterland kämpfen. Ich will versuchen, wenn auch nicht als Soldat, so doch für das Wohl der Zurückgebliebenen meine Kraft mit zu verwenden. Es wird sich wohl bald für uns Frauen Arbeit finden. [. . .] Wenn Du doch vielleicht in Kriegsgefahr geschickt wirst, wo Du auch seist, wir haben keine kleinliche Angst. Wir Menschen sind in Gottes Schutz, wenn wir sterben sollen, so können wir es ja auch im sichersten Winkel. Vielleicht läßt Gott die Russen durch die Unzufriedenheit im eigenen Land geschwächt werden. Das so roh unterdrückte Volk bekommt vielleicht Mut, gegen die Tyrannen aufzustehen, und wenn das Land von Truppen entblößt ist, fangen sie eine Revolution an. Danken wir Gott für unsere Regierung und Willensstärke des Kaisers, die trotz des harten Widerstandes des Volkes die Flotte und das Heer immer mehr vergrößert haben. Wie wäre es jetzt ohne all' die Rüstung und kluge Voraussicht, was hätten wir von dem ersparten Geld. – Wir sind heute in Hof und lassen uns durch das Leben in

den Straßen und Tante Gretes beneidenswerte Leichtlebigkeit erheitern. Es gelingt auch zeitweise, doch preßt mir der Gedanke an die Kämpfe unserer Mannschaft, an Freund und Feind, das Herz zusammen. Grüße bitte Nägelsbach herzlich. [. . .] Versorge Dich nur mit allem, was für Deine leibliche Pflege nötig. Schokolade etc. Du weißt, Papa scheut keine nützlich angewendete Ausgabe für Dein Wohl. Es geht uns soweit gut. Wir sehen voll Zuversicht in die Zukunft. Meine Nerven fangen natürlich wieder an zu revoltieren. Ich gehe möglichst viel in die schöne Natur und renne mich müde, damit ich schlafen kann. [. . .]

Nr. 54

Das deutsche Westheer hatte die Aufgabe, Frankreich so schnell wie möglich niederzuwerfen, um dann das Ostheer gegenüber Rußland zu verstärken. Deshalb erwartete die Weltöffentlichkeit vierzehn Tage nach Beginn des Ersten Weltkrieges, daß die deutschen Armeen in Südbelgien sowie im Winkel der Flüsse Sambre und Maas große Entscheidungsschlachten herbeiführen würden. Jedoch kam der von vornherein zu schwach angelegte rechte Flügel durch Mängel in der Befehlsstruktur allmählich ins Rutschen, so daß er nicht so weit Richtung Ärmelkanal ausholte, wie es im Interesse des Operationszieles gelegen hätte. Das Ziel war die Einnahme der französischen Hauptstadt Paris, die von Westen und Süden her umfaßt werden sollte.

Handschriftlicher Brief Rudolf Heß
an Klara und Fritz Heß, Reicholdsgrün

München, 15. 08. 1914

Liebe Eltern,
um 12 Uhr bin ich glücklich hier angekommen. Hatte in Regensburg zwei Stunden Aufenthalt.
Ich kam noch viel zu früh an, um zu erfahren, daß es vorläufig wieder nichts ist. Man hatte schon mehr Freiwillige aufgenommen als vorgeschrieben. Man nahm an, daß bis zum 15. [August] die Schweren Reiter im Feld Verluste hätten. Obwohl sie aber dieser Tage im Gefecht waren, gab es noch keinen Platz. Von Tag zu Tag, von Stunde zu Stunde wird aber eine Riesenschlacht erwartet. Daraufhin werden dann neue Freiwillige eingestellt. Lieber Gott! Man muß also geradezu wünschen, daß die armen Kerle beim nächsten Treffen mitgenommen werden. Sonst ist es unsicher, wie

lang mein Schweben zwischen Himmel und Erde noch dauert. Auf jeden Fall werd' ich aber als einer der ersten nächsten Freiwilligen aufgenommen, besonders da mich N[ägelsbach] empfohlen. Dann kann ich aber gut schießen, plötzlich reiten, Französisch sprechen, etwas Arabisch und Italienisch. Morgen früh nehm' ich die erste Reitstunde, eine Bahn hat 12 Pferde zurückbehalten. Onkel Alfred wird mir wohl sein Reitzeug leihen.
Also zur Abwechslung hat uns Ägypten den Krieg erklärt. Hat das großen Einfluß auf's Geschäft? Wenigstens räubert die Gesellschaft dort unten einem nicht die Bude aus, wie Belgier, Russen und Franzosen. Schreibt bitte bald darüber. [. . .]

Nr. 55

Während sich die Engländer und Franzosen im Norden vor den heranstürmenden Deutschen unter verhältnismäßig geringen Verlusten geschickt zurückzogen, wurden die deutschen Armeen im Südabschnitt der Westfront von den französischen Armeen in unerwartet schwere Kämpfe verwickelt. In der kurzen Zeitspanne vom 09. bis zum 19. 08. 1914 wurde z. B. Mülhausen in Elsaß-Lothringen zweimal von den Franzosen genommen und zweimal wieder von den Deutschen zurückerobert. – Unter starkem britischen Druck erklärte unterdessen das formell noch unter türkischer Oberhoheit stehende Ägypten dem Deutschen Reich den Krieg. – Gleichzeitig begann sich die Fernblockade, die die britische Flotte an den beiden Nordseeausgängen aufgebaut hatte, negativ auf den deutschen Außenhandel auszuwirken.

Handschriftlicher Brief Fritz Heß
an Rudolf Heß, München

Reicholdsgrün, 17. 08. 1914
12 Uhr mittags

Mein lieber Rudi!
Soeben brachte Alfred Deinen lieben Brief vom 15. ds. [Monats] aus Kirchenlamitz[1], der uns meldet, daß Du glücklich in München angekommen. Also doch noch zu früh, trotz 17stündiger Fahrt. Du hast dafür Zeit, Dich von der langen Reise auszuruhen, ehe Du in den Sattel springst. Wir sind sehr gespannt, ob Du Dich leicht in die neuen Verhältnisse einfindest und freuen uns über unseren mutigen, schneidigen Buben! Daß Du Dich tapfer hältst, daran haben wir keinen Zweifel, und mit Gottes Hilfe wird sich noch alles

zum Guten wenden. Laß' uns nur möglichst oft Nachricht von Dir zukommen. – Herr Schoeller[2] schreibt mir soeben aus Heidelberg: »Wenn man vor 4 Wochen gesagt hätte, daß Ägypten einst an Deutschland den Krieg erklären werde, dann hätte man nach dem Arzt gerufen«, und er hat wirklich recht, denn auch ich hätte nie geglaubt, daß die Engländer es so weit treiben. – Eine Beeinträchtigung der Geschäfte in Ägypten wäre auch ohne die Kriegserklärung an Deutschland dagewesen, und nicht nur für die deutschen, sondern für alle Firmen, denn die Zufuhren aus Deutschland, Österreich, Frankreich, Rußland sind entweder ganz oder zum guten Teil abgeschnitten. Die ägyptische Regierung, von den Engländern gepreßt, schadet ihrem eigenen Land ganz gewaltig. – Daß es in Ägypten zu Ausschreitungen kommt, wie sie z. B. in Belgien stattgefunden, glaube ich nicht. Die Bevölkerung ist dort zu international, als daß dieselbe solche Rohheiten aufkommen läßt. Die einzelnen Kolonien sind durch ihren wechselseitigen Verkehr in Friedenszeiten doch so miteinander verknüpft, daß anzunehmen ist, daß der Haß nicht den Umfang annimmt, wie er auf europäischem Boden naturgemäß sich entwickelt. Daß der Pöbel ausfällig wird, dürfte die [ägyptische] Regierung zu vermeiden wissen, denn wenn sie es so weit kommen lassen würde, so könnte sie sicher sein, daß der Pöbel zwischen Deutschen resp[ektive] Österreichern und anderen Nationen keinen Unterschied machen würde. – Da würden die anderen Kolonien ebensogut in Mitleidenschaft gezogen.
Nun leb' wohl, lieber Rudi, mach' Deine Sache gut und sei innig umarmt von uns allen, die Dich alle herzlichst grüßen und küssen!
Dein

Papa

[. . .]

---

zu Nr. 55

[1] Von Reicholdsgrün aus gesehen, war Kirchenlamitz die nächste größere Stadt.
[2] Konnte nicht ermittelt werden.

An der Ostfront mußte sich die VIII. Armee, die Ostpreußen vor dem Einfall der Russen bewahren sollte, nach der Schlacht bei Gumbinnen am 19. und 20. 08. 1914 unter großen Verlusten auf die Weichsel zurückziehen. Damit war die östlichste Provinz des Reiches dem Feind preisgegeben. Die Narew- und die Njemen-Armee des Zarenreiches rückten jedoch nur zögernd vor. Weiter südlich hatte sich der Aufmarsch Österreich-Ungarns – erst gegen Serbien, dann gegen Rußland – verwirrt. Nur langsam gingen die k.u.k.-Armeen zur Offensive über.

Handschriftlicher Brief Klara Heß
an Rudolf Heß, München

Reicholdsgrün, 19. 08. 1914

Mein lieber Rudi!
Du wirst wohl Deines Vaters Brief erhalten haben und beruhigt sein über Alexandrien. Die Engländer werden sich schön hüten, Öl ins Feuer zu gießen, das ja immer heimlich unter den Arabern glüht und wohl auch glühend stets versteckt gehalten wird. Papa ist rührend lieb, er bemüht sich, immer heiter zu erscheinen, damit er der lieben Großmama[1] möglichst viel Mut macht, die, seit nun auch Onkel Alfred abgerückt, ganz schrecklich schwarz sieht. Ich hab' ein felsenfestes Gottvertrauen! – [. . .] Tante Grete und Onkel Rudi[2] sind mit hier. Aller Gedanken sind mit den heißesten Wünschen auf dem Kriegsschauplatz. Es fahren wieder viele [Militär-]Züge von Sachsen her über die Unterpozauer Brücke. Ich hörte sie die ganze Nacht über bis früh morgens. Gestern erfuhr ich, daß jeder Soldat zwei Leibbinden und ein gestricktes, wollenes Hemd mitnehmen müßte. Alle Damen stricken für den Zweck Leibbinden. Ich will auch zwei stricken und sie Dir schicken. [. . .] Ich glaube ja, das Stricken der Binden ist Unsinn. Sie werden schrecklich grob u. dick und nehmen beim Transport viel zu viel Platz weg. Kaufe Dir nur lieber welche und feine. Vergiß aber ja nicht das wollene Hemd, es soll für das Lagern nachts im Freien nötig sein. [. . .] In Hof ist es furchtbar still auf den Straßen. Nur abends, wenn die neuesten Nachrichten vorgelesen werden, stehen die Menschen dichtgedrängt. – Wenn man an die Schandtaten der Zivilpersonen in Belgien denkt, fühlt man eine Gänsehaut aufsteigen. Wie ist es möglich, daß der König und die Behörde so gar keinen Einfluß auf das Volk ausüben können. Oder wollen auch diese nicht menschlicher sein? Wie furchtbar muß das für die Köni-

gin von Belgien sein, als bayerische Prinzessin ihre Nation so grausam behandelt zu wissen und nicht dagegen einschreiten zu können. Gott kann solche Barbaren nicht siegen lassen. [. . .]
Sei innig umarmt und geküßt
von Deiner treuen

Mutter

zu Nr. 56
[1] Margarete Heß, geb. Bühler (1840–1928), Mutter von Fritz Heß.
[2] Rudolf und Grete Münch, Onkel und Tante von Rudolf Heß.

Nr. 57

Handschriftliche Postkarte Rudolf Heß
an Klara und Fritz Heß, Reicholdsgrün

München, 21. 08. 1914

[. . .] Jetzt bin ich endlich mit ziemlicher Sicherheit beim 7. Feld-Artillerie-Reg[iment] genommen, muß nur noch den Beweis erbringen, daß ich schon untersucht bin. Zu diesem Zweck warte ich jetzt vor der Reiterkaserne eine Stunde und schreib' Euch stehend diese Karte. – Am Montag werd' ich morgens den Dienst antreten. Freu mich auf die Artillerie. Im Grunde ist sie noch interessanter als die Reiterei. [. . .]

Nr. 58

Am 20. 08. 1914 zogen die siegreichen deutschen Truppen in die belgische Hauptstadt Brüssel ein. Die I., II. und III. Armee marschierten weiter nach Süden vor. – Die Oberste Heeresleitung mißbilligte den Rückzug der VIII. Armee auf die Weichsel. Sie ersetzte ihren Oberbefehlshaber am 22. 08. 1914 durch General Paul von Beneckendorff und von Hindenburg, dessen Generalstabschef General Erich Ludendorff wurde, der vorher in Belgien die Festung Lüttich genommen hatte.

Handschriftlicher Brief Rudolf Heß
an Klara und Fritz Heß, Reicholdsgrün

Herrsching, 23. 08. 1914

[. . .] Bin noch einen Tag hier bei herrlichstem Wetter. Amüsier' mich mit Tea u. Aga[1], bade, rudere und genieß' eine gute Küche vor dem Eintritt [in das Heer]. [. . .] Riesige Begeisterung herrscht überall natürlich über den großen Sieg. Gott sei Dank! Im Grund hat ihn ja doch jeder erwartet. Alle Straßen sind in München geflaggt, auch hier Häuser und Schiffe. [. . .] Schickt mir bitte möglichst bald eine schriftliche Erlaubnis, durch den Bürgermeister amtlich bestätigt, daß ich als Kriegsfreiwilliger in das Heer eintreten darf. Bei den Schweren Reitern verlangt man sie nicht; denn in wenigen Wochen oder Tagen werde ich ja doch gerufen. Bei der Feldartillerie ist man aber genauer. [. . .]

---

zu Nr. 58
[1] Agnes (»Aga«) und Theaga (»Thea«) Stifler waren Kusinen von Rudolf Heß.

Nr. 59

Ab dem 22. 08. 1914 gelang es dem deutschen Westheer, die Grenzen Frankreichs aus Richtung Norden und Osten zu überschreiten. Damit hatte es seinen Gegnern den Kriegsschauplatz für die nächsten vier Jahre vorgeschrieben. Trotz verschiedener großer Erfolge in einzelnen Schlachten gelang es der Obersten Heeresleitung unter General Helmuth von Moltke jedoch nicht, im Westen eine operative Entscheidung zu erzwingen.

Handschriftlicher Brief
Klara Heß an Rudolf Heß,
Herrsching bei München

Reicholdsgrün, 23. 08. 1914

[. . .] Die verschiedenen Siegesnachrichten der letzten Tage machen uns wie alle Deutschen glücklich und stolz auf unser Militär, dankbar gegen Gott, der sichtlich unserer gerechten Sache den Sieg verleiht. [. . .] Es sind fortdauernd Sammlungen für's Rote Kreuz. Ich werde von der Bettwäsche geben, die von Eurer Pensionszeit noch übrig. Papa hat auch schon größere Geldspenden gegeben. Wüßten wir, wie es in Alexandrien steht, könnten wir natürlich freigiebiger sein. [. . .] Grete lernt sehr fleißig Vaterlandslieder und singt mit mäßiger Stimme »Deutschland, Deutschland über alles«. Körperlich geht es uns gut, Großmama ist natürlich im Gemüt sehr nieder, so alte Leute sind nicht mehr so begeisterungsfähig als wir Jüngeren. [. . .]

Nr. 60

Handschriftliche Postkarte Rudolf Heß
an Klara und Fritz Heß, Reicholdsgrün

München, 24. 08. 1914

[. . .] Heute bin ich endlich beim 7. Feldartillerie Reg[iment] genommen worden. Genaue Adresse schreib' ich noch. Habe schon Drillichanzug bekommen, der leidlich gut paßt; in ein paar Tagen bekomme ich auch die dunkelblaue Uniform. Schlafe diese Nacht schon auf Stroh. Als Nachbar hab' ich einen jungen Hamburger, der vor der Hamburger Steifheit hierher geflüchtet ist, um hier zu dienen. Er heißt Friede, auch paradox für einen Kriegsfreiwilligen. Hab' mich mit ihm zusammen zu der Haubitzenabteilung gestellt. Dies ist großkalibrige Artillerie, die in hohem Bogen indirekt mörserartig schießt. Unsere modernste Waffe; die Franzosen haben sie noch nicht. Wir sind in der 2ten Ersatzabteilung, es ist also bei unsern Erfolgen nicht viel Aussicht, noch ins Gefecht zu kommen. [. . .]

Nr. 61

Handschriftliche Bescheinigung
von Fritz Heß

Hierdurch bestätige ich meine Zustimmung, daß mein Sohn Rudolf Heß als Kriegsfreiwilliger in das deutsche Heer eintritt.

z. Z. Reicholdsgrün b/Kirchenlamitz d. 26. August 1914
Fr. Heß

Die Echtheit der Unterschrift bestätigt
Reicholdsgrün d. 26ten August 1914
Der Bürgermeister
Reichel

Nr. 62

Handschriftliche Postkarte Rudolf Heß
an Klara und Fritz Heß, Reicholdsgrün

München, 27. 08. 1914

Liebe Eltern,
einen Gruß von Euerm Soldaten! Hab' heute feierlich den Fahneneid geleistet bzw. auf mein Geschütz geschworen. Seit drei Tagen exerzier' ich täglich, mache Freiübungen, springe auf die Protze und wieder runter, zerre an Geschützen herum usw. Schlafe nur noch auf Stroh (sehr gut u. fest), esse mittags die berühmte Reissuppe, Nudelsuppe u. Ochsenfleisch usw., alles gut gekocht. Bekommt mir ausgezeichnet. 10 Uhr lieg' ich auf dem Lager, 4½ [Uhr] wird aufgestanden. Abends ist von ½7 bis ½10 Uhr frei. Esse dann in der Stadt oder bei Bauers.
Meine Adresse ist:

Kriegsfreiwilliger R. Heß,
7. Feld-Artillerieregiment
Rekrutendepot 4 b
Alfonsschule

Habt Ihr in der 2. Bayr[ischen] Verlustliste gelesen, daß Alfreds Lehrer [. . .] gefallen ist? Der erste Bekannte, den ich finde. Hier ist große Trauer über den Tod des netten jungen Prinzen Luitpold[1]. [. . .]

---

zu Nr. 62

[1] Prinz Luitpold von Bayern (1901–1914), ältester Sohn des Kronprinzen Rupprecht, starb schon als Kind.

Nr. 63

Nach den deutschen Siegen über die Engländer bei Mons und Le Cateau in den Tagen vom 25. bis zum 27. 08. 1914 begann die Westfront allmählich ihre charakteristische Form eines riesigen Bogens anzunehmen, der sich von Dünkirchen im Nordwesten bis nach Verdun im Südosten spannte. Die Wölbung dieses Bogens wies weiterhin auf Paris, dem die deutschen Armeen allerdings viel weiter östlich als geplant zustrebten. – An der Ostfront begannen Hindenburg und Ludendorff seit dem 23. 08. 1914 alle verfügbaren Kräfte im südlichen Ostpreußen zum entscheidenden Schlag gegen die beiden russischen Armeen zusammenzufassen.

Handschriftlicher Brief Klara Heß
an Rudolf Heß, München

Reicholdsgrün, 29. 08. 1914

Mein lieber Rudi!
Hoch, hoch, dreimal hoch unser Kaiser, die Armee und Zeppelin. Die herrlichen Siegesnachrichten, wie danken wir Gott dafür, der sichtbar unsere gerechte Sache unterstützt. Gott bleibe uns weiter so gnädig. Jetzt haben doch die großmäuligen Engländer auch eine starke Schlappe bekommen. Man sagt sogar, General French[1] sei gefangen. Leider amtlich noch nicht bestätigt. – Wie unsagbar leid tut uns der Heldentod des lieben Nägelsbach. Mit ihm ist ein edler, hochbegabter Jugenderzieher zugrunde gegangen. Wieviel stolze, gesunde Jugend fordert der Krieg. Danken wir Gott, daß die schweren Opfer mit stetem Sieg gelohnt wurden. Wir freuen uns über Deine guten Nachrichten und danken Dir, daß Du uns so oft mit Nachrichten erfreust. Es interessiert uns alle sehr, von Deinem Leben u. Treiben zu hören. Wie ich Dich kenne, sind die kleinen Unbequemlichkeiten des Kasernenlebens Dir ein Leichtes. Der stramme Dienst wird Dir körperlich sogar sicher sehr wohltun. [. . .]
Wir lesen täglich so viel Zeitungen, daß mir die Augen brennen. Ich kann es aber nicht lassen, von den herrlichen Leistungen unserer Armee zu lesen. Die Überraschung durch die Kruppschen Festungsbelagerungsgeschütze, die geheimgehalten wurden, deren alles zerschmetternde Erfolge brachten einen großen Jubel hervor. Wie rasch die Festungen, der Stolz und die Zuversicht der Franzosen, zerschmettert [wurden]. Wir haben der Verschwiegenheit unserer Generäle u. Regierung Großes zu danken. [. . .]

---

zu Nr. 63
[1] John Denton Pinkstone French, Earl of Ypres and of High Rank (1852–1925), britischer Feldmarschall und Armeeführer des britischen Expeditionskorps in Nordfrankreich während des Ersten Weltkrieges. – Die Meldung von der Gefangennahme Frenchs erwies sich als falsch.

Nr. 64

Die deutschen Erfolge in den letzten Augusttagen zwangen die Franzosen zu einem fast fluchtartigen Rückzug. Die I. Armee unter Generaloberst Alexander von Kluck drang immer weiter nach Frankreich vor. Ihr Ober-

kommando konnte am 01. 09. 1914 Quartier im Schloß von Compiègne nehmen – nur noch 70 Kilometer von Paris entfernt. Trotzdem sollte Compiègne 1918 der Ort werden, an dem ein Waffenstillstand unterzeichnet wurde, der Deutschland dem Willen seiner Feinde auslieferte.

Handschriftlicher Brief Rudolf Heß
an Klara und Fritz Heß, Reicholdsgrün

München, 30. 08. 1914

[. . .] Unsere Armee kämpft herrlich. Der Sturm der Infanterie ist nicht zu halten, die Bayern kämpfen überhaupt nur noch mit Messer und Dolch. Ich wollte, ich wär' auch dabei. Hinter den großen Schilden der Artillerie komme ich mir schon jetzt furchtbar feige vor. [. . .]

Nr. 65

Während die deutschen Armeen im Westen einem gewissen Operationsplan folgten, hatte die Oberste Heeresleitung der VIII. Armee in Ostpreußen die Wahl zwischen verschiedenen Verteidigungsmöglichkeiten überlassen. Ihr war bekannt, daß die Russen die leicht verwundbare Ostprovinz vom Deutschen Reich abspalten wollten, um ihr eigenes Reich bis an die untere Weichsel auszudehnen. Die Masurische Seenkette zwang die zaristischen Armeen freilich für einige Zeit zur Spaltung ihres Angriffskeils. Diese Aufmarschphase benutzte der Oberbefehlshaber der VIII. Armee, General Paul von Beneckendorff und von Hindenburg, die russische Südarmee auf ihrer inneren Linie anzugreifen, ehe diese sich mit der Nordarmee wiedervereinigen konnte. Ab dem 26. 08. 1914 entwickelte sich bei dem kleinen Ort Tannenberg eine Schlacht, in welche die Masse der russischen Verbände hineingezogen wurde. Zwei Armeen wurden innerhalb einer Woche eingekreist und aufgerieben. Weiter südlich an der Ostfront kamen auch die Armeen des mit dem Deutschen Reich verbündeten Österreich-Ungarn in den ersten Kriegstagen gut voran.

Handschriftlicher Brief Klara Heß
an Rudolf Heß, München

Reicholdsgrün, 01. 09. 1914

[. . .] Wir können gut begreifen, daß auch Du am liebsten sofort im Handgemenge mit dem Feinde ringen möchtest. Alle können das eben nicht, und als Artillerist ist doch eine hervorragende Arbeit dem Vaterland geleistet. Die 42-cm-Geschütze haben doch unserer

Armee das großartigste genützt, sie haben durch ihre Kraft und gute Lenkung unsagbare Verluste verhütet. Die [belgischen] Festungen waren doch in einer Geschwindigkeit genommen, die niemand vorher, außer wohl der Generalstab, zu glauben u. hoffen wagte. – Die Schilde der Artillerie sind Schutz für die Bedienung der Geschütze, die ja ohne geschulte Mannschaft nichts nützen würden. Das Darbieten der körperlichen Kraft hilft allein nicht zum Sieg, und die geistige Kraft ist unbedingt nötig. Zur Führung der Geschütze und Bedienung ist letztere nötig, deshalb ist die Mannschaft der Artillerie besonders geschützt. [. . .] Von Ägypten haben wir seit Frau Dr. Kauzkis[1] Brief keine neue Nachricht. Gott gebe, daß die Befürchtung eines Araber-Aufstandes aus der Luft gegriffen. [. . .] Wieviel edles Blut fordert der schauderhafte Krieg. Rache denen, die ihn in Habgier leichtfertig entflammt haben. [. . .] Wir sind glücklich über unsere und der Österreicher herrliche Siege. Gott bleibe uns weiter gnädig!! Gestern wieder 30.000 Russen gefangen, heute hören wir von den Österreichern ein Gefangennahme von 60.000, noch nicht amtlich bestätigt. Die Schiffe, die zerstört wurden, tun mir arg leid. [. . .] Unsere Flotte, da sie sehr viel schwächer ist als die englische, wird leider sehr viele Opfer bringen müssen. Die armen Angehörigen der Besatzung, welche schreckliche Sorge mögen sie haben. [. . .] Gott gebe, daß die Engländer nicht noch irgendwelche Scheußlichkeit im Schilde führen. [. . .]

---

zu Nr. 65

[1] Eine in Ägypten lebende Bekannte der Familie Heß.

Nr. 66

Eigentlich sah der deutsche Feldzugsplan im Westen vor, daß die I. Armee aus nordwestlicher und die II. Armee aus nördlicher Richtung auf die französische Hauptstadt vorstießen. Die deutschen Armeekorps rückten in den ersten Septembertagen aber in einem atemberaubenden Siegeslauf immer weiter auf die Marne vor, einem rechten Nebenfluß der Seine östlich *von Paris. Zu allem Überfluß preschte die I. Armee nun auch noch über die Marne hinweg, so daß zum Schutz gegen die um und in Paris liegenden französischen Verbände zu wenige deutsche Truppen nördlich des Flusses stehenblieben. So isolierte sich die I. Armee und entblößte zugleich die rechte Flanke der II. Armee. Der französische Oberbefehlshaber an der Nord- und Nordostfront, General Joseph Joffre, erkannte diese Lage. Er entschloß sich, die Deutschen noch vor Erreichen der Seine anzugreifen und die I. Armee beiderseits der Marne zu schlagen. Als sich die II. Armee in der allgemeinen Verwirrung zurückzog, war die Schlacht an der Marne durch Abbruch für die Deutschen verloren. Das Vertrauen der deutschen Öffentlichkeit in die Oberste Heeresleitung wurde dadurch erschüttert. Generalstabschef Helmut von Moltke mußte am 14. 09. 1914 seinen Hut nehmen. Sein Nachfolger wurde General Erich von Falkenhayn.*

Handschriftlicher Brief Klara Heß
an Rudolf Heß, München

Reicholdsgrün, 08. 09. 1914

[. . .] Wie mag es Dir ergehen? Hast Du Dich schon ein bißl mit den brüllenden Geschützen befreundet? [. . .] Wir bekommen jetzt die »Amtlichen Nachrichten« durch einen Redakteur aus Kirchenlamitz direkt telefoniert. Er ist mit Wolff[1] in Verbindung. Wir zahlen dafür extra. So kommen uns wenigstens nur amtlich beglaubigte Nachrichten zu und rascher als durch die Hofer Zeitung. Wir danken Gott für die immer neuen Siege. [. . .] Ein Jammer, daß unser diesjähriges Wiedersehen so kurz war und der ganze Aufenthalt so sorgenvoll ist. Von Alexandrien haben wir nichts Neues gehört. Zum Glück ist der Privatbesitz noch erhalten. Die Engländer werden dort wohl durch die Araber in Schach gehalten. Gebe Gott, daß diese brutale Bande, die Engländer, klein werden. [. . .]

---

zu Nr. 66
[1] Wolffs Telegraphisches Büro, größte deutsche Nachrichtenagentur mit dem Sitz in Berlin.

Nr. 67

Handschriftlicher Brief Rudolf Heß
an Klara und Fritz Heß, Reicholdsgrün

München, 13. 09. 1914

[. . .] Vielleicht geh' ich heut' ins Konzert oder Theater. Gestern hab' ich in den Kammerspielen »Kameraden«, ein sehr nettes Lustspiel von Strindberg[1], gesehen. Ich hatte II. Parkett umsonst, da Militär freien Eintritt hat. Überhaupt ist das Leben recht billig beim Militär. Das Essen ist ausgezeichnet. Immer Fleisch und Gemüse, abwechslungsreiche kräftige Suppe. Abends Wurst oder Edelweißkäse, wenn ich nicht bei den lieben Bauers bin. Bin immer satt, kauf' mir nur viel Obst. Bekomme an Löhnung M. 15,90 im Monat. ¼ vor 5 Uhr wird aufgestanden, dann gibt es Kaffee mit einer Semmel. Dann kommt Appell, Zimmer reinigen, Betten machen, dazwischen mal Stiefel putzen für die Unteroffiziere. Dann Dienstunterricht, Geschützexerzieren, Mittagessen mit Pause, in der wir Zeitung mit unsern Siegen lesen, singen oder schlafen. Dann wieder Exerzieren bis 6 Uhr, wer will, kann dann essen oder in die Stadt. Bald müssen wir früher raus, wegen Stalldienst morgens. Geweckt wird durch Trompete, die man gründlich haßt infolgedessen. [. . .] Einmal in der Woche schwimmen wir in der Würm. Sonnabends ist nachmittags Geschützreinigen, Gang kehren, Klosettputzen. Letzteres ist nicht allzu beliebt. Das [Geschütz-]Exerzieren klappt gar nicht, da wir alles neue Leute sind. Bei der Artillerie müssen eben die verschiedenen Handgriffe wie im Schlaf ganz mechanisch gemacht werden, was man nur durch monatelange Übung erreichen kann. Die Offiziere selbst sind sich nicht darüber klar, wie wir in der kurzen Zeit gefechtsfähig werden sollen. [. . .]

---

zu Nr. 67

1 »Kameraden«, naturalistisches Drama von August Strindberg.

Nr. 68

Die VIII. Armee Hindenburgs, verstärkt um einige Verbände von der Westfront, hatte sich nach der Schlacht von Tannenberg nach Norden gewandt, um den Russen weitere Schläge zu versetzen. Die Kämpfe wogten auf breiter Front zwischen Goldap und Insterburg. Doch konnte die russische Hauptstreitmacht sich der Entscheidungsschlacht entziehen. Immerhin war Ostpreußen jetzt vor dem russischen Zugriff gerettet. – Dagegen kam das österreichisch-ungarische Heer in seinem Zweifrontenkrieg gegen Serbien und Rußland nicht mehr so gut voran. Bei dem Versuch, ihre Provinz Galizien durch mutiges Vorgehen vor dem Karpatengebirge zu verteidigen, geriet es sogar unter Druck. Die Provinzhauptstadt Lemberg fiel am 02. 09. 1914, und die k.u.k.-Armee mußte sich geschlagen auf das Gebirge zurückziehen, um den Einfall der Russen in die ungarische Tiefebene aufzuhalten.

Handschriftlicher Brief Klara Heß
an Rudolf Heß, München

Reicholdsgrün, 16. 09. 1914

[. . .] Die Leistungen der Armee Hindenburg sind ganz hervorragend. Die Österreicher scheinen arge Terrainschwierigkeiten zu überwinden zu haben, weil sie trotz aller Tapferkeit und Ausdauer so langsam vorwärtskommen. Wenn nur die Russen sich abermals in Sümpfen verlieren würden und die englische Flotte ein Riesenstrudel liebenswürdig verquirlen wollte, fromme Wünsche. [. . .]

Nr. 69

Trotz des starken britischen Einflusses stand Ägypten formell 1914 immer noch unter türkischer Oberhoheit. Es hatte aber für die britische Kriegführung eine lebenswichtige Bedeutung. Denn der Suezkanal war die Schlagader des britischen Weltreiches. Um Ägypten unter ihre politische Kontrolle zu bringen, erklärte die Regierung in London das Land am 18. 12. 1914 zum britischen Protektorat. Dadurch wurde die mit Deutschland und Österreich-Ungarn verbündete Türkei aus diesem strategisch wichtigen Teil Nordafrikas verdrängt. – Das Vizekönigtum Indien war ebenfalls ein sehr wichtiger Bestandteil des britischen Empires. Es stellte der Entente im Ersten Weltkrieg rund 1,2 Millionen Soldaten. Der kriegsbedingte Druck der britischen Krone auf Ägypten und Indien erhöhte freilich in beiden Ländern den nationalen Widerstand gegen die Kolonialherrschaft.

Handschriftlicher Brief Klara Heß
an Rudolf, Heß, München

Reicholdsgrün, 19. 09. 1914

[. . .] Dein Rekrutenbild ist wunderschön, zum Lachen. Hast Du im Maßkrug Himbeerwasser od[er] ähnlich Mildes? [. . .] Soll Alfred nicht auch bei der Artillerie eintreten, ich glaube, für einen, der Brille trägt, ist Artillerie besser als Kavallerie. [. . .] Wie ich Dir wohl schon geschrieben habe, begleitet Onkel Walter[1] den Generalstab als deren Quartier- und Fouragemeister. Der Generalstab hält sich wohl, wenn möglich, stets in geschützter Stellung auf, ist deshalb auch Onkel Walter keiner direkten Gefahr ausgesetzt. Die Zeitungsnachrichten von Ägypten sind recht unerfreulich. Der arme Papa wird schwere Sorgen haben. Man schreibt von Ausweisung deutscher Kaufleute; man kann kaum glauben, daß die Engländer sich diese Frechheit erlauben dürfen. – [. . .] Gott gebe, daß die Revolution in Indien für die Engländer recht gefährlich wird, damit sie Frankreich und Rußland nicht mehr unterstützen können. [. . .] Heute hatte ich eine große Herzensfreude. Denke Dir, Ernst Nägelsbach ist nicht tot, sondern unverletzt in französischer Gefangenschaft. [. . .]

zu Nr. 69
[1] Walter Heß, jüngerer Bruder von Fritz Heß.

Nr. 70

Handschriftlicher Brief von Klara Heß
an Rudolf Heß, München

Reicholdsgrün, 20. 09. 1914

[. . .] Ich war *für Dich* enttäuscht, daß Du so lange zurückgehalten wurdest, Deine junge Kraft für die Freiheit des teuren Vaterlandes einzusetzen. [. . .] Wir geben Dich dem Vaterland, kommst Du uns lebend zurück, so sehen wir dieses Glück als ein Geschenk Gottes an. Gott mir Dir, mein Sohn, ich freue mich Deiner Energie. – Du wirst wohl arge Anstrengungen durchzumachen haben, und werden lange Märsche und darauf folgend sogar sich direkt anschließende Kämpfe Deine ganze Willenskraft beanspruchen. Willenskraft hat bisher auch mir geholfen, das oft recht schwere Dasein erträglich zu gestalten, und ich weiß, auch in Dir steckt eine große Willenskraft, die Unmögliches überwinden hilft. – Frage Onkel Max, ob es nicht ein Mittel gibt, die Fußsohlen möglichst unempfindlich zu machen. Täglich mit Franzbranntwein waschen, soll die Haut sehr abhärten, so daß sie bei großen Märschen nicht wund wird. Dann mußt Du gut passende Strümpfe besorgen und einen Teil hierherschicken, damit ich Dir dann immer per Feldpost welche nachschicken kann. Mit *passender* Unterwäsche machst Du es ebenso, dann mußt Du Dir eine wollene Unterjacke besorgen. [. . .] Kaufe Dir unbedingt 1 Paar Cordsohlen bei Ried u. Sohn, Fürstenstraße 7. Probiere sie jetzt aus, und wenn sie Dir angenehm sind, so lege welche in Deine Stiefel. [. . .] Es ist auch gut, Du schmierst Deine Stiefel täglich mit einem *guten* Schuhfett, damit die Schuhe weich und möglichst wasserdicht werden. Wenn man schon im voraus für solche Vorteile sorgt, kann man sich viel Schmerz ersparen und ist leistungsfähiger u. widerstandsfähiger. [. . .]

Nr. 71

Nach dem Rückzug von der Marne faßten die deutschen Armeen an den weiter nördlich gelegenen Flüssen Aisne und Oise wieder Fuß. Sie verwickelten die nachsetzenden Engländer und Franzosen in schwere Kämpfe. Auch südwestlich der Festung Verdun, wo die deutschen Armeen den Durchbruch versucht hatten, war die Schlacht im vollen Gange. Der deutsche Versuch, bei Charmes an der oberen Mosel die französischen Linien zu durchstoßen, scheiterte jedoch.

Handschriftlicher Brief Klara Heß
an Rudolf Heß, München

Reicholdsgrün, 25. 09. 1914

[. . .] Mit großem Jubel wurde gestern die Nachricht von dem Untergang der drei englischen Kreuzer aufgenommen. Das war eine großartige Tat des kleinen Unterseebootes. Gott gebe unserer Flotte weiter solche Erfolge. Unsere Gedanken sind immer bei der großen Schlacht im Westen. Was haben doch die armen Soldaten alles zu leisten und an Entbehrungen zu leiden. Könnte doch jeder wenigstens stets solche Fleischersatzpastillen mit sich führen, um im Notfall sich damit kräftigen zu können. Kaufe Dir doch bitte derartig leicht transportable Nahrungsmittel, Du kannst auch manchem Kameraden damit Gutes tun. [. . .] Wie schön hatten wir uns doch Deine Ferienzeit bei uns gedacht, nun ist alles so anders gekommen. Doch darf man nicht klagen, Gott hat uns in der schweren Zeit doch so treu beigestanden, er wird weiter helfen. [. . .] Wenn nur unsere guten Soldaten genügend warme Sachen bekommen könnten. Die Feldpost soll so schlecht funktionieren. [. . .] Du trägst wohl schon jetzt Lachmannshemden, bei der Kälte sehr nötig, besonders da Du so leicht knackende Glieder hast, wenn es kalt wird. Kauf Dir ja warme Sachen, Alfred kann ja die anderen tragen. [. . .]

Nr. 72

Handschriftlicher Brief Fritz Heß
an Rudolf Heß, München

Reicholdsgrün, 25. 09. 1914

Lieber Rudi!
Bravo! Also zur Infanterie! Halt' Dich tapfer und der l[iebe] Gott wird mit Dir sein!
Von vielen habe ich gehört, daß es gut ist und sogar zuweilen sehr wertvoll, im Feld einen eigenen Revolver oder große Browning-Pistole (Revolver aber geeigneter, weil immer passende Munition draußen erhältlich) mit zu haben. Schaffe Dir also eine solche Waffe auf meine Rechnung an u[nd] z[war] *jetzt schon*, da es in jetzigen Zeiten viele Liebhaber für solche gibt u. daher nach einem Lieferanten erst gefahndet werden muß. Du wirst sehr gut daran tun, Dir von einem sachverständigen Militär raten zu lassen, was Du am besten auswählst. Kaufe Dir auch einen guten Feldstecher, denn ein solcher kann auch in gewissen Fällen von großem Nutzen sein, wenn man ihn im eigenen Besitz hat!
Deine Nachrichten machen uns stets viel Freude. Lasse nur öfters von Dir hören, wenn Du Zeit zum Schreiben hast; laß' uns auch wissen, wenn Du noch irgendwelche Wünsche hast. Erkundige Dich auch (ev. bei Onkel Stifler) über die Pastillen zum Hunger und Durst stillen um event[uell] auch solche anzuschaffen, ehe Du ausrückst.
Innige Gr[üße] u[nd] K[üsse] von
Deinem Papa

Nr. 73

Handschriftlicher Brief Rudolf Heß
an Klara und Fritz Heß, Reicholdsgrün

München, 28. 09. 1914

[. . .] Der Dienst bei der Infantrie gefällt mir sehr gut, wenn er auch wesentlich strenger als bei der Artillerie ist. Im Schießen bin ich schon einer der besten der Kompanie. [. . .] Auf der Hindernisbahn bin ich weitaus der Erste, ein Gerät konnte ich allein ohne Hilfe überklettern.
Die Offiziere sind fast durchweg sehr nett, [. . .] das Marschieren

in der morgendlichen Frische durch die Straßen, dann durch die Natur, vorbei an Nymphenburgs Park, hinein in [die] Wälder. An's Gehen habe ich mich gewöhnt, hab' auch nicht mit den Füßen zu tun, keine Blasen usw. Das dank' ich den wundervollen Stiefeln, die ich mir bei Ried nach Maß hab' machen lassen, starke Strapazierstiefel aus weichem Leder mit Gamaschen. Zusammen hat die Sache zwar fünfzig Mark gekostet, dafür ist es aber etwas wirklich Gutes. [. . .]
Ich wollte Euch gerade schreiben, daß ich leider neues Geld brauch'. Das lange Hotelleben, die Reitstunden, viele Neuanschaffungen, die sich häufen, (Taschenapotheke kostet z. B. unverschämterweise M. 5.– usw.) haben fast alles, das Papa mir mitgegeben, verschlungen. Eine Uniform mußte ich mir jetzt auch noch machen lassen, denn bei der Infanterie haben wir so furchtbare schmutzige Lappen bekommen, daß ich mich damit nirgends zeigen konnte, geschweige denn bei Bauers oder Stiflers mich zu Tisch setzen. Einen Revolver und ein Fernglas wollt Ihr mir schenken, vielen, vielen Dank. Dann wird sehr empfohlen, wasserdichtes Unterzeug mitzunehmen, das man anzieht, wenn man im Schützengraben liegen muß. Auch soll man seidene Strümpfe unter den wollenen tragen und rohseidene Hemden tragen, die sehr warm sind und besonders vor Ungeziefer schützen. Alles teure Sachen. Auch einen eigenen Helm werd' ich mir leisten, der viel leichter und bequemer als die vom Militär ist. Etwas Geld brauch' ich auch so, denn von Zeit zu Zeit eß' ich doch mal in der Stadt. Dafür spar' ich aber bei der Infanterie später viel Geld, schon allein die 500 Mark für's Pferd. In Hamburg hätte ich übrigens in den zwei Monaten 400 Mark gebraucht. [. . .]

Nr. 74

Handschriftlicher Brief Rudolf Heß an
Klara und Fritz Heß, Reicholdsgrün

München, 04. 10. 1914

[. . .] Beinah' wäre ich gestern schon ins Feld gekommen. Wir wollten gerade aus der Kaserne, als der Befehl kam, niemand dürfe fort, da die besten 150 Mann nachgeschickt würden. Ich wurde mit dazugetan, trat aber freiwillig zurück, denn ich hatte mir gerade den Fuß vertreten, verzerrt oder so etwas. Auch hatte ich all' meine Sachen noch nicht, besonders nehm' ich gern das Fernglas mit. Der Feldwebel sagte, in 8 oder 14 Tagen ginge vielleicht wieder ein Schub ab. So kann ich mich trösten. [. . .]

Nr. 75

Handschriftlicher Brief Rudolf Heß
an Fritz Heß, Reicholdsgrün

München, 29. 10. 1914

[. . .] Vorläufig werden wir hier noch gründlich ausgebildet. Besonders die Märsche werden immer größer. Vorgestern waren wir sieben Stunden beinah' fortwährend unterwegs. Haben die Tornister nicht vom Rücken genommen, das Gewehr nicht aus der Hand getan. Das einzige Ausruhen war ein paar Minuten in Schützenlinie zu liegen. Hab' mich schon sehr an dergleichen gewöhnt, war noch recht frisch und hätte noch länger gehen können. Samstag wird die erste gemischte Übung sein, zusammen mit der Artillerie und vielleicht Kavallerie. [. . .]

Nr. 76

Inzwischen begannen sich die deutschen Armeen an der Aisne, Oise und Somme einzugraben, anstatt auf dem rechten Flügel erneut die Entscheidung zu suchen. Die deutsche Führung, jetzt unter Falkenhayn, operierte unentschlossen. Zwar verlegte sie noch immer Kräfte vom linken Flügel, der an Mosel und Maas festgenagelt war, nach Westen. Im Zuge dieser Truppenverschiebungen geriet Rudolf Heß in den Raum Péronne/St. Quentin. Aber der Weg in die Sackgasse des Stellungskrieges war ohne die Bildung eines echten Angriffszentrums in Nordfrankreich nicht mehr aufzuhalten.

Handschriftlicher Brief Rudolf Heß
an Klara und Fritz Heß, Reicholdsgrün

München, 04. 11. 1914

Liebe Eltern,
heute um 6 Uhr geht unser Zug ab. Stiflers kommen in ein paar Minuten, um Abschied zu nehmen. Von der Bahn werd' ich Euch wohl noch schreiben, dann wundert Euch aber nicht, wenn nichts

mehr kommt, denn für die nächsten 3 Wochen wird der Feldpostverkehr wahrscheinlich eingestellt. [. . .]
Lebt wohl! Herzliche Grüße,
Euer tr[euer] Sohn Rudi.

Es geht also wirklich los! Hurra! Grüßt die Geschwister, Großmama, Münchs.
E[uer] R[udi]

Nr. 77

Handschriftliche Feldpostkarte Rudolf Heß
an Klara und Fritz Heß, Reicholdsgrün

[ohne Ort], 05. 11. 1914

Liebe Eltern,
Eben sind wir bei Mannheim vorbei, kommen bald in die Rheingegend. Freu mich drauf! Die Fahrt geht ganz schnell, und die Tage vergehen mit viel Essen, Lesen, Spielen ganz gut. Auch an das sitzende Schlafen nachts gewöhnt man sich [. . .]. Der Abmarsch war sehr erhebend mit Musik. Sind in sehr langem Zug. Über 1.000 Mann, zur Hälfte Leiber[1]. Werden überall mit viel Jubel empfangen.
Herzliche Grüße,
Euer tr[euer] Sohn Rudi

zu Nr. 77
[1] Das 1. bayerische Infantrieregiment »König«, dem Rudolf Heß angehörte, bildete zusammen mit dem Infantrie-Leib-Regiment des bayerischen Königs zu Beginn des Ersten Weltkrieges die 1. Infantrie-Brigade. Angehörige dieser Einheit, die dem I. Bayerischen Armeekorps unterstanden, wurden im Landser-Jargon »Leiber« genannt.

Nr. 78

Handschriftliche Ansichtspostkarte
Rudolf Heß an Klara und
Fritz Heß, Reicholdsgrün

Lüttich[1], 06. 11. 1914

Haben heute ½11 Uhr vorm[ittags] bei Herbesthal [?] die Grenze überfahren u[nd] essen hier zu Mittag. Es ist herrliches Wetter, man kommt sich vor wie auf einer Sommerreise. Am Rhein war es leider trüb. Vom Krieg ist nicht viel zu merken hier, nur hie und da zerschossene Gebäude. Herzl[icher] Gruß, Euer

Rudi

---

zu Nr. 78
[1] Französisch: Liège, Haupt- und Festungsstadt der gleichnamigen Provinz in Belgien.

Nr. 79

Handschriftliche Ansichtspostkarte
Rudolf Heß an Klara und
Fritz Heß, Reicholdsgrün

Maubeuge[1], 06. 11. 1914

Aus Maubeuge viele Größe; es geht alles nach Wunsch. Gegen Engländer.
Hurra.

Rudi

---

zu Nr. 79
[1] Festungsstadt und Eisenbahnknotenpunkt im nordfranzösischen Industriegebiet.

Nr. 80

Die Hauptstreitmacht der Engländer war inzwischen von Reims nach Flandern verlegt worden. Sie sollte dort vor allem die Kanalhäfen, die entscheidenden Schaltstellen für den Nachschub der Entente, vor deutschen Angriffen schützen. Ihr Frontabschnitt reichte von Ypern, wo vom 17. 10. bis Ende November 1914 eine große Schlacht stattfand, bis in den Raum Maubeuge/Péronne. Dort – auf halbem Wege zwischen Ypern und der Aisne – blieb es verhältnismäßig ruhig. Nur von ferne hörte man den Geschützdonner der Ypern-Schlacht. Die 600 Kilometer lange Front zwischen Ärmelkanal und Alpen begann im Herbst 1914 zu erstarren. Hin und wieder kam es auf beiden Seiten zu sogenannten »Tastoffensiven«, die hohe Verluste forderten.

Handschriftliche Feldpostkarte
Rudolf Heß an Klara und
Fritz Heß, Reicholdsgrün

Péronne[1], 10. 11. 1914

Liebe Eltern,
Hab' die ersten Tage in Frankreich friedlich und wohl verbracht. Hier in Péronne, 2 km von St. Quentin [entfernt], sind wir Sonntag ausgestiegen. Sind 12 km nach vorwärts marschiert und sind dort bei sehr netten Leuten einquartiert worden. Es ging wie in München zu, exerziert haben wir und Schützengräben zur Übung ausgehoben. Gestern kamen wir nach Péronne, einem hübschen Städtchen, zurück und wurden abends ins Regim[ent] eingeteilt. [. . .] Das Reg[iment] hält hier ein paar Tage Rast, bevor es wieder in die Schützengräben, 15 km von hier, kommt. Wenn es nur mal weiterginge. Meine Kameraden, die vor 4 Wochen kamen, haben kaum einen Schuß abgegeben. [. . .]

zu Nr. 80
[1] Nordfranzösische Kleinstadt an der Somme.

Nr. 81

Handschriftliche Feldpostkarte
Rudolf Heß an Familie
Hofrat Dr. Stifler, München

Péronne, 10. 11. 1914

[. . .] Wir sind in einer großen Wagenbauanstalt einquartiert, haben ein großes Feuer aus teuren gedrehten Wagenbohlen angemacht. – Von der Front, 15 km von hier, ist kaum etwas zu hören, nur dann und wann ein Schuß. [. . .]

Nr. 82

Handschriftliche Feldpostkarte
Rudolf Heß an Fräulein
Aga Stifler, München

[ohne Ort, ohne Datum]

[. . .] Heut' ist klareres Wetter, der Geschützdonner ist deshalb heftiger. Hier im Ort spielt die Promenadenmusik, dazu krachen die Schüsse der größten Schlacht der Welt und fabrizieren Menschenbrei, eigentümliche Zusammenstellung. [...]

Nr. 83

Handschriftliche Feldpostkarte
Rudolf Heß an Klara und
Fritz Heß, Reicholdsgrün

Péronne, 12. 11. 1914

[...] Noch immer hab' ich ein Manöverleben hier in P[éronne], muß von Zeit zu Zeit mal Wache stehen, sonst bin ich frei. Bummle in der Stadt herum und unterhalte mich mit der Bevölkerung, die sehr nett ist. Die Leute haben sich ganz an den Zustand gewöhnt. Man rechnet nach deutscher Zeit, zahlt mit deutschem Geld. [...]

Nr. 84

Handschriftlicher Brief Rudolf Heß
an Klara und Fritz Heß, Reicholdsgrün

Maurepas[1], 16. 11. 1914

[...] Das richtige Zigeunerleben, heut' hier, morgen dort. Aber zu essen haben wir wenigstens und gar nicht schlecht. Gute Suppen. Vieh ist ja genug da, Kühe, Schafe, Schweine, Gemüse, Graupen, Reis, große Bohnen in der Kraftbrühe. Dazwischen gibt es auch ein braunes Getränk, das man Kaffee oder Tee nennt. In den Schützengräben allerdings soll es anders werden, die Verpflegung ist vorne schwieriger. Wahrscheinlich kommen wir morgen hinaus.
[...]
Im Haus ist es ganz gemütlich. Nebenan klopft unser Schuster neue Sohlen auf. Der Unteroffizier singt wehmütige oberbayerische »Liaderl«, das Feuer prasselt, ein Tarock[2] wird geklopft. Arme Leut', die Bewohner der Häuser. [...] Der Garten zertreten, die Wohnung durcheinandergeworfen. Wenn kein Holz da ist, muß das eine oder andere Möbel in den Kamin. Auf dem Boden sind die Kisten durchwühlt. Pelzwerk und sonstiges Warmes sind rausgezogen. Schöne Bücher in Goldschnitt liegen herum, meist religiöse, aber auch andere, in denen ich lese. Überhaupt meinem

Französisch tut der Feldzug gut. Unterhalte mich oft und gern mit den Einwohnern. Sie wünschen alle, daß wir bald nach Paris kommen oder gar in Bordeaux das Viech von einem Präsidenten gefangen nehmen[3]. Dann hat der Jammer bald ein Ende. [...]
Mannstiefe und -breite Gräben führen kilometerlang von hier bis zur Front. So können die Reserven, gedeckt gegen Feuer und Sicht, vorgeführt werden. Eine harte Arbeit war's in steinigem Kalkboden. Mit großen Pickeln und Schaufeln bewaffnet, haben wir abwechselnd geschuftet. Jeder kam gern dran; denn sonst fror man sehr.
Heute, den 17., ist endlich schönes, klares Wetter. Die Stimmung ist deshalb allenthalben gut. Einen Flieger haben wir über den Stellungen gesehen. Freu' mich sehr auf die Gräben. [...]

---

zu Nr. 84

[1] Kleine nordfranzösische Stadt im Raum Péronne.

[2] Kartenspiel für drei Personen mit der Tarock-Karte, der eine symbolhafte Bedeutung zugesprochen wird.

[3] Gemeint ist Raymond Poincaré (1860–1934), französischer nationalistischer Politiker, 1913–1920 Staatspräsident der Dritten Republik.

Nr. 85

Handschriftliche Postkarte
Rudolf Heß an Klara und
Fritz Heß, Reicholdsgrün

Hardicourt,[1] 18. 11. 1914

Liebe Eltern!
Den ersten Gruß aus dem Schützengraben oder besser der Festung an der Front. Die Abwechslung ist sehr nett. Liegen wie Höhlenmenschen unter der Erde im Stroh, warm und bequem. Man lacht über das Treiben der Kugeln u. Sausen der Granaten. Sie können doch nicht viel ausrichten. Nachts kriechen wir raus und arbeiten an den Befestigungen und stehen Wache. Tagsüber decken wir uns und haben infolgedessen nichts zu tun. Klares Wetter. Flieger erscheinen deshalb von Zeit zu Zeit. Der gestrige, ein Engländer, ist runtergeholt worden. Wir haben Glück; die Verpflegung ist nicht so schwierig hier; es geht uns gut. Hardicourt, eine Viertelstunde von hier, ist nur noch Trümmer. Durch feindl[iche] Artillerie zusammengeschossen. Bei meiner Adresse denkt

daran, daß es 1. Bayer[isches] Armeek[orps] heißt. Herzl[icher] Gruß, Euer

Rudi

zu Nr. 85
[1] Nordfranzösisches Dorf im Raum Péronne.

Nr. 86.

Handgeschriebene Feldpostkarte
Rudolf Heß an Klara und
Fritz Heß, Reicholdsgrün

Hardicourt, 21. 11. 1914

[. . .] Alles ist neu für einen, nie erlebt. Neulich stand ich dick eingemummt auf Posten. Die Landschaft weiß von Schnee, Sternhimmel funkelt. Rechts plötzlich ein heller Schein am Himmel, bald auch links. Brennende Ortschaften! Packend schön. Krieg! [. . .]

Nr. 87

Handschriftlicher Brief Rudolf Heß
an Klara und Fritz Heß, Reicholdsgrün

Im Schützengraben bei
Hardicourt, 23. 11. 1914

[. . .] Will Euch mal erzählen, wie das Leben hier ist. Was wir an Tätigkeit haben, beginnt eigentlich abends. Ein Teil setzt die Erdarbeiten bis Mitternacht fort, der andere steht abwechselnd Posten. So war ich gestern von 6 bis 8 Uhr auf Beobachtungsposten. Langsam geh' ich im übermannstiefen Graben ein paar Schritte auf und ab, um nicht kalt zu werden. Über die Brustwehr späh' ich zum Gegner, dessen Schützenlinie etwa 200 m entfernt. Müssen hauptsächlich aufpassen, daß er im Dunkel die Stacheldrähte nicht durchschneidet. Man sieht aber doch nichts. Hab' überhaupt bis jetzt nur gefangene Franzosen gesehen. Inzwischen ist vom Dorf her, wo die Feldküche ist, das Abendessen geholt worden. Jeder bekommt den Eßgeschirr-Deckel voll Fleischsuppe. Da viel Reis darin, bleibt sie heiß auf dem Transport. Einen Becher Kaffee od[er] Tee gibt es, der durch Sacharin versüßt

wird. Dann bekommt jeder einen halben Laib Brot, das Mittagessen. Ich werd' abgelöst, geh' ins Dorf, um mir warme Füße und Wasser für den nächsten Tag zu holen. Sternklare Nacht, so kalt, daß der Deckel am Gefäß anfriert. Von 10 bis 12 [Uhr] wieder Posten. Wieder geh' ich an der Brüstung auf und ab. Ein Offizier geht vorbei: »Vom Gegner nichts Neues.« Immer dieselbe Meldung. Dazwischen schießt der Franzos' eine Leuchtkugel ab, die eine leere tote Fläche beleuchtet. Dann krachen drüben wieder ein paar Schüsse, an einem warmen [Gewehr-]Lauf lassen sich die Hände gut wärmen. Um 12 leg' ich mich in meinen Unterstand, [ein] vom Graben dem Feinde zu in die Erde gegrabenes Loch. 1,30 m tief, 2 bis 3 [m] lang. Am Eingang durch doppelte Bretterwand verschlossen gegen Granatsplitter. Halb vergraben im Stroh, schlaf' ich wie ein Sack. 4 Uhr morgens kommt die Reihe an mich, auf Horchposten mit 2 Mann zu gehen. In einem Laufgraben geht es etwa 80 bis 100 m vor unsere Linie in einen kleinen vorgelagerten Graben mit Unterstand. Von dort wird der Gegner belauscht und ein etwaiges Vorrücken rechtzeitig nach hinten gemeldet. Ich hatte mir etwas Besonderes unter diesem Horchposten vorgestellt. Es ist aber immer dasselbe: »Vom Gegner nichts Neues.« Man hört höchstens Holzhacken und Schanzen. 6 Uhr kommen wir zurück, schnell ein[en] Becher Kaffee, der im Dunkel von der Küche geholt worden. Dann leg' ich mich hin und schlaf' bis Dunkelwerden, d. h. in unserem Loch 3-4 Uhr. Man kann hier draußen nichts Besseres tun als schlafen. Wenn es irgend geht, setz' ich mich auch mal hinaus in den Graben in die Sonne, schreibe oder les' die Zeitungen und Post. Als Mittagessen hab' ich mein Brot, ein Stück Wurst, Schokolade, etwas Tee wärm' ich mir auf dem Trockenspiritus. [. . .] In den Rasttagen können wir uns mit Warmem auch wieder rausfüttern. [. . .]
Neulich hat mich unser Oberleutnant aufgetrieben und in seinen Unterstand genommen. Hab' mich ein Stück mit ihm unterhalten. Soll oft wiederkommen, werd' aber den Teufel tun. Er hat mir dies Mal erzählt, was er zu Mittag essen wird. Zunge usw., wobei er ganz genau wußte, daß ich nichts bekomm'. Zur Essenszeit hat er mich dann fortgeschickt. Er ist bekannt für derartige Scherze. [. . .]

Nr. 88

Handschriftliche Feldpostkarte
Rudolf Heß an Klara und
Fritz Heß, Reicholdsgrün

Im Schützengraben bei
Hardicourt, 24. 11. 1914

Liebe Eltern,
Ihr glaubt gar nicht, was für eine Riesenfreude einem so ein paar Pakete und Briefe machen. Wurst, Schokolade, Zigarren, alles kam gut an. Auch ½ Dtzd. Briefe und Karten, teils von M[ünchen] nachgeschickt. Heut' geht es wieder zurück in Reserve. Dort werd' ich wohl auch die anderen Pakete mit den warmen Sachen bekommen. Von dort hoff' ich den versprochenen Brief zu schreiben. Hier ist wieder manch' unnütze Schießerei im Gange. Beiderseitige Artillerie. Man kümmert sich nicht drum. Dazwischen stottert unser Maschinengewehr. Leider haben wir Tauwetter. Wird Zeit, daß wir in Quartiere kommen. Am 28. d[es] [Monats] gehen wir wieder nach Péronne. Freu' mich auf ein Bad dort. Schickt bitte auch mal Speck dazwischen. Herzl[icher] Gruß
Euer Rudi

Nr. 89

Jahreswechsel 1914/15: Auf den Kriegsschauplätzen im Westen und im Osten hatten die Operationen der Mittelmächte mit Mißerfolgen geendet. Im Osten schien der Fehlschlag sogar größer zu sein als im Westen, wo es dem deutschen Heer immerhin gelungen war, sich in Belgien und Nordfrankreich festzukrallen. Trotzdem war die gescheiterte Entscheidung an der Marne – ohne daß man das damals bereits erkannte – letztlich kriegsentscheidend. Denn es gelang der deutschen Führung danach nicht mehr, das als Hauptfeind erkannte Frankreich rasch und definitiv zu schlagen. Und damit blieb auch Großbritannien im Krieg. – Im Osten hatten die österreichisch-ungarischen Armeen im Herbst 1914 nordwestlich der Karpaten Anschluß an das deutsche Ostheer gefunden, das das oberschlesische Kohlerevier schützte, und das von dort aus zum Eroberungszug in die Weiten Rußlands antreten sollte.

Handschriftlicher Brief Rudolf Heß
an Klara und Fritz Heß, Reicholdsgrün

Péronne, 14. 12. 1914

[. . .] Wieder feiern wir getrennt Weihnachten wie in den letzten Jahren und doch unter so ganz anderen Umständen. Diesmal seid

Ihr daheim im deutschen Vaterland und ich in der fremdesten Fremde, mitten im Feindesland.
Doch es ist nicht so furchtbar, als es klingt. Ich bin ja unter lauter Kameraden, die Deutsch sprechen, hab' liebe Grüße von Euch und den Verwandten, hab' Lebkuchen, Stollen usw., andere nützliche Geschenke in Massen, einen deutschen Weihnachtsbaum, singe deutsche Lieder. Leutnant Münch[1] übt einen Weihnachtschor ein. [. . .]
Ich wünsch' Euch also von ganzem Herzen, daß Ihr die Feiertage, besonders den Heiligen Abend, glücklich und fröhlich verbringen möget. Ja, sogar fröhlich, denn um mich braucht Ihr Euch wahrhaftig keine Sorge zu machen. Meine Lage ist nicht gefährlich, und irgendwie schwermütig werd' ich nimmer sein, weil ich mal Weihnachten auf ganz besondere, ungewohnte Weise feiere. Ich hoffe sogar, daß wir am 24. [Dezember] im Schützengraben sein werden, damit es ganz außergewöhnlich ist zur Erinnerung. [. . .]
Leutnant Münch erzählte sogar, daß sein Vater gern daran erinnerte, wie sie 1870 mit den Franzosen zusammen an vielen Stellen Weihnachten gefeiert haben.[2] – Rechts von uns lag übrigens neulich eine andere Komp[anie], deren Gräben ganz nah am Gegner [waren]. Ein franz[ösischer] Offizier langweilte sich offenbar und rief deshalb herüber, wir möchten ihm eine Zeitung geben. Ehrenwörtlich wurde gegenseitig versprochen, nicht zu schießen. Der Offizier kam [uns] entgegen, holte die Zeitung und gab 5 Franken dafür. Ein paar Minuten darauf wurde wieder erklärt, daß wir wieder Feinde sind. [. . .]
Schnell will ich Euch noch von einem wichtigen Augenblick hier erzählen, bei dem ich dabei war. Wir haben vor dem Militärbevollmächtigten der neutralen Staaten einen Parademarsch gemacht. Ein paar tausend Mann, unsere Komp[anie] an der Spitze. Wie Mauern kamen wir daher. Haben gezeigt, was wir für Reserven haben und in welchem Zustand sie sind. Wie war die Parade wohl beim Gegner?! [. . .]

---

zu Nr. 89
[1] Rudolf Münch, Vetter von Rudolf Heß.
[2] Anspielung auf den deutsch-französischen Krieg von 1870/71, der zur Bildung des Deutschen Reiches unter Reichskanzler Otto von Bismarck führte.

Nr. 90

Am 17. 12. 1914 erließ General Joffre den Befehl, »unser Land endgültig von den Eindringlingen zu befreien.« Von Flandern bis zu den Vogesen setzten jetzt überall heftige, teils auch von den Deutschen entfachte Kämpfe ein.

Handschriftliche Feldpostkarte
Rudolf Heß an Klara und
Fritz Heß, Reicholdsgrün

Hardicourt, 18. 12. 1914

Liebe Eltern,
Bin gesund. Bis meine Karte ankommt, werdet Ihr gehört haben, daß hier die Schlacht entbrannt ist. Wir sind noch in Reserve, also wieder nicht dabei! Der Gegner soll auf der ganzen Linie angreifen. Ununterbrochen tobt seit 36 Stunden die Artillerie aufeinander los. Die Herren Verbündeten wollen irgendwo durchbrechen. Sollen nur kommen. 600 Mann haben die Württemberger neben uns schon gefangengenommen. Wir müssen und werden auch diesmal siegen! Bald ausführlicher. (Heut' seh' ich nichts.)
Herzl[icher] Gruß
Euer

Rudi

Nr. 91

Handschriftlicher Brief Rudolf Heß
an Klara und Fritz Heß, Reicholdsgrün

St. Quentin,[1] 23. 12. 1914

[. . .] Das Schießen an der Front hat seit heute ganz aufgehört. Nach den letzten ungeheuren Anstrengungen, bei denen der Gegner ganz *furchtbare* Verluste hatte, muß er den Durchbruch aufgegeben haben. [. . .] [Hervorhebg. i. Orig.]

---

zu Nr. 91
[1] Nordfranzösische Industriestadt, an der Somme und am Kanal von Saint Quentin gelegen, der die Schelde mit der Oise verbindet.

Nr. 92

Zum Jahreswechsel 1914/15 trat bei Freund und Feind in Ost und West – auch bei den Deutschen selbst – eine gewisse Ermattung ein. Der Krieg war noch nicht vorüber – er sollte länger dauern, als von vielen auf beiden Seiten der Fronten erwartet.

Handschriftliche Feldpostkarte
Rudolf Heß an Klara und
Fritz Heß, Reicholdsgrün

Maurepas, 28. 12. 1914

[. . .] Herzl[iche] Glückwünsche zum Neuen Jahr! Mög' es bald ein friedliches werden, mit einem England am Boden! [. . .]

Nr. 93

Handschriftlicher Brief Klara Heß
an Rudolf Heß, [Westfront]

Hof, 06. 01. 1915

[. . .] Ich sende Dir jetzt, da ich Gelegenheit habe, viel illustrierte Zeitschriften. Daraus kannst Du Deine Zuversicht zum Sieg der deutschen Waffen stählen. Mit welchem Stolz u. Vertrauen blicken wir alle auf Euch, ihr Hüter des Vaterlandes. Möge doch recht bald Eure mühsame Arbeit mit dauerndem Frieden belohnt werden. Sogar die Neutralen erkennen jetzt Deutschlands moralischen Wert u. Kraft an. Wie stolz können wir Deutschen doch auf unser Volk und unsere Regierung sein. Ganz besonders auf unseren edlen Kaiser. Die Herrscher der feindlichen Länder sind doch alle nur Puppen, die von den Staatsmännern geführt werden. Wie würden wir uns für Dich freuen, könntest Du mal den Kaiser sehen.[1] Wie herrlich ist es doch, Deutschlands Könige u. Herzöge alle mit für's Vaterland kämpfend zu wissen und zu sehen,[2] mit welcher Liebe und Fürsorge sie alle für das Wohl ihrer Armee und die Armen, die die Härte des Krieges zu fühlen bekommen, väterlich sorgen. Wir haben zu Recht stolz auf unser Vaterland zu sein, es wohnt eine wunderbare Kraft im einfachsten Manne. Diese Kraft haben wir hauptsächlich der Schulbildung zu verdanken. Mit dieser einfachen Bildung ist die Aufnahme von Gutem und Edlem geschaffen. Die Liebe und Treue zu Familie und Vaterland gibt diese unbesiegbare Kraft, die allgemein, auch von den Feinden, so bewundert wird. Und die viel verlachte Disziplin gibt die erfolgreiche Ausnützung des guten heiligen Willens zum Siegen. [. . .]

zu Nr. 93
[1] Wilhelm II. (1859–1941), Deutscher Kaiser von 1888–1918, besuchte von Zeit zu Zeit die Fronten, an denen das Heer kämpfte.
[2] Die prominentesten Heerführer aus dem deutschen Hochadel waren Herzog Albrecht von Württemberg, der die IV. Armee befehligte, Kronprinz Wilhelm von Preußen, dem die V. Armee, und Kronprinz Rupprecht von Bayern, dem die VI. Armee unterstand.

Nr. 94

Nach Kriegsausbruch war die Seemacht England dazu übergegangen, Deutschland durch eine Fernblockade die Zufuhr von Rohstoffen und Lebensmitteln abzuschneiden. Dagegen versorgte das neutrale Amerika die Engländer weiterhin mit allem, was diese in einer durch den Krieg gesteigerten Weise verbrauchten. Damit wurde nicht nur ein gewisser Versorgungsstandard der englischen Bevölkerung gesichert. Die englische Handelsflotte wurde auch, da der Transport auf amerikanischen Schiffen erfolgte, entlastet und stand nun stärker für die Zwecke der britischen Kriegführung zur Verfügung. England geriet freilich durch den mächtig anschwellenden Strom an amerikanischen Gütern, Kriegsmaterial und Krediten in eine wachsende Abhängigkeit von den USA.

Handschriftlicher Brief Klara Heß
an Rudolf Heß, [Westfront]

Hof, 10. 01. 1915

[. . .] Obgleich wir schon sechs Tage keine Nachricht von Dir haben, gelingt es uns, gegen [die] Sorge anzukämpfen. Wahrscheinlich ist wieder einmal ein Postsack verfahren, und kommen dann mit einem Mal einige Postkarten und Briefe an. Es geht vielen Familien so, und muß man eben Geduld und Gottvertrauen haben. [. . .] Ich habe eine Wut auf Amerika, das, trotzdem es neutral ist, unsere Feinde mit Nahrungsmitteln, Kriegsmaterial und allem Nötigen reichlichst versorgt. Hätten wir doch größere Seemacht, so könnten wir ihm dieses gemeine Handwerk legen. Das deutsche Volk hat jetzt den Schaden für seine Kurzsichtigkeit zu tragen. Seit vielen Jahren wollte der Staat Flottenzulagen, und der Reichstag genehmigte sie nicht. Wieviel Verluste an Gut u. Blut wären [uns] durch eine starke Flotte erspart geblieben. [. . .]

Nr. 95

Handschriftlicher Brief Rudolf Heß
an Klara Heß, Reicholdsgrün

Combles,[1] 14. 01. 1915

[. . .] Viel Spaß machte mir, daß Alfred in Berlin nicht gut geschlafen hat – weil das Bett schlecht war! Wenn der ahnte, wie und auf was ich schon geschlafen hab', und zwar wie ein Sack. Auf einer Viertelstunde Rast, an die Straßenböschung gelehnt, den Tornister auf dem Rücken z. B. Luxus ist [es] schon, wenn man die Stiefel ausziehen darf. Vom 1. bis 10. Jan[uar] durften wir es jedenfalls nicht; denn es war doppelte Gefechtsbereitschaft; selbst weit hinter der Front. Mußten Mantel anhaben, Gurt mit Patronentaschen umgeschnallt. Tornister über dem Kopf, desgleichen Helm, Gewehr an der Seite liegend. Wir schlafen alle sehr gut und denken kaum dran, daß man anders bequemer schlafen würde. Es ist unglaublich, wie schnell sich der Mensch an dergleichen gewöhnt, man empfindet es schon als Selbstverständlichkeit. [. . .]

---

zu Nr. 95
[1] Belgisch-französische Grenzstadt nordwestlich von St. Quentin.

Nr. 96

Handschriftlicher Brief Klara Heß
an Rudolf Heß, [Westfront]

Reicholdsgrün, 16. 01. 1915

[. . .] Wir Daheimgebliebenen, reich und arm, gebildet und ungebildet, leben ja alle nur in Gedanken bei Euch, in Liebe sorgend, Euch das schwere Los etwas erleichtern zu können. Es ist wundervoll zu sehen u. zu hören, in welcher Liebe das ganze deutsche Volk verbunden ist. Ohne jegliche Klage werden alle Lasten des Krieges getragen, nur ein Gedanke geht durch alle, das Los der lieben Menschen, die draußen für uns kämpfen, möglichst zu erleichtern. Ein Strom der Liebe zieht mit Euch und [wird] gebetet zu Gott, Euch zu behüten. Täglich kommen von West und Ost gute Nachrichten für uns. Langsam, weil das über alles wertvolle Menschenmaterial geschont werden soll, aber sicher geht es vorwärts zum endlichen Sieg. Der Siegestag wird ein Tag der Erlösung. – [. . .]

Nr. 97

Handschriftlicher Brief Klara Heß
an Rudolf Heß, [Westfront]

Reicholdsgrün, 22. 01. 1915

[. . .] Ich habe mir als besondere Geburtstagsfreude Dein Bild einrahmen lassen. Es hängt neben dem Bild unseres großen Kaisers. Unter Onkel Arthurs Bild über Papas Schreibtisch. Grete sagte: »Der Rudi sieht mich an wie die Mama als junges Mädel.« Sie erkannte gleich die Ähnlichkeit zwischen uns. [. . .]

Nr. 98

Die Luftschiffe der deutschen Kriegsmarine griffen immer wieder in das Kriegsgeschehen ein, indem sie z. B. militärisch wichtige Ziele in England und Frankreich bombardierten.

Handschriftliche Feldpostkarte
Rudolf Heß an Klara und
Fritz Heß, Reicholdsgrün

[ohne Ort], 25. 01. 1915

[. . .] Hurra Zeppelin! Weiter so! Weiter! Wir gönnen ihnen ja den Schrecken samt der Bomben von ganzem Herzen, dem Engländerpack. Überhaupt, unberufen gute Nachrichten von überall. Gott sei Dank. Es geschehen doch geradezu noch Wunder. Der Nervenschock kam wohl in Italien zur rechten Zeit, um uns vorläufig vor einem neuen Gegner zu bewahren. Die Bevölkerung tut einem allerdings leid. [. . .]

Nr. 99

Handschriftliche Feldpostkarte
Rudolf Heß an Klara und
Fritz Heß, Reicholdsgrün

Guillemont[1], 26. 01. 1915

[. . .] Heute geht es wieder vor zur Stellung bei Hardicourt. Um Mitternacht werden wir ein »Hurra« auf den Kaiser ausbringen.[2]

Zum Geburtstag des Königs[3] haben wir es schon so gemacht und erwarteten eine wütende und natürlich, da wir gedeckt, harmlose Schießerei der Franzosen. Es kam aber gar nichts, sie sind derartige Scherzchen eben schon gewöhnt und wissen, daß wir unsere Köpfe nicht ihnen zulieb' raushalten. [. . .]

zu Nr. 99
1 Kleine Ortschaft im Raum Péronne.
2 »Kaisers« Geburtstag: Der Geburtstag Wilhelms II. am 27. Januar war im Kaiserreich ein Staatsfeiertag.
3 Ludwig III., König von Bayern (1845–1921), hatte am 07. Januar Geburtstag.

Nr. 100

Die britische und die deutsche Flotte verfolgten seit Kriegsbeginn eine Defensivstrategie, die sie nur ganz gelegentlich in größere Gefechte verstrickte. Am 24. 01. 1915 wurde ein Vorstoß deutscher Kreuzer von den Engländern bei der Doggerbank in der Nordsee erfolgreich pariert. Die Besatzung des Panzerkreuzers »Blücher« hielt jedoch, den sicheren Tod vor Augen, unter dem Absingen vaterländischer Lieder bis zuletzt auf dem sinkenden Schiff aus. Mehr als sechshundert Mann ertranken bei der Katastrophe. Viel Bitterkeit erzeugte in Deutschland die Behauptung der englischen Propaganda, die »Grand Fleet« habe keinerlei Verluste erlitten.

Handschriftlicher Brief Klara und
Fritz Heß an Rudolf Heß,
[Westfront]

Reicholdsgrün, 30. 01. 1915

[. . .] Wir haben wundervolles Winterwetter, hohen, trockenen Schnee, gefrorene Weiher u. überlaufene Wiesen. Wir treiben der Abhärtung halber viel Sport. Fahren regelmäißg Schlittschuhe, rodeln, und gehe ich mit Vater auch in den Wald. Letzterer ist jetzt märchenhaft schön. Wie oft sehnen wir Dich zu uns zu all' der Natur Schönheit. [. . .] Vater hat einige sehr hübsche Photographien gemacht, Du sollst sie bald bekommen. [. . .] Die letzte Seeschlacht am Sonntag, den 24. Jan[uar] hat den Engländern wieder eine große Schlappe eingetragen. Vorderhand leugnen sie sie noch. Obgleich außer der deutschen Nachricht noch ein holländ[ischer] Kapitän sie als Augenzeuge bestätigt. Die Engländer verloren den Schlachtkreuzer »Tiger«, durch ein deutsch[es] Torpe-

doboot zum Sinken gebracht, das Schlachtschiff »Lion« ist so schwer beschädigt, daß es in Schlepptau genommen werden mußte. Außerdem wurde auch noch der »Meteor« schwer beschädigt, ein moderner Schlachtkreuzer und drei Torpedobootzerstörer sind durch deutsche Schiffe zum Sinken gebracht.
In dem Artikel »Die Wahrheit bricht sich Bahn« aus Amsterdam, d[en] 28. Jan[uar], der Bericht des Admirals Beatty,[1] kommen erst nach so langer Zeit die engl[ischen] Verluste heraus. Nachdem England erst gemeldet, sie hätten *gar keine* Verluste und die Deutschen sehr schwere. Wir haben nur die »Blücher« verloren. Die Engländer brachen das Gefecht ab, logen aber, die Deutschen hätten das Gefecht abgebrochen. Da haben sich die Engländer mit ihrer Lügennachricht wieder einmal den Neutralen gegenüber in ein schönes Licht gestellt. Es glaubt Albion ja schon niemand mehr. [. . .] Von Ägypten hören wir *direkt* gar nichts. Die miserablen Engländer haben den Suez-Kanal gesperrt, obgleich sie mit unterschrieben haben, daß er stets neutral bleibt, diese Wortbrecher, die miserablen. Gott strafe sie!!
Vater ist nach Neudorf zum Schlachtfest eingeladen, er kommt gar nicht mehr vorher heim. Will dort einen Samstag Tarock spielen. Er läßt Dir sagen, im Fall, Du Geld brauchst, sollst Du es ja melden. – Hoffentlich sind die Pakete eingetroffen, bevor Du in den Schützengraben gingst. [. . .]
Viele innige Grüße u. Küsse, mein lieber, guter Rudi, von Deinen Dich treu liebenden Eltern
u. Grete sowie Walter
Heil u[nd] Sieg

---

zu Nr. 100
[1] David Beatty (1871–1936), britischer Großadmiral, 1916–1919 Chef der Grand Fleet.

Nr. 101

Handschriftlicher Brief Rudolf Heß
an Klara und Fritz Heß, Reicholdsgrün

Combles, 05. 02. 1915

[. . .] Eben, spät in der Nacht, schallte mörderisches Artillerie- und Gewehrfeuer herüber. Den Herren drüben kam wohl wieder ein Gelüstchen nach unseren Gräben oder wenigstens den Führern, die Soldaten selbst sehnen sich, glaub' ich, längst nicht mehr nach diesen unnützen, blutigen Angriffen. Wenn es aber befohlen, gehen sowohl Franzosen wie Engländer mit großer Todesverachtung und Schneid vor. Das müssen wir anerkennen und hochachten. [. . .]

Nr. 102

Handschriftliche Postkarte
Klara Heß an Rudolf Heß,
[Westfront]

Reicholdsgrün, Anfang Februar 1915

[. . .] Gern hätte ich Dir ausführl[ich] geschrieben, doch ist Grete wieder einmal nicht wohl, u. fesselt sie mich an sich. Sie hatte hohes Schnupfenfieber, zum Glück ist es jetzt vorbei. Vater ist mal wieder nach Hof, will geschäft[lich] nach Wunsiedel u. dann nach Grafenwöhr. Hopert[1] mußte heute nach Fürth, er ist zum Train einberufen. Für Vater und die Jagd ein großer Verlust. Zum Glück sind wir dem Frühling näher, und braucht das Wild hoffentlich nicht gefüttert zu werden. [. . .]

zu Nr. 102
[1] Bäuerlicher Nachbar in Reicholdsgrün.

Nr. 103

Handschriftliche Feldpostkarte
Rudolf Heß an Klara und
Fritz Heß, Reicholdsgrün

Hardicourt, 11. 02. 1915

[. . .] Hier ist ziemlich gutes Wetter, wenn auch der schöne Frost vorbei ist. Heute war so dichter Nebel, daß wir sogar am Tag schanzen konnten. Bauen eine neue Stellung mit *bombensicheren* Unterständen. Die Franzosen werden sich schön gewundert haben, als sie plötzlich 200 m von ihnen den Graben sahen. Bin gesund. [. . .] [Hervorhebg. i. Orig.]

Nr. 104

Handschriftliche Feldpostkarte
Rudolf Heß an Klara und
Fritz Heß, Reicholdsgrün

Péronne, 14. 02. 1915

[. . .] Bin für ein paar Stunden hier. Hab' wieder verschiedene junge Damen von Ham auf einer Wagenfahrt hierher begleitet. Sie kauften hier Lebensmittel ein. – In Ham haben wir es recht schön, da das Wachlokal gut eingerichtet ist, haben wir uns freiwillig auf Wache gemeldet. Papas Zigarrenkiste hab' ich bekommen, der Inhalt ist ja sehr, sehr gut. [. . .]

Nr. 105

Handschriftliche Ansichtspostkarte
Rudolf Heß an Klara und
Fritz Heß, Reicholdsgrün

Feuillères,[1] 15. 02. 1915

[. . .] Hab heut' schon wieder so einen Damentransport hierher. Macht mir viel Spaß, da ich mein Französisch wieder verwende. – Auf der Karte seht Ihr, wie die Gegend hier aussieht. Auf der Somme fahren wir auch Kahn, versuchen Enten zu schießen. [. . .]

---

zu Nr. 105
[1] Dorf im Raum Péronne.

Nr. 106

Handschriftlicher Brief Klara Heß
an Rudolf Heß, [Westfront]

Reicholdsgrün, 20. 02. 1915

[. . .] Wir haben herrliches Frühlingswetter. Bei Nacht Kälte, des Tages Wärme. Der Schnee liegt noch teilweise sehr hoch und versinkt man manchmal beim Drüberweggehen bis an die Knie. Infolgedessen flog ich heute in ganzer Länge in den Schnee zum Gaudium der Grete und ihrer Freundin Frieda. Wir begleiteten Papa nach Fichtelhammer, gingen den Waldweg. Da muß man seine

Beine haben, um durch den weichen Schnee zu kommen. [. . .] Onkel Rudi erwartete uns; er kam um 2 Uhr von Hof. Zweck, seine »Erfindung« auszuprobieren, eine Vorrichtung am Gewehr, zu[m] Zielen ohne gesehen zu werden. Durch Spiegelung, für den Schützengraben zu empfehlen. Leider ist diese Erfindung schon von den Engländern während des Burenkrieges[1] angewandt worden, also nicht mehr neu. [Fußnote von Klara Heß:] Soll keinen großen Vorteil geboten haben. – Grete hat jetzt von mir Unterricht. Ich muß dabei immer an die schöne Zeit zurückdenken, als ich Euch noch um mich hatte und mit Dir u. Fredi Schularbeiten machte. Grete hat sehr viel Eifer u. lernt auffallend leicht. [. . .]

---

zu Nr. 106

[1] Gemeint ist der Krieg (1899–1902) zwischen Großbritannien und den südafrikanischen Burenstaaten, Transvaal und Oranje-Freitstaat, die ihre Selbständigkeit gegen den britischen Imperialismus verteidigten, sich dann aber unterwerfen mußten.

Nr. 107

Am 07./08. 02. 1915 hatten die Deutschen in einer Zangenbewegung um die Masurischen Seen die Russen angegriffen. In der anschließenden Winterschlacht wurde die Masse der feindlichen Armee bis zum 21. 02. 1915 gefangengenommen, der Rest in die Flucht geschlagen.

Handschriftlicher Brief Klara Heß
an Rudolf Heß, [Westfront]

Reicholdsgrün, 22. 02. 1915

[. . .] Heute telephonierte der Kirchenlamitzer Apotheker einen neuen großen Erfolg an den Masurisch[en] Seen. 40.000 Russen gefangen, verschiedene Generäle, 75 Geschütze und Unmasse von Maschinengewehren, Munition und sonstigem Kriegsmaterial, hurra! Wie wird sich unser Kaiser freuen. – Gott helfe uns weiter! Heute brachte die Zeitung auch Nachricht vom Untergang eines engl[ischen]Dampfers mit 2.000 Soldaten, versenkt durch eine V[1]. Bin nur neugierig, was für Lügen die Engländer über unseren Seekrieg erfinden. [. . .] Wie glücklich sind alle über die Fortschritte im Osten. Sie sind auch vielbedeutend für den Westen. Papa muß die Freude mit den Bauern teilen, ist wieder zum Tarock. Wir haben aber nicht geflaggt, Papa kann sich nicht dazu entschließen. Er will die Fahne erst wieder beim Frieden sehen lassen. Das ist Ansichtssache, u. rede ich auch nicht zu. [...]

zu Nr. 107
1 Die Bedeutung dieses Kürzels konnte nicht geklärt werden.

Nr. 108

Im Laufe des Jahres 1915 begann sich die britische Blockade auf die Versorgung der deutschen Bevölkerung auszuwirken. Brot und viele andere Waren wurden allmählich rationiert. – Ab Mitte Februar tobte in der Champagne eine wochenlange Winterschlacht, bei der die Franzosen zum ersten Mal, wenn auch vergeblich, versuchten, die deutschen Linien zu durchbrechen. – Die englische Schlachtflotte, später zu Lande unterstützt durch ein Expeditionskorps, versuchte im März 1915 die Dardanellen der Türkei zu entreißen. Durch die Eroberung dieser strategisch wichtigen Wasserstraße zwischen Mittelmeer und Schwarzem Meer wollte die Entente die Einnahme Konstantinopels vorbereiten, Rußland mit Waffenlieferungen unterstützen und Ägypten gegen türkische Übergriffe absichern.

Handschriftlicher Brief Klara Heß
an Rudolf Heß, [Westfront]

Reicholdsgrün, 02. 03. 1915

[...] Bin neugierig, ob die Neutralen gegen Englands Aushungerungspolitik gegen uns mit Nachdruck auftreten. Jetzt sind ja die Brotmarken in Deutschland eingeführt. Wo wir welche herbekommen, weiß ich nicht. Ich bin stolz, täglich nur das halbe Quantum des Erlaubten zu [ver]brauchen. Ebenso Vater und Grete. Das Ersparte kommt dann wieder einem anderen zugute. – Es stürmt und schneit, als sollten wir noch ganz im Schnee vergraben werden. Ein Glück, daß wir eine große Wurstsendung bekommen haben. So brauchen wir nicht zu verhungern. vvv[1] Die Franzosen scheinen besonders wieder in der Champagne hartnäckig vorzugehen, aber Gott sei Dank ohne Erfolg. Sie erlügen sich zwar immer große Erfolge. Ich lese deshalb überhaupt nicht mehr französische Berichte. [...] Onkel Zehnder[2] soll nach Konstantinopel[3] geschäftlich gereist sein. Da wird er auch die Kanonen donnern hören, wollen doch England und Frankreich durchaus den Durchgang durch die Dardanellen erzwingen. Hoffentlich können die

Türken die Dardanellen halten. [. . .] Seit Vater [zur Leipziger Messe] abgereist [ist], haben wir nur noch die Wohnstube geheizt. Die Kohlen sind so teuer, daß man gern etwas spart. Das Zimmer wird nun gut ausgenützt. Am Ofen hängen Vaters Hemden zum Trocknen, Gretes Pult steht am Fenster, zugleich ist das Zimmer auch Eßzimmer. [. . .]

---

zu Nr. 108

1 Mit diesen aneinandergereihten »v«, die hier zum ersten Mal erscheinen, wird in der Korrespondenz der Familie Heß seither Schmunzeln oder Lachen symbolisiert.

2 Adolf Zehnder, Vetter von Fritz Heß

3 Bis 1923 Hauptstadt der Türkei.

Nr. 109

Obwohl mit den Mittelmächten verbündet, hatte die Türkei 1914 den Kriegseintritt vermieden und ihre »bewaffnete Neutralität« erklärt. Sie wurde dann aber im Oktober 1914 durch Kriegserklärungen der Entente-Mächte zur Aufnahme von Kampfhandlungen gezwungen, weil alle Welt wußte, daß der »kranke Mann am Bosporus« einen Krieg wahrscheinlich nicht überleben würde. Die Türkei mußte gleichzeitig an vier Fronten kämpfen: an den Dardanellen, im Kaukasus und Armenien, in Mesopotamien und am Suezkanal. – Klara und Fritz Heß interessierte natürlich am meisten die Frage, ob den Türken die Befreiung Ägyptens von der britischen Herrschaft gelingen würde. Aber es gelang der Türkei nicht, und das Osmanische Reich brach bei Kriegsende auseinander. – Die von ihnen durchgeführte Blockade brachte die Engländer in Konflikt mit dem Grundsatz von der Freiheit der Meere, auf den sich vor allem die neutralen Mächte beriefen. Durch die Unterbrechung des Seeverkehrs durch britische Kriegsschiffe, die Handelsschiffe aufbrachten und daraufhin untersuchten, ob sie Lieferungen für den Feind (sog. Konterbande) transportierten, kam es auch immer wieder zu Konflikten zwischen England und den Vereinigten Staaten von Amerika.

Handschriftlicher Brief Klara Heß
an Rudolf Heß, [Westfront]

Reicholdsgrün, 05. 03. 1915

[. . .] Ob es den Türken wohl gelingen wird, die Engländer aus Ägypten zu drängen? Nach den Zeitungsberichten kann man wohl die Hoffnung haben. Die Türken werden sicher, sobald sie in Ägypten Fuß gefaßt [haben], von den Muselmanen[1] unterstützt.

Was werden wohl die Amerikaner den Engländern gegenüber mit der Seekriegsfrage der Neutralen ausrichten? [. . .]

zu Nr. 109
[1] Ältere Selbstbezeichnung der Anhänger des Islam.

Nr. 110

Handschriftliche Feldpostkarte
Rudolf Heß an Klara und
Fritz Heß, Reicholdsgrün

Maurepas, 05. 03. 1915

[. . .] Für ein paar Tag' hab' [ich] Ruh'. Soll eine Frühjahrserkältung mit starker Heiserkeit loswerden. Gar nicht übel, mal ein bißchen rum[zu]faulenzen. [. . .].

Nr. 111

Es war ein Kennzeichen des »Weltkrieges«, daß er nicht nur in Europa, sondern auch auf den Weltmeeren und in den überseeischen Kolonialgebieten ausgetragen wurde. Die dabei im britischen Empire allenthalben aufflackernden Aufstandsversuche erweckten in Deutschland die Hoffnung auf eine Schwächung Englands. – Deutsche U-Boote führten einen erfolgreichen Kleinkrieg gegen die englische Flotte, die dabei häufig zu unlauteren Mitteln griff. So soll »U 29« von einem bewaffneten Handelsschiff, das unter der Flagge des neutralen Schwedens fuhr, versenkt worden sein. Die deutsche Admiralität erklärte die Gewässer rings um Großbritannien und Irland daraufhin zum Kriegsgebiet, in dem »jedes dort angetroffene Kauffahrteischiff zerstört« werden durfte.

Handschriftlicher Brief Klara Heß
an Rudolf Heß, [Westfront]

Reicholdsgrün, 10. 03. 1915

Lieber Rudi!
Vielen Dank für Deine lieben Karten. Die guten Nachrichten von Dir waren uns die größte Osterfreude. Gott schütze Dich weiter und schenke bald uns einen segensreichen Frieden. Unsere Gedanken sind immer bei Dir, wünschen Dir bleibende Befriedigung bei Deiner schweren Arbeit für unser liebes Vaterland. – Gott sei Dank bringen alle Zeitungsberichte von West und Ost nur gute

Nachrichten, und wird unsere Zuversicht immer neu bestärkt. Der neue Bericht über den Aufstand in Singapur ist doch höchst erfreulich. Den Engländern wird's daraufhin kaum möglich sein, neue Truppen nach den europäischen Kriegsschauplätzen zu bringen. Die Japaner wollen nicht gegen die Inder kämpfen. So muß wohlmöglich England engl[ische] Truppen nach Indien senden, um dort den Aufstand zu unterdrücken. Die Perser wollen sich mit den Türken verbinden. Wir können uns nichts Besseres denken, als solche Nachrichten. Englands lange Zähne werden immer schneller klappern vvv.U 29, wie traurig ist sein Untergang mit all' den tapferen Helden. Es ist sicher wieder ein Opfer englischer Heimtücke, ehrlichen Kampf kann ja England kaum mehr liefern, siehe »Dresden«,[1] die auch in *neutralen* Gewässern versenkt wurde. Die engl[ischen] Großtaten sind meist Schandtaten, pfui. vvv Ich schickte Dir am Donnerstag Butter, Freitag Honig und heute soll Früchtebrot abgehen. Bald kommt wieder ein Paar Strümpfe. [. . .] Papa tut mir immer leid, weil er so gar keine ernste Beschäftigung hat, und der Zustand kann ja leider noch lange dauern. Merkwürdigerweise ist Vater weniger nervös als früher, und erträgt er die schwere Zeit mit erstaunlicher Geduld. Es ist meistens so, Kleinigkeiten werden zum Unerträglichen, während wirklich Schweres durch seinen Ernst und Größe bezähmend wirken. Wir klagen nicht, sondern fügen uns in Gottes allmächtigen Willen, zuversichtlich auf Gottes Gerechtigkeit hoffend. [. . .] [Hervorhebg. i. Orig.]

zu Nr. 111

[1] Geschützter Kreuzer, 1906 vom Stapel gelaufen, 3650 to, wurde von dem britischen Kreuzer »Glasgow« im März 1915 bei den Juan-Fernandez-Inseln, die zum neutralen Chile gehörten, im Pazifik versenkt.

Nr. 112

Handschriftliche Feldpostkarte
Rudolf Heß an Klara und
Fritz Heß, Reicholdsgrün

Maurepas, 14. 03. 1915

[. . .] Marschiere eben wieder ab zu meiner Kompanie. Schönes Wetter, freu' mich auf den alten Graben, man fühlt sich schon ganz heimisch dort. Gegner ist ziemlich ruhig. Läßt nur zum Zeitvertreib mal ein paar Schüsse rüber. [. . .]

Nr. 113

Handschriftlicher Brief
Rudolf Heß an Klara und
Fritz Heß, Reicholdsgrün

Radegonde bei Péronne,
20. 03. 1915

[...] Seit Monaten sind wir wieder das erste Mal hier in P[éronne], *die* Stadt in der Gegend. Sie hat sich entschieden sehr herausgemacht, neues Leben erblüht überall, und so reinlich war das Nest wohl überhaupt noch nicht, seit es besteht. Die Läden sind alle geöffnet und haben schon viel' deutsche Waren ausgestellt. [...] [Hervorhebg. i. Orig.]
Wie ich schrieb, hab' ich neulich eine ganze Ziegelmauer abgebrochen, andere Revierkranke haben damit gepflastert. Manchmal tun mir ja die Leute hier leid, aber sie haben es ja bei uns viel schlimmer getrieben und würden alles kurz und klein schlagen, wenn sie nur könnten. Wenn wir die Leute schonen, fangen sie nur zu bald mal wieder so einen Krieg an.
Wenn wir Holz brauchen, geht die Sache oft recht schnell. In etwa 2 Minuten ist der größte Mahagonischrank mittels Fußtritten und Seitengewehrhieben zertrümmert. In [der] Zeit von einer halben Stunde ist ein Haus niedergelegt, und die Balken sind fertig zum Verfeuern. Das ist übrigens neuerdings verboten. [...]
Wir hatten übrigens wieder mal Pech. Als wir neulich morgens beim Gegner rote Leuchtraketen aufsteigen sahen, jubelten wir. Das war das Zeichen zum Angriff. Aber nichts rührte sich. Wie wir später erfuhren, hatte sich die Mannschaft geweigert. Abends, nachdem uns die »Leiber« abgelöst hatten, erfolgte doch der Angriff auf unseren neuen Graben. Natürlich wurde er leicht abgeschlagen; aber wir waren nicht dabei! Uns kommen die Anstürmenden ins sichere Feuer, uns ist es recht. Aber die Franzosen sollten doch endlich mal einsehen, daß sie damit doch nichts als schwere Verluste erzielen. Furchtbare Verluste! Beim berühmten Joffreschen[1] Angriff vom 17. Dez[ember] [1914] mußte ein Maschinengewehr der »Leiber« zweimal die Stellung wechseln; die Gefallenen häuften sich so davor, daß das Schußfeld versperrt wurde. [...]

zu Nr. 113
[1] Joseph Joffre (1852–1931), französischer Marschall, 1914 Oberbefehlshaber an der Nord- und Nordostfront, ab 1915 Oberkommandierender aller französischen Armeen.

Nr. 114

Handschriftliche Feldpostkarte
Rudolf Heß an Klara und
Fritz Heß, Reicholdsgrün

[ohne Ort] 20. 03. 1915

[. . .] Schreibt bitte möglichst bald, was für Nachrichten Onkel L[udwig] aus Ägypten mitgebracht hat. Es wundert mich überhaupt, daß die Herren Engländer ihn haben ziehen lassen. Möchte wissen, was aus unserem lieben Ägypterland noch wird. Durch die Zeitungen ging neulich ein Bericht, daß die Senussi[2] das Lager bei den Pyramiden angegriffen hätten. Stimmt das? Kann man überhaupt die türk[ischen] Nachrichten glauben? [. . .]

zu Nr. 114
[1] Senussi (arab. = Snussi, Sanusi), 1833 von Mohammed ibn Ali es-Senussi gegründeter islamischer Orden mit einer anfangs europäer- und christenfeindlichen Haltung.

Nr. 115

Die Oberste Heeresleitung hatte noch 1914 mehrere Divisionen nach Serbien, Schlesien und an die Karpatenfront geworfen, um dem österreichisch-ungarischen Verbündeten beizustehen. Dadurch gelang es, die Russen vom Einfall nach Ungarn abzuhalten. Der östliche Hauptkriegsschauplatz lag nun in Polen. Hier kam es von Herbst 1914 bis Frühjahr 1915 wiederholt zu schweren Kämpfen.

Handschriftlicher Brief Klara Heß
an Rudolf Heß, [Westfront]

Hof, 22. 03. 1915

[. . .] Ulli Lang[1] steht in den Karpaten. Soll sehr vergnügt und zuversichtlich schreiben: »Vielleicht sind wir Ostern wieder zu Hause«, so schnell wird der Friede wohl nicht kommen. – Die neuen Zeichnungen für die Kriegsanleihe sind großartig, 7 Milliarden. Unsere Feinde werden Galle spucken. [. . .]

zu Nr. 115
[1] Konnte nicht ermittelt werden.

Nr. 116

Handschriftlicher Brief Klara Heß
an Rudolf Heß, [Westfront]

Reicholdsgrün, 15. 04. 1915

[. . .] Ich finde durch den Haushalt und Gretes Ansprüche genügend Ablenkung. Auch spiele ich öfters Klavier, all' die schönen Soldatenlieder, die wir Deutschen so reichlich haben. Zu anderer Musik kann ich mich selten entschließen, sie ist mir zu weichlich für die Jetztzeit. [. . .] Wenn ich so allein bin, so ist es mir immer, als höre ich die Stimme der großen Zeit. Ein eigenartiges Rauschen und Raunen um mich. Denke an alle, die für uns den schweren Kampf für's Vaterland, dessen Freiheit, durchringen müssen. [. . .] Von Grete herzlichen Kuß und Dank für die schöne Postkarte. Grete betet jeden Abend:
»Lieber Gott, mit starker Hand
schütze unser Vaterland,
schütze unsere Väter, Brüder,
daß sie kehren zur Heimat wieder.
Gebe unsren Waffen Sieg, laß bald enden diesen Krieg.«
[. . .]

Nr. 117

Handschriftlicher Brief Rudolf Heß
an Klara und Fritz Heß, Reicholdsgrün

Montauban,[1] 21. 04. 1915

[. . .] Jedermann hat neuerdings ein Säckchen mit Naphtalin (gegen Läuse und Wanzen) um den Hals. Es wird überhaupt famos gesundheitlich gesorgt. Wir sind alle dreimal gegen Typhus und zweimal gegen Cholera geimpft. In jedem Ort sind warme Bäder oder Duschen. Außerdem Dampfapparate, um verlauste Wäsche zu behandeln. [. . .]
Meine Speisekarte ist jetzt etwa täglich wie folgt:
Morgens, 6 Uhr: ½ l Kaffee,
mittags, 12 Uhr: 1 l Suppe, Gries, Nudeln usw. Fleisch, ¼ l Kaffee
abends, 8 Uhr: ½ l Kaffee o[der] Tee o[der] Kakao dazu Käse o[der] Wurst, manchmal frische Butter o[der] Schweineschmalz
nachts, 12 Uhr: ½ l Kaffee o[der] Tee mit Rum dazu täglich ½ Laib Brot

Verschiedene Öfen sind in der Stellung, so daß wir wenigstens nachts uns und die Getränke wärmen können. Mittags und morgens wärm' ich auf Eurem Spirituskocher die Sachen.
Ein Mann einer Gruppe holt immer für die 9 Mann das Essen. Man braucht 1 ½ Stunden dazu. Die ganze Zeit geht man in Laufgräben, sieht nur den Himmel über sich. Wenn Flieger kommen, rührt man sich nicht, dann wird man nicht von der Umgebung unterschieden. Sehr unangenehm war das Essenholen, wenn der Grund der Laufgräben durch Regen grundlos geworden war. Nachdem aber neulich einer unserer Generäle steckengeblieben ist und umständlich ausgegraben werden mußte, haben wir Ziegelsteine und Bretter gelegt. Da geht es sich jetzt auch bei schlechtem Wetter ganz gut. [. . .] Jetzt zum Artillerie-Beobachter.[2] Hab abwechselnd eine Stunde Dienst, eine frei. Nachts hab ich Ruh'. Ein Posten, um den ich sehr beneidet werde, da die anderen 2 Stunden stehen, 2 Stunden ruhen, und zwar die ganze Nacht durch. – Zu beobachten hab' ich Schanzarbeiten des Gegners, aufsteigenden Rauch, den Weg von erscheinenden Gegnern bis zu deren Verschwinden, neu entstehende Schützen- und Laufgräben des Gegners usw. Melde die Beobachtungen telephonisch zur Artillerie, die dann hinleuchtet oder auch nicht. Habe ein gutes Glas der Kompanie. Verfolge alles anhand einer Karte, die nach Fliegeraufnahmen bei der gegnerischen Stellung gemacht wurde. Am 11. April soll der Geburtstag der Jungfrau von Orleans[3] gewesen sein. Die Franzosen hatten hier an der Front alle paar hundert Meter französische Fahnen in ihrem Drahtverhau aufgestellt. [. . .] Wütend konnte ich mich über etwas ärgern: Wo ich nämlich hinkam im Graben, behaupteten die Leute, es wären deutsche Fahnen!! Neun Zehntel unserer deutschen Soldaten kennen ihre eigene Fahne nicht, wissen nicht, daß die Streifen in anderer Richtung laufen!! Allerdings sind es ja Bayern! Aber in Preußen hab' ich oft dieselbe Beobachtung machen müssen. Hätte ich Papier gehabt und Farben, hätte ich Plakate im Schützengraben aufgehängt mit den beiden Fahnen. Als Überschrift: *»Deutscher, so* sieht Deine Fahne aus!« [Hervorhebg. i. Orig.]
Am Nachmittag und Abend des Tages bekamen wir zur Feier wütendes Artillerie-Feuer, aber in die »Bombensicheren« [Unterstände] verkrochen, fühlten wir uns doch leidlich wohl dabei. Bekamen nicht einen Verwundeten. Man ist aber doch froh, wenn die »Gaudi« vorbei ist. Besonders die amerikanischen Sprenggranaten gehen mit ihrem wilden Heulen und wahnsinnigen Krachen sehr

auf die Nerven. Sie haben sehr weite Streuung, schlagen aber nur wenige Zentimeter tiefe Löcher. Die französischen Geschosse gehen wohl tiefer, explodieren aber nur dumpf und nicht sehr wirkungsvoll. Außerdem sind über die Hälfte Blindgänger. Ein wahnsinniges Geschützfeuer loszulassen, ist die moderne Art, Feste zu feiern! Wir haben es an Bismarcks 100. Geburtstag ebenso gemacht. Es werden wie in alten Zeiten Menschen geopfert. Glücklicherweise wollten es die Franzosen nur, bekamen es aber nicht fertig. [. . .]

---

zu Nr. 117

1 Ort im Raum Péronne, nicht zu verwechseln mit der gleichnamigen Hauptstadt des Departements Tarn-et-Garonne in Südfrankreich.

2 Rudolf Heß war vor kurzem zum Artillerie-Beobachter ernannt worden, der die Aufgabe hatte, das Feuer der Geschütze auf die feindlichen Linien zu lenken.

3 Jungfrau von Orléans oder Jeanne d'Arc (etwa 1410–1431), französische Nationalheldin.

Nr. 118

Im Frühjahr 1915 unternahm die Entente zwischen Maas und Mosel, aber auch auf ihren linken und rechten Flügeln in Flandern und in den Vogesen wieder den Versuch, die deutschen Linien zu durchbrechen. Am 22. 04. 1915 holten die Deutschen mit der Beschießung Yperns zum Gegenschlag aus, um den strategisch wichtigen Yser-Kanal zu gewinnen. Unter schweren Verlusten auf beiden Seiten wurde dieses Ziel auch zum Teil erreicht, wobei die Deutschen Kampfgas einsetzten.

Handschriftliche Feldpostkarte
Rudolf Heß an Klara und
Fritz Heß, Reicholdsgrün

Guillemont, 30. 04. 1915

Liebe Eltern,
sind hier wieder zur Rast. Herrl[ich] die warmen Frühlingstage. Liegen den halben Tag in der Sonne auf den Wiesen, lassen uns braten. Der Haken dabei ist allerdings, daß wir fortgesetzt Fliegerbesuch bekommen. Unsere Artillerie leuchtet ihnen aber bald wieder heim. Gestern wurde so ein Bruder zur Landung gezwungen. – Herzlichen Dank für den Magenbitter. Die Nachricht des schönen Fortschrittes bei Ypern haben wir den Franzosen in einer Flasche auf Zetteln zugeworfen. Schrieb die Sache französisch.
Herzl[icher] Gruß
Euer Rudi

Nr. 119

Im Frühjahr 1915 keimte in der deutschen Öffentlichkeit die Hoffnung auf einen baldigen Sieg auf, weil die englische und französische Rüstungsindustrie dem hohen Bedarf der Front vor allem an Munition auf die Dauer nicht gewachsen war. Die amerikanischen Munitionslieferungen schufen hier jedoch einen Ausgleich, der den Alliierten die Fortsetzung des Krieges gestattete.

Handschriftlicher Brief Klara Heß
an Rudolf Heß, [Westfront]

Reicholdsgrün, 04. 05. 1915

[. . .] Freuen uns Deines höheren Ranges, »Gefreiter.« Können gut Deine Unlust begreifen, jetzt aus dem Feld zurückzugehen, um einen Kursus durchzumachen, [um] Leutnant zu werden. Es wäre Dir sicher sehr leid, die endgültigen Siege nicht mit an der Front erleben zu können. [. . .]

Nr. 120

Zur Entlastung der österreichisch-ungarischen Karpatenfront durchbrachen deutsche Divisionen im April/Mai 1915 bei Gorlice/Galizien die russische Front, die daraufhin abbröckelte und zurückgenommen wurde.

Handschriftliche Postkarte
Klara Heß an Rudolf Heß,
[Westfront]

Reicholdsgrün, 15. 05. 1915

Lieber Rudi! Ich würde Dir sehr gern ausführlicher schreiben, doch ist es mir unmöglich, da ich vor meiner Abreise nach Gera noch sehr viel zu ordnen habe. Es ist schon nachts 9 ½ Uhr, u. will ich auch Alfred noch einige Zeilen schreiben. Es geht uns gut, hoffen dasselbe von Dir. Freuen uns mit Dir über die herrlichen Fortschritte in Ost u. West. Sende Dir einen Zeitungsausschnitt mit näherer Beschreibung der Kämpfe u. Erfolge in Galizien. Viele herzliche Grüße! Gott schütze Dich! Heil u. Sieg, sei umarmt und geküßt von Deinen treuen Eltern und Gretelein.

Nr. 121

Handschriftlicher Brief Rudolf Heß
an Klara und Fritz Heß, Reicholdsgrün

In Stellung bei
Montauban, 16. 05. 1915

Liebe Eltern,
sind hier in neuer Stellung, zur Abwechslung. Liegen noch näher an Maricourt; wenige 100 m entfernt von dem zerschossenen Nest. Es ist ziemlich ruhig hier. Haben wenig Artillerie-Feuer. Dafür fiel aber die letzten Stunden leider das Wasser in reichlichen Mengen vom grauen Himmel. Trotzdem ist aber prachtvolle Frühlingsstimmung. Jetzt folgt schon wieder prachtvoller Sonnenschein, der die langen Gräben trocknet, gefüllt mit zähem Lehmschlamm. Alles ist grün, soweit nicht Menschen gewühlt [haben]. Selbst dort sprießt das Gras wieder aus den Rändern des Grabens unter dem Erdaufwurf hervor, so daß auf beiden Seiten grüne Girlanden sind. In den Unterständen entfaltet sich frische Vegetation, reizende Käferchen und süße Läuschen treten allenthalben auf. Ratten und unheimliche Mengen von Mäuschen werden unheimlich zutraulich, besonders wenn man schläft. Kameraden haben sich Violinen und Gitarren schicken lassen. Veranstalten kleine Konzerte im Schützengraben. Zur allgemeinen Belustigung begleitet sie der Franzos' von Zeit zu Zeit mit schwirrenden Geräuschen in der Luft oder auch kräftigen Schlägen gegen die ehernen Schießscharten. Offensichtlich ärgert ihn unser Wohlergehen, wo wir doch täglich programmäßig Hungers sterben sollen.
Vor einiger Zeit erlebte ich einen solcher kleinen Privat-Waffenstillstände mit, wie man sie um Weihnachten herum beschrieben fand, ich aber nie recht glaubte. Wir waren vor Ostern in einer besonders nahen Stellung. Der Tag war einer jener blendenden ersten Frühlingstage, an denen selbst Leute keine Lust zum Morden haben, die von ihrer gegenseitigen Barbarei überzeugt sind. Kurz, drüben rief es »Guten Morgen«, bei uns »Bong Schur«,[1] wie es im Soldatenlexikon steht. Drüben erschien ein Brot, um »arme Hungernde« zu locken. Bei uns antwortete man prompt mit Würstchen, Sardinen usw. Vorsichtig tauchte ein Franzosen-Kopf auf, wir gingen auch hoch. Zum Schluß, als ich hinkam, war die schönste Unterhaltung im Gange. Einer war drüben 5 Jahr' in Hamburg gewesen. Es war ein unvergeßliches Bild, diese Reihe von Gestalten beiderseits [des Grabens]. Auch ein franz[ösischer] Offizier

war dort. Feldgrau, aber in Samt und Seide. Alles recht stramme, lustige Gestalten. Ich merkte aber bald, daß der schlaue Franzmann die Gelegenheit doch ausnutzte und uns verfängliche Fragen stellte. Wir haben genug blödsinnige Hammel dabei, die darauf reinfallen. Besonders betont ja der Bayer so gern, daß er Bayer ist! Von München und Münchner Bier war gleich die Rede; alles nicht uninteressant für den Gegner. So machte ich denn Schluß: »Cachez–vous! Nous avons l'ordre de tirer!«[2] Das verfehlte seine Wirkung nicht. Wie Hampelmänner verschwand alles. Ich ging wieder fort auf meinen Artillerie-Beobachtungsstand. –
Eine ½ Stunden war Ruh'. Da hörte unser guter Leutnant M. von der Geschichte und fing schleunigst von vorne an. Es artete immer mehr aus! Einer von uns ging hinüber und holte den berühmten »Matin«,[3] dafür kam einer her und holte sich ein Paketchen. Gegenseitig stellte man mit Genugtuung die Regimenter fest. Damit ja kein Zweifel drüben entstand, war auf dem Paketchen unsere volle Adresse!! Nachher kam der Kompanie-Führer, grüßte, photographierte und verbot uns weitere Gespräche. – Aber natürlich hörte es nicht auf. Ein Pionier stieg hoch hinauf. Von weit links her wurde geschossen anscheinend mit Zielfernrohr. Der franz[ösische] Offizier warnte. Man weiß seitlich nichts von der Geschichte! Unser Pionier renommierte, er wär' beim Reg[iment] List gewesen; ihn trifft keine Kugel! Da hatte er aber auch schon seinen Kopfschuß. Lautlos sank er tot in den Graben. – –
Bekanntlich sind derartige friedliche Annäherungen von der Obersten Heeresleitung aus streng verboten. Die Offiziere kamen fort zu Verhandlungen. Unser Oberleutnant kam glücklicherweise wieder. Der Anstifter, der Leutnant, wurde auf den Zustand der oberen Regionen untersucht. Er kam einige Zeit ins Lazarett und dann zum 2. Reg[iment]. Bin froh, hab' mich furchtbar über das Menschenskind der Reserve geärgert. Durch ihn hätten wir beinah unseren idealen Führer verloren. –
Noch weniger gefiel mir allerdings, was tags darauf einer unserer anderen Reserve-Leutnants sich leistete. Als unsere Leute wieder die Köpfe raussteckten, die Franzmänner auch, ging er hin und schoß einen über den Haufen! Er kann französisch. Er hätte warnen müssen. Der erste Schuß hätte über den Kopf hinweggehen müssen. So war es Vertrauensbruch! Sie haben es vielleicht oft nicht besser gemacht. Aber ein deutscher Offizier braucht sich in bezug auf Ehre nicht auf gleiche Stufe zu stellen! –
[. . .] Durch Regiments-Befehl von Ende April hat man mir das

»Eiserne [Kreuz]« verliehen.[4] Der Major hat es mir eigenhändig überreicht, im Namen S[einer] M[ajestät] im Auftrag des General-Kommandos auf Vorschlag der Kompanie usw. Frag mich ja nicht, für was! Auf meine naive Anfrage hin, wurde mir beteuert, es wär' für meine Patrouille in Hardicourt: Durch was diese so bedeutungsvoll war, ist mir heute noch nicht ganz klar. Natürlich hab' ich die Auszeichnung viel mehr verdient als die Mehrzahl des Bagage-Geschwärls hinter der Front, das kaum mal eine Granate pfeifen hörte! Aber meine Kameraden hier vorne haben ihre verdammte Pflicht und Schuldigkeit gerade so getan wie ich. Zu ihrer Ehre muß ich sagen, daß sie es mir alle gönnen und keine anzüglichen Bemerkungen machen.
Recht herzliche Grüße,
Euer treuer Sohn

Rudi

»Ritter des eisernen Kreuzes«
Herzl[ichen] Dank für die Schokolade, sie ist sehr gut!
Wie nennt man die Sorte?

---

zu Nr. 121
1 Anspielung auf »bon jour« (franz. = »Guten Tag«)
2 Franz. = »Deckung! Wir haben Befehl zu schießen!«
3 Le Matin (Der Morgen), unabhängige Pariser Tageszeitung.
4 1813 vom preußischen König Friedrich Wilhelm III. gestifteter Orden, der in den beiden Weltkriegen in zwei Klassen und einem Großkreuz für besondere militärische Leistungen verliehen wurde.

Nr. 122

Italien – ursprünglich mit den Mittelmächten verbündet – trat am 24. 05. 1915 auf seiten der Entente in den Krieg ein, nachdem England und Frankreich ihrem neuen Alliierten in Geheimverträgen gewisse territoriale Zusagen vor allem in Nordafrika gemacht hatten.

Handschriftliche Feldpostkarte
Rudolf Heß an Klara und
Fritz Heß, Reicholdsgrün

Guillemont, 20. 05. 1915

[. . .] Die Sau-Italiener! Wenn es wirklich losgeht, hoffen wir aber, daß wir nach Italien kommen. Endlich raus aus dem furchtbaren Schützengraben. – Einerlei. – Bin Unter-Offizier geworden. [. . .]

Nr. 123

Nach ihrem Bündniswechsel, den sie von langer Hand militärisch vorbereitet hatten, rückten die Italiener in den Tiroler Alpen und im Isonzo-Tal gegen Österreich-Ungarn vor. Daraus entwickelte sich im Frühsommer 1915 die erste Isonzo-Schlacht. Die Mittelmächte hatten durch den italienischen Kriegseintritt eine Front mehr. Die Hoffnungen auf eine Verkürzung des Krieges, die sich hier und da an den Kriegseintritt Italiens knüpften, erfüllten sich nicht.

Handschriftliche Postkarte
Rudolf Heß an Fritz Heß,
Reicholdsgrün

In Stellung bei
Montauban, 31. 05. 1915

[...] Front ist auffallend ruhig, kaum daß ein paar Artillerie-Schüsse fallen. Man wartet drüben wohl das italienische Ergebnis ab, will dann endlich zu einem Marsch bis Berlin! Hoffentlich bekommt der »Polenti«, wie er hier genannt wird, gleich die verdiente Prügel. [...]

Nr. 124

Um die Rückschläge ihres russischen Verbündeten auszugleichen, aber auch um den Durchbruch durch die deutschen Linien zu erzwingen und Belgien zu befreien, griffen englische und französische Verbände im Mai und Juni 1915 wieder und wieder im Artois an, einer nordfranzösischen Landschaft rund um die Stadt Arras. Dabei wurden auch farbige Kolonialtruppen eingesetzt, die der Entente helfen sollten, die eigenen Menschenreserven zu schonen. Aber trotz aller Verluste – die deutschen Linien widerstanden.

Handschriftlicher Brief Rudolf Heß
an Klara Heß, Reicholdsgrün

In Stellung bei
Montauban, 31. 05. 1915

[...] Will Dir gleich wegen Alfreds Wunsch antworten. Ich kann mir denken, daß es geradezu unerträglich ist, in seinem Alter und bei seiner Größe daheimzusitzen und mechanische Schreibarbeiten zu leisten, während die übrige Jugend für das Fortbestehen

Deutschlands kämpft.[1] Nicht nur für Deutschland, sondern für alles, was darin [ist], nicht zuletzt für Eltern u. Geschwister, für Euch selbst. Wie es wäre, wenn die russischen Horden hereinbrächen, wenn Franzosen und verrohte Engländer samt fanatischen Wilden, italienischen Messerhelden bei uns wirtschafteten, brauch' ich Euch nicht lange auszumalen. Auf den Einzelnen kommt es natürlich nicht an, aber viele einzelne machen die Masse aus. Wenn jeder lieber den Sohn des anderen kämpfen lassen will, kommen die so nötigen neuen Kämpfer nicht zusammen. Es wäre ein unserer großen Zeit ganz unwürdiger Egoismus. Außerdem gibt es Familien, in denen Vater und mehrere Söhne im Felde stehen und mit für Euch kämpfen.

Wir werden hier alle zu Fatalisten. »Wenn Gott will, derhaut's Deinen ›Kohlrabi‹, wenn nicht, eben nicht.« Beim 2. Reg[imen]t ist ein Kerl, der zwar mehrmals vorbestraft ist, hier aber der brauchbarste Mensch ist. Als Baumposten wurde er sechsmal heruntergeschossen und stieg wieder hinauf. Dann wurde den Franzosen die Sache zu dumm und schossen nicht mehr. Kürzlich ging er am hellen Tag vor dem Schützengraben spazieren und wurde nicht getroffen. Er hat das Eiserne [Kreuz] 1. Kl. und [die] Goldene Tapferkeitsmedaille. – Dagegen waren zwei Vaterlandsverteidiger bei der Komp[anie], die sich vor jedem Gefecht in die Büsche verschlugen und im Schützengraben kaum aus dem Unterstand gingen. Einer wurde durch Zufallstreffer schwer verwundet. Einer fiel. Dem Schicksal kann man nun mal nicht ausweichen. –

Daß der Jahrgang der 18jährigen noch eingezogen wird, kann wohl sein. Dann kommt aber ziemlich alles zur Infanterie, die sicher die schwersten Erdarbeiten, Balkenschleppereien usw. hat, abgesehen von den Märschen mit Tornister und 150 Patronen. Er [Alfred] soll doch möglichst zur Kavallerie gehen. Hier kommt die Reiterei nur alle paar Wochen mal in den Schützengraben. Damit die krummen Füßchen aber ja nicht überanstrengt werden, fahren die Kerle auf Wagen an die Front. Auch mit Schanzarbeiten wird die Kavallerie sehr geschont. [. . .]

Möglicherweise ist der Krieg ja auch zu Ende, bevor Alfred reiten kann und ins Feld kommt. – Es ist nicht ausgeschlossen, daß durch Italiens Eingreifen der Krieg sogar verkürzt wird. Wenn die Verbündeten drüben sehen, daß selbst Italien sie nicht mehr retten kann, sind sie vielleicht eher zum Frieden bereit als wenn eine wankelmütige Großmacht noch vorhanden, deren eventuelles Eingreifen sie noch aus der Patsche ziehen könnte.

Also, ich bitt' Euch, laßt Alfred ziehen. Gott wird mit ihm sein. [...]

---

zu Nr. 124
[1] Alfred Heß war damals bei der Deutschen Bank in Hamburg beschäftigt.

Nr. 125

Handgeschriebene Feldpostkarte
Rudolf Heß an Klara und
Fritz Heß, Reicholdsgrün

[Westfront], 13. 06. 1915

[...] Die Fleischkonserven aus Gera waren ganz ausgezeichnet. Der Spargel eine schöne Abwechslung. Es ist aber unnötiger Luxus. Werde von unserer Kost vollkommen satt. Versucht aber bitte nochmal Butter zu schicken, das letztemal kam sie trotz Wärme gut an, oder aber schickt Marmelade, als Zugabe zum Brot beim Morgen- und Abendkaffee. Himbeersaft usw. brauch' ich auch nicht, da wir keine großen Märsche machen und wenig Durst haben. Schickt bitte mal ein paar Zigarren mehr für meine Mitunteroffiziere. [...]

Nr. 126

Handschriftliche Feldpostkarte
Rudolf Heß an Klara und
Fritz Heß, Reicholdsgrün

[Westfront], 15. 06. 1915

[...] Hierher hört man täglich den Kanonendonner der Schlacht bei Arras. Zeitweise, besonders morgens, schwillt das Feuer zum bekannten »Trommelfeuer« an. Ein Zeichen, daß die Gegner wieder angreifen. Zu hunderten und tausenden werden sie in unserem Feuer niedergemäht. Nur so weiter. Dann haben wir es später mit weniger Kräften zu tun, wenn *wir* angreifen. Die letzten Angriffe wurden südlicher verlegt, weil die Franzosen nicht mehr über die Haufen der gefallenen Kameraden zu bringen waren. [...] [Hervorhebg. i. Orig.]

Nr. 127

Handschriftlicher Brief Rudolf Heß
an Klara und Fritz Heß, Reicholdsgrün

[Westfront], 30. 06. 1915

[...] Ich wollte allerdings, daheim könnte man mal die Zerstörung hier sehen. Verkohlte Häuserreste, halb niedergerissene Hütten. Uns fällt es selbst allerdings nicht mehr auf, nachdem es zur täglichen Umgebung gehört. Seit Monaten dieselben Bilder, wenn wir »hinten« sind. Am meisten tun mir immer die landwirtschaftlichen Maschinen leid. Die teuersten Selbstbinder und Dreschmaschinen stehen im Freien. Rost setzt an. Brauchbare Eisenteile werden abgeschlagen u. verschmiedet. Holzteile werden verfeuert. Wenn sie doch heimgeschafft würden! Doch immer besser als sie verkommen zu lassen! Je mehr wir dem Feind schaden, desto mehr muß die Regierung der Bevölkerung zahlen. Wir haben länger Ruh' vor ihnen. Aber warum dann dieses Geschrei in den Zeitungen daheim über *russisches* Vorgehen? Oder sollten sie wirklich daheim nicht wissen, daß unsere Leute nicht *nur* zerstören, was nötig ist? [Hervorhebg. i. Orig.]
Solche Zeitungsartikel verstimmen hier oft. [...]

Nr. 128

Handschriftlicher Brief Rudolf Heß
an Klara und Fritz Heß, Reicholdsgrün

[Westfront], 15. 07. 1915

[...] Euer letzter lieber Brief hat mich sehr interessiert. Ich bin sicher nicht ungerecht oder kleinmütig. Gehöre wohl zu denen, die das höchste Vertrauen zum Sieg und zur Gerechtigkeit unserer Sache haben. Überhaupt ist in den Truppen die Stimmung bewundernswert gut. Ich unterstütze [das], wo ich kann, und spreche gewaltig gegen die »Flaumacher«, die es überall gibt.
[...] Ihr müßt bedenken, was für Leute da zusammen sind. Geht mal in die Großstädte mitten in die Arbeiterbevölkerung. Denkt an Walzbrüder oder Landstreicher; unterhaltet Euch mit Metzgern. Ihr würdet doch anders urteilen. Ich hab' bei den Gesprächen zugehört und meine Schlüsse gezogen.

[. . .] Der Verkehr mit einfachen Leuten ist ja ungeheuer interessant. Unter den lieben Oberbayern hier gibt es eine Masse Wilderer. Famose Schützen natürlich [. . .]
Neulich sah ich wieder ein prachtvolles Bild. In der Nähe machten Franzosen einen Angriff auf eine Höhe. Wurde glatt abgeschlagen. Man sah die Einschläge der schweren Geschosse u. Minen. Turmhoch fuhren Erde und Rauch gen Himmel, Springbrunnen neben Springbrunnen in allen Farben, schwarz, braun, weiß, grau, gelb, grünlich, rot (vom Lehm). Der Boden bebt, die Luft wird zerrissen von gewaltigen Schlägen. Röhrend und glitschend winden sich die Geschosse dem Ziel entgegen. Kein Mensch zu sehen. Moderne Schlacht! [. . .]

Nr. 129

Handschriftliche Feldpostkarte
Rudolf Heß an Klara und
Fritz Heß, Reicholdsgrün

[Westfront], 23. 07. 1915

[. . .] Neulich haben wir direkt über uns einen prachtvollen Fliegerkampf mit angesehen. 3 deutsche und 3 feindl[iche] Flieger rasten umeinander und beschossen sich. 1 Gegner mußte im Gleitflug heim. Unsere brachen durch und erkundeten drüben. [. . .]

Nr. 130

Handschriftliche Feldpostkarte
Rudolf Heß an Klara und
Fritz Heß, Reicholdsgrün

[Westfront], 26. 07. 1915

[. . .] Gestern hatte ich die große Freude, Onkel Alfred [1] zu sehen. Bin mit dem Rad zu seinem Quartier gefahren. Große Strecke. Hin + zurück etwa 100 km. Nach dieser Radtour war ich doch recht müde, man ist nichts mehr gewohnt. Das Wiedersehen mitten im Feldzug war doch recht schön, wird mir immer eine Erinnerung bleiben. Als ich in das Zimmer kam, saß dort am Telefon ein Offizier mit Urmenschen-Vollbart. Ich verschwand gleich wieder.

Dann wurde mir aber versichert, das wäre bestimmt der »Herr Hauptmann«, da ging ich dann wieder hinein und erkannte dann doch den Onkel. Er hat eine prachtvolle Wohnung mit herrlichem Garten. War mit auf dem Beobachtungsturm bei der Batterie usw. Sehr interessant. [. . .]

---

zu Nr. 130

[1] Alfred Heß (1876–1946), jüngerer Bruder von Fritz Heß, war an einem anderen Frontabschnitt Batteriechef.

Nr. 131

Während die Front im Westen gehalten wurde – freilich aber auch nicht vorankam –, setzten die deutschen und österreichisch-ungarischen Armeen im Laufe des Sommers 1915 ihren Vormarsch in Polen fort. Warschau wurde von den Russen am 05. 08, Iwangorod am 08. 08 geräumt, Nowo Georgiewsk fiel am 19. 08. 1915. Damit befand sich die Weichsel in deutschem Besitz, und schon strebten die kaiserlichen Armeen dem Bug entgegen.

Handschriftlicher Brief Rudolf Heß
an Klara und Fritz Heß, Reicholdsgrün

G[uillemont], 30. 07. 1915

[. . .] Unser Oberleutnant ist vom Urlaub zurückgekommen. Er brachte uns noch zwei Schlagbälle mit. Heut' hat er selbst mit uns und den drei Leutnants [Schlagball] mitgespielt. Hat der Mannschaft natürlich viel Freude gemacht. Hinterher spielte ich mit den Leutnants noch Skat. Hab' ganze 10 Pfg. gewonnen! Diese Abwechslungen hinter der Front tun wohl. – [. . .]
Die Kanoniere sehen bei den Geschützen natürlich nichts; kommen kaum mal zum Feuern. Freu' mich, daß ich vorne bin. Nur um das Reiten beneid' ich die Kanoniere. Hätte ich doch seinerzeit geahnt, wie lang der Krieg dauert. Dann hätte ich mir Zeit gelassen, bis bei der Kavallerie wieder Platz ist. Mit der Reiterei in Rußland, das muß das Ideal sein. »Schwamm drüber«, ärgern ist zwecklos! Die Erfolge im Osten sind prachtvoll, täglich kommen neue, schöne Überraschungen. [. . .]

Nr. 132

Handschriftlicher Brief Rudolf Heß
an Klara und Fritz Heß, Reicholdsgrün

[Westfront], 09. 08. 1915

[. . .] Ein Jahr Krieg ist nun glücklich vorbei. Kaum faßbar. Nach dem Fall Warschaus u. Iwangorods sind wir dem Ende wohl wieder etwas nähergerückt. Daß ich aber gerade in dem elenden Schützengraben sitzen muß, ich, der überall dabei sein wollte, ist tragisch. Andere, die aus Feigheit bis zum Oktober [1914] gewartet haben, sind bei der Kavallerie und eilen von Sieg zu Sieg! »Mensch, ärgere Dich nicht!!«
Ich bin zum Offiziers-Aspiranten ernannt und stehe damit über den Unteroffizieren. Ob noch mal ein Aspiranten-Kursus stattfindet, weiß ich nicht. Da es hier doch nicht weitergeht, würde ich wohl daran teilnehmen.
Schickt mir bitte ein franz[ösisches] Buch, vielleicht Maupassant.[1] Ich hab' jetzt Zeit, nutzbringend mich außerhalb des Dienstes zu betätigen. Neulich ist es mir gelungen, den gegnerischen Minenwerfer genau festzustellen [. . .]
Neulich machten die Franzosen eine Scheibe, und wir schossen darauf. Drüben wurden die Schüsse genau angezeigt. Wir hielten dann auch ein Brett raus, aber die drüben trafen kein Mal. Da haben wir die Übung eingestellt, um den Gegner nicht noch das Schießen zu lehren. [. . .]

---

zu Nr. 132
[1] Guy de Maupassant, französischer Schriftsteller (1850–1893).

Nr. 133

Handschriftlicher Brief Rudolf Heß
an Klara und Fritz Heß, Reicholdsgrün

M[ontauban], 16. 08. 1915

[. . .] Kann Euch gar nicht sagen, was für eine Freude Ihr mir mit den Bildern gemacht habt. Herzlichen Dank Euch und Herrn Schöller.[1] Allerdings vermisse ich Papa und ihn. Nun, Else wird wohl ihren Apparat mitbringen. Dann bekomm' ich hoffentlich auch ein Bild vom Vater des Ganzen. Über Gretels Länge wundere ich mich jedes Mal neu. Jetzt hat sie wohl Ferien? Badet sie denn auch in dem kalten Bachwasser oder nimmt sie nur Sonnenbäder? Auf den Bildern seh' ich, Ihr habt neue Boccia-Kugeln. Zehnders spielen auch dieses interessante Spiel, mit viel Schwung und Worten. Ich denke noch an die Sommerabende in [Hamburg-]Flottbek, wenn jeder wie Sir John Falstaff[2] seine Siege im voraus feierte. Letztes Jahr um diese Zeit hatten wir vor, im Auto zu Euch zu fahren, Onkel [Adolf] und ich abwechselnd steuernd. Inzwischen ist das Auto verkauft und auch das neue große. Es war ein Glück, jetzt darf man ohnehin nicht fahren. [. . .]

---

zu Nr. 133
[1] Konnte nicht ermittelt werden.
[2] Sir John Falstaff, Gestalt aus »Heinrich IV.« und den »Lustigen Weibern von Windsor« von William Shakespeare.

Nr. 134

Handschriftlicher Brief Rudolf Heß
an Klara und Fritz Heß, Reicholdsgrün

[Westfront], 20. 08. 1915

Liebe Eltern, schicke Euch heut' ein Bild, das kürzlich mein Komp[anie-]Führer gemacht hat. Bin zusammen mit einem alten Kriegsfreiwilligen, einem Schulinspektor. Es ist im vordersten Schützengraben. Hatten gerade die Einschläge unserer schweren 15-cm-Flankierungsgeschütze beobachtet. Neue Munition, furchtbare Explosionen, hochfliegende Erdmassen. Die Sprengstücke flogen noch bis zu uns, bei einer Entfernung von 300 m. Auf dem Bild könnt Ihr die Breite und Tiefe des Grabens sehen. Auf unserer Seite werden wohl durchschnittlich 5 solcher Gräben vom Meer bis zur Schweiz laufen. Vom Gegner noch mehr. Diese Arbeit allein zusammengetan, hätte schon einen hübschen Kanal ergeben; direkte Verbindung der See mit der Schweiz, ein Seehafen an den Alpen. Dazu kommen noch die Laufgräben und Unterstände. Wie lange werden diese Risse und Löcher in Frankreichs Boden zu sehen sein? Werden die Minentrichter je vernarben?
Eben wird der Fall Nowo-Georgiewsk[1] bekannt, samt der unglaublichen Beute. 6 Generäle, 85.000 Mann, 700 Geschütze. Es klingt ja geradezu märchenhaft. Ein zweites Sedan![2]

»Jetzt kann's aber nimmer lang dauern!« sagen die Mannschaften. Sie haben es zwar schon vor Weihnachten bei den Russensiegen in Masuren gesagt. Bei jeder Schlacht hat sich der große Anspruch wiederholt. Glücklicherweise merken sie das selbst nicht. Jetzt glaub' ich auch daran. Unsere Schläge werden immer wuchtiger, unsere Schritte immer gewaltiger. Eines Tages werden wir auch Frieden haben. Vielleicht ganz überraschend. [. . .]

zu Nr. 134
1 Das russische Nowo-Georgieswk (Modlin) an der Südostfront wurde am 20. 08. 1915 von deutschen Einheiten unter General Hans Hartwig von Beseler erobert.
2 Entscheidungsschlacht im deutsch-französischen Krieg von 1870/71.

Nr. 135

Handschriftlicher Brief Klara Heß
an Rudolf Heß, München

Reicholdsgrün, 23. 08. 1915

[. . .] Du ahnst es nicht, wie glücklich mich die Nachricht gemacht, Dich sicher und geborgen in Vaters Nähe in der Heimat zu wissen. Am liebsten würde ich mich in den Zug setzen u. nach München reisen, Dich zu umarmen. Aber Grete will unbedingt mit u. Großmama kommt morgen nach Reicholdsgrün. Kann die alte Dame nicht sofort allein lassen. Ich hoffe, Du bekommst bald Urlaub, kommst nach Hubertushaus u. genießt mit uns den schönen Wald und die Jagd. [. . .]

Nr. 136

Handschriftliche Feldpostkarte
Rudolf Heß an Klara und
Fritz Heß, Reicholdsgrün

Munsterlager, 31. 08. 1915

[. . .] Glücklich [zum Offiziers-Aspiranten-Kursus] in Munster-Lager angekommen. [. . .] Hier ist natürlich scharfer Drill. Es fällt recht schwer, sich wieder daran zu gewöhnen. Müssen selbst Anzüge putzen, Zimmer kehren usw. Als der Herr Artillerie-Beobachter ging es mir entschieden besser. [. . .]

Nr. 137

Handschriftliche Feldpostkarte
Rudolf Heß an Klara und
Fritz Heß, Reicholdsgrün

Munsterlager, 03. 09. 1915

[. . .] Uns geht es gut. Wenn uns der stramme Dienst auch etwas spanisch vorkommt. Haben guten Appetit und guten Durst. Es gibt nur [Bier-]Seidel, gar nichts für unsere Bayern. In der Kantine trinken sie erst stehend ein paar Glas [Bier] und nehmen sich zum Essen 3 auf einmal mit. Die Preußen stehen dabei und sperren Mund und Nase auf. [. . .]

Nr. 138

Handschriftlicher Brief
Rudolf Heß an Klara und
Fritz Heß, Reicholdsgrün

Munsterlager, 22. 09. 1915

[. . .] Viel Spaß hat mir Eure Frage gemacht, ob der »Leutnantslehrgang« angenehm ist. Nein, wir können ihm mit dem besten Willen keinen Geschmack abgewinnen. Mancher hätte schon auf die ganze Sache verzichtet und wär' zurück an die Front, wenn es dann nicht den Eindruck machte, als hätte er nichts geleistet. Ich will absehen davon, daß man so ganz wie Rekruten behandelt wird. Es ist viel anstrengender, als die letzte Zeit im Schützengraben. – So haben wir morgen[s] um 4 Uhr aufzustehen und bis nachmittags zu exerzieren. Abends kommt noch bis spät eine Nachtübung.
Das schlimmste ist aber, daß es so furchtbar friedensmäßig zugeht. Es wird exerziert, und es werden die schönsten Übungen gemacht, die aber im Felde doch nie vorkommen. Man hat immer das Gefühl, es hat doch keinen Zweck, man spielt einfach Theater. [. . .] Endlose Appelle werden angesetzt, um die unbedingte Sauberkeit festzustellen, oder z. B. zu sehen, ob bei allen der Tornisterknopf gleich hoch sitzt. Daneben wird fortgesetzt gepredigt, daß unsere Zeit sehr knapp ist und unbedingt ausgenutzt werden muß. [. . .]
Nur der Kompanieführer war einige Zeit an der Front, die meisten

anderen Vorgesetzten kennen überhaupt nur den friedensmäßigen Drill. Als ob es z. B. für einen Offizier, besonders im Feld, nicht nötiger wär', wirklich als Führer ausgebildet zu werden, als daß man immer wiederholt und übt, daß der Sicherungsflügel des Gewehrs mit Daumen u. Zeigefinger, aber nicht mit drei Fingern gedreht wird! Man möchte manchmal wirklich die Wände [hi]naufkrabbeln. Die Kameraden stehen im Schützengraben und schlagen sich mit der halben Welt herum – hier hat man Zeit für solche Geschichten! [. . .]
Dann haben wir öfters einen Bierabend. Entsetzlich! So steif wie es nur irgend möglich ist. Ich war neben Offizieren und hab es gewagt, mich mit einem zu unterhalten, ohne gefragt zu sein!! Im Feld war man Kamerad des Offiziers, hier ist man selbst an einem Bierabend mit Rettichen nur Untergebener. Durch diese paar Worte bin ich wieder »aufgefallen«. Es wird mich gar nicht wundern, wenn sie mich nächstens wieder heimschicken. Was einer im Feld geleistet hat, was er für praktische Erfahrung hat und ob er sonst einen Offizier darstellt oder nicht, scheint kaum in Betracht gezogen zu werden. [. . .] Hätte man mich dann doch lieber im Feld gelassen, wo mich meine Offiziere kannten. Nach den neuesten Bestimmungen kann man im Felde auch ohne Lehrgang befördert werden. So komm' ich vielleicht ins Feld zurück. Werd' dann dort schneller als hier vorwärtskommen, obwohl mir die Rückkehr zur Kompanie unangenehm wäre. [. . .]
Viel Humor erweckt übrigens der Unterricht durch einen Pionieroffizier über das Bauen von Schützengräben. 10 Monate haben wir nichts anderes getan! [. . .]

Nr. 139

Handschriftlicher Brief
Rudolf Heß an Klara und
Fritz Heß, Reicholdsgrün

Munsterlager, 04. 10. 1915

[. . .] Hatte die große Freude, über Samstag-Sonntag wieder nach Hamburg zu können. Abends war ich mit Alfred in der Oper, es war eine herrliche Vorstellung von »Hoffmanns Erzählungen«.[1] Die Musik ist immer ein unvergeßlicher Genuß, besonders nach dem Schützengraben. Traf im Theater auch eine junge Dame aus meinem früheren Tennis-Verein, die seinerzeit mit ihren Eltern bei Heggebloms wohnte. Sie war natürlich sehr erstaunt, plötzlich mich dasitzen zu sehen, statt daß ich im Schützengraben bin. Sie pflegt jetzt auch Tag und Nacht Verwundete, eine furchtbare Arbeit oft [. . .]. Übrigens habe ich nicht das Gefühl von Angst und Bangen bei den Kämpfen im Westen. Nur denke ich mit Mitleid und Schauder an die Kameraden, die in tagelangem, schweren Artilleriefeuer aushalten müssen. Daß Franzosen oder Engländer durchbrechen könnten, macht mir keine Sorge. Ob sie uns ein paar Gräben nehmen oder nicht, macht in der Gesamtheit nichts aus. Wir haben ja einen Graben hinter dem anderen, für jeden verlorenen bauen wir einen neuen hinter den vorhandenen Gräben. [. . .]

---

zu Nr. 139
[1] Oper von Jacques Offenbach

Nr. 140

Handschriftlicher Brief
Rudolf Heß an Klara und
Fritz Heß, Reicholdsgrün

Munsterlager, 07. 10. 1915

[. . .] Heute wurde uns mitgeteilt, daß wir einen »Vermögensnachweis« erbringen müßten.[1] Papa müßte erklären, daß er im Stande wär', mich nötigenfalls durch einen jährlichen Zuschuß von M 1.800,– zu unterstützen. Die Erklärung müßte durch den Bürgermeister bestätigt werden. Wenn der dieses nicht kann, genügt es auch, wenn die Deutsche Bank es bescheinigt. Der Nachweis ist zum Offizierwerden nötig. Glaub' aber kaum, daß ich den Zuschuß nötig hätte, jedenfalls nicht im Felde. [. . .]

---

zu Nr. 140
[1] Der Vermögensnachweis sollte den vorgesetzten Dienststellen im Kaiserreich Aufschluß darüber geben, ob der Offiziersanwärter in der Lage war, ein »standesgemäßes Leben« zu führen.

Nr. 141

Nach mehrtägigem Trommelfeuer, das die deutschen Stellungen zerstörte, war am 24. 09. 1915 in der Champagne die »kompakte Masse« der Franzosen angetreten, um einen Keil in die deutsche Front hineinzutrei-

ben. Einen Tag später griffen die Engländer im Norden bei Loos ebenso massiv an. Nach dem Willen Joffres sollte der Krieg jetzt entschieden werden. Aber die deutsche Front, nun schon durch Kräfte aus dem Osten verstärkt, hielt, obwohl den Engländern zeitweise der Einbruch gelungen war. – Nach dem Beitritt Bulgariens am 06. 09. 1915 zum Bündnis der Mittelmächte kam Anfang Oktober wieder Bewegung in die serbische Front. Belgrad fiel bereits am 07. 10. 1915, die bulgarischen, deutschen und österreichisch-ungarischen Divisionen rückten immer weiter nach Süden vor, und schon begann man von einem Durchmarsch der Mittelmächte über Konstantinopel bis nach Ägypten zu träumen. Um ihre Position im östlichen Mittelmeer zu behaupten, landeten Ende September 1915 englische und französische Verbände in Mazedonien. Auf diese Weise wurde das formal immer noch neutrale Griechenland endgültig in das Lager der Entente hineingezogen.

Handschriftlicher Brief Klara Heß
an Rudolf Heß, Munsterlager

Reicholdsgrün, 10. 10. 1915

[. . .] Wie ich Dir schon schrieb, verfolgten wir die Höllenkämpfe im Westen mit Hangen u[nd] Bangen.
Gott sei Dank ist der erste hartnäckige Stoß wieder abgeflaut, und wir können wieder aufatmen. Die furchtbare Anforderung an Zähigkeit unserer Truppen verstehen wir wohl u. sind stolz auf ihre Leistungen und sehr, sehr dankbar dafür. Im Balkan scheint es sich auch zu unseren Gunsten zu klären. Damit ist eine andere Sorge für uns überstanden. Solltest Du recht haben mit einem Marsch nach Ägypten? Wenn Gott so weiter hilft, wird der Weg nach Konstantinopel bald vollkommen frei sein, stolzes England, freue Dich. Mit ihm geht es nach dem Sprichwort: »Der liebe Gott läßt der Ziege den Schwanz nicht zu lang wachsen. Hochmut kommt vor dem Fall.« Hoffentlich bekommt Amerika auch eine Schlappe mit ab, wenn auch nur materiell. [. . .] Die nächsten Wochen bringen für die Friedensaussichten gewiß maßgebende Veränderungen. Heute bringt die Hofer Zeitung die Überschrift »In England fordert man den Rücktritt des Ministers Grey«,[1] – auch du Brutus, fällt schon der zweite der Anstifter des Weltenbrandes, die Gerechtigkeit schreitet schnell, Poincaré[2] wird es wohl Angst werden. Bin neugierig, wie sich Rumänien benehmen wird u. wie Griechenland den Neutralitätsbruch hinnimmt [. . .]

---

zu Nr. 141
1 Sir Edward Grey (1862–1933), englischer Außenminister von 1905 bis 1916.
2 Vgl. Anm. 3 zu Dokument-Nr. 84

Nr. 142

Handschriftliche Notiz Rudolf Heß

München, 08. 11. 1915

V[i]z[e]f[eld]w[ebel] Heß, Rudolf
1. Bayer[isches] Inf[antrie] Reg[imen]t »König«
5. Ers[atz] Kompanie

Gesuch

Betrifft: Bitte um Verwendung bei einer möglicherweise stattfindenden Orient-Expedition

Ich bitte die 5. Ers[atz] Kompanie des 1. Bay[erischen] [Inf[antrie] Reg[iment] »König«, mich bei einer zusammenzustellenden oder schon zusammengestellten Orient-Expedition zu verwenden. Ich bin geborener Ägypter und in Ägypten zu Hause. Spreche Arabisch, Französisch und Italienisch. Sollte Reiten nötig sein, so werde ich es schnell lernen, da ich viel Sport getrieben habe und körperlich gewandt bin.

Heß, Vizefeldwebel

Nr. 143

Handschriftliche Feldpostkarte
Rudolf Heß an Klara und
Fritz Heß, Reicholdsgrün

[Westfront], 23. 11. 1915

Liebe Eltern,
Hab' mich schon wieder in dieses moderne Leben [an der Front] eingewöhnt. Der Sommer ist allerdings vorüber, die Schützengräben sind wieder eine große Lehmschmiere. Die Leute starren vor Dreck. Aber die Unterstände sind wenigstens wasserdicht und geheizt, eher zu warm als zu kühl. Das Essen ist ausgezeichnet. Heut' gab es mittags z. B. Kartoffelsuppe, dann Rindfleisch u. Bandnudeln, dann Kaffee. – Ich bin vorläufig als Halbzugführer eingeteilt. Hoffe, daß ich nicht noch versetzt werde, da bei [der] anderen Kompanie weniger Vorgesetzte sind. – Hier ist' es wieder ganz normal, die Franzosen haben ihre Kraft wohl verpufft. – Herzl[iche] Grüße

Euer tr[euer] Sohn Rudi

Die alliierte Herbstoffensive hatte auf ganzer Länge der Westfront zwischen Ärmelkanal und Alpen nach tagelangem Trommelfeuer am 23./24. 09. 1915 begonnen – wieder mit den Schwerpunkten zwischen Ypern und Arras sowie zwischen Reims und den Argonnen. Dort wurden die Schwachstellen der deutschen Front vermutet. Nachdem ihre Fuß- und Reitertruppen eine Woche lang vergeblich gegen die deutschen Stellungen angerannt waren, hatte die Entente 190.000 Mann verloren.

Handschriftlicher Brief
Rudolf Heß an Klara und
Fritz Heß, Reicholdsgrün

Givenchy,[1] 05. 12. 1915

[...] Besagter letzter [Vor]Stoß [der Franzosen in die deutschen Linien] geschah am 11. Oktober [1915]. Am 10. abends waren unsere Truppen angekommen. Sie besetzten die Stellung auf Höhe 140, damals noch der erste wenige Fuß hohe Graben, ohne Unterstände. Am Morgen des 11. Oktober setzte dann das stärkste Trommelfeuer ein, das wohl je gewütet hat. 10 Stunden lang wurde es unterhalten. Zuletzt wirkten sogar 28-cm-Geschütze mit. Gegen Abend meldeten wohl die dicht darüber hinstreichenden feindl[ichen] Flieger, es rege sich nichts mehr bei uns. Doch kaum verlegte die feindliche Artillerie ihr Feuer, damit die Franzosen stürmen könnten, als auch schon auf ein Zeichen hin unsere Artillerie mit allen denkbaren Kalibern den Gegner mit wahnsinnigem Sperrfeuer belegte. Unsere Leute sprangen hoch, wie erlöst, da der Gegner sein Feuer nicht mehr auf sie richtete. Einer sprang in seiner Freude gleich aus dem Graben, schwang sein Gewehr: »Kommt herüber, wenn Ihr a Schneid habt!« Die Unterstützung konnte nicht durch die zusammengeschossenen Gräben und lief einfach übers freie Feld, mit nur einem Mann Verlust. Jeder schwang sein Messer. Als das die Franzosen sahen, kehrten sie sofort in ihren Graben zurück. Nur in eine Satte[2] kamen sie herein, wurden aber gleich wieder rausgehauen. Unsere Verluste waren verhältnismäßig gering. Die Franzosen haben aber ganz furchtbar bluten müssen.

Unser Bataillon ist seitdem das »Heldenbataillon«. Unsere 1. Komp[anie] hat sich am besten gehalten, der Komp[anie-]Führer bekam das Eiserne [Kreuz] 1. K[lasse]. Die verschiedenen Generäle hielten lobende Ansprachen und Parademärsche ab. Ein preuß[ischer] Gardeleutnant kam und gratulierte: Seine Leute hätten da nicht standgehalten. Leider haben sie das schon mal bewiesen, kurz vorher. Die preuß[ische] Garde kam aus dem Osten, waren Russen als Gegner gewöhnt. Sie sprachen nur von der »Feuerwehr im Westen«, der sie mal zeigen wollten, wie man stürmt, wie man »das Kind schaukelt«. Es dauerte aber gar nicht lang, da wurden sie durch franz[ösisches] Trommelfeuer geschaukelt und gewaltig zurückgehauen. Dafür sind sie aber nachher von den Bayern so verprügelt worden, daß die Feldpolizei eingreifen mußte und diese mit ihren Teil abbekam. Sonst vertragen wir uns aber gut mit den Preußen. Nur die »Jardekinder«[3] sind allgemein verhaßt, weil sie den Mund so furchtbar weit aufmachen. [. . .]

---

zu Nr. 144

[1] Dorf im Raum Péronne.

[2] Muldenartige Stellung.

[3] Mundartliche Anspielung auf Mitglieder der preußischen Garde.

Nr. 145

Handschriftlicher Brief Klara Heß
an Rudolf Heß, [Westfront]

Reicholdsgrün, 11. 12. 1915

[. . .] Deine Beschreibung von dem September-Angriff erzeugte [bei] uns arges Mitleid und großen Stolz für Deine Kameraden. Es gehörte unsagbar viel Pflichtgefühl und Willenskraft und Mut dazu, diesen Angriff auszuhalten u. zurückzuschlagen. Auch Du wirst auf Deine tapferen Kameraden stolz sein. Gott gebe, daß Ihr vor ähnlichem behütet bleibt. Gebe Euch allen geistig u. körperliche Kraft, stets den Sieg davonzutragen. Es stehen wohl leider noch harte Kämpfe bevor, bis unsere Feinde an Frieden denken werden. Wenn es aber so gut für uns weitergeht, werden sie doch endlich ihre Ohnmacht einsehen. [. . .]

Nr. 146

Handschriftlicher Brief Rudolf Heß
an Klara und Fritz Heß, Reicholdsgrün

[Westfront], 14. 12. 1915

[. . .] Seinerzeit hatte ich mich übrigens doch geirrt in der Feldlöhnung für Vize-Feldwebel. Sie ist gar nicht viel höher wie die Friedenslöhnung, nämlich M[ark] 63,– im Monat. Morgen schick' ich die bis jetzt erhaltenen M[ark] 42,– an Euch ab. Ich hatte Geld mit herausgenommen, zuviel herumzutragen hier ist unsinnig. Verwendet es bitte mit auf die Eßwarensendungen usw. an mich. [. . .]

Nr. 147

Im Vergleich zum Vorjahr hatten die Mittelmächte Ende 1915 etwas an Boden gewonnen. Im Osten war der Gegner in die Defensive gedrängt. Der erfolgreiche Feldzug in Serbien wirkte belebend auf die Moral der Truppen, Italien wurde in Schach gehalten, und im Westen bestand trotz englischer Verstärkungen jetzt ein Kräftegleichgewicht. Aber das Grundproblem der Mittelmächte blieb: Die Entscheidung des Krieges durch einen Sieg über England und Frankreich lag so fern wie eh und je – der operative Schwerpunkt hatte sich im Gegensatz zu den ursprünglichen Kriegsplänen des Deutschen Reiches nach Osten verlagert.

Handschriftlicher Brief Rudolf Heß
an Klara und Fritz Heß, Reicholdsgrün

[Westfront], 17. 12. 1915

Liebe Eltern,
also wieder mal Kriegsweihnacht! Wer hätte das vor einem Jahr für möglich gehalten?! Ich hab' es bei den Kameraden im Scherz behauptet, wir würden Weihnacht[en] 1915 im Felde feiern. Die hätten mich damals bald erschlagen, wenn auch nur im Scherz. Im Frühjahr dann allerdings, als die Karpathen-Schlacht begann, fühlte ich, daß es nicht so schnell gehen würde, als anfangs angenommen wurde. [. . .] Jetzt können uns unsere Feinde keine Karpathenüberraschung mehr bereiten, dafür haben wir ihnen die Balkansuppe eingebrockt. Beim Versuch, diese auszulöffeln, haben sie sich ja schon recht befriedigend den Mund verbrannt.
Rein äußerlich ist es schon so ganz anders wie vor einem Jahr. Am 17. Dez[ember] 1914 begann Joffre[1] seine allgemeine Offensive. Zur Zeit aber stehen die Franzosen vor unseren Stellungen und verstärken ihren Drahtverhau, während wir unsere Hindernisse gleichzeitig in aller Ruhe herrichten. An Angreifen denkt der Franzmann also so wenig, wie wir daran denken. Nett ist es aber, daß wir diese Arbeiten ganz öffentlich machen. Am hellen, lichten Tag stehen wir auf vielleicht 30 m nebeneinander und bauen an einer Stacheldrahthecke zwischen uns. Da die Franzosen eigentlich

durchwollen und nicht wir, arbeiten sie eigentlich mit für uns. Ebenfalls haben wir aber eingesehen, daß diese sonst recht gefahrvolle Arbeit viel schneller, besser und ohne Verlust vor sich geht, wenn wir nicht aufeinander schießen. Auch alle sonstigen Schanzarbeiten, Herrichten und Reinigen der Gräben machen wir offen. Wir winken uns sehr vergnügt gegenseitig zu. Es gibt auch viele Franzosen, die die Gelegenheit nicht versäumen, uns Zigaretten usw. zu bringen und gelegentlich, wenn es nicht zu auffällig ist, sich gefangennehmen zu lassen. So hatte ich vorgestern die Aufgabe, sieben solcher Herren abzuführen. Einer von ihnen war erst am Tag vorher aus [dem] Urlaub von Nancy wiedergekommen. Kein Wunder, daß es ihm nicht gefallen hat im Schützengraben. [. . .] Hervorgerufen wurde dieser kleine Privatfrieden durch gemeinsame Not. Es hatte so geregnet, daß wir die Wassermassen nicht mehr bewältigen konnten. Die Grabenwände rutschten ein, und mit der Zeit ging der Schlamm an manchen Stellen bis an die Hüften. An Vorwärtskommen innerhalb der Gräben war gar nicht mehr zu denken. Wer nun anfing, weiß ich nicht. Tatsache ist, daß plötzlich sowohl Franzosen wie Deutsche außerhalb des Schlamms auf dem Grabenrand standen oder jedenfalls so hoch, daß der Kopf heraussah. Es dauerte dann auch nicht lange, da kamen die Franzosen und brachten Weißbrot und Kaffee, die Unseren gaben Zigaretten. Dieser intime Verkehr wurde allerdings bald verboten mit Recht, aber sonst wurde gegen das sich Zeigen nichts eingewendet, selbst als bald die Gräben wieder in Ordnung waren. Beiderseits liefen Hunderte von Menschen herum, die Material vorschleppten, was innerhalb der engen Gräben eine mühsame Geschichte ist. Die Posten standen rauchend da und sahen sich schmunzelnd an. Ein Franzose jodelte sehr gut. Dann sagten die Franzosen, sie hätten Erkennungsmarken, den gefallenen Deutschen abgenommen, und warfen sie uns zu. So konnten wir die Marken an die betreffenden Regimenter weitergeben. So weit man sehen konnte, dasselbe Bild des Völkerfriedens. Ein ergreifendes Bild! Menschen, die sich noch kurz vorher mit allen Mitteln umzubringen suchten, wenn nur ein bißchen Helm zu sehen war, schossen. Jetzt zeigen sie sich ganz ungestört im gegenseitigen Vertrauen. Nach kurzer Verabredung werden sie sich später wieder umzubringen suchen. [. . .]

---

zu Nr. 147

[1] Vgl. Anm. 1 zu Dokument-Nr. 113

Nr. 148

Handschriftlicher Brief Klara Heß
an Rudolf Heß, [Westfront] Reicholdsgrün, 18. 12. 1915

[. . .] Wie glücklich wären wir, Dich u. Fredi bei uns zu haben. Nun müssen wir das Fest abermals allein feiern. Werden sehr, sehr viel an Dich denken u. Gott immer von neuem danken, daß er Dich so väterlich behütet hat. [. . .] Wir haben mit Grete kleine Tannenzapfen mit der schönen Bronze, die Du uns geschenkt hast, vergoldet. Wir sprachen dabei viel von früher, als Du u. Alfred mir halft, für den Christbaum vorzubereiten. Grete hört zu gern von Eurer Kindheit erzählen. Habe auch Nüsse vergoldet, aber da sie schlecht u. teuer, nur wenige. Vater schickte 18 Geldpostpakete u. 1 Kiste Zigarren an die Reicholdsgrüner Feldgrauen. Ich habe an meinen Pionier, Johann Keil, 1. bay[erisches] Armeekorps, der mir vom Roten Kreuz zugeteilt wurde, auch 1 Restkistchen geschickt. [. . .]

Nr. 149

Handschriftliche Feldpostkarte
Rudolf Heß an Klara und
Fritz Heß, Reicholdsgrün [Westfront], 24. 12. 1915

Liebe Eltern,
heut' am Heiligen Abend gedenk' ich Eurer besonders herzlich. Bin in zweiter Linie, haben vollkommene Ruh'. – Laß mir alle Eure guten Sachen schmecken, den vorzüglichen Lachs, Feigen, Ananas usw. Herzliche Grüße, grüßt Gretel und Stiflers,

Euer tr[euer] Sohn Rudi

Nr. 150

Handschriftlicher Brief Rudolf Heß
an Klara und Fritz Heß, Reicholdsgrün
[Westfront], 13. 01. 1916

[. . .] Heut' war um ½ 10 Uhr in B . . . y Parade vor König Ludwig III.[1] Nur wenige km hinter der Front. Als Generalmajor D. in seiner kurzen Ansprache sagte, daß wir unseren König unter dem Donner der Geschütze begrüßen, krachten auch tatsächlich gerade vornen die Schüsse, Dum – wum! Der König antwortete auf die Rede. Kronprinz Rupprecht[2] war auch da, dann der Kom[mandierende] General, Exz[ellenz] v. X.[3], Generalleutnant Exz[ellenz] v. Sch.[4], der General der Artillerie-Brigade usw. Unser »Heldenbataillon« war dort; so genannt seit dem 11. Oktober 1915.[5] Dann war ein Bataillon des 2. Regiments noch dort. Standen zuerst in Zugkolonnen, dann marschierten wir im Parademarsch in Kolonnen vorbei. [. . .]

zu Nr. 150
[1] Die Militärparade fand vermutlich anläßlich des Geburtstages von Ludwig III., König von Bayern, am 07. 01. (1845) statt.
[2] Sohn Ludwigs III. (1869–1955), 1914 Oberbefehlshaber der VI. Armee, 1916 Generalfeldmarschall und Oberbefehlshaber der nach ihm benannten Heeresgruppe.
[3] Oskar Ritter von Xylander (1856–1940), Kommandierender General des I. Armeekorps an der Westfront, dem auch Rudolf Heß' Einheit angehörte.
[4] Konnte nicht nachgewiesen werden.
[5] Den Ehrennamen »Heldenbataillon« trug die Einheit von Rudolf Heß seit der Herbstschlacht bei La Bassée und Arras des Jahres 1915 (vgl. Kommentar zu Dokument-Nr. 141).

Nr. 151

Handschriftlicher Brief Rudolf Heß
an Klara und Fritz Heß, Reicholdsgrün

[Westfront], 19. 01. 1916

Liebe Mama,
zu Deinem Geburtstag wünsche ich Dir soviel Glück und von Herzen soviel Gutes, daß ich es Dir mit Worten nicht sagen kann. Du weißt, daß meine Gedanken mit innigsten Wünschen bei Dir sind. Mögest Du weiterhin seelisch und körperlich alles gut ertragen. Mutter, ich weiß ja, Du und Ihr alle habt so furchtbare Aufregungen durch diesen Krieg, und doch tragt Ihr sie so groß. Mit Deinen hoffnungsvollen, heiteren Briefen machst Du mir das Herz leicht. Hab' Dank. Möget Ihr doch bald wenigstens von einem Teil der schweren Sorgen befreit werden durch einen glücklichen Frieden!
[. . .]
Heut' war tagsüber prachtvolles klares Wetter. Wir sitzen auf einer Höhe und haben von hier aus einen wundervollen Blick ins eroberte Land. Ganz, ganz flach ist es, wie ein Meer scheint es fast

im abendlichen Dunst. Erst ganz am Horizont ist wieder eine Hügelkette, ich glaub', sie ist schon in Belgien. Davor dehnt sich Ortschaft an Ortschaft aus, sie gehen bald ineinander über. Es sieht wie eine Riesenstadt aus. Überall sind die Fördertürme der Bergwerke, daneben das aus der Erde geholte Fördergut in Form von schwarzen riesigen Pyramiden [1]. Zum Teil haben wir die Bergwerke in Betrieb genommen, ganz hinten, wo des Gegners Geschütze nicht mehr hinreichen. Ich stand lange mit Freund Hahn und betrachtete mir das Bild. Die ungeheure Fläche, von der untergehenden Sonne beschienen, hinten die violetten Höhen. Punktgroß, wie wimmelnde Insekten sieht man allenthalben Menschen, Gruppen von Armierungssoldaten, die schanzen. Durch schwarze, drei einzelne Strichelchen sieht man die drei Pferdepaare von fahrenden Geschützen oder Wagen angedeutet. Da zischt es über uns weg und gleich darauf blitzt es in der Nähe der Gespanne auf, weiße Wölkchen hinterlassend. Es sind feindliche Schrapnells. Die Pferde setzen sich schleunigst in Galopp und fahren in Deckung. Dann platzen unten im Wald mal ein paar Granaten, Erde, Äste oder gleich Bäume hochwerfend. Armes Birkengehölz, kreuz und quer liegen die Stämme durcheinander, wie hingestreute Steichhölzer. – »Böh, böh, böh«; metallene Abschüsse reißen uns gleich wieder aus den Betrachtungen. Unsere Batterien schicken dem Gegner einen Abendgruß. Überall in den Feldern blitzen unvermutet die versteckten Geschütze nebeneinander auf. Dann kracht es weiter hinten wieder hinein in das vielbeschossene Lens. Oben im Blau ziehen die Flieger ruhig ihre Kreise wie Raubvögel. Wenn sie sich zu nahe kommen, knattert es leicht oben. Sie beschießen sich mit Maschinengewehren. [. . .]

---

zu Nr. 151
[1] Rudolf Heß beschrieb hier das nordfranzösische Kohle- und Industriegebiet rund um St. Quentin.

Nr. 152

Handschriftlicher Brief Klara Heß
an Rudolf Heß, [Westfront] Reicholdsgrün, 26. 01. 1916

[. . .] Was Du über meine Briefe schreibst, können wir von Deinen sagen. Ihre stets heitere, wohlgemute Stimmung, obgleich Dein Dasein von Entbehrungen und Gefahren schwer genug ist, geben

uns Kraft u. frohe Zuversicht. Gott wird der furchtbar schweren Zeit auch wieder glückliche Jahre folgen lassen, die wollen wir dann in großer Dankbarkeit genießen und sorgen, daß sie nicht durch die kleinlichen Miserien getrübt werden. [. . .]
Ich möchte Dir gern nach u. nach Schiller- u. Goethe-Bände schikken. In so großer Zeit sehnt man sich nach nur guten Büchern. In der Schule lernt man ja leider unsere größten Dichter nicht kennen, ist auch noch nicht reif genug dazu. Ich glaube, jetzt würde Dir das Lesen unserer deutschen Größen ein Hochgenuß sein. [. . .]

Nr. 153

Die erste Groß-Offensive in der zweiten Hälfte des Jahres 1915 zur Entlastung der Westmächte vor Verdun und an der Somme brachte Rußland zwar gewisse Geländegewinne, kostete es aber auch etwa eine Million Mann an Gefallenen, Verwundeten und Vermißten. Immerhin reichte dieses Ergebnis Rumänien aus, unter gewissen territorialen Versprechungen der Entente am 27.08. 1916 Österreich-Ungarn den Krieg zu erklären.

Handschriftlicher Brief Klara Heß
an Rudolf Heß, [Westfront]

Reicholdsgrün, 30. 01. 1916

[. . .] Rumänien scheint es zu gut zu gehen, drum wird es wohl noch auf's Eis tanzen gehen. Überraschend wird das uns nicht kommen, u. hoffe ich nur, daß wir dabei das Getreide ihnen abknöpfen, das sie jetzt der Entente geben, obgleich es uns schon längst versprochen. Zum Glück haben sie aber keine Transportmittel dazu, es fortzuschaffen. Es ist traurig, daß die Habgier überall die Gerechtigkeit unterdrückt, aber letzterer wird doch immer zum Siege verholfen. [. . .]

Nr. 154

Handschriftlicher Brief Rudolf Heß
an Klara und Fritz Heß, Reicholdsgrün

[Westfront], 03. 02. 1916

[. . .] Die verschiedenen Bücher kamen an. Besonders hat mich Goethes Briefwechsel sehr interessiert. [. . .] Mutter schrieb,

Venus, Mars, Jupiter stehen am Himmel. Stimmt. Außerdem ist Saturn noch zu sehen, steht rechts von Castor und Pollux in den Zwillingen. Beschäftige mich manchmal wieder mit Astronomie, da auch Freund Unzicker[1] Interesse dafür hat. [. . .]

zu Nr. 154
[1] Unzicker, Kriegskamerad von Rudolf Heß.

Nr. 155

Die britische Fernblockade gegen Deutschland stand im Widerspruch zum geltenden Seekriegsrecht. Am 02.08. 1915 hatte Großbritannien außerdem die Nordsee zum Kriegsgebiet erklärt und mit dessen Verminung begonnen. Da dadurch die Blockade noch effektiver wurde, erklärte die deutsche Führung die Gewässer rund um die britischen Inseln am 04.02. 1915 ebenfalls zum Kriegsgebiet. Außerdem befahl sie am 22. 02. 1915 den U-Boot-Handelskrieg gegen England. Dieser entsprach ebenfalls nicht immer dem Seekriegsrecht, da die deutschen U-Boote den Handelsschiffen vor dem Angriff häufig keine Chance mehr ließen. Die deutschen U-Boot-Kommandanten hatten aber auch oft keine andere Wahl, weil viele englische Handelsschiffe bewaffnet waren. So befand sich die deutsche U-Boot-Kriegsführung in einem Dilemma, das sie unsicher und schwankend machte. – Am 07.05. 1915 versenkte ein deutsches U-Boot den britischen Passagierdampfer »Lusitania«, der zwar von den Deutschen, nicht aber von den Engländern vor der U-Boot-Gefahr gewarnt worden war, vor der irischen Küste. Außerdem hatte das Schiff Munition an Bord. Der Abschuß forderte 1200 Opfer, darunter 120 Amerikaner. Die bis heute nicht restlos aufgeklärte Lusitania-Affäre peitschte in den USA antideutsche Gefühle auf. Die deutsche Führung schränkte daraufhin den U-Boot-Handelskrieg in den Gewässern rund um England wieder ein, um nicht mit den Vereinigten Staaten in einen offenen Konflikt zu geraten.

Handschriftlicher Brief Klara Heß
an Rudolf Heß, [Westfront]

Hof, 11. 02. 1916

[. . .] Gestern war ich mit vier Damen zu einem Kaffeeklatsch. Eine Dame sah schrecklich schwarz, und freute ich mich, sie mit meiner Zuversicht doch umgestimmt zu haben. Auch ein gutes Werk. Wenn man mit der schwarzen Brille des Pessimismus liest, so wird jede günstige Nachricht zum Unheil verdreht. Gerade die vergangene Woche brachte so viel Fortschritt bei Armee und Marine. »Die Verschärfung des Seekrieges« wird mit großer Genugtuung begrüßt. Unsere Flotte, von den auf sie so schwer lastenden Fesseln befreit, wird mit ihren Leistungen uns dem Frieden näher bringen. Wie Chamberlain[1] sagt: Sobald England mit gleicher brutaler Rücksichtslosigkeit bedient wird, gibt es nach. [. . .] Bethmann Hollwegs[2] Erklärungen an Amerika, den Lusitania-Fall behandelnd, erregen allgemeine Zustimmung. »Ich bin bereit gewesen und bleibe es, Amerika alles zuzugestehen, was Deutschland billigerweise in der Behauptung der Grundsätze der Gerechtigkeit und seiner Ehre zugestehen kann. Allein, ich vermag einer *Demütigung* Deutschlands nicht zuzustimmen. Ich kann mir die Waffe der Unterseeboote nicht aus der Hand reißen lassen.« Darauf folgte: »Die Verschärfung des Seekrieges.« Nun bin ich sehr neugierig auf Amerikas Antwort. Die Rumänen scheinen die Erfolge der Zentralmächte endlich auf den richtigen Weg zu führen, und Griechenland führt die Unverschämtheit der Entente auch zu uns. Ich lese die Zeitungen genau durch und lasse mich dann nicht durch Pessi- oder Optimist beeinflussen, und großes Gottvertrauen nimmt uns die Sorge um Dich. [. . .] [Hervorhebg. i. Orig.]

---

zu Nr. 155

[1] Vermutlich Joseph Chamberlain (1836–1914), englischer Staatsmann oder Sir Joseph Austen Chamberlain (1863–1937), Sohn von Joseph Chamberlain, ebenfalls bedeutender englischer Politiker.

[2] Theobald von Bethmann Hollweg (1856–1921), deutscher Reichskanzler und preußischer Ministerpräsident von 1909 bis 1917.

Nr. 156

Handschriftlicher Brief Rudolf Heß
an Klara und Fritz Heß, Reicholdsgrün

[Westfront], 16. 02. 1916

[. . .] Mein Zugführer war so nett, sich für ein paar Tage krank zu melden, so daß ich das Häuflein führ'. Macht mir großen Spaß. Als Halbzugführer ist man doch nur das fünfte Rad am Wagen. Macht man etwas selbständig, so hat man bald seinen Rüffel weg. Eigenmächtig habe man nichts zu unternehmen. Jetzt kann ich aber die Einteilung machen, wie es mir paßt. Besonders laß' ich, wenn irgend möglich, die Leute im Akkord arbeiten, z. B.: »50 m Graben reinigt Ihr. Wenn Ihr fertig seid, könnt Ihr heimgehen.« Den Leuten macht die Sache mehr Spaß (soweit man von »Spaß« reden kann und [sie] schuften darauf los, um bald wieder heimzukommen. Sag' ich dagegen nur: »Ihr arbeitet drei Stunden an dem Graben«, so stehen sie halt zum großen Teil ihre Zeit ab, arbeiten möglichst wenig und gerade [nur dann], wenn ein Vorgesetzter hinsieht. Im Frieden, bei der straffen Disziplin, ist es wohl etwas anderes. Wird da einer beim Faulenzen erwischt, fliegt er halt ins Loch. Hier ist das Verhältnis aber viel kameradschaftlicher. Strafen umgeht man möglichst. Das Leben ist im Feld hart genug, besonders für den arbeitenden Mann. [. . .]

Nr. 157

Um die Entscheidung im Westen zu erzwingen, war der Chef der Obersten Heeresleitung, General von Falkenhayn, entschlossen, Frankreich an einer Stelle »weißbluten« zu lassen, an der es gezwungen war, auch noch den letzten Mann gegen die Deutschen aufzubieten. Er wählte jedoch ausgerechnet die Festung von Verdun, die das Innere des Landes gegen den linken Flügel und die Mitte des kaiserlichen Heeres schützte. Am 21. 02. 1916 eröffnete die deutsche Artillerie das Feuer gegen die Bollwerke, am 22. 02. griff die Infanterie östlich der Maas an, am 25. 02. wurde eines der mächtigen Vorwerke, das Fort Douaumont, vom Infanterieregiment Großherzog Friedrich Franz II. von Mecklenburg-Schwerin Nr. 24 gestürmt. – Fast gleichzeitig wurde der Krieg an der Südostfront gegenüber Serbien und Montenegro durch Sieg der Mittelmächte entschieden. – Eine russische Winteroffensive an der Grenze zu Bessarabien brach bis Ende Januar 1916 unter furchtbaren Verlusten zusammen.

Handschriftlicher Brief Klara Heß
an Rudolf Heß, [Westfront]

Reicholdsgrün, 25. 02. 1916

[. . .] Mit großem Interesse lesen wir die Zeitungen und begrüßen mit Hurra die schönen Fortschritte überall. Große Freude macht uns die Nachricht, daß den Franzosen u. Engländern wieder weggenommen, was sie mit großen Verlusten in der Herbstoffensive im Artois errungen hatten. Welche Genugtuung wird das Euch sein, die Ihr in dieser Gegend Wache gehalten. Die Leistungen bei Verdun sind ja auch großartig. Unsere Gedanken sind jetzt ganz besonders viel bei Euch tapferen Feldgrauen mit innigen Wünschen für Heil u. Sieg. Gott beschütze unser teures Vaterland u. schenke recht, recht bald den endgültigen Sieg. Die Lügenreden der feindlichen Minister sind einfach gemein. So gemein, daß man sich nicht einmal darüber ärgern kann. Im Gegenteil, man fühlt nur ihre Schwäche daraus und sollte sich freuen. [. . .]

Nr. 158

Die Kämpfe um Verdun gestalteten sich für die Deutschen deshalb so schwierig, weil die Festung – ein Areal von ca. 50 km Durchmesser mit 17 großen Panzerforts, 21 Nebenfestungen und 50 befestigten Batterie-Stellungen – in einer wegelosen, hügeligen und waldreichen Einöde lag, die von der Maas tief durchschnitten wurde. Vor allem die Panzerforts galten als uneinnehmbar, wurden aber von der schweren Artillerie der Deutschen im Februar 1916 zum Teil doch zertrümmert. Trotz der Geländegewinne und der großen Zahl an Gefangenen, die in den ersten Tagen des Angriffs gemacht wurden, verlor der deutsche Angriff jedoch allmählich an Kraft.

Handschriftlicher Brief Klara Heß
an Rudolf Heß, [Westfront]

Reicholdsgrün, 25. 02. 1916

Lieber Rudi!
Soeben kam per Telefon die Nachricht von dem herrlichen Erfolg bei Verdun. Mehr als 10.000 gefangene Franzosen. Dreimal hurra den wackeren Kämpfern, Euch allen an der Front. Das schönste Geschenk an unserem 24. Hochzeitstag, der heute ist.
Sei inniglich umarmt von Deinen dankbaren

Nr. 159

Die Verteidigung Verduns wurde dadurch erleichtert, daß der Festungsbereich von Westen und Süden für Reserven zugänglich war. So bekam die französische Armee dort neuen Halt und konnte zu Gegenangriffen übergehen. Der deutsche Angriff auf dem westlichen Ufer der Maas, der das vielleicht hätte verhindern können, begann erst am 06.03. 1916. Dabei wurde nur noch wenig Gelände gewonnen. So schwand die Aussicht auf die Einnahme Verduns. Auch hier setzte wieder das meterweise Ringen um Vorteile ein.

Handschriftlicher Brief Rudolf Heß
an Klara und Fritz Heß, Reicholdsgrün

[Westfront], 28. 02. 1916

[. . .] Nun, im Westen geht ganz Großes vor. Hoffen wir, daß es so gut geht, wie alles, das unsere Heeresleitung bisher unternommen hat. Da waren wenigstens unsere Kämpfe in der Gegend hier oben nicht umsonst, hatten ihren inneren Zusammenhang mit den größeren Unternehmungen auf anderen Teilen der Front. [. . .]

Nr. 160

Handschriftlicher Brief Klara Heß
an Rudolf Heß, [Westfront]

Reicholdsgrün, 29. 02. 1916

[. . .] Gestern brachte Bürgermeister Reichel ein großes Stück Schwarzfleisch für Dich als Geschenk. Ich sende Dir es nach u. nach. Es ist bei dem Schweinefleischmangel ein königliches Geschenk von dem guten Mann. Schreibe ihm bald eine Danksagung. [. . .]

Nr. 161

Während die Schlacht von Verdun tobte, die beiden Seiten einen ständig höheren Einsatz an Menschen und Material abverlangte, versuchten die Deutschen in Flandern und im Artois, die Einbrüche, die sie im Sommer des Vorjahres erlitten hatten, in örtlichen Gefechten wieder wettzumachen. Der Frontabschnitt zwischen Loos und Viny, an dem Rudolf Heß lag, befand sich dabei im Zentrum der Kämpfe. Auch hier ging es nur meterweise voran.

Handschriftlicher Brief Rudolf Heß
an Klara und Fritz Heß, Reicholdsgrün

[Westfront], 03. 03. 1916

[. . .] Nun, der Riesenerfolg bei Verdun, soweit er jetzt schon ist, bringt uns dem Frieden ein großes Stück näher. [. . .] Hoffentlich geht es so schön weiter auf die gewaltige Festung zu. In den Franzosen ihrer Haut dort unten möchte ich auch nicht stecken. Ein derartiges Feuer aus schwersten Geschützen ist das Furchtbarste, was man sich denken kann. Oder besser, man kann es sich nicht denken. Wer das nicht erlebt, kann sich gar keinen Begriff davon machen. Wir sind seinerzeit bei den Angriffen hier mit 18er u. 22er [d. h. mit Kanonen vom Kaliber 18 und 22 cm] in Zwischenräumen beschossen worden. Wir hatten aber gründlich genug! Dort unten aber ist ein Trommelfeuer mit solchen Kalibern, und dazwischen ertönen die 30,5^{er}, 42er und die schlimmsten, die 38er langkalibrigen Geschütze. Gott sei Dank haben die Franzosen in diesem Krieg noch nicht so eine Artillerie zur Verfügung. – Die Vermutung, daß wir den Franzosen hier alles zurückgenommen haben, was sie in der September-Offensive eroberten, hat uns sehr geehrt. Es stimmt aber nicht ganz; war auch nicht beabsichtigt. Im Mai und September zusammen haben sie uns etwa 3 km in der Tiefe abgenommen, im September allein etwa 1½ km. Wir haben nun davon etwa 50–100 m zurückerobert. Das Erobern war nicht schwer, haben sich doch sogar Teile meines Regiments freiwillig dem Sturm angeschlossen und Gräben besetzt, die eigentlich gar nicht genommen werden sollten. Wir aber mußten nachher das Gewonnene halten, die Gegenangriffe abschlagen, das furchtbare Minen- und Artilleriefeuer erleiden. Lieber stürm' ich eine Festung mit, als daß ich 100 m Graben verteidige. [. . .]

Nr. 162

Handschriftlicher Brief Klara Heß
an Rudolf Heß, [Westfront]

Reicholdsgrün, 04. 03. 1916

[. . .] Dein lieber Kartenbrief kam heute zu unserer großen Freude wieder mit guten Nachrichten. Also doch – wir wußten wohl, daß Du während der schweren Kämpfe im Artois an der Front warst. Waren aber im Unklaren, ob Du direkt mitgekämpft hast. Es wäre uns eine große Beruhigung, wenn Du uns offen über Dein Erleben schreiben würdest. Du kennst ja unsere Zuversicht u. Gottvertrauen, und würden wir auch ertragen, wenn Du Ernstes mitteilst. Du weißt ja selbst, man sieht der Wirklichkeit lieber fest ins Auge, als daß man sich mit Ungewißheit abquält. [. . .]

Nr. 163

Handschriftlicher Brief Rudolf Heß
an Klara und Fritz Heß, Reicholdsgrün

[Westfront], 06. 03. 1916

[. . .] Das leere Beerenglas send' ich Euch heut' zurück. Paßt bitte beim Auspacken auf. Ich hab' einen kleinen seidenen Fallschirm mit hineinverpackt. Er senkte sich neulich Nacht nur wenige Meter von mir zu Boden. [. . .] Hebt den Schirm bitte als Andenken an G[ivern]y auf. [. . .]

Nr. 164

Der erbitterte Kampf um Verdun zog sich im Frühjahr 1916 über Wochen und Monate hin. Von Ende Februar bis Ende Juni betrug der Geländegewinn für die Deutschen nur zwei Kilometer. Die »Blutpumpe« (Falkenhayn) schluckte eben auch immer mehr deutsches Blut. Unter diesen Umständen gingen die Meinungen darüber, ob der Kampf fortgeführt oder abgebrochen werden sollte, in der deutschen Öffentlichkeit weit auseinander.

Handschriftlicher Brief Klara Heß
an Rudolf Heß, [Westfront]

Reicholdsgrün, 07. 03. 1916

[. . .] Die Schlacht bei Verdun beschäftigt uns ganz besonders. Gott schenke uns den Sieg. Die Schlacht scheint seit dem 4. März neu entbrannt zu sein. Der momentane Stillstand, den die weiteren Vorbereitungen zur Fortsetzung benötigten, war wieder etwas für die Wirtshausstrategen. Onkel Rudi ist auch so einer. Er verging vor Unruhe u. Ungeduld. Glaubt, so eine Schlacht ist wie eine Treibjagd, ein Vorwärtsstürmen ohne Rücksicht auf den sehr nötigen Nachschub. Hätte wohl wieder so sein sollen wie bei der Marne-Schlacht, wo Hausens so sinnloses Vorwärtseilen dies schreckliche Menschenopfer kostete.[1] [. . .]

---

zu Nr. 164

[1] Gemeint ist General Max Freiherr von Hausen, bis September 1914 Oberbefehlshaber der III. Armee. Hausen stürmte mit seiner Armee im August so weit in die Champagne vor, daß die westlich und östlich von ihm operierende II. und IV. Armee in eine zu exponierte Stellung gerieten.

Nr. 165

Ohne vorherige Ankündigung oder Verhandlung hatte das – angeblich neutrale, in Wirklichkeit aber von England abhängige – Portugal am 23.02. 1916 alle deutschen Handelsschiffe beschlagnahmt, die zu diesem Zeitpunkt in portugiesischen Häfen lagen. Daraufhin erklärte Deutschland am 04.03. 1916 Portugal den Krieg.

Handschriftlicher Brief Rudolf Heß
an Klara und Fritz Heß, Reicholdsgrün

[Westfront], 11. 03. 1916

[. . .] Noch immer »pelz'« ich mich, wie die Mannschaft in solchen Fällen sagt.[1] Die Heiserkeit ist sehr hartnäckig. Das kommt davon, daß ich mich nicht gleich zum Arzt gemeldet hab'. Ich konnt' aber nicht gut, wegen des Eindrucks auf die Leute. Es war nämlich gerade am letzten Tag der sechs Rasttage in D., als die Sache anfing.[2] Vorher hatte sich schon ein Offizier nach dem anderen für einige Zeit gedrückt mit mehr oder weniger triftigen Gründen. Das hatte die Mannschaft schon nicht gerade angespornt, selbst in dem schlechten Wetter auszuhalten. Deshalb ging ich nochmal mit in Stellung und meldete mich erst am letzten Tag, als es wieder in Rast gehen sollte, krank. [. . .]

Viel Freude hat mir gemacht, daß wir der portugiesischen Schwefelbande den Krieg erklärt haben. Da sieht wenigstens die Welt, daß man sich doch nicht alles uns gegenüber erlauben kann, selbst wenn wir schon dreiviertel Dutzend Feinde auf dem Hals haben.

Ich schick' Euch heut' wieder M 50,–. Tut mir bitte den Gefallen und zeichnet für die geschickten hundert Mark die Kriegsanleihe, damit ich auch darin meine Pflicht tu'. Ich habe festes Vertrauen, daß wir auch diesmal die nötigen Gelder aufbringen. [. . .]

---

zu Nr. 165

[1] Das heißt, Rudolf Heß war krankgemeldet.

[2] Das heißt, als neue schwere Kämpfe entbrannten.

Nr. 166

Im Frontbogen von Lens kämpften beide Seiten im Frühjahr 1916 erbittert um die Lorettohöhe. Von dieser Erhebung in der sonst flachen Gegend konnten die Artilleriebeobachter einen guten Überblick über die feindlichen Stellungen gewinnen und das Feuer ihrer Geschütze besser lenken.

Handschriftliche Feldpostkarte
Rudolf Heß an Klara und
Fritz Heß, Reicholdsgrün [Westfront], 20. 03. 1916

[. . .] Die Lorettohöhe hatten wir so vor uns liegen, nur gekämpft wird dort nicht mehr. Die Lorettohöhe hat etwa 80.000 Franzosen und 60.000 Deutsche gekostet. Vergebens ist das Blut bei uns aber nicht geflossen, trotz der gewaltigen französischen Offensiven sind unsere Truppen nur wenig zurückgedrängt worden. [. . .]

Nr. 167

Nachdem die Engländer ihr Dardanellen-Unternehmen im Januar 1916 abgebrochen hatten, gewannen die Türken gegenüber Rußland im Kaukasus und gegenüber der englischen Nahoststellung in Ägypten und Palästina wieder mehr Bewegungsspielraum. In der unwirtlichen Bergwelt Armeniens kämpften die Türken jedoch unglücklich. Mitte Februar ging Erzerum an die Russen verloren. – Der zweite Kriegswinter mit seinen schweren Mangelerscheinungen und die harte Zurückweisung des deutschen Friedensangebotes durch die Entente führten in Deutschland zu einem schweren Stimmungseinbruch im Frühjahr 1916.

Handschriftlicher Brief Klara Heß
an Rudolf Heß, [Westfront] Gera, 20. 03. 1916

[. . .] Was machen nur die Türken im Kaukasus. Die Nachrichten von Petersburg lauten für den Russen sehr günstig, u. [von] Konstantinopel stets keine wesentliche Veränderung. Was soll man nun glauben? – Die Stadtluft scheint mehr Pessimismus zu erzeugen als unsere frische Fichtelgebirgsluft. Sie werden mich aber nicht umstimmen u. habe ich eine frohe Siegesgewißheit, langsam aber sicher geht es vorwärts. [. . .]

Nr. 168

Handschriftlicher Brief Klara Heß
an Rudolf Heß, [Westfront] Gera, 21. 03. 1916

[. . .] Vielen Dank für Deine liebe Karte vom 16. März. Freue mich ganz besonders Deines großen Vertrauens zu weiteren guten Erfolgen, das aus Deinen Zeilen spricht. Es deckt sich mit dem meinen, das trotz vieler Schwarzseher felsenfest bleibt. – Gestern hörte ich einen sehr schönen Vortrag über die Pflege der Persönlichkeit und »der Seele«, ging gegen den Materialismus, der in so hohem Grade vor dem Kriege alles Ideelle verdrängt hat[te]. Es war eine sehr durchdachte Rede u. ging hauptsächlich auf die Fabrikanten, die sich keine Zeit mehr gegönnt, die Seele zu pflegen. Nach dem Kriege soll danach gestrebt werden, Seele u. Gemüt zu ihrem Recht kommen zu lassen. Ich glaube, wir wären alle damit einverstanden, denn die meisten hatten wohl eine versteckte Sehnsucht danach. [. . .]

Nr. 169

Vor dem Krieg hatte Deutschland versucht, seine Position im Nahen Osten durch den Bau der Bagdad-Bahn zu verstärken. Weil es damit wirtschaftlich auf der strategisch wichtigen Landbrücke zwischen dem Mittelmeer und Indien weiter vordrang, wurde das Eisenbahn-Projekt von England als bedrohlich empfunden und verzögert. – Während der beiden ersten Kriegsjahre hatte die deutsche Führung ihre Hochseeflotte ängstlich vor der britischen Übermacht zurückgehalten. So blieb die Stellung Englands – abgesehen von dem noch ungewissen Ausgang des Landkrieges in Frankreich, wo ein britisches Expeditionsheer kämpfte – strategisch unerschüttert. Deshalb hatte der Staatssekretär im Reichsmarineamt, Großadmiral Alfred von Tirpitz, von Anfang an eine energische Unter- und Überwasser-Kriegführung gegen die britischen Inseln gefordert. Nachdem er sich damit nicht gegen Reichskanzler Theobald von Bethmann Hollweg hatte durchsetzen können, trat er im März 1916 zurück.

Handschriftlicher Brief Rudolf Heß
an Klara und Fritz Heß, Reicholdsgrün

[Westfront], 21. 03. 1916

[. . .] Meine Kompanie ist für ein paar Tage hier, so daß mich die Bekannten besuchen können. Ein sehr netter Krankenpfleger ist hier, ein junger Mann, in der Konsulatslaufbahn. Er kennt Generalkonsul Wunderlich[1]. Der Vater hat mit Bismarck gearbeitet. Er hat mir ein paar hübsche Bücher geliehen, unter anderem Rohrbachs Weltpolitisches Wanderbuch[2]. Zum Teil vor dem Krieg geschrieben, mit klarem Blick für das Kommende. Rohrbach war auch in Bagdad und öfters in Ägypten und knüpfte an die Bagdad-Bahn und Ägyptens Lage interessante Betrachtungen. England hat es verstanden, den Bau der Bahn so zu verzögern, daß sie bis zum großen Völkerringen, das es heraufbeschwor, nicht fertig wurde. Sonst hätten wir England früher an seiner verwundbarsten Stelle fassen können. Jetzt müssen halt unsere U-Boote den Koloß mürbe machen. – Der Abgang von Tirpitz[3] ist schmerzlich. Kam mir allerdings nicht überraschend, da ich schon seinerzeit in Hamburg hörte, daß er in Wirklichkeit nicht mehr am Ruder ist. Wenn doch Amerika der Teufel holte! [. . .]

Hier ist übrigens ein Sanitäter, ein alter Mann, der einem Charakter und Veranlagungen aus den Schädelformen sagt. Daß die Ärzte aus dem Kopfbau und der entsprechenden Hirnverteilung Begabung usw. feststellen können, wußte ich, hatte aber nicht gedacht, daß es so genau stimmen kann.

Den Mann sprach ich zum erstenmal. Er stellte [bei mir] durch Befühlen des Kopfes folgendes fest:

Sehr viel Farbensinn, besonders für Farben in der Natur; überhaupt viel Freude an der Natur. Geh' in's Freie, wo ich kann, treibe Sport. (Stimmt.)

Sehr gut in Mathematik, Rechnen, Technik, weniger gut in Sprachen (Stimmt, siehe Schulzeugnis).

Ortssinn. Finde mich in fremder Stadt recht schnell zurecht (Stimmt *nicht*, wenigstens nicht in Städten, eher in der Natur).

Gutmütig, weich, viel Mitleid mit Tieren. (Stimmt.) Kann mich über jeden Kanarienvogel, der eingesperrt ist im Käfig, ärgern.

Sehr scharfes und rasches Auffassungsvermögen. (Stimmt.) (Neulich hatten wir einen Maschinengewehrkursus, da hatte ich die Sache längst begriffen, bevor die Offiziere und anderen Vize soweit waren. Ebenso ging's mir bei der Artillerie.)

Geeignet für Militär. Zuverlässig.

Gute Urteilskraft. Gutes Vergleichs- und Abschätzungsvermögen. (Stimmt.)

Religiöser Sinn, der aber mit bestimmten Konfessionen und Äußerlichkeiten wie Kirchgehen nicht zu tun hat. (Stimmt!) – Andere, die sich auch prüfen ließen, waren gleichfalls verblüfft. [. . .] [Hervorhebg. i. Orig.]

---

zu Nr. 169

1 Mit Generalkonsul Richard Wunderlich war Familie Heß durch die gemeinsame Zeit in Alexandrien/Ägypten freundschaftlich verbunden.

2 Paul Rohrbach, Weltpolitisches Wanderbuch 1897–1915, Königstein im Taunus & Leipzig 1916.

3 Alfred von Tirpitz (1849–1930), deutscher Großadmiral. Trat 1916 zurück, da er sich gegenüber Reichskanzler Bethmann Hollweg in der Frage des uneingeschränkten U-Boot-Krieges und des Einsatzes der Flotte nicht durchsetzen konnte.

Nr. 170

Handschriftlicher Brief Rudolf Heß
an Klara Heß, Reicholdsgrün

[Westfront], 30. 03. 1916

Liebe Mutter,
Hab Dank für Deine lieben Zeilen vom 20. und 21. ds. [Monats]. Es ist mir eine große Beruhigung, daß Ihr wenigstens noch das volle Vertrauen in unsere Sache habt, so wie wir hier draußen. Mit Erstaunen sah ich neulich, daß sogar die Zeitungen sich gegen Schwarzseher und Flaumacher wenden müssen. Wenn man doch mal dazwischenfahren könnte! Es braucht ja nicht gleich so grob zu sein, wie es sich meine Soldaten wünschen. »Wenn doch gleich a paar Fliegerbomben den Biertischbrüdern in den Maßkrug krachen täten, und a Handgranaten schmeißet ich gern noch hinterher!« – Herausschicken müßte man diese Herrschaften mal, damit wir ihnen mal die Gegend ein bißchen zeigen können. Sie sollten sehen, was ihnen erspart geblieben ist; wie wenig sie doch bisher zu leiden hatten. Nicht weit brauchen sie zu wandern von hier aus, dann hören schon die gepflegten Straßen auf. Einst waren es die berühmten Autostraßen, jetzt sind sie durch schwere Lasten zerfahren, ein Sumpf. Man geht besser auf der Wiese daneben, wenn man von Rädern durchfurchte Lehmflächen mit Unkraut so nennen will. Jeder zweite Baum der Allee ist umgelegt, wir brauchen das Holz. In einem Garten steht ein alter Mann und jammert und fleht, man möchte ihm doch nur seinen schönen, alten Nußbaum lassen. Es hilft nichts, wir müssen das Holz haben, damit wir unsere Waldbestände daheim nicht ganz abholzen müssen. Weiter vorne sind die Wälder vollkommen zerstört. Bäume, die nicht umgerissen sind, haben solche Wunden, daß sie absterben und morsch werden. Wie mit dem Holz geht es mit allem Material. Wo Metall gefunden wird, wird es heimgeschafft: Teile von Maschinen, so daß diese wertlos werden, die ledernen Treibriemen werden mitgenommen usw.
Je weiter wir an die Front kommen, desto mehr zusammengeschossene Häuser treffen wir [an], manche sind auch nur beschädigt. Die Familien wohnen im Keller, seit 1½ Jahr[en] in ständiger Lebensgefahr. Sie schlafen zusammen in dem feuchten Loch, essen dort. Was sind dagegen die Leiden bei uns?
Links der Straße bei G[iverny] steht eine moderne, neue Brauerei. Der Schornstein ist umgeschossen, überall sind in den Mauern

gewaltige Löcher von schweren Geschossen. Die Maschinen sind zertrümmert. Weiter vorne die Reste einer einst schönen, großen Villa. Die Kamine starren aus dem wüsten Trümmerhaufen. Zwischen dem Schutt findet man Kinderspielzeug, ein kleines Bettchen, man findet seidne Kleider, einen Bratenrock, mit dem sich unsere Soldaten maskieren. Ein großer Mahagoni-Bücherschrank, dessen Holz langsam verfeuert wird, liegt neben einem Haufen Stangen und Rädern, die unverbrannten Reste des Autos. Die Bewohner der Villa sind gefloh[e]n, ein Teil der Familie modert vielleicht unter den Trümmern. Die Lebenden haben sich fliehend nach Frankreich gewendet. Was sie an Geld hatten, liegt vielleicht in Lille, in unserer Hand. Sie können drüben um Nahrung betteln, sind auf die öffentliche Wohltätigkeit angewiesen; ehemals Millionäre . . . Die würden gerne ein Jahr lang nur trocknes Brot oder wenigstens schlechter und weniger als die essen, die über die Lebensmittelpreise [in Deutschland] usw. jammern, wenn dafür der Besitz erhalten wäre und die Kinder noch leben würden.
Wir kommen in das Dorf G. selbst. Nicht ein Haus ist mehr bewohnbar. Meist ragt nur noch ein Teil der Wände hoch. Unter dem niedergestürzten Dache des Stalls liegt verwesendes Vieh, liegen teure Pferde. Bewohner sind natürlich nicht mehr da. Was nicht umkam, ist gefloh[e]n. Wie es ihnen geht, kann man sich denken. Wenn sie einst wiederkommen, werden sie ihr Heim kaum wiederfinden. Auf der Höhe, wo die Gräben durch den Ort gingen, erkennt man die Stelle, wo Häuser standen, vielfach nur daran, daß die Erde rot ist von zermalmten Ziegeln und kleine Steinbrocken herumliegen. Die Steine des Hauses sind zum Pflastern der Gräben genutzt worden, das Holz ist verbrannt. Vor zwei Jahren standen hier noch Bauernhöfe und Villen. Die Bewohner erfreuten sich an dem reizenden Blick weit ins Land bis nach Belgien. Abends saßen sie an den Kaminen, lasen vielleicht die Hetzartikel des »Matin« und träumten von der großen Revanche. Sie hätten unser Land gern so zugerichtet geseh[e]n wie jetzt das ihre.
In der ganzen Gegend liegt ein Granatloch neben dem anderen, bis zu 3, 4 Meter Tiefe. Wie pockennarbig sehen die Hänge aus. Wo schöne Gärten, fruchtbares Ackerland waren, da klaffen jetzt Sprengungstrichter neben Sprengungstrichter, die ganze Front entlang. Es sind Löcher von 30–100 m Durchmesser und bis zu 20 m Tiefe. Die herumgesprengten Kalkmassen bedecken weit die Umgebung. Wie diese Krater einst ausgefüllt werden sollen, weiß ich nicht. Ich glaub', sie sind in hundert Jahren auch noch zu

sehen. – Von der Kirche stehen noch einige Spitzbogen. Auf dem Kirchhof sind die Familiengräber durch die Granaten zersprengt, die Gebeine der Angehörigen liegen zerstreut herum. Die Särge und Tafeln sind zerschmettert.
So wie dieses Dorf aussieht, so sehen hunderte und tausende andere, so sehen Städte wie Arras und Ypern aus. Durch ganz Frankreich zieht sich im Zickzack vom Meer bis zu den Alpen ein breiter Streifen der unbedingten Vernichtung. Wenigstens fünf Kilometer breit ist dieses Band. An den Stellen der Offensiven wie hier, bei Soissons in der Champagne, sind es aber 10 oder 20 km, ja bei Verdun wird es noch viel mehr [sein].
Und die Bewohner im besetzten Gebiet, glaubt Ihr, daß die glücklich dran sind, auch weiter außerhalb des Operationsgebietes? – Ihr Geld müssen sie dem Feinde geben! Wieviel lieber würden sie dafür im eigenen Land die Kriegsanleihe zeichnen. Gegen Scheine werden [von] ihnen Vieh und Nahrungsmittel requiriert. Ob die geschlagene Regierung später in der Lage ist, diese Scheine zu zahlen? Niemand ist mehr Herr in seinem Haus. Mitten in der Nacht kommen Soldaten mit viel Radau. Von oben bis unten schmutzig, vom Schützengraben, legen sie sich in die sauberen Zimmer. Kaum ist gesäubert, kommen andere und machen wieder alles dreckig. Zur eignen Benutzung bleiben den Bewohnern vielleicht die Küche und noch ein Zimmer, wenigstens wenn viele Soldaten im Dorf sind. – Bei uns klagt man vielleicht über die fleischlosen Tage. Die Leute hier bekommen höchstens alle vierzehn Tage mal etwas Fleisch. Sonst haben sie etwas Reis, Kartoffeln, ein Stückchen Speck. Sie schneiden sich Gras und kochen Gemüse daraus. Wie weit können wir uns noch einschränken, bis wir annähernd soweit sind? Und trotzdem müßte es daheim ohne Murren getragen werden; denn es ist doch noch nichts im Verhältnis zu dem, was die Soldaten leisten, die seit Jahr und Tag in der Erde schlafen, im Wasser stehen, nachts alle zwei Stunden auf Posten ziehen, ihr Leben lassen oder Krüppel werden. Und warum das alles? Nur damit denen daheim der Schrecken des Krieges erspart bleibt. Daß der Feind nicht gerade großmütiger ist als wir, haben wir im Elsaß und in Ostpreußen gesehen. Oh, sie wissen ja gar nicht, wie sie sich an uns versündigen, diese Schwätzer am Biertisch, die Klatschbasen im Kaffeekränzchen! Sie würden sonst schweigen! Frieden schließen ist schön gesagt. Bei jeder Gelegenheit versichern ja diese Leute mit der Hirnerweichung beim Gegner, daß erst Deutschland zerschmettert sein muß. Was zer-

schmettert heißt, sehen wir hier in Frankreich. Also müssen wir weiterkämpfen, weiter durchhalten, im Felde wie daheim. – Gibt es vielleicht Leute bei uns, die behaupten wollen, daß es uns militärisch schlecht geht? So lächerlich macht sich wohl niemand. Und wirtschaftlich geht es auch. Die Leute hier leben viel, viel schlechter und verhungern auch nicht. Es muß gehen, und es wird gehen. – Grüße an Tante Bauer und die Verwandten, auch an Fräulein Munk[1]. Dir, Vater und Gretel recht herzl(iche)
Grüße, Dein Sohn Rudi

zu Nr. 170
[1] Hauslehrerin von Grete Heß.

Nr. 171

Handschriftlicher Brief Rudolf Heß
an Klara und Fritz Heß, Reicholdsgrün

[Westfront], 03. 04. 1916

[. . .] Bin sehr neugierig, wie es jetzt mit Holland wird, wenn es wahr ist, daß England ein Ultimatum gestellt hat. Jedenfalls wär' es doch ein gutes Zeichen für unsere Lage. Die Hoffnungslosigkeit bei den Alliierten muß schon groß sein, wenn sie zu solchen verzweifelten Mitteln greifen. Erst haben sie noch schnell versucht, ob sie nicht durch die Versenkung holländischer Schiffe uns mit Holland verhetzen könnten. Ich hab' schon immer gedacht, ob England nicht das liebe kleine Portugal dazu verleitet hat, sein Untersee-Boot, mehr hat es glaub' ich nicht, hinzuschicken, um die »Tubantia« zu versenken. In diesem Fall konnte England allerdings mit ungewohnt reinem Gewissen behaupten, daß kein englisches U-Boot in den fraglichen Gewässern sich befand. Nun hat aber auch diese tragische Versenkungskomödie nichts genutzt. England will aber durch Holland uns in den Rücken fallen, also wird das Ultimatum wegen Durchmarsches englischer Truppen durch Holland gestellt. Oh, Ironie; gerade deshalb, weil wir durch ein sogenanntes neutrales Land marschiert[1] sind, hat England uns seinerzeit den Krieg erklärt. [. . .]

zu Nr. 171
[1] Gemeint ist Belgien, dessen Neutralität 1914 durch den deutschen Westangriff gebrochen wurde. Dagegen konnten die Niederlande, obwohl von Großbritannien bedrängt, ihre Neutralität während des ganzen Ersten Weltkrieges behaupten.

Nr. 172

Handschriftlicher Brief Klara Heß
an Rudolf Heß, [Westfront]

[ohne Ort], April 1916

[. . .] Auch Grete hast Du sehr mit der kindlich geschriebenen Postkarte beglückt. Als kürzlich Mämi Deine Karte bekam, war sie ganz neidisch, und ich hörte, wie sie so nebenbei sagte: »Und an seine Schwester denkt er nicht.« Sie sagte es nur so vor sich hin, ohne zu wollen, daß es jemand hört. Das kam so von Herzen und klang zu komisch altklug. Zwei Tage danach kam Deine nette Karte an das Schwesterle, und strahlte sie. – Das schöne rosa Osterlamm hat Dir Grete *von ihrem eigenen Ersparten* gekauft. Sie sah es im »Café Niedlich« stehen, als sie mit Tante Grete[1] und drei kleinen Freundinnen dort sich's wohl sein ließ. Da kam, scheint's der Gedanke, Dir und Alfred so ein Schäfchen zu schikken. Tante Grete und ich mußten von einem Ende der Stadt bis zum anderen mit Gretelein wandern, um *gerade dieses* Lämmchen zu kaufen. In sechs anderen Läden, an denen wir vorüberkamen, gab es natürlich längst nicht so schöne. Bei schneidendem Wind und Kälte wanderte das kleine Ding wohlgemut den weiten Weg, um ihre Brüder zu beglücken. [. . .] Wir haben heute das erstemal Brot mit Brotmarken erstanden. Diese Brotverteilung ist eine arge Arbeit für den Staat, und können wir für diese Fürsorge nicht dankbar genug sein. Wir bekommen täglich 267 Gr[amm] Brot und brauchen längst nicht soviel, ohne uns im geringsten einzuschränken. [. . .] [Hervorhebg. i. Orig.]
Morgen ist unseres großen Bismarcks 100jähr[iger] Geburtstag. Wie stolz wird er auf sein Deutschland blicken, es hat sich seinem großen Schöpfer würdig gezeigt. Gebe Gott als Lohn den endgültigen Sieg. vvv Würde doch Dein Geburtstag der ersehnte Friedenstag. Ich fürcht' aber, wir müssen noch lang' auf das Erlöschen des Weltbrandes warten. [. . .]

---

zu Nr. 172
[1] Rudolf und Grete Münch, Onkel und Tante von Rudolf Heß.

Nr. 173

Der türkische Feldzug im Nahen Osten und der Aufstand in Indien nährten in Deutschland die Hoffnungen auf den Zusammenbruch Englands, mindestens aber auf eine indirekte Schwächung der alliierten Front in

Europa. Japan war zwar mit der Entente verbündet – es hatte Deutschland am 27. 08. 1914 den Krieg erklärt. Aber Japan berührte auch amerikanische Interessen, indem es sich während des Ersten Weltkrieges in China eine Einflußzone sicherte.

Handschriftlicher Brief Klara Heß
an Rudolf Heß, [Westfront]

[ohne Ort], April 1916

[. . .] Onkel L[udwig] brachte sehr beruhigende Nachrichten [aus Ägypten] mit. Das Geschäft ist noch im Gang, es wird einkassiert, und werden auch *kleine* Geschäfte gemacht, am dortigen Markt eingekauft und verkauft. Auch in Kohlen können *kleine* Geschäfte gemacht werden. Unser Haus wurde durchsucht u. Gewehrschrank nebst Gewehren und Munition in das amerik[anische] Konsulat gebracht. Über Englands militärische Lage in Ägypten kommt natürlich kaum Nachricht durch. [. . .] Jetzt scheinen die Engländer noch in Indien zu tun zu bekommen und müssen dorthin ebenfalls starke Kräfte abgeben. Gebe Gott, daß sie ihre Kräfte recht zersplittern müssen, so können die Türken u. wir leichter mit ihnen fertig werden. Wenn Japan nun auch noch gegen China losgeht, hat England neue Sorgen um seine dortigen Kolonien. Amerika wird auch kein Kriegsmaterial dann abzugeben haben. Der chin[esisch]-japanische Konflikt bringt Amerika andere Interessen. [. . .] Frühlingserwachen stärkt unsere Hoffnung und Zuversicht auf segensreichen Frieden für unser teures Vaterland. Es werden wohl noch Monate vergehen, bis wir als Sieger glücklich aufatmen können. Daß wir es werden, sind wir sicher. [. . .] [Hervorhebg. i. Orig.]

Nr. 174

Handschriftlicher Brief Klara Heß
an Rudolf Heß, [Westfront]

Reicholdsgrün, 12. 04. 1916

[. . .] Rudi Münch [1] ist endlich Leutnant geworden, darob großer Jubel in der Familie. Wir tranken sogar Maiwein zur Feier des Ereignisses. Es tut uns für Dich leid, daß Du nun noch warten mußt, um Leutnant zu werden. Doch ist Dir die Ruhe im Lazarett so dienlich, daß Du den Leutnants-Rang ruhig noch entbehren kannst. Wie kommt es nur, daß Du Dich so lange mit der Heilung Deiner Erkältung herumschlagen mußt? Du warst gewiß ärger krank, als Du uns gestanden hast. [. . .]

---

zu Nr. 174
[1] Rudolf Münch, Vetter von Rudolf Heß.

Nr. 175

Handschriftlicher Brief Klara Heß
an Rudolf Heß, [Westfront]

Reicholdsgrün, 17. 04. 1916

[. . .] Die von Dir gestern erhaltenen Postkarten führen so recht klar uns vor, wie entsetzlich die Artillerie dort gewütet hat. Gott gebe, daß man mit derartig Nervenlähmendem verschont wird. Schade, daß nicht die Verbrecher, die den Weltbrand veranlaßt, an ihrem eigenen Körper das Unheil gefühlt haben, das sie aus Neid und Gewinnsucht angefacht haben. Am Galgen baumeln, wäre für sie noch ein zu nobler Tod. [. . .]

Nr. 176

Verschiedentlich hatte die deutsche Hochseeflotte, deren Operationen praktisch auf die Nordsee begrenzt waren, versucht, die britische »Grand Fleet«, die sich überwiegend im Seegebiet um Schottland verbarg, aus der Reserve zu locken. Am 31. 01. 1916 trafen die Seestreitkräfte beider Seiten vor dem westlichen Ausgang der Ostsee, dem Skagerrak, in wesentlichen Teilen aufeinander. In der folgenden Schlacht – der größten Seeschlacht des Ersten Weltkrieges überhaupt – operierte die zahlenmäßig weit unterlegene deutsche Flotte unter Admiral Reinhard Scheer so kraftvoll und geschickt, daß sie mehr als einen Achtungserfolg über die Briten erringen konnte. Die materiellen und personellen Verluste auf englischer Seite waren doppelt so hoch aber strategisch nicht entscheidend.

Handschriftlicher Brief Rudolf Heß
an Klara und Fritz Heß, Reicholdsgrün

[Westfront], 06. 06. 1916

[. . .] Unser Seesieg ist geradezu unfaßlich großartig! Ich hatte viel erwartet von unserer Flotte, aber daß sie gegen solche Übermacht so glänzend besteht, doch nicht. Sehr viel soll unseren Zeppelinen zu verdanken sein, durch die hervorragende Gefechtsaufklärung und Feuerleitung. [. . .]

Nr. 177

Handschriftliche Feldpostkarte
Rudolf Heß an Klara und
Fritz Heß, Reicholdsgrün

[Westfront], 08. 06. 1916

[. . .] An allen Ecken und Enden des Kriegs steht es glänzend für uns, von Saloniki bis zur Nordsee, bei Verdun und in Italien, überall die schönsten Erfolge. Wir kommen dem Frieden doch näher! Haben alle hier die besten Hoffnungen. [. . .]

Nr. 178

Obwohl am 04. 06. 1916 an der Somme eine der größten Schlachten des Ersten Weltkrieges begonnen hatte, wurden auch von dort immer wieder Verbände zur Ablösung der vor Verdun kämpfenden Truppen herangezogen. So kam das bayerische Regiment »König«, dem Rudolf Heß angehörte, zu der zweifelhaften Ehre, in die aussichtslose Schlacht um die französische Festung einzugreifen. Bei Gefechten um das befestigte Gehöft Thiaumont, das südlich des von den Deutschen bereits eroberten Forts Donaumont lag, wurde er leicht verwundet.

Handschriftlicher Brief Rudolf Heß
an Klara und Fritz Heß, Reicholdsgrün

[Westfront], 12. 06. 1916

Liebe Eltern,
bin leicht verwundet, Fleischwunden am Oberarm und Zeigefinger. Reise eben ab nach Deutschland ins Lazarett. Hoffe sehr nach München zu kommen. Leider erhielt ich die Granatverwundung

gerade, bevor wir zum Sturm antraten. So war ich nicht dabei, wie wir mit geringen Verlusten die Wabengräben rechts der Thiaumont Ferme nahmen und dabei ein franz[ösisches] Regiment gefangennahmen. Kann mich deshalb sehr ärgern. Besonders da ich die unangenehme Vorbereitung zum Erfolg, das schwerste Granatfeuer, gut überstanden hatte und wohl oder übel kalten Blutes ausgehalten hab'. Auf baldiges Wiedersehen,
Gruß

Euer Rudi

Nr. 179

Handschriftlicher Brief Rudolf Heß
an Klara und Fritz Heß,
Reicholdsgrün

Bad Homburg v. d. H., 15. 06. 1916

Liebe Eltern,
das hat wohl niemand von uns erwartet, daß ich so schnell wieder [nach einem Kurzurlaub im Juni] in Deutschland sein werde. Nur einmal war ich [vor Verdun] mit in Stellung, dafür aber auch gleich gründlich in den Kämpfen. Alles bisher Erlebte war Kinderspiel dagegen. Die erste Nacht hab' ich etwa drei Stunden geschlafen, die folgenden zwei Nächte überhaupt nicht mehr. Wir lagen vor dem Zwischenberg Thiaumont südwestlich von Douaumont. Wie wahnsinnig tobte der Artillerie-Kampf. Wir schossen die gegnerischen Gräben sturmreif, und zwar beinah nur mit 21-cm-Mörsern und noch schwereren Geschützen. Die Franzosen rächten sich aber natürlich und schickten ähnliche Trümmer herüber. Kurz, es war, wie geahnt, furchbar. Wir hatten viele Verluste, aber glücklicherweise hauptsächlich Leichtverwundete. Als wir aber am 12. [Juni] morgens zum Sturm antraten, zählte die Komapnie [nur] noch etwa 15 Mann, in Stellung gegangen war sie mit 120. Nach dem Sturm führte ein Unteroffizier die sogenannte Kompanie. – Also, am 12. Juni, morgens, 3 Uhr, machten wir uns sturmbereit, auf 8 Uhr war der Sturm angesetzt. Ich war noch keine fünf Minuten im Sturmgraben, als ich meine Verwundung bekam. Erst wollte ich den Sturm doch noch mitmachen, dann fühlte ich mich aber zu schwach nach den schlaflosen Nächten, nach der geringen Ernährung und dem hinzutretenden Blutverlust. Vor allem war es mir zu lang, die fünf Stunden noch zu warten, bis der Sturm begann. Ich hab' mich aber doch furchtbar geärgert. Seit Beginn des

Krieges wartete ich immer auf einen Sturm, war doch eigentlich nur deshalb zur Infanterie übergesiedelt. Jetzt kommt endlich der Sturm, wir wollten den Lohn für das Ausharren im Artilleriefeuer ernten, da werd' ich verwundet. Der Sturm selbst war nämlich verhältnismäßig ungefährlich. Durch das furchtbare Artilleriefeuer waren die Franzosen so mürbe, daß sie sich gleich ergaben oder sogar gleich überliefen. Alle unsere Leute erzählten, daß das für sie der schönste Augenblick des ganzen Krieges war. Etwa 700 m ging mein Bataillon vor, alle glücklich wie Kinder, weit noch über das vorgeschriebene Ziel hinaus. – Nun, im Grunde muß ich aber doch dankbar sein, daß ich so gut weggekommen bin. Die Wunden sind ganz leicht und gar nicht schmerzhaft. [. . .]

Nr. 180

Handschriftlicher Brief Rudolf Heß
an Klara und Fritz Heß,
Reicholdsgrün

Bad Homburg v. d. H., 23. 06. 1916

Liebe Eltern,
bekam eben Euren lieben Brief vom 20. ds. [Monats]. Dank Euch vielmals. – Ich hab' mich heute hier im Lazarett erkundigt, wie es mit meiner Versetzung ist. Da meinte man nun, wenn ich von Hof aus angefordert würde, so würde meine Versetzung auch von hier befürwortet. Aber da meine Verletzungen so gering sind, ist es fraglich, ob die Sache höhererseits genehmigt wird, weil sich bei der schnellen Heilung der Lazarettwechsel kaum lohnt. Ich glaub' aber, daß ich immer noch drei bis vier Wochen mit dem Splitter zu tun hab'. Der Splitter soll sich von selbst herausarbeiten, es ist deshalb ganz gleich, wo ich bin. Abwechslung habe ich jetzt genug gehabt. Das Liebste wär mir jetzt doch, ich käm' nach Haus. Daheim ist daheim! [. . .]
Ihr wolltet noch Näheres über meine Verwundung erfahren. Nun also, wir kamen im Graben an. Schon vorher waren einige Schüsse unserer Artillerie zu kurz gegangen. Um dieses nach rückwärts zur Artillerie zu melden, werden Leuchtkugeln von bestimmter Farbe abgeschossen. Ich lief nun zu meinem Leuchtpistolenschützen, um zu veranlassen, daß gleich viele dieser Kugeln abgeschossen werden, damit die Artillerie ihre Dummheit auch wirklich merkt. Kaum war ich bei dem Schützen, da kam »fffum« schon

wieder eine 21-cm-Granate von uns, schlug neben mir im Graben ein, und ich sah nur noch spritzende Erde und Rauch. Gleichzeitig spürte ich zwei scharfe Schläge an der Hand und am Oberarm. Ich hatte meine Splitter abbekommen. Erst dachte ich, ich wäre schwerer verwundet, dann merkte ich aber gleich, daß ich nur am Arm naß wurde, es also nur dort blutete. Ich setzte mich in ein Erdloch und zog den Rock aus, um mir die Bescherung mal anzusehen. Ein Mann meines Zuges kam gleich und half mir. Nun, ich konnte Arm und Finger frei bewegen, also waren Knochen und Sehnen heil. Das Mann [. . .], großer Bauernsohn, verband mich mit den Verbandspäckchen, die jeder bei sich hat, sehr gut und sauber. Nun überlegte ich mir, ob ich den Sturm noch mitmachen soll. Da wurde mir plötzlich etwas schwindlig, ich sah, daß mir die fünf Stunden bis zum Sturmbeginn doch zu lang werden würden. So wartete ich noch ein Stück und ging mit zwei anderen Verwundeten zurück. Es war hell geworden. Laufgraben war keiner da. So sprangen wir immer von Granattrichter zu Granattrichter. Dazwischen rasteten wir länger, weil der eine der Verwundeten nicht recht schnaufen konnte. Eine ägyp[tische] Zigarette und »Hirth's Elektrolyt« stärkten ihn wieder. 800 m hinter dem ersten Graben ist eine Schlucht mit einem Sanitätsunterstand. Dort traf ich meinen Kompanieführer, einen jungen Leutnant, der am Tag vorher durch eine schwere Granate, die 1 m von ihm einschlug, einen kleinen Nervenschock bekommen hatte. Mit ihm machte ich mich nun auf den Weitermarsch. Zwei Stunden muß man nämlich gehen, bis es eine Fahrtmöglichkeit gibt. Weiter vor darf sich kein Fuhrwerk wagen. Beim Regimentsanitätsstand mußte ich mich noch einmal melden. Wurde dort nochmal verbunden, mit Jod desinfiziert und gegen Starrkrampf geimpft. Bekam heißen Kaffee. Welche Wohltat! Seit Tagen der erste. Bekam beiliegende Krankenkarte umgehängt und marschierte mit Leutnant I. weiter. Er war recht schlecht dran, verstört und zitternd. Die alkoholfreien Nerven von Freund Unzicker und mir haben sich dagegen glänzend bewährt, wir sind wohl [vor dem Sturm] am ruhigsten geblieben. Ich bin am zweiten Graben, gedeckt gegen Sicht, aber im schärfsten Granattrommelfeuer außerhalb des Grabens, von Mann zu Mann gegangen und hab' mich nach seinem Wohlergehen erkundigt und ihm Mut gemacht. Im Graben konnte ich gar nicht laufen, weil der nur aus einzelnen, unverbundenen Löchern bestand, in denen je ein bis zwei Mann lagen. – Die Offiziere begehen leider vielfach den Fehler, vor großen Unternehmungen nochmal das Leben zu genie-

ßen, zu trinken. Wenn die Nervenkraft dann aber am meisten gebraucht wird, ist sie geschwächt und klappt beim nächsten großen Ansturm zusammen.
– Nun, wir wanderten weiter zur Eisenbahn, einer kleinen Feldbahn. Noch immer verfolgten uns die schweren Granaten. Auf der Feldbahn lagen Tragbahren mit Schwerverwundeten, die bis dorthin getragen wurden. Kaum 10 Schritt fuhr die Bahn, da sprang sie aus den Schienen. Mit Winden wurde sie nun wieder in die Gleise gehoben. Wir warteten nicht so lange, sondern zogen es vor, uns zu Fuß in sicherere Gegenden zu begeben. Leid taten mir nur die armen Schwerverwundeten, die so gerne auch sich in Sicherheit gebracht hätten, aber nicht konnten. Wir gingen an einer Trinkwasserstelle vorbei, wo wir uns die Feldflaschen und auch gleich den Magen füllten. Die Wunden machen doch gewaltigen Durst. Nach einer Stunde holte uns die Bahn wieder ein, und wir fuhren bis Romagne, wo unsere Kompanie liegt. Meinen Rucksack hatte ich mitgetragen, so hatte ich alle meine Sachen zusammen. Ich wusch mich gründlich, zog mich um. Dabei half mir bei jeder Bewegung Freund Espermiller der wohl mit mir zusammen Leutnant wird. Am ersten Tag konnte ich mit dem Arm gar nichts machen. So hat mich Espers wie ein kleines Kind angezogen. Er war nämlich mit ein paar Mann als Reserve in den Quartieren geblieben, daher frisch. Dann bekam ich Essen, aber es widerstand mir, obwohl ich die Tage vorher kaum gegessen hatte. Nur trinken mußte ich fortgesetzt. Kaffee über Kaffee, dann Bier, dann wieder Kaffee, trotzdem brannte mir der Rachen. Ich glaub', ich hatte etwas Wundfieber. Sehr freute ich mich, Post vorzufinden, Euer Milch- und Sockenpaket darunter. Von Stiflers Grüße. Abends fuhr ich dann fort, zusammen mit Bekannten und verwundeten Franzosen, mit denen ich mich unterhielt. Sie haben längst ihr England durchschaut, aber »le gouvernement« will nicht sehen und hören! Erst fuhren wir weiter auf der Feldbahn, dann kam eine größere Schmalspurbahn bis Langnos. Dort wurde zu Abend gegessen. Dann wurden wir in die Bahn gesetzt, ich, der ich einen guten Anzug anhatte, in die II^te^ Klasse. Wir schliefen bis gegen Morgen, dann ging der Zug erst ab. In wenigen Stunden waren wir in Diedenhofen. Dort hab' ich zusammen mit zwei Jägeroffizieren, die auch hier sind, an schön gedecktem Tisch gefrühstückt. Zwei Damen vom Roten Kreuz bewirteten uns. Mein alter Appetit war wieder da. Waren alle in bester Stimmung. Freuten uns über die Reinlichkeit und auf die kommende Ruh'. [. . .]

Nr. 181

Handschriftliche Postkarte
Rudolf Heß an Klara und
Fritz Heß, Reicholdsgrün

Schnelldampfer Willem III, 22. 06. 1916

Von einer prachtvollen Rheinfahrt viele herzliche Grüße. Die schöne Gegend tut wohl. Die neuen Bilder verwischen die letzten Eindrücke von der Front. Fühle mich sehr gut und gesund. Auf baldiges Wiedersehen!

Gruß Rudi

Nr. 182

Am 27. 08. 1916 hatte Rumänien, von der Entente schon lange dazu gedrängt, Österreich-Ungarn den Krieg erklärt. Das war nach dem Ende der russischen Sommeroffensive, auf dem Höhepunkt der Sommer-Schlacht, als die Mittelmächte erstmals ins Wanken gerieten. Deutschland, Österreich-Ungarn, die Türkei und Bulgarien hatten damit einen weiteren Gegner, den sie um der eigenen Versorgung mit Getreide und Erdöl willen niederringen mußten. Unter Verstärkung von den anderen Kriegsschauplätzen begann Ende September der rumänische Feldzug. In dessen Verlauf wurde auch Rudolf Heß, von seiner Verwundung genesen, an die rumänische Front befohlen.

Handschriftlicher Brief Rudolf Heß
an Klara und Fritz Heß,
Reicholdsgrün

[Südostfront], 13. 12. 1916

[. . .] Nun bin ich glücklich drinnen im Land unseres jüngsten Feindes. Prachtvolles Wetter, südliche Wärme. [. . .] Für den Soldaten gab es [auf der Reise] viel Interessantes. Die Rumänen hatten Stellung hinter Stellung mit anerkennenswertem Fleiß ausgebaut. Lauter überdeckte Gräben mit Schießscharte neben Schießscharte. An einer wichtigen Stelle waren sogar Panzertürmchen mit Maschinengewehren eingereiht. Hinter dieser Sperrlinie kamen wir dann an ziemlich zerstörten Ortschaften vorbei, nur die moscheenartigen griechisch-katholischen Kirchen standen noch und blinkten mit den goldenen Kuppeln herüber. Es lag Sonne auf der Landschaft und nahm den verkohlten Heimstätten unglücklicher Menschen das Harte und Kalte. Friedlich erhoben sich dahinter die leuchtenden Berge[1], an unsere Dolomiten erinnernd. [. . .]

---

zu Nr. 182
[1] Gemeint sind die transsylvanischen Alpen, über die hinweg der deutsche Angriff auf russisches Gebiet vorgetragen wurde.

Nr. 183

Während eine deutsch-österreichisch-ungarische Armee von Norden nach Rumänien einfiel, stieß eine bulgarische Armee, von deutschen Verbänden unterstützt, von Süden auf die Donau vor. Die rumänische Hauptstadt Bukarest fiel in den ersten Dezembertagen des Jahres 1916 nach schweren Kämpfen, an denen auch türkische Truppen mitgewirkt hatten. – Die Friedensabsichten des amerikanischen Präsidenten Woodrow Wilson und des deutschen Reichskanzlers Theobald von Bethmann Hollweg liefen in der zweiten Hälfte des Jahres 1916 nebeneinander her, hemmten sich aber auch gegenseitig. Am 12. 12. 1916 wurden die USA vom Deutschen Reich ersucht, die Entente darüber zu informieren, daß Deutschland zu Friedensverhandlungen bereit sei. Dieses nur ganz allgemein gehaltene Friedensangebot wurde von der Entente trotz der Erklärung Wilsons, sich für eine Friedensvermittlung zu verwenden, am 30. 12. 1916 von der Entente mit der Forderung nach »Sühne, Wiedergutmachung und Bürgschaft« beantwortet. Hintergrund für das deutsche Friedensangebot war die ungünstige Kriegslage. Die Fronten im Westen und Osten des Deutschen Reiches waren in einem Stellungskrieg erstarrt, den die Mittelmächte nicht mehr aus eigener Kraft zu gewinnen vermochten. Die unerwartet lange Dauer des Krieges, verbunden mit der britischen Hungerblockade, zehrte an den letzten Reserven von Mensch, Material und Lebensmitteln. Dazu waren an der Ostfront und vor Verdun militärische Fehlschläge eingetreten.

Handschriftlicher Brief Rudolf Heß
an Klara und Fritz Heß, Reicholdsgrün

Bukarest, 15. 12. 1916

[. . .] Nun bin ich doch glücklich in Bukarest eingezogen, wenn auch nicht so, wie ich es mir gedacht habe. Wir kamen gestern mit dem Zug hier an. Der erste Eindruck, den man am Nordbahnhof von der Stadt gewinnt, ist recht schlecht: kleine Häuser nach Araberart, geschmacklose Plakate usw. Eine Pferdebahn wie in den »Fliegenden Blättern«. Weiter dem Zentrum zu ist es aber doch ganz großstädtisch mit breiten Straßen, ornamentalen öffentlichen Gebäuden, großen Hotels, modernen Elektrischen. Das Leben in den Straßen macht keinen außergewöhnlichen Eindruck, die vielen Offiziere und Mannschaften in deutscher Uniform geben sogar ein heimatliches Bild. [. . .] Die Erbitterung gegen Bratianu [1] und die englische Königin des Landes [2] ist groß. Der König selbst soll [an der rumänischen Kriegserklärung] weniger schuld sein. [. . .] Das Friedensangebot der Mittelmächte kam erst gerüchteweise zu uns in Campelung. Wir haben's natürlich nicht geglaubt. Erst hier fanden wir dann die Bestätigung in der hier erscheinenden Besetzungszeitung in deutscher und rumänischer Sprache. Bin neugierig, was die Antwort sein wird. Ich glaube nicht, daß die Gegner gleich darauf eingehen; denn dann würden sie unseren vollen Sieg anerkennen. Sie warten vielleicht noch einen kleinen Teilerfolg ihrerseits ab und machen dann Schluß. – Heut hab' ich Mackensen [3] gesehen. Er ging mit ein paar hohen Offizieren etwa einen Schritt von mir vorbei. Er sieht ausgezeichnet aus, von Gesundheit strotzend, der weißbärtige Alte. [. . .]

---

zu Nr. 183

[1] Ion I. C. Bratianu (1864–1927), Ministerpräsident und Führer der Liberalen Partei Rumäniens.

[2] Königin Marie, Nichte Edwards VII. von England, die 1893 Ferdinand I. (1865–1927), König von Rumänien, geheiratet hatte. Sie übte ihren Einfluß zugunsten eines Kriegseintritts Rumäniens auf seiten der Entente aus.

[3] August von Mackensen (1849–1945), preußischer Generalfeldmarschall und nach der Eroberung Rumäniens 1916 Oberbefehlshaber über dieses Land.

Nr. 184

Handschriftlicher Brief Klara Heß
an Rudolf Heß, [Südostfront]

Reicholdsgrün, 19. 12. 1916

[. . .] Mit großer Dankbarkeit gedenke ich noch der schönen Zeit, die wir haben zusammen verleben dürfen. [1] Du hast mir durch Deine Anwesenheit eine unsagbar große Freude u. Wohltat bereitet. Es war so lieb, daß Du so Deine freie Zeit Deiner ganz alten, ernsten Mutter gewidmet hast, anstatt Jugendfreuden zu genießen. Sei noch innig geküßt und umarmt dafür. – – Meine Familie ist ja mein ganzes Lebensglück, was ich mit Euch dem Vaterland schenke, ist alles, was ich besitze. Gott erhalte es mir. [. . .]

---

zu Nr. 184

[1] Rudolf Heß hatte vom Lazarett aus noch einen Abstecher nach Hause machen dürfen.

Nr. 185

Nach ihrer Niederlage versuchte die rumänische Armee, in den östlichen Landesteil zu entweichen. Russische Truppen eilten ihr zu Hilfe. Aber die Deutschen setzten nach, um ihre Südostfront zu verkürzen. Dabei kam es in der Nähe von Rimnicul-Sarat zu heftigen Kämpfen, an denen auch Rudolf Heß teilnahm.

Handschriftlicher Brief Rudolf Heß
an Klara und Fritz Heß,
Reicholdsgrün [Südostfront], 27. 12. 1916

[. . .] Gestern war für mich wohl der schönste Tag des ganzen Krieges. Der erste ganz durchgeführte Sturm! Die Russen saßen in diesen Tagen in starken vorbereiteten Stellungen fest, dahinter ein ausgebautes, zur Verteidigung eingerichtetes Dorf. Unsere Artillerie funkte ein paar Stunden [unleserlich] hinein, dann stürmten Bayern, Preußen, Österreicher in glänzendem Sturm das Dorf. Ich konnte in [unleserlich] Linie das Ganze gut übersehen, die vorgehenden Schützenlinien beobachten, bis auch für uns der Augenblick des Sturmes kam. Die Russen waren ausgezeichnete Regimenter, die sich gut schlugen. Uns gegenüber war ein Erdwerk, das die zuerst vorstürmenden Linien flankierte. Wenn die Russen aber aus dem Graben guckten zum Schießen, schossen wir sie von der Kante aus ab. Wie auf Scheiben haben wir auf 100 Schritt auf die Russenköpfe gezielt. Ich habe nach dem Schuß manchen zurücksinken sehen, nachher im feindl[ichen] Graben die Toten mit den Kopfschüssen gefunden. Dann haben wir gestürmt, durch das Dorf durch und auch in die fliehenden Russenmassen vom anderen Rand aus hineingeschossen. – Jetzt sind wir Reserve, liegen in heute Nacht ausgehobenen Schützenlöchern. Es ist nicht zu kalt, auch viel Stroh da. Wetter sehr gut. [. . .]

Nr. 186

Handschriftlicher Brief Rudolf Heß
an Klara und Fritz Heß,
Reicholdsgrün

[Südostfront], 05. 01. 1917

[...] Ich wollte nur, Ihr könntet mich oft sehen, wenn Ihr mich in den schlimmsten Gefahren glaubt. Wenn Ihr vielleicht die Granaten um mich einschlagen seht, in kalter Nacht im Freien, bin ich quietschvergnügt wie heute, in warmer Stube, der Feind kilometerweit fort. Er ist froh, daß wir nicht gleich nachrennen und ihm auch mal etwas Ruh' gönnen. – Wie die meisten rumänischen Bauernzimmer ist auch dieses recht sauber. Die Wände weiß gekalkt, die Decke aus Balkenwerk und rot gestrichen, der Boden saubergekehrter Lehm. Rings an den Wänden Holzlager nach Art des arabischen Diwans, Strohmatten darauf. Eine Truhe, ein Wandschrank, weniges Hab und Gut darin. Ein gemauerter Ofen, wie unsere Kachelöfen in der Ecke, davor ein kleiner Herd. Der Ofen ist meist vom Vorraum aus heizbar. In der Mitte ein Tisch, sauber gehalten. Ein Heiligenbild an der Wand. Das ist die ganze Zimmereinrichtung. Von Ungeziefer ist selten etwas zu merken. Die Einwohner haben sich außerhalb eine Art Unterstand gebaut; denn wir brauchen den Platz hier. Die Leute sind recht angenehme biedere Menschen, schmale, hübschgezeichnete Gesichter, eine feine Nase. Sie sind uns oft behilflich, scheinen unser Dasein als selbstverständlich zu betrachten. [...]

Nr. 187

Handschriftlicher Brief Klara Heß
an Rudolf Heß, [Südostfront]

Reicholdsgrün, 16. 01. 1917

[...] Ich war froh, Alfred[1] zum Zug begleitet zu haben, d. h. wir standen auf dem nächstliegenden Bahnsteig, und konnte Alfred noch über's Geleise, um uns nochmals Lebewohl zu sagen. Es war ein großer Truppentransport. Alle voller Begeisterung und frohem Mut. Wir sahen Alfred im Kreise seiner Kameraden, vergnügt, daß es endlich in die Weite geht. Zur Abfahrt des Zuges spielten zwei Musikkapellen, mit begeistertem »Hurra, hurra«, zog unsere tapfere Jugend zum Kampf. Seit der Mobilmachung hatte ich nicht wieder ein so erhebendes Gefühl als bei dieser Abfahrt. – In Erinnerung sehe ich immer Alfred frohgemut mit seinen Kameraden scherzen. Gott erhalte Euch gesund, Ihr lieben Brüder! [...] Morgen sende ich Dir wieder Zeitungen. Ich habe viel Interessantes über den rumänischen Feldzug gesammelt. Am 8. Januar haben ja die Leiber[2] wieder gekämpft. Ob Du dabei warst, ist nun wieder die Frage. Wenn ja, gebe Gott, daß Du gut durchgekommen. Ich gewöhn' mich langsam an die Einsamkeit. Meine Gedanken sind immer bei Euch in der Ferne mit allen guten Wünschen. Seit dem 29. Dez[ember] habe ich keine Nachricht von Dir. Ob Du wohl von mir Nachrichten bekommen hast u. ob die Weihnachtspaketchen? [...]

---

zu Nr. 187

[1] Alfred Heß (1897–1963), jüngerer Bruder von Rudolf Heß.

[2] Vgl. Anm. 1 zu Dokument-Nr. 77.

Nr. 188

In dem Maße, wie in Deutschland die Hoffnungen auf einen »Siegfrieden« oder zumindest auf einen gerechten Ausgleich mit den feindlichen Mächten schwanden, verstärkten sich die innenpolitischen Spannungen. Während die Oberste Heeresleitung, seit dem 29. 08. 1916 unter Generalfeldmarschall Hindenburg und Generalquartiermeister Erich Ludendorff, auf Anspannung aller Kräfte zum »totalen Krieg« bestanden, zerfiel die politische Mitte zunehmend in zwei Lager: Die Liberalen und die Mehrheit der SPD forderten einen Verständigungsfrieden und den Übergang Deutschlands von der Monarchie zu einer parlamentarischen Demokratie. Eine Minderheit von Sozialisten und Kommunisten spaltete sich von der SPD ab und bildete die »Unabhängige Sozialdemokratische Partei« (USPD) bzw. den »Spartakusbund«, aus der später die »Kommunistische Partei Deutschlands« (KPD) wurde. Das Ziel dieser Gruppierungen war, grob vereinfacht, eine sofortige Beendigung des Krieges und eine Revolutionierung der gesellschaftlich-staatlichen Ordnung nach russischem Muster.

Handschriftlicher Brief Klara Heß
an Rudolf Heß, [Südostfront]

Reicholdsgrün, 22. 01. 1917

[...] Das Friedensangebot brachte mir anstatt Erleichterung ein auffallend niederdrückendes Gefühl, ich fürchte einen schwachen

Frieden, unwürdig den schweren Opfern an Gut u. Blut, die unsere Nation gebracht. Obgleich der Friede Euch gesund uns zurückgebracht hätte, wäre doch die Zukunft des Vaterlandes und dadurch auch die *Eure* auf recht schwankenden Pfeilern gebaut worden. [Hervorhebg. i. Orig.] Gott sei Dank hat der [deutsche] Michel endlich das nötige »steife Rückgrat« bekommen, um nicht nachzugeben, bevor unsere Freiheit zu Wasser und zu Land gesichert ist. Wir alle wollen durchhalten, wenn auch noch eine sehr schwere Zeit uns bevorsteht. Bis jetzt sind wir Sieger und werden es bleiben. Lug und Trug hat bis jetzt niemals den Sieg davongetragen. Wie freue ich mich für Dich, daß Du die Freude hattest, einen großen Heerführer so nahe zu sehen.[1] Wie glücklich können wir sein, solche Strategen zu haben, sie geben uns die große Zuversicht zum endgültigen Sieg. Unser Volk steht einsamer als je an der Front und im Lande. Der Feind hat mit seiner brutalen Antwort auf unser Friedensangebot unsere Schwerter sich zum Nachteil noch schärfer geschliffen. Damit eine neue Mobilmachung hervorgerufen, nun ist wohl jegliche sentimentale Rücksicht geschwunden. Mit Sorge denkt man wohl an den Frühling, der ein neues u. noch schärferes Gegeneinanderrennen bringen wird. Gott wird auch fernhin mit uns sein und uns siegen helfen. Das eigene »Ich« geht auf in dem ganzen Großen u. unsere Einzelwünsche müssen zurücktreten, wenn es der Sicherheit des Vaterlandes gilt. So dürfen wir auch nicht feige um Euch bangen, sondern müssen stolz sein, daß wir durch Euch das Vaterland erretten helfen. Gott befohlen, mein lieber Sohn. [. . .]

---

zu Nr. 188

[1] Gemeint ist Rudolf Heß' Begegnung mit August von Mackensen (vgl. Anm. 3 zu Dokument-Nr. 183).

Nr. 189

Handschriftlicher Brief Rudolf Heß
an Klara und Fritz Heß,
Reicholdsgrün

[Südostfront], 30. 01. 1917

[. . .] Von ganzem Herzen meine allerbesten Wünsche zu Eurer Silberhochzeit! Mögen Euch noch viele, viele gesunde, glückliche Ehejahre beschieden sein. Ihr werdet das Fest wohl ruhig feiern,

in der Stille. Eure ältesten Kinder fehlen, so hattet Ihr Euch die Feier wohl nie gedacht. Ihr habt aber das erhebende Bewußtsein, daß sie dem Besten dienen, ihrer Pflicht als deutsche Söhne restlos nachkommen. Dies wird Euer Trost und Euer Stolz sein.
Vor allem möcht' ich das Fest benutzen, um Euch einmal von Herzen zu danken. Zu danken für all' die Liebe, mit der Ihr uns aufgezogen, für die Erziehung, die Ihr uns habt zuteil werden lassen. Wir haben eine freudenreiche glänzende Jugend gehabt, wie man sie sich schöner und abwechslungsreicher kaum denken kann. Kein Wunsch blieb uns unerfüllt! Habt Dank! Unsere Schul- und Lehrzeit ist plötzlich unterbrochen worden. Doch verlorene Jahre sind diese Kriegsjahre auch nicht. Sie entwickeln den Charakter, Entschluß, Tat, Selbständigkeit. Mögen es spätere Jahre beweisen.
[. . .]

Nr. 190

Nach Ablehnung des deutschen Friedensangebotes war klar, daß die Entente ihre Überlegenheit an Menschen, Material und militärischen Mitteln dazu benutzen würde, die Mittelmächte restlos zu Boden zu werfen. Auch das Vermittlungsangebot des US-Präsidenten Wilson hatte sich als wirkungslos erwiesen. Vor die bittere Wahl gestellt, entweder den Krieg zu verlieren oder England, in dem es mittlerweise den Hauptfeind sah, durch die Unterbrechung seiner Versorgungslinien in letzter Stunde doch noch entscheidend zu schlagen, beschloß die deutsche Führung die Wiederaufnahme des unbeschränkten U-Boot-Krieges zum 02. 02. 1917 gegen die Handelsschiffahrt in Nordsee und Atlantik. Sie tat diesen folgenschweren Schritt auch auf die Gefahr hin, daß die ohnehin kaum noch neutralen Vereinigten Staaten von Amerika nun offen an der Seite der Entente in den Krieg eintreten würden. Die Wilson-Administration billigte zwar die britische Fernblockade, die etwa 800.000 deutschen Männern, Frauen und Kindern den Hungertod brachte. Sie verurteilte aber den Tod von 13.000 Seeleuten, die auf zum Teil schwerbewaffneten Handelsschiffen die deutschen U-Boote bekämpften, als Unmenschlichkeit.

Handschriftlicher Brief Klara Heß
an Rudolf Heß, [Südostfront]

Reicholdsgrün, 02. 02. 1917

[. . .] Der zweite Februar ist für uns Deutsche wieder ein ganz besonders erhebender Tag: »Der Beginn des uneingeschränkten

U-Bootskrieges.« Alle atmen auf und erhoffen mit dieser Radikalkur England von seinem Größenwahn u. Übermut zu heilen u. dadurch sehr rasch einen Frieden, dessen Bestimmungen wir diktieren werden, zu erlangen. Hoffen wir, daß sich das Sprichwort: »Wer anderen eine Grube gräbt, fällt selbst hinein«, an unseren Feinden erfüllt u. daß das »Verhungern«, mit dem sie uns bezwingen wollten, jetzt sie zu fühlen bekommen. Da Hindenburg seine Zustimmung zu dem schärfsten U-Bootskrieg gegeben hat, braucht niemand zu fürchten, daß dieses Unternehmen zu gewagt ist. Ich sehe dem Erfolg mit freudigster Zuversicht entgegen: »Hipp, hipp, hurra!« Auch Ihr im Feld werdet alle aufatmen, kann doch jetzt die Marine im vollsten Maße zur Verteidigung des Vaterlandes beitragen. Die Zeppeline werden wohl auch mit äußerster Anstrengung vorgehen. Es ist mir oft, als hält die Welt erwartungsvoll den Atem an. – Wir haben arge Kälte, u. da das rollende Material für Kriegszwecke in Anspruch genommen, fehlt es sehr an Kohlen. Wir lernen nun auch »frieren« kennen, ist's nicht grade das wohligste Gefühl. Die Schulen, Theater, Kinos sind bis auf weiteres wegen Kohlenmangels geschlossen. [. . .]

Nr. 191

Vielleicht wäre es nicht zu dem umstrittenen, weil in seinem Erfolg ungewissen U-Boot-Krieg gekommen, hätte die deutsche Führung die russische Revolution vorhergesehen, die im Februar 1917 begann und im März zur Abdankung des Zaren sowie im März 1918 zum Sonderfrieden mit Rußland führte. Erst von da an wurden die im Osten eingesetzten Truppen der Mittelmächte in großem Umfang für den Kampf im Westen frei. Bis dahin mußten die geschwächten Deutschen zwischen Ärmelkanal und Alpen manchen bitteren Rückschlag hinnehmen – teils von feindlicher Überlegenheit dazu gezwungen, teils aus taktischen Gründen von der eigenen Führung befohlen.

Handschriftlicher Brief Klara Heß
an Rudolf Heß, [Südostfront]

Reicholdsgrün, 19. 03. 1917

[. . .] Das plötzliche Zurückgehen eines Teiles unserer Westfront war eine Überraschung und für die Engländer sicher ein unvorhergesehener harter Schlag. Ihr könnt das besonders gut beurteilen, da Ihr wißt, was eine gut ausgebaute Stellung für Vorteile bringt. Gezwungen [zu] sein, sie plötzlich mit einem Chaos zu vertauschen, nachdem man sich eben zur Offensive vorbereitet, muß höchst schmerzlich sein. Das war wieder ein Hindenburgschlag. Die Revolution in Rußland u. deren Folgen lassen sich vorderhand noch wenig übersehen. Die Nachrichten bisher sind so widersprechend, daß sich noch niemand ein Bild von den dortigen Zuständen machen kann. – Hier werden jetzt durch die Pfarrer den Bauern zur Verteilung der Lebensmittel Vorschriften gemacht. Auch wir werden jetzt nur durch Klugs [1] versorgt u. bekommen an Eiern, Butter u. Milch ein gewisses Quantum. Ich bin sehr froh darüber. Man muß sich einteilen, hat aber die Gewißheit, daß auch die Städter versorgt werden. Unerlaubtes schmeckt mir sowieso nicht. Ich bin eine zu gute Patriotin, um mich auf Kosten anderer dick zu essen. [. . .]

zu Nr. 191
[1] Konnten nicht ermittelt werden.

Nr. 192

Mit der russischen Revolution und den trügerischen Friedensvorschlägen des US-Präsidenten Wilson trat der »Kampf um die Seele Deutschlands« in ein neues Stadium. Kommunisten und liberal-demokratische Internationalisten versuchten, die deutschen Soldaten von ihrem bisher verfolgten Ziel, den Sieg des Kaiserreichs unter allen Umständen zu erstreiten, abzulenken. Mancher Aufruf, die Waffen zu strecken, fand freilich eher ein ironisches Echo, wie dieser Austausch von Flugblättern an der Südostfront zeigt.

Handschriftlicher Aufruf der
Bolschewisten

[Südostfront], März 1917

Deutsche Soldaten!
Wir wissen ganz gut, daß wir jetzt keinen Zar haben. Wir erfuhren es noch eher als sie von unseren Hauptmannschaft.
Jetzt haben wir eine Nationalregierung, welche wir begrüßen und welche uns zu einem Sieg über ihnen führen wird.
Wir haben die bürgerliche Freiheit bekommen, von welcher sogar zu denken ihnen noch zu früh ist. Ihr werdet letztere erst dann bekommen, wenn ihr den Kopf eurem Wilhelm herunterdreht.
Große und freie Rußlands Soldaten

Nr. 193

Handschriftlicher Gegenaufruf Rudolf Heß

[Südostfront], März 1917

Große und freie Rußlands Soldaten
Edle Lausikoffs!
Wir haben Eure Botschaft gefunden und uns sehr gefreut. Schickt noch oft solche Briefe. Eine unserer besten Zeitungen wird sie drucken, sie heißt »Simplicissimus«. Zu Eurer neuen Regierung gratulieren wir Euch! Wir warten schon, daß Ihr kommt zum Sieg über uns. Besser wäre [es] für Euch aber, Ihr hättet auch einen »Wilhelm« wie unser Kaiser. Der hat Euch schon lange einen Frieden angeboten zu günstigen Bedingungen. Ihr aber wolltet nicht. Ihr müßt erst noch viel mehr für den edlen Bundesbruder England bluten, bis wir ganz gesiegt haben! Dann gibt es Frieden. – Eurem Dolmetscher sagt, er soll nach »Debberitz«[1] kommen, damit er richtig Deutsch lernt.
Deutsche Soldaten

zu Nr. 193
[1] Ironische Anspielung auf den Truppenübungsplatz »Döberitz« bei Berlin.

Nr. 194

Handschriftlicher Brief Rudolf Heß
an Klara und Fritz Heß, Reicholdsgrün

[Südostfront], 30. 03. 1917

[. . .] Zur Zeit sind wir auf einem Berg, der oben eine größere Fläche bildet, da befindet sich der Gegner in einem Waldstück etwa 100 m weg auf gleicher Höhe mit uns. Der abfallende Hang hinter uns ist vom Feind uneingesehen, so daß wir sichere Unterstände haben und uns frei bewegen können. Zwischen jungen Buchen, mit Aussicht auf die Berge, hab' ich mir ein Plätzchen herausgesucht und Tisch und Bank hinzimmern lassen. [. . .]
[. . .] Der große Augenblick des Tages ist, wenn gegen Abend die Maultiere mit der Verpflegung kommen. Abends wird das warme Essen abgegeben: Nudel-, Grießsuppe mit einem großen Stück Rindfleisch, oder es gibt sog. »Drahtverhau«, Büchsenfleisch mit Kartoffeln, sehr gut. Dazu kommen die 1000 gr. Brot für den Tag.

Morgens wird dann die Mittagskost abgegeben. Büchsenwurst oder Speck oder Butter oder Marmelade, öfters Zucker, Schnaps. Außerdem für morgens und mittags gemahlenen Kaffee, den wir selbst kochen. Ich hab' längere Zeit so gelebt, fand die Kost reichlich und gut. Mittags macht man sich meistens eine ordentliche Brotsuppe mit dem Fett oder der Butter darin. – Jetzt hab' ich wieder Offizierskost, die natürlich hervorragend ist. Suppe, Fleischspeise mit Kartoffeln, auch Gemüse dazwischen, süße Speise hinterher, so morgens und abends. [. . .] Zu kaufen gibt es hier natürlich nichts, die Ortschaften, in die wir kommen, sind von Zivil[personen] vollkommen verlassen. Der Marketender bringt alle 8 Tage etwa soviel, daß auf den Einzelnen eine Tafel Schokolade oder ein paar Kekse kommen. Infolgedessen sparen wir natürlich Geld. [. . .] Meine Leutnantspapiere sind natürlich längst da. Aber Papier allein tut's freilich nicht. Vorläufig sind genug Offiziere beim Regiment, besonders da noch einige aus der Garnison gekommen sind. Mit gemischten Gefühlen habe ich in der Zeitung gelesen, daß die sechs Kameraden, mit denen ich in der Garnison befördert werden sollte, inzwischen Leutnant geworden sind. Bei mir ist die Sache ja nicht weitergegangen, weil ich zum 18. R[e]g[imen]t, also [zu] einem anderen Regiment abgestellt wurde. Manchmal ist es doch *recht* schwer, den Satz zu befolgen: Mensch, ärgere Dich nicht! – Vorläufig will man mich hier wenigstens zum Offizierstellvertreter machen. [. . .] [Hervorhebg. i. Orig.]

Nr. 195

Die deutschen Behörden verhalfen dem Führer der russischen Bolschewisten, Wladimir Iljitsch Lenin, der als Verbannter in der Schweiz gelebt hatte, Mitte April 1917 zur Rückkehr nach St. Petersburg. Sie erhofften sich davon eine Entlastung im Osten, weil die Bolschewisten die sofortige Beendigung des Krieges forderten und die gesellschaftliche Revolutionierung Rußlands anstrebten. Während die Dinge sich im Osten dann tatsächlich in diese Richtung entwickelten, trat im Westen mit den Vereinigten Staaten von Amerika eine Macht auf den Plan, die den Ausgang des Gesamtkrieges entscheiden konnte. Herausgefordert von der Eröffnung des unbeschränkten U-Boot-Krieges, erklärten sie Deutschland am 06. 04. 1917 den Krieg, um den Sieg der Entente sicherzustellen.

Handschriftlicher Brief Klara Heß
an Rudolf Heß, [Südostfront]

Reicholdsgrün, 18. 04. 1917

Mein lieber Rudi!
Sei inniglich umarmt und geküßt, Du lieber Geburtstäger, nimm unsere innigsten Glück- und Segenswünsche für Dein neues Lebensjahr. Gott schütze Dich fernerhin, segne all' Deine Unternehmungen, führe Dich bald zu uns zurück, siegreich, gesund an Leib und Seele. Möge dieses Jahr endlich das Friedensjahr werden und möge ein den furchtbaren Opfern an Gut u. Blut würdiger Friede, ein ehrenvoller, uns zuteil werden. Möge unserem Vaterland und uns allen eine glückliche Zeit nach den sorgenvollen Jahren entstehen. [. . .] Man hofft sehr bald mit Rußland in Friedensverhandlungen zu kommen, hervorgerufen durch die dorthin zurückgekehrten russischen Sozialdemokraten, die während des Krieges verbannt waren u. in der Schweiz gelebt haben. Sie haben Einblick gehabt in die ausländische Politik u. wissen, wie sehr alle Verbündeten durch Englands Lügen hintergangen sind. Wissen auch, daß Deutschland zum Krieg gezwungen wurde. Die Rückkehr dieser Aufgeklärten macht Frankreich und England sehr mißmutig u. ängstlich. Wenn Rußland Frieden schließen würde, könnte uns Amerikas Kriegserklärung recht egal sein. [. . .]

Nr. 196

Der berüchtigte »Rüben- und Hungerwinter« 1916/17 erschütterte den Durchhaltewillen der deutschen Bevölkerung. Die Landwirtschaft war durch den Mangel an Menschen und Tieren erschöpft. Wichtige Rohstoffe fehlten, weil England den deutschen Außenhandel blockierte. Der Industrie, ohnehin einseitig auf Rüstungszwecke orientiert, fehlten die Arbeiter, die als Soldaten an den verschiedenen Fronten kämpften. Während der Kalorienwert der staatlich zugeteilten Lebensmittel auf die Hälfte des menschlichen Mindestbedarfs sank, grassierten Schleichhandel und Wucher. Viele Deutsche opferten Bargeld und Wertgegenstände, um durch die Zeichnung von Anleihen die Fortführung des Krieges zu ermöglichen. Andere strichen als »Kriegsgewinnler« Millionen ein.

Handschriftlicher Brief Klara Heß
an Rudolf Heß, [Südostfront]

Reicholdsgrün, 24. 04. 1917

[. . .] Da es weniger Brot gibt, bekommt man mehr Fleisch u. einen Teil *auf Zusatzmarken* sehr billig. 1 Pfund Kalbfleisch 10 M.

1 Pf[und] Schweinefleisch 40 M. 1 Pf[und] Rindfleisch 80 M., ist das nicht unglaublich. Freue mich für die Arbeiter, die kräftige Nahrung wird ihnen wohltun, u. würden sie auch wieder mit mehr Lust arbeiten. – Die Kriegsanleihe brachte auch Erfreuliches. Man fühlt den Frieden näher, tut aber doch gut [daran], nicht zu optimistisch zu sein. [. . .] [Hervorhebg. i. Orig.]

Nr. 197

Nach der Februar-Revolution begann sich die Ordnung im russischen Staat und Heer aufzulösen. Damit kündigte sich der erste Zusammenbruch eines Landes an, das am Ersten Weltkrieg teilgenommen hatte. Auch Österreich-Ungarn und Bulgarien wankten. Selbst auf die deutsche Kampfmoral war nun kein fester Verlaß mehr. Überall in Europa ging die Angst vor dem kommunistischen Umsturz um.

Handschriftlicher Brief Rudolf Heß
an Klara und Fritz Heß, Reicholdsgrün

[Südostfront], 19. 05. 1917

[. . .] Gestern ging große Schießerei los. Aber bloß unter den Russen gegeneinander. Ein Offizier kam rüber, gab sich gefangen. Er sprach tadellos deutsch. In Baden geboren, aber russischer Staatsangehöriger. Er erzählte, daß hinter der Front ganze Schlachten stattgefunden hätten. Offiziere schössen aufeinander, Soldaten desgleichen. Es wär' ihm jetzt zu dumm geworden. Man könne ihm den Buckel runterrutschen. Als wir ihm zu essen anboten, dankte er. Er habe vor dem Fortgehen noch sehr gründlich zu Abend gegessen und habe Tee getrunken und sich erst dann dünn gemacht.
Gestern war uns gegenüber großer Lärm bei den Russen, sie haben in der Stellung gerauft. Auch hörten wir die Inf[anterie-] Schüsse rückwärts gehen, also in die eigenen russischen Linien zurück. Reizende Zustände! [. . .]

Nr. 198

Die Somme-Schlacht des Jahres 1916 hatte die deutsche Westfront bei Péronne eingedrückt. In Anbetracht der feindlichen Überlegenheit an Mensch und Material entschloß sich die deutsche Führung, auf die bisher übliche Gegenoffensive zu verzichten. Sie verkürzte die Westfront ab März 1917 auf die schon vorher sorgfältig vorbereitete »Siegfried-Stellung«. Mit Beginn ihrer Frühjahrsoffensive am 09. 04. 1917 setzten Engländer und Franzosen unter Einsatz von Panzern heftig nach. Sie erzielten zwar auch streckenweise tiefe Einbrüche in die deutschen Linien, vermochten aber den endgültigen Durchbruch nicht zu erzwingen. Alle Welt erwartete nun mit wachsender Spannung das militärische Eingreifen der USA.

Handschriftlicher Brief Klara Heß
an Rudolf Heß, [Südostfront]

Reicholdsgrün, 07. 06. 1917

[...] Hoffentlich hast Du einen angenehmen, bombensicheren Unterstand bekommen u. bist vor Regen, Eisen- u. Wasserregen, geschützt. Die Arbeit im Zugbereich ist Dir sicher als Zeitvertreib nicht unangenehm. Denn nichts ist entsetzlicher als nicht zu wissen, wie den Tag hinzubringen. Wie es dem armen Vater geht, der deshalb das frühe Aufstehen fürchtet. Bei den herrlichen Sommertagen ist langes Schlafen eine Sünde, doch hat Vater, von seinem Standpunkt aus, recht, den Tag nicht noch verlängern zu wollen. Wir stehen aber doch schon ½8 Uhr auf, [da]gegen im Winter um zehn Uhr. Heute wanderte Vater mit dem Gewehr durch's Revier, sah aber wieder nichts. Kam furchtbar überhitzt um ½ 1 Uhr zurück, übermüdet, infolgedessen, etwas mißgestimmt. Ich habe ihm sehr abgeraten von solch späten Morgenwanderungen. [...]

Nr. 199

Handschriftlicher Brief Klara Heß
an Rudolf Heß, [Südostfront]

Reicholdsgrün, 18. 06. 1917

[...] Wie leid tut es mir, Dir schreiben zu müssen, daß Dein lieber Freund Richard Wunderlich[1] gefallen ist. Er ist im Mai mit seinem Torpedoboot im Kampf mit englischen Kreuzern untergegangen. [...]

---

zu Nr. 199
[1] Vgl. Anm. 1 zu Dokument-Nr. 16.

Nr. 200

Nachdem sich die Zentrumspartei gegen den unbeschränkten U-Boot-Krieg gestellt hatte, gab es im Deutschen Reichstag eine Mehrheit für einen Verständigungsfrieden. Zentrum, Sozialdemokraten und Liberale verabschiedeten nach dem Sturz des glücklosen Kriegs-Kanzlers Theobald von Bethmann Hollweg am 17. 07. 1917 eine sogenannte »Friedensresolution«, die zu einer Versöhnung der Völker ohne »erzwungene Gebietsabtretungen« und ohne »politische, wirtschaftliche und finanzielle Vergewaltigungen« aufrief. Viele Deutsche sahen darin ein Signal der Nachgiebigkeit, das die unnachgiebige Entente als Zeichen der Schwäche auslegen mußte.

Handschriftlicher Brief Klara Heß
an Rudolf Heß, [Südostfront]

Reicholdsgrün, 14. 07. 1917

[. . .] Wir sind in Spannung, was der Reichstag ausheckt. Gott schenke uns einen klugen, kräftigen Staatslenker. [. . .]

Nr. 201

Während des harten Winters 1916/17 und der anschließenden Tauwetterperiode hatten sich die deutschen und österreichisch-ungarischen Truppen das rumänische Serethtal hinaufgekämpft, um über Pruth und Dnjester in die Ukraine vorzustoßen. Die Russen leisteten hier jedoch noch erbitterten Widerstand und gingen zum Teil sogar zum Gegenangriff über. Bei den schweren Kämpfen wurde Rudolf Heß zum zweiten Mal verwundet, dieses Mal wieder nur leicht.

Handschriftlicher Brief Rudolf und
Alfred Heß an Klara und
Fritz Heß, Reicholdsgrün

[Südostfront], 29. 07. 1917

Liebe Eltern,
bin gesund und wohl. Alfred desgleichen.[1] Nur hab' ich einen kleinen Granatsplitter im Arm, nur wenige cm von dem anderen entfernt, den ich bei Verdun hineinbekommen hab'. Die kleine Wunde heilt sehr gut, stört mich auch so wenig, daß ich meinen normalen Dienst weitermachen kann. In acht Tagen wird es überhaupt vorbei sein. Am 24. [Juli] hab' ich ein kleines Stoßtrupp-

unternehmen geführt. Es ist nicht ganz geglückt, hatte aber trotzdem Wert. Daß es nicht so ausfiel, wie beabsichtigt, ist nicht Schuld der Infanterie, sondern einer anderen mehr oder minder tüchtigen Waffengattung. Jedenfalls scheinen die Splitter für meinen linken Oberarm eine besondere Vorliebe zu haben, es ist sogar wieder dasselbe Kaliber wie das letzte Mal. Sonst hatte ich unter den 30 Mann keinen Verletzten, nur hatte einer einen Erdklumpen an die Brust bekommen und schnappte etwas nach Luft. Er hat sich aber wieder ganz erholt. Am nächsten Morgen hat mich der Oberst persönlich angerufen durchs Telefon. Hat mir seine Anerkennung ausgesprochen, sich nach meinem höchsteigenen Befinden erkundigt und das heile Zurückbringen der Mannschaft lobend erwähnt. Für letzteres kann ich aber gar nichts, Glück und Zufall waren uns günstig. [. . .]

---

zu Nr. 201

[1] Bruder Alfred war ebenfalls an die Karpathenfront versetzt worden und diente dort sogar in derselben Einheit wie Rudolf Heß.

Nr. 202

Die Armeen der Mittelmächte schlugen sich auf den verschiedenen Kriegsschauplätzen noch so glänzend, daß Feldmarschall Hindenburg, Chef der Obersten Heeresleitung, am 03. 08. 1917 an Kaiser Wilhelm II. telegraphierte: »Während wir im Westen den ersten Ansturm des großen englisch-französischen Angriffs abschlagen . . ., ist Österreich-Ungarn seit dem 19. Juli [1917] im wesentlichen frei vom Feinde.«

Handschriftlicher Brief Rudolf und
Alfred Heß an Klara und
Fritz Heß, Reicholdsgrün

[Südostfront], 05. 08. 1917

[. . .] Ich bin z. Zt. zum Beobachtungsoffizier des Bat[ail]l[ons] ernannt. Ein sehr interessanter Dienst. Leute mit Scherenfernrohren und guten Gläsern beobachten [den Feind] ständig. Ich bekomme die Meldungen, verarbeite sie und geb' sie weiter. Angenehm ist auch noch vor allem, daß man ziemlich selbständig ist, keinen Komp[anie-]Führer über sich hat, sondern gleich das Bat[ail]l[on]. Dann hat man nachts sei' Ruh'. – Da geteiltes Leid halbes Leid ist, muß ich Euch doch noch mitteilen, daß für mein

Stoßtruppunternehmen neulich mir die Goldene Tapferkeitsmedaille versprochen war, außerdem sollte sogar das E[iserne] K[reuz] I bereitliegen. Umso mehr hat es mich natürlich geärgert, daß die Sache ohne eigne Schuld danebenging. – Glaub' übrigens nicht, daß ich mich durch die Auszeichnungen zu zu großen Wagnissen verleiten lasse. Ich mach' die Sachen nur, wenn sie Sinn haben. [. . .]

Nr. 203

Handschriftliche Feldpostkarte
Rudolf Heß an Klara und
Fritz Heß, Reicholdsgrün

[Südostfront], 10. 08. 1917

Liebe Eltern,
Verwundung N° 3, auch nicht weiter schlimm, aber die Heilung wird doch einige Zeit beanspruchen. Es ist ein glatter Durchschuß unterhalb der linken Schulter hinein, am Rücken heraus. Kein Knochen verletzt. Liege im Bett, daher die schlechte Schrift, denke, daß ich langsam heimkomm'. Alfred hat ein paar kleine Handgranatensplitter im Gesicht. Ist sonst wohl, auch in irgendeinem Lazarett.
Herzl[iche] Grüße

Euer Sohn Rudi

Der Schuß ist von russischem Inf[anterie]gewehr, ganz kleines Kaliber. Appetit ausgezeichnet.

Nr. 204

Handschriftliche Feldpostkarte
Rudolf Heß an Klara und
Fritz Heß, Reicholdsgrün

[Südostfront], 13. 08. 1917

[. . .] Meinen Schuß bekam ich auf Offiz[iers-]Patrouille. Ein Mann hatte bestimmt gemeldet, daß der andere Graben schon von österr[eichischen] Truppen besetzt [sei]. [Ich] sollte Reg[imen]t feststellen. Als ich hingehe, sind plötzlich Rumänen dort, die mich auf

30 Schritt niederknallten. Der andere, der mit mir war, bekam 2 Beinschüsse. Rumänen liefen weg.

Gruß, Rudi

Nr. 205

Im Frühsommer 1917 hatte Papst Benedikt XV. den kriegführenden Mächten seine Vermittlung angeboten. Während Deutschland ein gewisses Entgegenkommen zeigte – es wollte das neutrale Belgien wiederherstellen, falls die Gegenseite ebenfalls zu einem Verständigungsfrieden bereit war – brachte die Entente den päpstlichen Vorstoß durch Unnachgiebigkeit zum Scheitern.

Handschriftlicher Brief Klara Heß
an Rudolf Heß, [Südostfront]

Reicholdsgrün, 17. 08. 1917

[. . .] Gott sei Dank, daß Du abermals so gut durchgekommen und leicht verwundet bist. [. . .] Wir freuen uns, Dich während der schweren Kämpfe in Sicherheit zu wissen, und das Ausruhen in guter Pflege wird Deinem Körper auch recht gut tun. Dir wird natürlich leid sein, Deine Gruppe jetzt nicht führen zu können. Bist Du doch sicher mit Deinen Leuten durch die langen Monate Deines Wirkens innig verwachsen und bedauerst, sie während der Gefahren des Kampfes nicht führen zu können. Das kann ich so recht mir Dir fühlen. [. . .] Hoffentlich hast Du anregende Lektüre und findest Gelegenheit, Schach zu spielen. Es wird wohl kaum an Verwundeten Mangel sein, denn die Kämpfe in Slanictal etc. scheinen sehr schwer zu sein, und die große Schlacht in Eurer Nähe hat noch nicht ihr Ende gefunden. [. . .] Das Friedensangebot des Papstes scheint noch keinen Erfolg zu haben. Endlich werden die Völker sehen, daß die Entente den Raubkrieg führt und nicht wir, wie unsere Feinde behaupten. Die Entente scheint auf die militärische Hilfe Amerikas zu hoffen, die im Frühjahr [1918] eintreffen soll. Bis dahin werden mit Gottes Hilfe unsere U-Boote u. Armeen den Frieden errungen haben. [. . .]

Nr. 206

Rudolf Heß benutzte die ihm durch seine Verwundung aufgezwungene Kampfpause, um von der Infanterie zur damals noch ganz jungen Flie-

gertruppe des Reiches überzuwechseln. Das Fliegen hatte es ihm schon immer angetan – es sollte sein Schicksal werden. Die Luftstreitkräfte befanden sich damals bei allen kriegführenden Mächten noch im Aufbau. Deutschland hatte zu Beginn des Ersten Weltkrieges nur über 228 Frontflugzeuge und 11 Luftschiffe verfügt. Die meisten Flugzeuge – fragile Doppeldecker mit nur geringer Tragfähigkeit – wurden anfangs vor allem für Aufklärungszwecke eingesetzt. Erst ab 1915 wurden bewaffnete Kampfgeschwader gebildet, die mit Bordwaffen und Bomben in den Erdkampf eingriffen. Ab Ende 1916 organisierte die deutsche Führung die Luftwaffe neu, vergrößerte sie und schuf auch eine Jagdfliegertruppe.

Handschriftlicher Brief Klara Heß
an Rudolf Heß, [Südostfront]

Reicholdsgrün, 26. 08. 1917

[. . .] Die Nachricht, daß Du bei den Kampffliegern aufgenommen, hat uns überrascht. Freudig können wir nicht behaupten, doch wollen wir selbstlos genug sein, um uns mit Dir zu freuen, weil Dein sehnlichster Wunsch nun doch in Erfüllung gehen soll. Die Sehnsucht zu diesem Beruf kann ich lebhaft mit Dir fühlen, und da Du kräftig [bist], große Geistesgegenwart besitzest, die nötige Kaltblütigkeit, scheinst Du für den so schweren, gefährlichen Beruf sehr geeignet. Wir wollen nicht feige sein und Dich zurückhalten, dem Vaterland mit dieser so Hervorragendes leistenden Waffe zu dienen. Du wirst Dir selbst klar sein, welch' Schweres Du unternimmst. – Bitte, versprich uns aber, nicht früher zu den Fliegern zu gehen, bis Du vollkommen wiederhergestellt und Deiner Kräfte wieder ganz sicher bist. [. . .] Denk Dir, der arme Kurt Schuhmann [1] ist als Flieger gefallen. [. . .]

zu Nr. 206
[1] Konnte nicht ermittelt werden.

Nr. 207

Handschriftlicher Brief Rudolf Heß
an Klara und Fritz Heß, Reicholdsgrün

Sepri San Georgi
(im Lazarett), 07. 09. 1917

[. . .] Was meine Gefühle bei der Verwundung anbelangt, so habt Ihr daneben geraten. Ich habe eigentlich keinen Augenblick das Gefühl der Gefahr oder gar der Todesangst gehabt. Als die Kugel traf, hab' ich mich nur gewundert, und es ging mir durch den Sinn, daß die Kugel vorher also wohl schon mir galt. Dann rief ich [dem Kameraden] Zell zu, daß es mich erwischt hätte, wie man jemand eine interessante Tatsache mitteilt, ich glaube sogar, ich hab' gelacht. Nun wurde mir etwas schwarz vor Augen, und es schoß mir durch den Kopf, daß ich mich ganz widernatürlich verhalte, und ich hätte doch schon lange unter möglichst eindrucksvoller Geste umsinken müssen. Zu diesem Zweck suchte ich nach dem günstigsten gedeckten Lager – und plötzlich lag ich dort. Als später der Sanitäter davonlief, kam ich mir auch recht verlassen vor. Ich packte meine Pistole und sprang instinktiv auf und lief den Bogen zurück, den ich gekommen war, weil ich da genau den Eingang kannte, wo nur wenige Drähte waren! Dabei war ich neugierig, wo der nächste Schuß sitzen würde und wunderte mich, daß ich nicht getroffen wurde und daß ich keine Angst hatte. Ich hatte genau das gewisse Gefühl der Erwartung, das man beim Deutschballspiel hat, wenn man dem rettenden Mal zuläuft, und man hat den Ball nicht verfolgt, so daß man nicht weiß, wann und aus welcher Richtung der Ball geworfen wird. Das Ganze kam mir wirklich wie Sport vor. [. . .]

Nr. 208

Nach dem glänzenden Erfolg in der Bukowina, bei dem Rudolf Heß schwer verwundet wurde, gelang es dem deutschen Ostheer, die Russen auch im Norden zurückzuschlagen. Starke Verbände erkämpften sich am 01. 09. 1917 den Übergang über die Düna und eroberten Riga. Um die Moral des deutschen Volkes zu heben, begab sich der Kaiser in die befreite Stadt, hielt eine Parade ab und feierte in einer Rede den »stahlharten Siegeswillen« der Deutschen – Die im Fichtelgebirge, also im südöstlichen Teil des Deutschen Reiches umlaufenden Gerüchte, Österreich-Ungarn habe »uns den Krieg erklärt«, waren wahrscheinlich Reflexe auf die Spannungen, die es zwischen den Verbündeten in der Friedensfrage gab. Nach dem Tode Kaiser Franz Josephs hatte dessen Nachfolger Karl im Frühjahr 1917 vergeblich versucht, mit der Entente einen Sonderfrieden zu schließen.

Handschriftlicher Brief Klara Heß
an Rudolf Heß, [Südostfront]

Reicholdsgrün, 11. 09. 1917

[. . .] Du wirst Dich mit uns freuen über die glänzenden Erfolge bei Riga. Hoffentlich wird unser Volk dadurch wieder mutiger und verstummen die leider so sehr schädlichen Rufe nach einem schwachen Frieden. Kürzlich wurde eine lächerliche Schauermär herumerzählt. Es wurde, wie alle Jahre, Erkundigung eingezogen, wieviel Mann Militär in den einzelnen Ortschaften unterzubringen sind. Daraus entstand das dumme Geschwätz, es kämen die Soldaten von der Front in diese Gegend als Schutz gegen Österreicher, die uns den Krieg erklärt hätten. Zum Glück gab es viele kluge Bauern, die über die Sache lachten, aber auch sehr viele Dumme, die vor Angst den Kopf verloren. Wenn nur die[jenigen, die] solches Gewäsch weitererzählen, sofort hart bestraft würden, da würde bald vorsichtiger gesprochen werden. [. . .]

Nr. 209

Handschriftlicher Brief Rudolf Heß
an Klara und Fritz Heß, Reicholdsgrün

Meißen (im Lazarett),
27. 09. 1917

[. . .] Ich soll übrigens, nach meinen Kameraden, sehr wohl und rund aussehen. Jedenfalls sehr viel besser als vor der Verwundung, wo ich wochenlang mit dem Durchfall zu tun hatte. Sollte damals schon ins Lazarett, bin nur wegen der bevorstehenden Angriffe nicht hin, weil das auf meine Untergebenen einen zu schlechten Eindruck gemacht hätte. Grade bei mir, der ich das Durchhalten noch predigte und auf den flauen Frieden schimpfte; ich konnte nicht verschwinden, als es ernst wurde. Natürlich wollte ich ohnehin aus eigener Freude daran dabeisein. [. . .]

Nr. 210

Handschriftlicher Brief Rudolf Heß
an Klara und Fritz Heß, Reicholdsgrün

Meißen (im Lazarett),
30. 09. 1917

[. . .] Bald kommt das Mittagessen, heut' sogar festlich: Kalbsbraten mit Kartoffeln. Hinterher werd' ich mich im Liegestuhl in der Sonne ausstrecken, lesen und faulenzen. Habe grade Hauffs [1]

Lichtenstein vor. Hab' viel nach [meinem] Geschmack [in der Lazarett-Bibliothek] gefunden. Die nordischen Dichter, den Spielhagen[2], Wildenbruch[3], Moltke[4], Thoma[5], Otto Ernst[6], auch ein Handelslesebuch. Danke für »La question d'égypte«,[7] hat mich interessiert. [. . .]

---

zu Nr. 210

[1] Wilhelm Hauff (1802–1827), deutscher Schriftsteller, bekannt vor allem durch seine Märchen. Mit seinem »Lichtenstein« begründete er den historischen Roman in Deutschland.

[2] Friedrich Spielhagen (1829–1911), Schriftsteller, liberaler deutscher Erzähler in der Nachfolge der Jungdeutschen Bewegung.

[3] Ernst von Wildenbruch (1845–1909), Schriftsteller, Enkel des Prinzen Louis Ferdinand von Preußen, Verfasser historischer und patriotischer Stücke.

[4] Gemeint ist Helmuth Graf Moltke (1800–1891), Chef des preußischen Generalstabes, Verfasser von kriegsgeschichtlichen Werken.

[5] Ludwig Thoma (1867–1921), Schriftsteller und Satiriker, Erzähler von naturalistischen Bauernromanen.

[6] Otto Ernst Schmidt (1862–1926), genannt »Otto Ernst«, Verfasser von Komödien, Romanen und Kindergeschichten.

[7] Vermutlich ein politisches Sachbuch über die ägyptische Frage.

Nr. 211

Handschriftlicher Brief Rudolf Heß
an Klara und Fritz Heß, Reicholdsgrün

Meißen (im Lazarett),
22. 10. 1917

[. . .] Gestern abend kam erfreulicherweise meine amtliche Ernennung [zum Leutnant] durch ein Telegramm vom Kriegsministerium. Jetzt dürft Ihr dran glauben, ohne dadurch die Tücke des Schicksals herauszufordern. Die Beförderung datiert vom 08. 10. 1917. [. . .]

Nr. 212

Das Jahr 1917 endete mit einem, unter militärischem Blickwinkel gesehen, zwiespältigen Ergebnis für die Mittelmächte: Einerseits hatte der unbeschränkte U-Boot-Krieg nicht die gewünschte Entscheidung gebracht – Großbritannien war anscheinend nicht zu schlagen und damit auch nicht Frankreich. Mehr noch, die USA waren mit ihrem riesigen Poten-

tial an Menschen und Material auf der Seite der Entente in den Krieg eingetreten. Andererseits hatte die deutsche Armee nicht nur im Westen allen Angriffen getrotzt. Sie hatte auch im Osten Rußland besiegt. Der russische Oberbefehlshaber bat am 27. 11. 1917 um Waffenstillstand. So konnten jetzt – möglichst noch vor dem Eintreffen der ersten amerikanischen Verbände – immer mehr Truppen von der Ost- an die Westfront geworfen werden.

Handschriftlicher Brief Klara Heß
an Rudolf Heß, Meißen

Reicholdsgrün, 28. 11. 1917

[. . .] Gegen sechs Uhr kam ich heim und las mit Vater Zeitungen. Auch sie bieten Gott sei Dank mal wieder sehr Erfreuliches, Ermutigendes. Man hört auch von großer Truppenverschiebung von der Ostfront [an die Westfront]. Sollen kürzlich durch Marktleuthen[1] 70 Militärzüge an einem Tage gekommen sein. Vielleicht ist auch Alfred dabeigewesen. Wir haben, seit Du bei uns warst, nichts wieder von ihm gehört. Wenn die Geheimverträge der Entente wirklich veröffentlicht würden, das wäre für uns eine große Genugtuung. Würde doch die Welt sehen, wo die Eroberungssucht, die sie uns zum Vorwurf machen, in Wirklichkeit steckt. [. . .]

---

zu Nr. 212
1 Stadt in der Nähe von Reicholdsgrün.

Nr. 213

Handschriftlicher Brief Rudolf Heß
an Klara und Fritz Heß, Reicholdsgrün

Alexandersbad (Lazarett),
04. 12. 1917

[. . .] Unser[e] Theater[aufführung im Lazarett] hat glänzend geklappt. Stürmischer Beifall. Mußten gestern die Aufführung wiederholen. Beide Male war der Saal ausverkauft, haben über 1000 M[ark]. eingenommen. Kann mit meinem eigenen Erfolg zufrieden sein, da man mich vielfach für einen Berufsschauspieler gehalten hat. [. . .]

Nr. 214

Handschriftlicher Brief Klara Heß
an Rudolf Heß, München

Reicholdsgrün, 01. 01. 1918

[. . .] Als ich den Sandberg herunterkam, hörte ich einen Zug brausen, es war 20 Min[uten] nach 3 Uhr, ob das wohl Dein Zug war? [1] Zu Hause angekommen, warteten Vater und ich noch lange am Fenster, um Deinen Zug vorbeifahren zu sehen; er kam nicht, so mußten wir annehmen, daß er doch pünktlich ausnahmsweise durchgefahren. [. . .] Wir vermissen Dich sehr, immer haben wir das Gefühl, als müßtest Du plötzlich eintreten. Wie wohltuend waren doch die drei Wochen Deines Hierseins für Deine alten, einsamen Eltern. [. . .]
Ganz besonders schön war die Zeit mit Dir in der herrlichen Natur, an der wir beide so große Freude hatten. Heute wanderte ich wieder allein, da ich wegen Schnupfens nicht mit zur Jagd konnte. Ich fühlte Dich immer neben mir und genoß in Gedanken mit Dir die prächtige Winterluft und Landschaft. [. . .]

zu Nr. 214
[1] Offenbar hatte Rudolf Heß auf dem Weg vom Lazarett in Meißen (Sachsen) nach München, wo er seine Fliegerausbildung antreten mußte, seine Eltern in Reicholdsgrün besucht.

Nr. 215

Handschriftlicher Brief Rudolf Heß
an Klara und Fritz Heß, Reicholdsgrün

München, 03. 01. 1918

[. . .] Nachmittags war meine Fliegeruntersuchung auf Augen u. Ohren. Abends hab' ich bei Stiflers gegessen. Heute morgen war wieder Fliegeruntersuchung, gründliche erneute Augenuntersuchung, Nerven, Lunge, Herz. Alles ist tadellos. Augen sind außergewöhnlich gut. Etwa 14 Tage mache ich noch Dienst beim Leibr[e]g[imen]t, dann werde ich 6 Wochen probeweise zu den Fliegern kommandiert und daraufhin, wenn alles gut geht, hinversetzt. Daß ich glücklich bin, daß ich soweit für tauglich befunden wurde, könnt Ihr Euch denken. [. . .]

Nr. 216

Handschriftlicher Brief Rudolf Heß
an Klara und Fritz Heß, Reicholdsgrün

München, 07. 01. 1918

Liebe Eltern,
sitze auf Residenzwache[1]. Die beste Gelegenheit, Euch zu schreiben. Ihr wißt wohl, wo die Wache ist? Neben der Feldherrenhalle, wo früher immer mit Musik aufgezogen wurde. Ein gemütlicher Raum, in dem ich bin, mit bequemen Ledersesseln. Tagsüber sitzt man am Fenster und sieht den Straßenverkehr vorbeiziehen, was oft recht unterhaltend ist, das reinste Kino. [. . .] Meine Tätigkeit erstreckt sich hier nur auf das Aufziehenlassen der Wachen. Alle 2 Stunden bis abends 11 Uhr und von 7 Uhr morgens an. Außerdem bekomme ich ein Klingelzeichen, wenn Seine oder Ihre Majestät[2] vorbeifährt. Dann muß ich in Helm und mit blankem Degen hinaussausen, mich neben die in Reihe angetretene Mannschaft stellen, neben den Unteroffizier mit der Fahne, und durch Senken des Degens grüßen. [. . .]
War mit Tante Agnes[3] im Kunstverein. Abends haben wir zusammen geskatet. – Donnerstag will ich mit Tante in den Hamlet[4]. Letzte Woche war ich in Carmen[5]. Leider bekam ich nur noch einen Offiz[iers]-Stehplatz. [. . .]

---

zu Nr. 216

[1] Wache in der Münchner Residenz, dem Stadtschloß des Königs von Bayern.

[2] Gemeint sind König Ludwig III. von Bayern (1845–1921) und seine Frau Marie Theresie von Österreich-Este (1849–1919).

[3] Agnes Stifler, geb. Münch, Tante von Rudolf Heß.

[4] Trauerspiel in fünf Akten von William Shakespeare.

[5] Oper von Georges Bizet.

Nr. 217

Am 09. 02. 1918 schloß das Deutsche Kaiserreich mit der Ukraine, die unter einer nicht-bolschewistischen Regierung aus dem russischen Staatsverband ausscheren wollte, einen Sonderfrieden. Tags zuvor waren die deutsch-russischen Friedensverhandlungen in Brest-Litowsk gescheitert. Daraufhin nahm das kaiserliche Heer die Kampfhandlungen wieder auf, um den Frieden zu erzwingen. – Die Massenstreiks, die im Januar 1918 in Deutschland und in Österreich-Ungarn stattgefunden hatten, erschienen dem europäischen Bürgertum vielfach als Versuch der neuen Kreml-Herren, die Revolution nach Westen zu exportieren.

Handschriftlicher Brief Klara Heß
an Rudolf Heß, München

Reicholdsgrün, 12. 02. 1918

[. . .] Heute früh gegen elf Uhr meldete ein Bahnhofsbeamter liebenswürdigerweise den Frieden mit Rußland. Das war eine erlösende Überraschung. Wir hatten uns schon mit dem Gedanken vertraut gemacht, daß die Friedensverhandlungen abgebrochen würden und die Unterhändler unverrichteter Sache wieder auseinandergehen. Nun kam der Friede schneller als erwartet. Gott sei Dank dafür. Vielleicht erspart er das noch bevorstehende so furchtbare Blutbad im Westen. Wirtschaftlich wird er uns sicher große Vorteile bringen. Wie glücklich werden die Gefangenen aufatmen, endlich frei zu sein. Hoffentlich haben wir genügend Transportmittel, um die »Mitesser« loszuwerden und Nahrungsmittel hereinzuschaffen. [. . .] Der klägliche Fehlschlag der großen Streikbewegung hat sicher zum Frieden mit Rußland beigetragen. Mit dem Schwinden der Hoffnung, in Deutschland eine Revolution hervorzurufen, stieg der Friedenswunsch der russ[ischen] Bevölkerung. So war der Streik nützlich anstatt schädlich, wie wir alle fürchteten. [. . .]

Nr. 218

Handschriftlicher Brief Klara Heß
an Rudolf Heß, München

Reicholdsgrün, 21. 02. 1918

[. . .] Inzwischen hatten wir die große Enttäuschung durch den widerrufenen Frieden mit Rußland. Ich selbst war eigentlich nicht enttäuscht, denn eine unerklärliche Ahnung ließ mich nicht zu einem Freudengefühl kommen. Nun müssen wir eben warten, bis die Russen noch mürber geworden und sich doch endlich entschließen, den Friedensvertrag zu unterschreiben. Es wird sicher nicht mehr lange dauern, und währenddessen holen wir uns wie gestern noch Gefangene, Geschütze und Kriegsmaterial. Letzteres können wir sicher gut brauchen. [. . .]

Nr. 219

Handschriftlicher Brief Rudolf Heß
an Klara und Fritz Heß, Reicholdsgrün

München, 23. 02. 1918

[. . .] Neulich kam ein Bekannter vom 18. R[e]g[imen]t, der erzählte mir, daß ich zum E.K. I[1] eingegeben war. Das Rgt. hatte aber keines. Es wird ja immer nur eine beschränkte Anzahl herausgegeben. Wer nicht mehr beim Rgt. ist, kommt in der Regel schlecht weg. – Als ich vom Urlaub zurückkam, hab' ich mit Bedauern festgestellt, daß mein Fliegergesuch noch immer an der alten Stelle sich befand, und zwar dort nicht mal zu finden war. Dadurch ist es wieder um drei Wochen verzögert worden. Man könnte sich die Haare raufen! Ein bekannter Flieger war eben hier und sagte mir, daß es wohl ausgeschlossen wäre, daß ich noch an die Front komme. Der Krieg wäre wohl bis dahin zu Ende. Es ist zu scheußlich mit dieser Bummelei! [. . .]
Im Westen habe ich viel Interessantes und Erfreuliches gesehen. Man kann den Angriffsgeist, der jetzt unsere Leute beseelt, kaum schildern. Der Geist ist allgemein glänzend. [. . .]

zu Nr. 219
1 Eisernes Kreuz Erster Klasse (vgl. Anm. 4 Dokument-Nr. 121).

Nr. 220

Handschriftlicher Brief Rudolf Heß
an Fritz Heß, Reicholdsgrün

München, 03. 03. 1918

Lieber Vater,
muß Dir doch erzählen, daß ich heute morgen zum ersten Mal geflogen bin. Von der Inspektion des Luftfahrwesens war mir seit ein paar Tagen ein Probeflug erlaubt. Heute war nun endlich das Wetter dazu, klar und ruhig. Fuhr um 6^{20} [Uhr] nach Schleißheim[1]. Dort wurde ich in Pelzmantel u. Pelzstiefel (bis an die Knie) gesteckt, bekam Sturzhelm auf, Brille vor die Augen, wurde in Wolle gepackt, daß nur die Nase freiblieb. Ich stieg zu einem guten Flieger in den Apparat. 8^{10} [Uhr] gab der Führer dem bis-

her leerlaufenden Motor Vollgas, daß er brüllend die höchste Kraft hergab, Erde und Steine durch den Luftwirbel hochgerissen wurden. Die Maschine raste ein kurzes Stück über die Erde, hob sich, ohne daß man es merke, ab, und plötzlich flogen wir. Bereits waren wir vom Flugplatz weg und über Dörfern, Feldern u. Straßen. Zusehends schrumpfte alles zusammen. Wie Kinderspielzeug liegt die ganze Welt unter uns, scheinbar unbewohnt. Wir allein da oben sind lebende Menschen und reiten auf dem Riesenvogel dahin. – [. . .] An Schwindel denkt man gar nicht. Keinen Augenblick kommt das Gefühl der geringsten Unsicherheit auf. Das kommt bei mir wohl auch daher, daß ich die Bewegungen des Flugzeugs und ihre Ursache kenne, wenigstens in der Theorie, daher tritt nichts unerwartet auf. [. . .]

---

zu Nr. 220

[1] Ortsteil von Oberschleißheim, Kreis München, Oberbayern, wo einer der ältesten Flugplätze Deutschlands liegt.

Nr. 221

Nach Wiederaufnahme der Verhandlungen – jetzt mit der neuen bolschewistischen Führung – kam der Frieden zwischen den Mittelmächten und Rußland am 03. 03. 1918 in Brest-Litowsk zustande, dem im Mai der Frieden mit Rumänien folgte. Rußland mußte mit Estland, Finnland, Kurland, Litauen, Livland, Polen und der Ukraine strategisch und wirtschaftlich wichtige Gebiete hergeben. Deutschland lud sich damit die Auseinandersetzung mit den nationalen Minderheiten dieser Länder auf. Nach dem Frieden im Osten konnte es jetzt aber einen wachsenden Anteil seiner dort stehenden Heeresverbände nach Belgien und Frankreich verlegen, wo im März eine Serie von Offensiven begann, die den Siegfrieden nun auch im Westen bringen sollten.

Handschriftlicher Brief Klara Heß
an Rudolf Heß, München

Reicholdsgrün, 06. 03. 1918

[. . .] Sind sehr glücklich über den günstigen Frieden mit Rußland, der uns so großartige Erfolge u. Beute gebracht. [. . .]

Nr. 222

Handschriftlicher Brief Rudolf Heß
an Klara und Fritz Heß, Reicholdsgrün

München, 18. 03. 1918

[. . .] Ich habe mich gestern in Helm u. Säbel bei der Fla 1 (Flieger Ers[atz-] Abt[ei[l[ung] 1) gemeldet. [. . .]

Nr. 223

Handschriftlicher Brief Klara Heß
an Rudolf Heß, München

Reicholdsgrün, 21. 03. 1918

[. . .] Ich bin voll der besten Zuversicht auf einen glänzenden Sieg unsererseits. Nur wird er wieder furchtbare Blutopfer kosten. Aber unsere Feinde wollen es nicht anders. [. . .] Was sagst Du über die neue Vergewaltigung der Neutralen, zum Falle »Holland«? Vielleicht ist die Sache uns sogar von Nutzen, wie damals Rumäniens Kriegserklärung[1]. Unsere U-Boote bekommen viel freiere Bahn, da die Rücksicht auf Holland wegfällt, können infolgedessen wahlloser versenken. Nur schade um das schöne Material und die guten Nahrungsmittel, die geopfert werden müssen. [. . .]

zu Nr. 223
[1] Trotz aller wechselseitigen Versuche der Feindmächte, die Niederlande in den Krieg hineinzuziehen, blieben sie neutral (vgl. auch Anm. 1 Dokument-Nr. 171).

Nr. 224

Um die Entscheidung im Westen zu erzwingen, startete die Oberste Heeresleitung unter Hindenburg und Ludendorff ihre erste Offensive im März 1918 an der Somme – also etwa da, wo Rudolf Heß von 1914 bis 1916 im Stellungskrieg gelegen hatte. In den nächsten vier Monaten versuchte sie auch an anderen Frontabschnitten, die feindlichen Linien zu durchbrechen, bevor die nun in rascher Folge eintreffenden amerikanischen Reserven wirksam in die Kämpfe eingreifen konnten.

Handschriftlicher Brief Klara Heß
an Rudolf Heß, München

Reicholdsgrün, 26. 03. 1918

[. . .] Die herrlichen Erfolge der letzten Tage an der Westfront lassen uns besonders viel an Dich denken. Ist Dir doch das betreffende Terrain nur zu gut bekannt, mußtest Du dort mit unsäglicher Geduld monatelang Wache halten und das erschlaffende eintönige Schützengrabendasein aushalten. Nun dort ein frisches schneidiges Vorwärts angesetzt, bist Du Armer gezwungen, auf der Schulbank zu sitzen. [. . .] Lasse Dich deshalb [nicht] niederdrücken und nehme mit voller Begeisterung die glückverheißenden Nachrichten von den Kriegsschauplätzen auf. [. . .] Kürzlich las ich zwei gute Aussprüche von Kapit[än-]Leutnant Walter Forster[1]. Sie entsprechen ganz Deiner Denkungsweise, deshalb schreibe ich sie Dir nieder: »Der ist weise, der sich selbst zu beherrschen versteht.« »Vom Schneid zur Dummheit ist nur ein kleiner Schritt.« [. . .]

zu Nr. 224
[1] Konnte nicht ermittelt werden.

Nr. 225

Handschriftlicher Brief Rudolf Heß
an Klara und Fritz Heß, Reicholdsgrün

Milbertshofen, 04. 04. 1918

[. . .] Im Westen scheint eine Kampfpause zu sein, bis wir die rückwärtigen Verbindungen, Eisenbahnen, Straßen usw. im eroberten Gebiet, ausgebaut haben. Bei der italienischen Offensive ging es auch ruckweise. Die Namen Hindenburg und Ludendorff bürgen uns dafür, daß alles glatt geht, was geplant ist. [. . .]

Nr. 226

Handschriftlicher Brief Klara Heß
an Rudolf Heß, München

Reicholdsgrün, 10. 04. 1918

[. . .] Mit großem Vertrauen verfolgen wir die Fortschritte der Offensive, wie dankbar können wir doch sein, solche gottbegnadeten Führer zu haben. Die momentane Stockung ist nicht zu verwundern, es muß doch der Nachschub abgewartet werden, um weiter operieren zu können. Mit großer Ungeduld erwarten wir immer die Zeitungen mit den neuesten Nachrichten aus der Welt. [. . .]

Nr. 227

Handschriftlicher Brief Klara Heß
an Rudolf Heß, München

Reicholdsgrün, 18. 04. 1918

[. . .] Wir waren gestern bei den lieben armen Münchs [1]. Trafen sie Gott sei Dank unerwartet gefaßt an. [. . .] Uns selbst geht der Tod des lieben, tapferen Neffen unsagbar nahe. Fühlen wir doch erst durch seinen Verlust, wie lieb er uns war. Gebe Gott, daß er einen raschen, möglichst ahnungslosen Tod hatte. [. . .]

zu Nr. 227

[1] Rudolf und Grete Münch in Gera erhielten im April 1918 die Nachricht, ihr Sohn Rudolf Münch, Vetter von Rudolf Heß, sei gefallen.

Nr. 228

Handschriftlicher Brief Rudolf Heß
an Klara und Fritz Heß, Reicholdsgrün

München, 23. 04. 1918

[. . .] Wie herzlich leid tun mir doch die armen Münchs. Wie nah geht mir der Tod des Freundes der Jugendjahre. Schade um den schneidigen jungen Kerl, er hätte es noch weit bringen können. Wie unberechenbar und hart doch das Schicksal sein kann! [. . .]

Nr. 229

Handschriftlicher Brief Rudolf Heß
an Klara und Fritz Heß, Reicholdsgrün

Lechfeld, 02. 06. 1918

[. . .] Die Erfolge bei Reims sind herrlich. Ob die Franzosen diese neue Marneschlacht [1] auch so feiern werden? – – Hoffentlich werden sie so durchgreifend geschlagen, wie sie schon in der 1. Marneschlacht nahe daran waren. Diesmal haben wir keinen Russen im Rücken. Paris hört schon den Kanonendonner von der Front. Das gönn' ich ihm. Und der lange Max [2] unterstreicht diese lieblichen Töne energisch. Daß wir es auf Paris abgesehen haben, glaub' ich ja nicht mal. Dieser Vormarsch kann auch kaum in dieser

Geschwindigkeit weitergehen. Auch dieser gewaltige Kampf wird nur ein Teil vom Ganzen sein. Erfreulich sind vor allem auch unsere wirklich geringen Verluste. [. . .]

---

zu Nr. 229
[1] Vgl. Kommentar zu Dokument-Nr. 66.
[2] Landserbezeichnung für deutsches Ferngeschütz.

Nr. 230

Während die deutsche Westoffensive auch deshalb unternommen wurde, um die kriegsmüden Verbündeten psychologisch zu stabilisieren, startete Österreich-Ungarn in Italien mehrere erfolgreiche Entlastungsoffensiven für die deutsche Westfront. Die Ergebnisse waren indessen nicht mehr von kriegsentscheidender Bedeutung.

Handschriftlicher Brief Klara Heß
an Rudolf Heß, Lechfeld

Reicholdsgrün, 22. 06. 1918

[. . .] Die Erfolge der Österreicher sind ja höchst erfreulich, weniger die Nahrungsnot. Muß denn immer auf ein Aufatmen ein Dämpfer kommen! Hoffentlich greifen die Ungarn endlich hilfreich ein und tragen zur Ernährung ihrer Landsleute ausgiebig bei. Unsere Feinde werden bei der Nachricht von Österreichs Not wieder neuen Mut fassen. Wenn doch unsere Verbündeten nicht solche Schlappschwänze wären und sich an der Zähigkeit unseres Volkes ein Beispiel nehmen wollten. [. . .]

Nr. 231

Handschriftlicher Brief Rudolf Heß
an Klara und Fritz Heß, Reicholdsgrün

Lechfeld, 29. 06. 1918

[. . .] Heute, am Feiertag, war überhaupt kein Flugbetrieb angesetzt. Da hab' ich mir mit einem Kameraden zusammen eine Maschine geben lassen. Abwechselnd haben wir dann unsere Kreise gezogen. Es war wundervoll, so ganz allein da oben, und da wir den ganzen Flugplatz für uns hatten, konnten wir landen und hochgehen, wo wir wollten. [. . .] So bekommt man große Sicherheit und ist allen Lagen gewachsen. Der Kamerad hatte früher schon mal geflogen, mußte dazwischen zu seinem Regiment zurück. Ich bin meinen Mitschülern weit voraus, zum Teil habe ich schon Leute eingeholt, die vier Wochen früher beim anderen Kurs begonnen haben. Die 1. Prüfung: zwei Achter hab ich auch schon geflogen, aber nicht offiziell, da ich mir viel Zeit lassen will und recht viel nach Belieben fliegen möchte, da man nur so es erreicht, daß man zuletzt auch »im Schlaf fliegen« kann. [. . .]

Nr. 232

Im Juli 1918 begann bei Reims die letzte deutsche Offensive des Ersten Weltkrieges. Sie war jedoch an den Feind verraten worden, so daß die Angriffe im englisch-französischen Verteidigungssystem steckenblieben. Am 18. 07. 1918 erfolgte bei Reims und Soissons mit Hilfe von Panzern und künstlichem Nebel der Gegenschlag der Entente, der das Ende des Krieges einleiten sollte.

Handschriftlicher Brief Klara Heß
an Rudolf Heß, Lechfeld

Reicholdsgrün, 19. 07. 1918

[. . .] Nun ist die erwartete neue Offensive entbrannt, und Gott sei Dank sind sehr erfreuliche Nachrichten von glänzenden Erfolgen herein[gekommen]. Gott helfe uns weiter, damit dies abermalige schwere Ringen durch vollkommene Niederlage der Feinde uns den Frieden bringt. Alfred meldete den Abmarsch von seiner Stellung, wohin natürlich nicht. Ob er schon mit in die Kämpfe verwickelt sein wird? Man muß mit Gottvertrauen und Zuversicht weiter in die Zukunft schauen und geduldig warten. [. . .]

Nr. 233

Handschriftlicher Brief Rudolf Heß
an Klara und Fritz Heß, Reicholdsgrün

Lechfeld, 22. 07. 1918

[. . .] Wir begehen so leicht den Fehler, unsere Offensiven mit unseren allerbesten Erfolgen zu vergleichen. Aber daran denken wir meistens nicht, daß die gegnerischen Offensiven stets viel schlechter ausgefallen sind als alle [die] unseren. Mit einem Zwischenspiel, das mal weniger zu unseren Gunsten ausging, war doch immer zu rechnen. Auch diese Offensive ist noch nicht unsere Hauptoffensive. Auch ist es wohl möglich, daß mit diesem angriffsweisen Einsetzen der gegnerischen Heere bei uns von vornherein gerechnet wurde. Große Verluste hat der Gegner dabei wieder. Das kann unsere vorläufige Aufgabe, die Zermürbung der feindlichen Kräfte, wohl unterstützen. [. . .]

Nr. 234

Am 08. 08. 1918 war es bei Quentin zum »schwarzen Tag des deutschen Heeres« (Ludendorff) gekommen. Unter Einsatz ihrer gewaltigen Überlegenheit an Menschen und Material durchbrachen Engländer und Franzosen die deutschen Linien. Da die Entente ihre Angriffe auch im August und September an verschiedenen Frontabschnitten erfolgreich fortsetzte, mußten die Deutschen wieder auf die »Siegfried-« und »Hermann-Stellung« zurückweichen, um der feindlichen Umfassung zu entgehen. In diese letzten Kämpfe griff Rudolf Heß als Flieger ein.

Handschriftlicher Brief Rudolf Heß
an Klara und Fritz Heß, Reicholdsgrün

Bergen (bei Mons)[1],
05. 10. 1918

[. . .] Gestern kam ich mit meinem Reisegenossen [. . .] und mit dem tüchtigen [. . .] Burschen in V[alenciennes][2] an. [. . .] Im Zug hatte ich genug Gelegenheit, mit Soldaten aus der Front zu sprechen. Ich hab' mich gewundert, wie guten Muts die Leute waren. Sie waren allerdings von den Regimentern, die im Tagesbericht erwähnt waren. Am schlechtesten waren leider die Bayern bei Laune. [. . .]

zu Nr. 234
[1] Stadt in Südwestbelgien, nahe der Grenze zu Frankreich.
[2] Stadt in Nordwestfrankreich, nahe der Grenze zu Belgien.

Nr. 235

Im Laufe des Spätsommers erkannte die deutsche Führung, daß das deutsche Heer auf die Dauer der wachsenden feindlichen Übermacht nicht mehr würde standhalten können. Sie sah, wie die Verbündeten Bulgarien, Österreich-Ungarn und die Türkei militärisch und politisch zusammenbrachen. Auf Anraten Ludendorffs suchte das Deutsche Reich daraufhin – in Anknüpfung an die »Vierzehn Punkte« des US-Präsidenten Wilson, die einen gerechten Frieden versprochen hatten – am 04. 10. 1918 bei der Entente überstürzt um einen Waffenstillstand nach. Österreich-Ungarn hatte die Feindmächte schon am 14. 09. 1918 eigenmächtig zu Friedensverhandlungen aufgefordert.

Handschriftliche Postkarte Rudolf Heß
an Klara und Fritz Heß, Reicholdsgrün

Nivelles[1], 06. 10. 1918

[. . .] Heute erfahren wir von unserem neuesten Friedensangebot. Die Stimmung unter uns Fliegern ist daher etwas bedrückt. Hoffentlich bringt es dieser »neue Kurs« in der Heimat nicht noch soweit, daß alles Blutvergießen und alles Entbehren vergeblich waren. [. . .]

---

zu Nr. 235
[1] Stadt in Belgien.

Nr. 236

US-Präsident Wilson hatte von den Mittelmächten die Einführung der parlamentarischen Demokratie als Voraussetzung für Friedensverhandlungen gefordert. Die deutsche Führung sah sich daher im Oktober 1918 zu einer schrittweisen Änderung der Regierungsform gezwungen, um dem Frieden näherzukommen. Sie nahm in die Regierung Abgeordnete der Reichstagsmehrheit auf, die am 19. 07. 1917 eine umstrittene »Friedensresolution« verabschiedet hatte. Ende Oktober 1918 wurde der Reichskanzler durch eine Änderung der Reichsverfassung erstmals an das Vertrauen des Reichstages gebunden.

Handschriftlicher Brief Rudolf Heß
an Klara und Fritz Heß, Reicholdsgrün

[Westfront], 11. 10. 1918

[. . .] Bin heute wieder ausgiebig geflogen. [. . .] Luftgekämpft wird sehr fleißig. [. . .] Außer der Fliegerei gibt es nicht viel zu berichten. – Tagaus, tagein ziehen tausende und abertausende von Flüchtlingen durch, die aus Donai kommen. Auf Wagen und Handkarren führen sie das Nötigste mit. Es ist ein namenloses Elend.

Der wilde Haß leuchtet den Leuten natürlich aus den Augen, nachdem sie uns immer noch für die Schuldigen der Weltkatastrophe halten. – Ich bin sehr neugierig, was unsere neue Regierung mit dem Menschenfreund Wilson[1] ausmacht. Exzellenz Erzberger[2] wird uns wohl bald mit den neuesten Pressenachrichten beglücken. [. . .]

zu Nr. 236
[1] Thomas Woodrow Wilson (1856–1924), 28. Präsident der Vereinigten Staaten von Amerika, 1913 bis 1921.
[2] Matthias Erzberger (1875–1921), deutscher Zentrumspolitiker, seit Oktober 1918 Staatssekretär ohne Portefeuille, unterzeichnete am 11. 11. 1918 auf Wunsch Hindenburgs das Waffenstillstandsabkommen in Compiègne.

Nr. 237

Um die Antwort der Entente auf ihr Waffenstillstandsersuchen zu beschleunigen, bot die deutsche Regierung am 12. 10. 1918 die Räumung Frankreichs, Belgiens und anderer militärisch besetzter Gebiete als Vorleistungen an.

Handschriftlicher Brief Rudolf Heß
an Klara und Fritz Heß, Reicholdsgrün

[Westfront], 14. 10. 1918

[. . .] Habe dieser Tage erst neuere Zeitungen bekommen. Die letzten Nachrichten über unsere Friedensverhandlungen sind ja ganz trostlos. Daß wir wirklich in Bulgariens Fußstapfen folgen[1], hatte ich doch nicht für möglich gehalten. Vorläufig kommt mir das Ganze noch wie ein böser Traum vor. – Ich bin neugierig, was wird, wenn wir Belgien geräumt haben. Hoffentlich ist die Sache nicht so schlimm als wie sie aussieht. Vorläufig kann man noch nicht alles klar übersehen. [. . .]

zu Nr. 237
[1] Der militärische Zusammenbruch Bulgariens erfolgte am 29. 09. 1918, nachdem die Alliierten vierzehn Tage vorher an der Salonikifront angegriffen hatten.

Nr. 238

Die Forderung Wilsons nach Einführung der Demokratie in Deutschland und – später – Abdankung des Kaisers als Vorbedingungen für Friedens-

verhandlungen wurde von weiten Teilen der deutschen Öffentlichkeit als unannehmbare Einmischung in die inneren Angelegenheiten des Reiches empfunden. Dennoch war die politische Führung schließlich bereit, diese Forderungen anzunehmen, weil sie dem Frieden näherkommen wollte. Dabei ließ sie sich bisweilen von übertriebenen Hoffnungen auf eine internationale Friedensordnung leiten, die Wilsons Plan eines »Völkerbundes« für die Nachkriegszeit anscheinend eröffnet hatte.

Handschriftlicher Brief Rudolf Heß
an Klara und Fritz Heß, Reicholdsgrün

[Westfront], 17. 10. 1918

[. . .] Mit meiner Jagdstaffel habe ich es sehr gut getroffen. [. . .] Die Staffel gehört zum neu zusammengestellten Geschwader 4 des Hauptm[anns] Ritter von Schleich. Entsprechend dem bekannten Führer haben wir auch gute Maschinen, nämlich den ausgezeichneten Fokker D7, unsere beste, weit überlegene Maschine. Sobald ich wieder fliegen kann, werde ich fleißig Scheiben schießen damit. [. . .]

Nr. 239

Handschriftlicher Brief Klara Heß
an Rudolf Heß, [Westfront]

Reicholdsgrün, 17. 10. 1918

[. . .] Unser neues Friedensangebot erregte uns natürlich sehr. Der Zusammenbruch Bulgariens, die Schwäche der Türkei wird uns wohl dazu gezwungen haben. Nach reiflicher Überlegung denken wir schon ruhiger darüber und haben die feste Zuversicht, daß unser Volk keinen »schmählichen« Frieden annehmen wird. Wir sind ja nicht *geschlagen* und nicht durch eine Niederlage zum Frieden gezwungen. Wir können auch immer mit Stolz auf unsere militärischen Leistungen blicken, das gänzliche Versagen unserer Diplomatie ist ja nicht die Schuld der Nation. Sollte wirklich ein Völkerbund, wie Wilson ihn vorgeschlagen, zustandekommen, wäre dabei nur gewonnen. Es würden dadurch die Mächtegruppen aufgelöst, die wegen Neid und Habgier ewige Kriegsgier verursachen. Auch würde jedes Volk ungehindert seiner Begabung nach sich entfalten können und durch gegenseitiges Ergänzen der Welthandel ungestört erblühen können. Wie Du siehst, bin ich immer noch Optimist. Eine vollkommene Umgestaltung der Weltregierung mußte doch mal kommen, die Herrschsucht und Übermacht Englands hat England selbst untergraben, die Selbstbestimmungsforderung der einzelnen Nationen wird nicht wieder zum Schweigen zu bringen sein. Obgleich auch wir wohl viel und vielleicht auch ungerecht opfern müssen, tragen wir doch zur allgemeinen Befreiung bei und zur *Schwächung* Englands, wohl ein nicht zu verachtender Vorteil. Der Parlamentarismus war auch nur eine Frage der Zeit, er wird uns auch noch zum Segen werden können. Ein Bund der ganzen Völker ist oft günstiger als die Bestimmung Einzelner über das Wohl und Weh' eines Volkes, diese Geheimverträge waren das größte Übel, denen das furchtbare Völkermorden zu danken ist. – – Umsonst war sicher das furchtbare Bluten und Entbehren nicht, es hat nur nicht den erwarteten, in's *Auge fallenden* Vorteil für uns gebracht, in den kommenden Jahren wird sich auch für uns daraus noch Gewinn entwickeln. [. . .] [Hervorhebg. i. Orig.]

Nr. 240

Handschriftlicher Brief Rudolf Heß
an Fritz Heß, Reicholdsgrün

[ohne Ort], 26. 10. 1918

[. . .] Meine allerherzlichsten Geburtstagswünsche! Viel Gutes für's nächste Jahr. Möge in ihm endlich ein Friede kommen, und zwar ein guter. Ich habe alle Hoffnung. Zwar gehen wir zurück, aber wir geben ja nur ein Gebiet auf, das wir ja ohnehin nicht behalten wollten. Auch daß wir die flandrischen Stützpunkte verloren haben, ist nicht so schlimm. Unsere neuen U-Boote sind ja so leistungsfähig, daß die größere Entfernung nach Helgoland auch nicht in's Gewicht fällt. – Wir gehen auf bestimmte Linien zurück, und dort werden unsere Soldaten auch wieder aushalten, wenn sie sehen, was für Bedingungen die verschrobenen Gegner stellen. Unsere neue Regierung wird hoffentlich ihren größeren Einfluß auf die breiten Massen zum Guten ausnutzen. Vielen daheim werden endlich die Schuppen von den Augen fallen, und [sie werden] sehen, daß es um Sein oder Nichtsein Deutschlands geht. Sie werden merken, daß es nicht an unserer Regierung gelegen hat, wenn der Friede nicht kam; nachdem die Herren Scheidemann[1], Erzberger[2] usw. von den Gegnern ebenso abgeblitzt werden trotz

aller Nachgiebigkeit. Möge unser Volk endlich fest zusammenstehen und sich erheben! –
Ich habe noch keinen Frontflug mitgemacht. Der Staffelführer ist sehr vorsichtig. Erst hab' ich mich gründlich eingeflogen. Wenn ein recht schöner, ruhiger Tag ist, werde ich in die Mitte der Staffel genommen, und ich darf mit an die Front. Freu' mich sehr darauf. [. . .]

---

zu Nr. 240
[1] Philipp Scheidemann (1865–1939), sozialdemokratischer Politiker. Rief am 09. 11. 1918 vom Reichstag aus die Deutsche Republik aus und wurde 1919 Reichskanzler an der Spitze einer Regierung aus SPD, Zentrum und DDP.
[2] Vgl. Anm. 2 zu Dokument-Nr. 236.

Nr. 241

Die Entente hatte das deutsche Ersuchen um Waffenstillstand zunächst nicht beantwortet, weil sich die militärische Lage an der Westfront von Tag zu Tag zu ihren Gunsten verschob und weil die innenpolitische Entwicklung des Reiches dem radikalen Umsturz zutrieb. Am 23. 10. 1918 konfrontierten die USA – nach Rücksprache mit ihren Verbündeten England und Frankreich – die Reichsregierung jedoch plötzlich mit der Forderung nach bedingungsloser Kapitulation. Ludendorff, der ursprünglich zum Waffenstillstand geraten hatte, wollte jetzt bis zum Sieg oder Untergang Deutschlands weiterkämpfen. Als er einsah, daß weder die Mehrheitsverhältnisse im Reichstag noch die Moral der Truppe einen solchen Alles-oder-nichts-Kurs zuließen, trat er am 26. 10. 1918 zurück.

Handschriftlicher Brief Rudolf Heß
an Klara und Fritz Heß, Reicholdsgrün

[Westfront], 29. 10. 1918

[. . .] Heute kommt die Nachricht von Ludendorffs Rücktritt. Es war ja leider zu erwarten, daß sich dieser harte, energievolle Kopf nicht »der neuen Richtung« unterordnet. Unser deutsches Volk hackt leider immer so lange auf seinen großen Männern herum, bis sie gestürzt sind. Gott stehe Deutschland bei! [. . .]

Nr. 242

Handschriftlicher Brief Klara Heß
an Rudolf Heß, [Westfront]

Reicholdsgrün, 31. 10. 1918

[...] Müssen wir uns unter die brutale Diktatur der Feinde beugen, so steht uns allen ein entbehrungsreiches Dasein bevor. Auch das werden wir auf uns nehmen, wenn Ihr, unseres Lebens Glück, uns erhalten bleibt. Man kann auch ohne Luxus glücklich sein und, umgeben von allem Reichtum, höchst unbefriedigt leben. Gott sei Dank ist unser Glück nicht abhängig von äußerem Glanz und Protzentum. Wenn es sein muß, gewöhnen wir uns auch an das hiesige einfache Dasein. Der innere Mensch findet in dieser Zurückgezogenheit sicher sein Recht besser als im Getriebe der Welt. Ihr Jugend werdet mit Fleiß und Ausdauer Euch emporarbeiten und in späteren Jahren mit Gottes Hilfe auch wieder freudigere, üppigere Zeit erleben.
– – Vielleicht siegt doch noch die Gerechtigkeit, und bekommen wir einen gerechten Frieden. In der Weltgeschichte wird Deutschland doch wie bisher in Ehren bestehen, trotz seiner Niederlage. Wir sind unserer Bündnistreue zum Opfer gefallen und mußten der Übermacht weichen, geschlagen sind wir nicht. Die unfaire Hungerblockade hat unsere Hauptkraft lahmgelegt, die Volkskraft im Inland ist zusammengebrochen, ihr unterlegen. Es tut so weh, sich sagen zu müssen, daß all' Eure jahrelangen geistigen und körperlichen harten Entbehrungen, Euer Bluten so traurige Früchte getragen haben soll. Ist Wilson der Weltbefreier, für den er sich ausgegeben, so darf er uns keiner solchen Demütigung aussetzen, wie die Feinde beschlossen. – –
Heute ist Vaters Geburtstag. Ich konnte ihn nur mit einem Friedenskuchen erfreuen. Der klare, sonnige Tag ließ uns einen schönen Spaziergang machen. Mit gutem Hunger genossen wir zwei Hasenläuferl und Friedensnudeln mit geriebenem Käse, einem Rest vom Schweizer Käse. Wenig mit viel Liebe. [...]

Nr. 243

Am 31. 10. 1918 brach der Vielvölkerstaat Österreich-Ungarn in vier Teile auseinander – in einen tschechoslowakischen, einen südslawischen, einen ungarischen und einen deutsch-österreichischen Staat. Die Autono-

mieforderungen Präsident Wilsons hatten ihre Wirkung getan. Damit war die Südostflanke des Deutschen Reiches weit aufgerissen, während die Kämpfe im Westen weitergingen.

Handschriftlicher Brief Rudolf Heß
an Klara und Fritz Heß, Reicholdsgrün

[Westfront], 01. 11. 1918

[. . .] Anbei ein Bild, das noch auf der Jagdstaffelschule gemacht wurde. Ich stehe neben einem Fokker Dreidecker, wie ihn Richthofen[1] zuletzt geflogen hat. [. . .]
Von hier ist nicht viel Neues zu berichten. Das Wetter war inzwischen so trüb, daß wir kaum ganz bis zur Front vorgeflogen sind und ohne etwas zu sehen umkehrten. [. . .]
Nun klappt Österreich also auch ab. Herrliche Bundesbrüder! Wenn nur unsere Regierung nicht zu schlapp wird. Wir stehen nicht schlechter da als im Jahre 1914, als wir die Russenfront noch hatten. Im Gegenteil. Unsere Leute waren nur eine Zeitlang nicht mehr standhaft, in Folge Hetzereien aus der Heimat und durch geschickt verfaßte Flugblätter des Gegners. Nachdem aber die neue Regierung auch nicht von heut' auf morgen den erwarteten Verständigungsfrieden mit größter Verhätschelung Deutschlands zustandebringt, sondern die Gegner so unverschämt wie vorher sind, wird auch unser Frontsoldat wieder stark und läßt die Demütigung des Vaterlandes nicht zu. Wir haben noch genügend Reserven, »Unabkömmliche« usw., auch haben wir noch ausgeruhte Truppen. Die Engländer u. sonstigen Gegner sind auch kriegsmüde. Wenn bei den letzten Kämpfen nur ein Masch[inen-]Gewehr losratterte, ging der Tommy keinen Schritt weiter, sondern verschwand im nächsten Loch. Die frischen Truppen waren schwächliche Kerlchen, die man hätte umblasen können. –
Wir schaffen es trotz der treulosen Bundesbrüder und trotz unserer zeitweiligen Mißerfolge. Was für Niederlagen hat die Entente erlitten, und die Völker drüben haben durchgehalten. Sollte das deutsche Volk dazu nicht fähig sein? Das wäre traurig. Es wird gehen, wenn unsere neue Regierung uns nicht durch einen übereilten Frieden ins Verderben stürzt. Ich freue mich herzlich, daß Ihr ebenso denkt. – Ludendorffs Abgang kann ich noch immer nicht verschmerzen. Er ist ein Mann von Bismarcks Art. Der harte Kopf wird uns am Verhandlungstisch bitter fehlen. Wie kurzsichtig ist doch die Volksmasse bei uns, auf der sich die neue Regierung aufbaut. Trotz der ständigen Schmähungen und An-

feindungen hat Ludendorff dem Vaterland mit seiner gewaltigen genialen Kraft weiter gedient. Ich glaube, gegangen ist er erst, als unsere Kriecherei vor Wilson[2] begann; das konnte und durfte er nicht billigen. – Hoffentlich gehen unserer Regierung die Augen auf, bevor es zu spät ist, und läßt sie sich von dem Menschenfreund über dem Ozean und dem übrigen Verein für Gerechtigkeit, Gleichheit usw. nicht vollkommen einseifen. Warten wir ab, und hoffen wir das Beste. –

02. 11. 1918

Heute ist leider schauderhaftes Regenwetter. An Fliegen nicht zu denken. Gestern, nachmittags, hat es sich aber noch aufgehellt. [Um] 1 Uhr flogen wir an die Front, fünf Mann hoch. Sind weit über die englischen Linien. Der Flugbetrieb war rege. Überall sah man Flaksprengpunkte und in der Nähe auch die Staffeln und Geschwader, denen das Feuer galt. Herangekommen sind wir aber nicht. Die Engländer haben gewaltigen Respekt vor uns auf den neuen Maschinen und reißen aus, wo sie können. Es war das erstemal, daß ich die Schlachtfront von oben sah, bei klarem Wetter. 3000 m waren wir hoch. Wie eine Landkarte lag die Welt unter uns. Mitten durch die Gegend zog sich ein Band von brennenden Ortschaften, weit ins Land reichten die bleigrauen langen Rauchfahnen. Immer neue Einschläge blitzten dazwischen auf. Dort unten ist die Grenze zwischen Freund und Feind, die überschreitet nicht so leicht einer lebend. [. . .]

---

zu Nr. 243

[1] Manfred Freiherr von Richthofen (1892–1918), mit 80 Abschüssen erfolgreichster deutscher Jagdflieger des Ersten Weltkrieges.

[2] Vgl. Anm. 1 zu Dokument-Nr. 236.

Nr. 244

Handschriftlicher Brief Klara Heß
an Rudolf Heß, [Westfront]

Reicholdsgrün, 06. 11. 1918

[. . .] Meine Gedanken sind viel bei Dir, und tut es mir leid, daß Du in der schweren Zeit nicht bei uns bist und wir uns durch Aussprache nicht gegenseitig die Herzen erleichtern können. Wenn nur das Hangen und Bangen endlich ein Ende hätte und hauptsächlich das ja so zwecklose Morden eingestellt werden könnte. Für [den] Feind und uns ist doch jetzt jedes Opfer vollkommen nutzlos. Niemand kann noch dabei gewinnen, wir können nicht schwerer getroffen werden u. der Feind nicht noch mehr aus uns herausholen. – In unserem Dorf und Umgegend sind alle in Sorge, daß der Feind durch Böhmen hereinkommt. Soweit wird es doch unsere Regierung nicht noch kommen lassen. Widerstand von unserer Seite ist sicher ganz sinnlos, auch fürchte ich, haben viele unserer Soldaten nicht mehr die nötige moralische Kraft dazu. Es sind leider zuviel Sozialdemokraten darunter, die dem Feind in die Hände arbeiten. [. . .]

Nr. 245

Am 03. 11. 1918 schloß Österreich auf Gedeih und Verderb einen Waffenstillstand, welcher der Entente erlaubte, Deutschland von Süden her anzugreifen. – Am 05. 11. 1918 nahmen die USA das deutsche Ersuchen um einen Waffenstillstand an. Grundlage sollten – mit wenigen, wenn auch weitreichenden Ausnahmen – Wilsons »Vierzehn Punkte« sein.

Handschriftlicher Brief Rudolf Heß
an Klara und Fritz Heß, Reicholdsgrün

[Westfront], 07. 11. 1918

[. . .] Heute kommt die Nachricht, daß Waffenstillstandsverhandlungen im Gange sind. Mit Hangen und mit Bangen warte ich die Ergebnisse ab. Die Bedingungen werden wohl vorerst wie die österreichischen sein. Hoffen wir nur, daß wir nicht auf *alles* eingehen werden. – Deutschlands Geschick entscheidet sich in diesen Tagen. [. . .] [Hervorhebg. i. Orig.]

Nr. 246

Am 09. 11. 1918 dankte Kaiser Wilhelm II. ab, um Deutschland einen Frieden zu ermöglichen und einen Bürgerkrieg zu ersparen. Er begab sich in die Niederlande. Nach tausend Jahren Monarchie wurde Deutschland damit zu einer Republik unter Führung von Kommunisten, Linkssozialisten und Sozialdemokraten. Zwei Tage später, am 11. 11. 1918, unterzeichnete der Zentrumsabgeordnete Matthias Erzberger anstelle der Obersten Heeresleitung in Compiègne bei Paris den Waffenstillstand, der das Deutsche Reich auf Gnade und Verderben der Entente auslieferte. Es mußte binnen kurzer Frist alle von ihm besetzten Gebiete räumen, die Besetzung eigener Gebiete durch die ehemaligen Feindmächte hinnehmen und diesen große Mengen an Waffen, Transportmitteln und Kriegsgefangenen überlassen. Dennoch wurde die britische Hungerblockade fortgesetzt. – Anfang November hatte die Revolution in Deutschland mit einer Matrosenmeuterei bei der Hochseeflotte in Kiel begonnen. Überall im Reich übernahmen Arbeiter- und Soldatenräte die Macht. Deutschland schien auf eine Räte-Republik nach bolschewistischem Muster zuzusteuern.

Handschriftliche Postkarte Rudolf Heß
an Klara und Fritz Heß, Reicholdsgrün

Trier, 11. 11. 1918

[. . .] Nach dem Waffenstillstand haben wir T[rier] auf dem Luftwege erreicht. Warten Weiteres ab. – Worte über das Ganze fehlen einem. Die einzige Hoffnung bleibt nur, daß die Gegenseite auch von dem Weltwahnsinn ergriffen wird und die Friedensbedingungen nicht durchzuführen sind. Bin froh, daß Ihr so abgelegen seid vom Geräusch der Welt. – Die Komödie nach russischem Muster[1] ist hoffentlich bald zu Ende. [. . .]

---

zu Nr. 246

[1] Anspielung auf die sich überall im Deutschen Reich nach russischem Vorbild bildenden Arbeiter- und Soldatenräte.

Teil III

Die Kampfzeit

1918–1924

Nr. 247

Nach vier Jahren eines weltumspannenden Krieges, der zuletzt in eine gigantische Materialschlacht ausgeartet war, schwiegen am 11. 11. 1918 die Waffen. Zwei Millionen deutsche Soldaten waren gefallen oder verschollen. Etwa 800.000 Menschenleben hatte die Hungerblockade in der deutschen Zivilbevölkerung gefordert. Das immer noch tief in Feindesland stehende deutsche Heer mußte aufgrund des Waffenstillstandes nicht nur kampflos sämtliche einst unter großen Opfern besetzten Gebiete räumen. Es mußte auch hilflos mitansehen, wie das Reich im Chaos der Revolution versank. Am 07. 11. 1918 rief der Münchener Pazifist Kurt Eisner (USPD) den »Freien Volksstaat Bayern« aus.

Handschriftlicher Brief Klara Heß
an Rudolf Heß, [Aufenthaltsort unbekannt]

Reicholdsgrün, 13. 11. 1918

[. . .] Du wirst bedauern, Dein Talent nicht noch für des Vaterlands Wohl ausnützen zu können. Doch wollen wir alle glücklich sein, daß das furchtbare Völkermorden einem Waffenstillstand gewichen. Wenn dieser auch in seinen Bedingungen empörend brutal ist, wir müssen ihn hinnehmen. Besonders nach den letzten Ereignissen im Inland kann man kaum annehmen, daß sich das Volk zu weiterem Kampf entschließt. Die Regierungen der ganzen Welt scheinen zu Volksregierungen geworden zu sein, man kann hoffen, daß Volk gegen Volk mehr Gerechtigkeit fühlt als die einzelnen bis jetzt Herrschenden und die Friedensbedingungen auf Freiheit und Gleichheit aufgebaut werden. Sollte der Himmel durch diese allgemeine Volksbefreiung die erhoffte »Gerechtigkeit« walten lassen. Gott sei Dank ging diese Revolution mit anerkennenswerter Disziplin vonstatten. Man soll die Volksmacht gelten lassen und nicht durch vollkommen nutzlose Gegenströmung womöglich die Schrecken u. Blutopfer der Revolution hervorrufen. Die Hauptsache ist, daß die jetzigen Machthaber kluge, energische Köpfe haben. [. . .]
Wie mögen all die königstreuen Offiziere unter dem Zwang der Volksmacht gelitten haben, besonders, als sie Degen und Schulterstücke ablegen mußten. Hoffentlich ist es Dir u. Deinen Kameraden erspart geblieben, es *öffentlich* u. *zwangsweise* zu tun. Ich hatte arge Angst, daß Alfred sich widersetzen würde, weil er dem König [von Bayern] vereidigt ist. [. . .] [Hervorhebg. i. Orig.]
Die letzten aufregenden Ereignisse liegen mir noch in den Gliedern. Ich bin noch ganz zitterig. Nicht aus persönlicher Angst, Gott

sei Dank kenne ich die nicht, aber aus Sorge um unser Vaterland. Auch ist mir des Kaisers, unseres Stolzes von Kindheit an, so plötzliche Abdankung sehr nahe gegangen. Was hat er seit Anfang des Krieges, wohl schon vorher, für schwere Sorgen um das Wohl seines Volkes ertragen müssen, und nun wird er als abgetan zur Seite geschoben. [. . .] Vielleicht rettet uns der »neue Weltbrand« und führt zu einem Völkerbund. Das wäre zu ideal, um glaublich zu sein. [. . .]

Nr. 248

Handschriftlicher Brief Rudolf Heß
an Klara und Fritz Heß,
Reicholdsgrün

Homburg/Pfalz, 14. 11. 1918

[. . .] Als ich die Tatsache erfuhr, daß der Waffenstillstand abgeschlossen ist, und wir die Maschinen bestiegen, um uns zurückzuziehen, um zu fliehen, wir, die Unbesiegten. Was da in mir vorging, kann und will ich Euch nicht beschreiben. Es sind wohl die schwersten Augenblicke meines Lebens. – Und nun muß ich noch diese Note an Amerika lesen, in der wir um Milderung der Bedingungen betteln. Wer hätte gedacht, daß Teile unseres Volkes so niedrig, so gemein, so schamlos sein können.

Über die ganzen Vorgänge in Deutschland, über den Sturz des Kaisertums, über die Loslösung Bayerns will ich keine Worte verlieren. Ich finde sie ja doch nicht, wie sie sein müßten. – Schuld an allem sind die Unabhängigen[1]. Die haben seit Monaten in der Armee gehetzt, bis der Zusammenbruch da war. Als Soldaten verkleidet, kamen sie in die Front und hetzten. Als Zivilisten erschienen sie in belgischen Städten und hetzten. – Die gegnerischen Bedingungen sind ja so furchtbar erniedrigend. Wenn ich Euch nicht hätte, ich kehrte nicht mehr zurück. – Daß ich mir weder Achselstücke noch Waffen, noch Kokarden habe abnehmen lassen, ist selbstverständlich. [. . .]

---

zu Nr. 248

[1] Gemeint ist die Unabhängige Sozialdemokratische Partei Deutschlands (USPD), die zwischem dem 06. und 08. 04. 1917 in Gotha von den Gegnern der sozialdemokratischen Mehrheit gegründet wurde, als Absplitterung der SPD.

Nr. 249

Handschriftlicher Brief Rudolf Heß
an Klara und Fritz Heß,
Reicholdsgrün

München, 24. 11. 1918

[. . .] Wie ich Euch schon telegraphierte, bin ich bei Mannheim glücklich über den Rhein gekommen. Saarbrücken hab' ich, kurz bevor die Franzosen hinkamen, verlassen. Dort lagen noch große Werte, die zum Teil zu retten ich noch etwas helfen konnte. Zum Schluß flog ich dann bei ziemlich unsichtigem Wetter über die Vogesen in östlicher Richtung davon. Als ich über den Rhein war, ging ich runter, da es schon dunkel wurde, und ich nicht wußte, wo ich bin. Leider konnte ich auf dem Gelände von oben eine 3 m hohe Böschung nicht sehen, über die die Maschine nach der Landung beim Ausrollen heruntersprang. Das eine Rad brach dabei ab, das Fahrgestell empfahl sich, und die Maschine stand Kopf. Der Schaden wäre in einer Stunde wieder repariert gewesen. Leider fehlte aber Ersatzmaterial. So übergab ich die Maschine der Heimatschutzstaffel dort. Sie ist wenigstens vor den Gegnern gerettet worden. [. . .]

Nr. 250

Handschriftlicher Brief Gret Georg[1]
an Rudolf Heß, München

Schweinfurt, 16. 01. 1919

[. . .] Ich verstehe so gut Dein ganzes Fühlen und Kämpfen auf dem Heimflug, lieber Rudi! Darüber brauchst Du mir gar nichts zu sagen, das weiß ich so! Aber das, was Dich abhielt, Deinem vorwiegenden Gefühl zu folgen, waren keine »kleinlichen« Rücksichten. Lieber Junge, das war weitaus das Größere! Nur dem eigenen starken Trieb zu folgen u. sei er noch so edel u. noch so sehr ein Teil unseres Wesens, das ist keine Größe! Das Schwerere u. Wertvolle ist unbestreitbar der Pflichtbegriff. Du bist der Welt Deiner Eltern, vor allem aber dem heißgeliebten Vaterland noch vieles schuldig, Rudi! Gerade jetzt müssen wir beweisen, daß das Vergangene nicht tot ist, sondern edler u. reifer wiedererstehen kann. [. . .]

Ich glaube, wir sollen wohl zurückschauen, aber nicht mit Bitterkeit, sondern um aus diesem Wurzelboden mit allem Dank, der

ihm gebührt, die Kräfte zu holen, dem Land, das nun in Not u. Elend ist, wieder emporzuhelfen. Rudi, die Aufgabe ist groß u. erstrebenswert. Ich weiß es für meine Person: Was immer sie mir persönlich bringen wird an Entsagen u. Verzicht, ich will ehrlich mich mühen, sie zu erfüllen u. meinen kleinen Teil beitragen, daß eine neue Zeit dennoch wieder neuen Auftrieb bringe. [. . .]
Wir sind doch die Jungen; wenn wir verzweifeln wollen, was sollen dann die Alten tun? Ich hab's ausgekämpft u. durchgewürgt . . . Komm' mit, Rudi, mach's nach! An Egoismus gehen so viele zugrunde, soll auch das Neue am Egoismus scheitern? [. . .]

---

zu Nr. 250
[1] Gret Georg, geb. Rothacker, Kusine von Rudolf Heß.

Nr. 251

Handschriftliche Postkarte Rudolf Heß
an Klara und Fritz Heß, Reicholdsgrün

München, 07. 04. 1919

[. . .] Da ich nicht weiß, ob die auswärtigen Zeitungen nicht irgendwelche aufregenden Nachrichten über München bringen, will ich Euch schnell einen Gruß schicken. Da wieder mal eine Räteregierung ausgerufen ist, feiert der größte Teil von München und geht bei dem schönen Wetter spazieren. Sonst ist nichts los. [. . .]

Nr. 252

Handschriftliche Postkarte Rudolf Heß
an Klara und Fritz Heß, Reicholdsgrün

München, 23. 04. 1919

[. . .] Nach den auswärtigen Zeitungen zu urteilen, sind ja die neanderhaftesten Gerüchte über München in Umlauf. – Ich kann Euch aber mitteilen, daß es hier vollkommen ruhig ist und ruhig war. [. . .] Vorletzten Sonntag soll am Bahnhof ein kurzer Kampf stattgefunden haben. Ich habe aber nichts davon gehört, da ich im »Faust« [1] saß. [. . .]

---

zu Nr. 252
[1] Tragödie in zwei Teilen von Johann Wolfgang von Goethe.

Nr. 253

Nach viermonatigen Verhandlungen, die der internen Abstimmung dienten, überreichten die drei Weltmächte England, Frankreich und die Vereinigten Staaten von Amerika am 07. 05. 1919 dem geschlagenen und innerlich zerrissenen Deutschland ihre Friedensbedingungen. Das Reich sollte umfangreiche Gebiete abtreten, seine Kolonien und seine Handelsflotte ausliefern, sich bis auf ein Rest-Heer von 100.000 entwaffnen lassen und gewaltige Reparationen in ungenannter Höhe zahlen. Vor allem aber wurde ihm von den Siegermächten die Alleinschuld am Ersten Weltkrieg zugesprochen. Das war das Gegenteil eines »Friedens ohne Sieg«, den US-Präsident Wilson ursprünglich verheißen hatte.

Handschriftlicher Brief Klara Heß
an Rudolf Heß, München

Reicholdsgrün, 10. 05. 1919

[. . .] Vater kam heute aus Hof zurück, ist soeben, da es Sonntag ist, zum Tarock. Es ist gut so, denn die perfiden Friedensbedingungen liegen uns recht auf den Nerven. Vaters Methode des Ausschweigens wirkt dabei noch niederdrückender. Wir, das heißt Alfred und ich, lasen sie heute zur Sonntagsfeier, u. ertönte des öfteren »die Sauhunde« von beider Mund. [. . .] Daß Wilson dieser Schmach beiwohnen konnte, nachdem er aufgrund seiner 14 Punkte Deutschland zum Nachgeben veranlaßt hat! Er gab doch mit seiner Anwesenheit die Genehmigung zu dem Lug- und Trugspiel. Mit seinen 14 Punkten hat er unser Volk gefangen wie mit Speck die Mäuse. Nun haben wir Hunger wie im Krieg und haben uns machtlos gemacht und müssen uns für Jahrzehnte fesseln lassen. Es ist zum Weinen, wenn der Jammer, [die] Sorge, [die] Not der Kriegsjahre uns nicht zu hart zum Weinen gemacht hätte. – Was liest Du aus den Zeitungen, unsere ägyptischen Interessen betreffend? Hast Du nicht Gelegenheit, Näheres darüber zu erfahren? England soll ja das Protektorat über Ägypten bekommen. Es ist eine Qual, daß Vater gar nicht sucht, sich darüber aufklären zu lassen. [. . .]

Nr. 254

Ende April/Anfang Mai 1919 befreiten Freikorps und Reichswehrverbände die bayerische Hauptstadt von der Herrschaft der Kommunisten und Anarchisten. An den zum Teil blutigen Kämpfen nahm auch Rudolf

Heß teil. Nach Wiederherstellung der bürgerlichen Republik konnte die bayerische Regierung von Bamberg wieder nach München zurückkehren.

Handschriftlicher Brief Fritz Heß
an Rudolf Heß, München

Reicholdsgrün, 15. 05. 1919

[. . .] Bravo mein Junge! Hast Deine Sache gut gemacht – dort war der richtige Fleck zum Eingreifen und mit vorauszusehendem Erfolg; Mutter, Alfred und ich haben uns riesig über Dein tapferes Vorgehen gefreut. [. . .]

Nr. 255

Handschriftlicher Brief Rudolf Heß
an Klara und Fritz Heß, Reicholdsgrün

München, 18. 05. 1919

[. . .] Von den Kämpfen wollt Ihr also noch Näheres hören. Also, am 1. Mai war ich Mittags bei H[au]ptm[ann] Mager[1], da erfuhr ich, daß gerade die [Münchner] Residenz unprogrammäßigerweise gestürmt worden wär' und daß unsere bereitgehaltenen Leute infolgedessen auch losgeschlagen hätten und Besitz von anderen wichtigen Gebäuden ergriffen hätten. Ich ging schnell heim, aß etwas und warf mich in ein Kostüm, das durch Schließen der Windjacke und durch Wechseln der Kopfbedeckung schnell in eine Uniform zu verwandeln war. Dann holte ich meine Waffe aus dem Versteck, ging in Zivil auf die Residenz und verließ diese wieder als Soldat, mit Binde und Ausweis versehen. Dann ging ich dem Infanterie- u. Geschützfeuer nach und kam bis zur Herzog-Wilhelm-Straße, die [in der Münchener Innenstadt] vom Karlstor zum Sendlinger Torplatz führt. Vom Hotel Reichsadler wurde heruntergeschossen. Ein paar Schrapnells auf's Dach brachten Ruhe. Wir rückten samt dem Geschütz zum Reichsadler vor. Mit ein paar Mann durchsuchte ich das Hotel. Die roten Herren waren aber schon nach rückwärts verschwunden. [. . .] Als ich wieder herauskam, erhielt das Geschütz starkes Infanterie- u. MG-Feuer. In wenigen Minuten waren zwei Kanoniere tot und drei verwundet. Der Richtkanonier saß allein hinter dem Rohr. Jetzt konnte ich einspringen und meine artilleristischen Kenntnisse vom Jahre [19]14 verwerten. Die Infanteriegeschosse prasselten nicht schlecht auf das Schild. Ein Schuß schlug neben mir auf den Lafettenschwanz und jagte mir ein paar Splitter in Schenkel und Sitzgelegenheit. Ein paar Schüsse fielen sogar von hinten, wahrscheinlich aus einem Keller. Schließlich gelang es mir doch, das Geschoß zu entsichern und einzuführen, dann rutschte die Kartusche nach. Der Richtkanonier hatte sein Ziel, ich zog ab, und unter Krachen und Splittern der eingedrückten Schaufensterscheiben flogen wir samt dem Geschütz 10 m zurück. Auf dem Asphaltpflaster konnte der Haltesporn des Geschützes nicht eingreifen, daher die Wirkung. Der Schuß hatte aber gut gesessen. Wir konnten ein Stück weiter vorgehen. Ich kam bis zur Sonnenstraße. Da stand ich plötzlich auf 50 Schritt einem Haufen Roter mit Weibern und Kindern gegenüber. Glücklicherweise hatte ich meine blauweiße Binde nicht angezogen, auch keinen Stahlhelm aufgesetzt. Da kannte sich die Bande nicht aus und fragte, ob rot oder weiß. Ich ließ sie im Zweifel, sprang hinter einen Baum und in dem ich anlegte, stob die Gesellschaft um die Straßenecke. Ein Schreckschuß gegen die Mauer belehrte sie wohl über meine Zugehörigkeit. Noch gleichzeitig bekam ich Feuer aus einem Hotel, und ich zog mich wieder zu meinen Kameraden zurück. Es wurde Abend. Die Kämpfe flauten ab. Unter Mitnahme eines »Herrn«, der mit Handgranaten in der Tasche angetroffen worden war und den ich auf der Polizei ablieferte, ging ich zur Residenz, wo die militärische Leitung sich befand. Ich erstattete Bericht über die Lage in meiner Gegend. Unsere Stellung war überall noch recht schwach. Nur allmählich kamen preußische Truppenteile in Eilmärschen in die Stadt. Ursprünglich sollte ja erst am nächsten Tag der Kampf beginnen. Noch nachts um 2 Uhr war die Lage sehr kritisch. Andauernd kamen alarmierende Nachrichten durch Spione. Gegen Morgen, hieß es, wollten die Roten die Dachau-Straße usw. heraufrücken. Wenn sie mehr Angriffsgeist entwickelt hätten, wäre es uns schlecht ergangen. Sie unterliefen aber das [eigene] Vorgehen. [. . .]

Am 2. Mai zogen viele Truppen [in München] ein, vom endlosen Jubel der Bevölkerung begrüßt. Die Freikorps machten [einen] ausgezeichneten Eindruck. Alles stramme, gut disziplinierte Kerle. Unter anderem kamen die Freikorps Lettow-Vorbeck[2], Garde-Kavallerie-Schützen-Division[3], Marinebrigade[4], Korps Lützow[5], Korps Görlitz[6]. Viele sind unter Hintanstellung ihrer persönlichen Interessen im Winter dazugegangen. Man kann den Leuten nicht dankbar genug sein. Ohne sie wären wir in Bayern erledigt gewesen. Wir konnten in der Schnelligkeit nicht genügend Truppen in Bayern aufstellen, geschweige denn ausbilden. Als ich bei der Gründung der Bürgerwehr hier mithalf, war die Lage für uns geradezu hoffnungslos. Einsichtsvolle Männer verzweifelten an der Möglichkeit des Erfolges. In den »Vier Jahreszeiten« [7] wurde eines Tages meine Organisation [8] von Spartakisten ausgehoben. Glücklicherweise wurde die Zentralstelle, die mehrere Organisationen wie in den »Vier Jahreszeiten« umfaßte, nicht aufgedeckt. Auf unsere Hilferufe kamen dann die Freikorps, die in Norddeutschland zusammengeschweißt worden waren und jederzeit marschbereit dastanden. [. . .]

Unsere Freiwilligen-K[om]p[anie] steht unter dem preußischen Lehr-Inf[antrie-]Reg[imen]t unter dem Kommando eines preußischen Hauptmanns. Wir vertragen uns glänzend. Allerdings sind unsere Leute bei der Komp. beinahe nur Offiziere und Studenten. [. . .] Mit rührender Aufopferung tun sie ihren Dienst, stehen nachts zweimal Posten, schlafen auf Strohsäcken und essen Feldküchenkost. Wenn man da noch junge Kerle in meinem Alter ohne Uniform herumlaufen sieht, packt einen Wut und Scham. [. . .]

---

zu Nr. 255

[1] Konnte nicht ermittelt werden.

[2] Paul von Lettow-Vorbeck (1870–1964), preußischer Generalmajor und von 1913 bis 1918 Kommandeur der Schutztruppe Deutsch-Ostafrikas. 1919 befehligte er eine Reichswehrbrigade, bis er nach der Teilnahme am Kapp-Putsch 1920 verabschiedet wurde.

[3] Mit 40.000 Mann eines der größten Freikorps, 1919 aus einer gleichnamigen Einheit des kaiserlichen Heeres hervorgegangen und in demselben Jahr wieder aufgelöst.

[4] Freikorps Marinebrigade Ehrhardt, gegründet durch den Korvettenkapitän Hermann Ehrhardt (1881–1971), mehrfach gegen kommunistische Aufstandsversuche eingesetzt. Es beteiligte sich 1920 am Kapp-Putsch.

[5] Freikorps unter der Leitung eines Major von Lützow, 1919 aufgestellt.

[6] Dieses Freikorps, das in Schlesien gegen polnische Übergriffe auf das Reich kämpfte, nannte sich wohl nach der sächsischen Stadt Görlitz.

[7] Münchner Hotel.

[8] Gemeint ist eventuell die »Thule-Gesellschaft«, ein 1918 von Rudolf von Sebottendorf gegründeter Geheimorden mit ca. 1.500 Mitgliedern, der sich als Sammelbecken aller antisemitischen und nationalistischen Gruppen Bayerns verstand.

Nr. 256

Handschriftlicher Brief Rudolf Heß
an Fritz Heß, Reicholdsgrün

München, 26. 05. 1919

[. . .] Sitze auf Wache im [bayerischen] Kriegsministerium. Dienst ist kaum, nur einige Posten sind und nachts eine Straßenpatrouille. Die viele freie Zeit benutze ich zum arbeiten u. schreiben. Studiere besonders ein Werk über Reklame. Die »Wohnungskunst«[1] wird sehr ausgedehnte Reklame in den Zeitungen machen, sobald die Mappen fertig gedruckt sind. Zur Zeit ist mein Freund Hofweber[2] da. Er reiste geschäftlich für die Firma Lanz her. Gleichzeitig wollte er nach der GmbH sehen. Wir haben die besten Hoffnungen für das Gedeihen der Sache. Die Entwürfe von Ing[enieur] Hausleiter sind zum Teil künstlerisch schön. Hofweber erteilt mir jetzt die Prokura und erhöht mir das Gehalt auf 400 M[ark], wenn ich wieder vom Militär fort sein werde und diese Einnahmequelle nicht mehr habe. [. . .] Der Möglichkeit, daß aus Ägypten nichts mehr wird, müssen wir jedenfalls klar ins Auge sehen. Du tust mir natürlich herzlich leid, daß Du diese sorgenvollen Tage der Ungewißheit erleben mußt. Hoffentlich sieht alles schlimmer aus, als es ist. [. . .]

zu Nr. 256

[1] Die »Münchener Wohnungskunst GmbH« – ein kleiner Betrieb, der preiswerte und moderne Möbel herstellte – wurde nach Ende des Ersten Weltkrieges von früheren Stabsoffizieren Karl Haushofers und diesem selbst gegründet.

[2] Max Hofweber, ehemaliger Fliegerkamerad von Rudolf Heß.

Nr. 257

Handschriftliche Postkarte Rudolf Heß
an Klara und Fritz Heß, Reicholdsgrün

München, 25. 06. 1919

[. . .] An den Frieden darf man nicht denken. Das einzige, das mich hochhält, ist die Hoffnung auf den Tag der Rache, wenn er auch noch sehr fern ist. Ich erleb' ihn vielleicht doch. – Unser Volk steht zwar moralisch furchtbar tief. Das ist aber bei den Revolutionen anderer Völker auch gewesen. Warum soll nicht auch unser Volk bei seinen vielen guten Eigenschaften sich wieder erholen? [. . .]

Nr. 258

Handschriftlicher Brief Klara Heß
an Rudolf Heß, München

Reicholdsgrün, 03. 08. 1919

[. . .] Wenn doch endlich für uns Auslandsdeutsche Klarheit würde! Schon Alfreds wegen sehne ich mich danach. Deutschland muß uns doch wenigstens unser Vermögen verzinsen, damit all' die Arbeitskräfte von Neuem arbeiten können. [. . .]

Nr. 259

Maschinenschriftlicher Brief Gret Georg
an Rudolf Heß, München

Schweinfurt, 26. 10. 1919

[. . .] Im Großen und Ganzen möchte ich aber nun nochmals Dir sagen, daß ich mich unendlich freue, wie Du Dich wieder zurechtgefunden hast nach den schweren Erschütterungen der letzten 12 Monate, Du weißt ja, ich habe immer gesagt, Menschen wie Dich braucht das Vaterland. Unsere Zeit kommt schon noch einmal, dessen bin ich sicher, wenn auch viell[eicht] anders als wir uns jetzt so vorstellen. Hauptsache ist ja doch, daß in uns der Geist lebendig bleibt, der das wirkl[iche] Deutschtum ist, und daß wir ihn unseren Kindern wiederum vererben. [. . .]

Nr. 260

Handschriftlicher Brief Rudolf Heß
an Klara und Fritz Heß, Reicholdsgrün

München, 09. 11. 1919

[. . .] Übrigens kann ich wahrscheinlich in nächster Zeit wieder mal einen Höhenflug machen, bei den Rumpler-Werken in Augsburg[1]. Das würde mich riesig freuen, wenn es klappte. Es liegt mir sehr viel daran, in Übung zu bleiben für den Tag der Rache, der doch wohl über kurz oder lang kommt, wenn wir auch wohl nicht allein kämpfen werden, sondern an der Seite eines ehemaligen Gegners[2]. Das ist aber gleich, wenn wir nur Frankreich seine

Schamlosigkeit und seine unsagbar grausame Gefangenenbehandlung heimzahlen können. [. . .] Vor ein paar Tagen hab' ich General Haushofer[3] zu seiner Beförderung gratuliert mit dem Wunsch, daß seine militärische Laufbahn damit nicht beendet sein möge, und er sagte auch, daß er glaube, man braucht uns doch noch mal. Diese Zukunftsaussichten halten einen immer wieder hoch, wenn es gar zu traurig aussieht um unser Volk und um unsere Ehre. [. . .]

---

zu Nr. 260

[1] Edmund Rumpler (1872–1940), Flugzeugbauer, gründete 1908 die erste deutsche Flugzeugfabrik in Berlin, die ein Zweigwerk in Augsburg hatte.

[2] Welche der gegnerischen Mächte Rudolf Heß damit meinte, bleibt unklar. In Betracht kommen die Sowjetunion, Italien, möglicherweise auch Großbritannien.

[3] Karl Haushofer (1869–1946), bayerischer Artillerieoffizier, 1921–1939 Professor der Geographie an der Universität München. Haushofer wurde zum Begründer der Geopolitik in Deutschland. Diese Lehre von den politischen Räumen der Erde wurde von ihm und von Rudolf Heß, einem seiner Schüler, in die nationalsozialistische Ideologie unter dem Stichwort »Lebensraum« eingeführt.

Nr. 261

Nach Annahme der parlamentarischen Reichsverfassung durch die Deutsche Nationalversammlung am 31. 07. 1919 in Weimar – Gründung der »Weimarer Republik« – war die Gefahr eines bolschewistischen Umsturzes in Deutschland erst einmal abgewendet. Doch wurde der neue Staat weiter von links und rechts auf das heftigste bekämpft. Diese Auseinandersetzungen spielten sich auch in den deutschen Bundesstaaten ab. Am 21. 02. 1919 hatte der rechtsradikale Anton Graf von Arco auf Valley den bayerischen Ministerpräsidenten Eisner auf offener Straße erschossen. Der Attentäter wurde zum Tode verurteilt, dann aber zu lebenslänglicher Festungshaft begnadigt und schließlich nach fünf Jahren Freiheitsentzug entlassen.

Handschriftlicher Brief Rudolf Heß
an Klara Heß, Reicholdsgrün

München, 18. 01. 1920

[. . .] Heute, Sonntag, wird hier in den meisten Kirchen eine Art nationaler Feier sein, wenigstens hörte ich schon, daß verschiedene Pfarrer ihre Predigt an »Graf Arco«[1] anknüpften. So hoch sind die nationalen Wellen lange nicht mehr gegangen als in den letzten Tagen. Am Abend des Tages der Verkündung des Todesurteils zogen dichtgedrängte Massen von Studenten usw. durch die Straßen. Auf dem Odeonsplatz endeten die Kundgebungen für Arco nicht. Nationale Lieder wurden gesungen. Im Auditorium Maximum hielt der Rektor der Universität eine zündende Ansprache vor der gesamten Studentenschaft, und es wurde Beschluß gefaßt, eine Abordnung zu den Ministern zu schicken, das Urteil zu ändern. – Gestern war der Festsaal der Universität um 11 Uhr von Tausenden von Studenten mit und ohne Farben gedrängt voll bis hinauf auf die Gänge. Ich ließ es mir auch nicht nehmen, dabei zu sein. Dieses Aufflammen der nationalen Begeisterung ist eine Erinnerung für's Leben. Nach 12 Uhr kam endlich die Abordnung zurück und verkündete, daß das Urteil in »lebenslängliche« Festungshaft umgewandelt sei. Minutenlanger brausender Beifall folgte, der sich wiederholte, als bekanntgegeben wurde, daß das Reichswehr-Gruppenkommando IV sich schon vorher mit den Studenten einig erklärt hatte. Die Regierung hat, glaub' ich, vor lauter Angst nachgegeben; denn die Hochschüler und Teile der Reichswehr waren zum Äußersten entschlossen. – Selbst der größte Teil der Arbeiterschaft war gegen das Todesurteil. Vor den Anschlagtafeln konnte man hören, wie sie anerkannten, daß das ein »Mann« sei und nicht ein Feigling, der sich in Kleiderschränken versteckt, wie ihre Führer. Als die Festungshaft bekannt wurde, sagte ein Arbeiter: »Das ist gescheit, sollen sie lieber ein paar Juden erschießen.« Graf Arco hat seine Mission erfüllt. Trotz des ungünstigen Augenblicks war die Beseitigung Eisners ein Segen, der uns viel ersparte. Und dieser Tage gab Arco den Anstoß zu nationalem Besinnen und zu einer deutschen Begeisterung. Ich habe die Hoffnung, daß es nicht nur ein Strohfeuer war. Liebe Mutter, vielleicht erleben wir doch noch den Tag der Befreiung! Dann werden viele aufatmen und mit ihrem Schicksal ausgesöhnt sein, das sie bei Bekanntgabe der Waffenstillstandsbedingungen und später verflucht haben. Damals wäre ihnen der Tod im Feld lieber gewesen. Vielleicht dürfen aber diese festen Teile des Volkes den Grundstock bilden zum neuen großen Kampf! Mögen wir noch jung genug sein, wenn der »Tag« kommt. – [. . .]

---

zu Nr. 261

[1] Anton Graf von Arco auf Valley (1897–1945) gab mit seinem Attentat ungewollt den Anstoß zur Ausrufung der bayerischen Räterepublik.

Nr. 262

Handschriftlicher Brief Rudolf Heß
an Klara Heß, Reicholdsgrün

München, 22. 01. 1920

[. . .] Heut' an Deinem Geburtstag denken wir Deiner in Liebe! – Mach Dir aber ja keine Sorge um uns. Wenn ich auf einer »schwarzen Liste« st[an]d, sind Tausende andere mit darauf. Na, und solche Regimenter von Geiseln setzen sie doch nicht fest. Außerdem ist es mehr als unwahrscheinlich, daß die »anderen« nochmal die Gewalt bekommen, Geiseln festzunehmen. Dazu sind wir doch zu gut vorbereitet und gerüstet. – Wenn es nicht nötig, würde ich mich auch der Gefahr nicht aussetzen. Sei beruhigt. – [. . .]

Nr. 263

Der Erste Weltkrieg hatte das Deutsche Reich nicht nur um seine Kolonien, sondern viele Auslandsdeutsche, wie die Familie Heß, auch um ihre Vermögen gebracht. Jetzt erwarteten diese Menschen von der Weimarer Republik, die selbst vor schier unüberwindlichen Wirtschafts- und Finanzproblemen stand, eine angemessene Entschädigung.

Handschriftlicher Brief Rudolf Heß
an Fritz Heß, Reicholdsgrün

München, 06. 02. 1920

[. . .] Ich bin sehr neugierig, was für einen Eindruck Du im Laufe der Verhandlungen in Berlin bekommst. Ich stehe der Frage der Entschädigungen nach wie vor recht skeptisch gegenüber. Fürchte sehr, daß bei den größeren Vermögen nur Bruchteile in Betracht kommen. [. . .] Mach' Dir aber doch ja nicht zuviel Zukunftssorgen, und »verekel'« Dir damit [nicht] ganze Jahre Deines Lebens, die Du trotz allem genießen könntest. Selbst den ungünstigsten Fall angenommen, daß das Geschäft nicht so bald aufgenommen werden könnte und daß die Entschädigung des Reichs nur gering ist: soviel Vermögen ist doch vorhanden, daß Ihr und Onkel Adolf davon leben könnt, wenn auch ein Teil des Kapitals mit aufgebraucht wird. [. . .] Wir Söhne, wir kommen auch ohne Kapital vorwärts. Im Gegenteil: ich behaupte immer, daß das die tüchtigeren Menschen gibt, die kämpfen müssen. Söhne, denen das Fortkommen zu bequem gemacht wurde, die in ein fertiges Nest sich setzten, wurden leicht davon abgehalten, ihre ganzen

Fähigkeiten zu entwickeln, weil eben das eiserne »Muß« fehlte. – Mir kommt ja auch manchmal für Augenblicke Sorge oder Ärger auf, aber ich hab' mich daran gewöhnt, durch Willenskraft derartige Regungen zu vertreiben, besonders wenn sie nichts bessern. Lange hab' ich auch an die Tücke des Schicksals mir gegenüber geglaubt, bis ich gemerkt hab', daß es nur schlimmer wird, wenn man sich diesem Glauben hingibt. Sobald ich sagte: »Nun erst recht nicht; Schicksal, Du kannst mich nicht foppen; steig mir den Buckel rauf usw.«, dann war der Reiz für die Afriedis' des Pechs [1] scheinbar dahin. [. . .]

zu Nr. 263
[1] Aus dem Arabischen stammende Bezeichnung für »Teufel«.

Nr. 264

Neben Deutschland gehörte auch Rußland, das den Frieden von Brest-Litowsk wieder aufgekündigt hatte, zu den politischen Verlierern des Ersten Weltkrieges. Bei aller Abscheu vor dem Bolschewismus liebäugelten auch viele bürgerliche Deutsche mit einem Zusammengehen der beiden immer noch größten, wenn auch vorerst nicht mehr stärksten Mächte des europäischen Kontinents, wie es sich ansatzweise 1922 im Vertrag von Rapollo ergeben sollte.

Handschriftlicher Brief Rudolf Heß
an Klara und Fritz Heß, Reicholdsgrün

München, 08. 03. 1920

[. . .] Sehr viel erhoffe ich von einer Verständigung mit Rußland. Ein Kenner der Zustände dort sprach mir von gewaltigen Massen von Mehl, bzw. Getreide, Baumwolle u. Wolle usw. in bestimmten Gebieten. Wenn wir den Abtransport mal organisieren könnten, wäre ein großer Schritt vorwärts getan. Mir wäre auch politisch ein Zusammengehen mit Sowjet-Rußland recht, das neuerdings ganz andere, sehr heilsame Grundsätze hat, wenn auch zum Teil übertriebene bereits, wie ein 12-stündiger Arbeitszwang. 8 Stunden Arbeitspflicht, in denen gründlich gearbeitet würde, wären schon genügend, und dann müßte Sorge getragen werden, daß in der übrigen freien Zeit die Leute nicht herumhocken, sondern durch ausgiebigen Sport usw. körperlich ertüchtigt werden u. damit geistig auch. Nur durch den vielen Sport sind die Engländer fähig gewesen, in so kurzer Zeit ein brauchbares Heer aufzustellen. Das Heer der Sowjet-Republik scheint hervorragend zu sein, eine eiserne Disziplin mit Todesstrafe ist durchgeführt. Die Ziele des heutigen Rußlands sind durchaus nationalistisch-imperialistisch. Wer weiß, ob wir nicht eines Tages zusammen mit den Russen den Vertrag von Versailles über den Haufen schmeißen. Bezeichnend für die Angst vor dieser Möglichkeit ist ja, daß die Entente plötzlich sehr viel milder uns gegenüber gestimmt ist und von einer Nachprüfung des Vertrages spricht. Eines Tages möchte uns England gern gebrauchen gegen die Bolschewisten, die bereits einen drohenden Schatten auf die Verbindung nach Indien werfen. Hoffentlich bringt man es bei uns endlich mal fertig, großzügig u. vorurteilsfrei Politik zu treiben. Wir dürfen uns nur nicht an dem Wort »Bolschewisten« stoßen, die mit den ehemaligen wilden Horden nur noch den Namen gemein haben. Unsere Unabhängigen würden sich wundern und die Haare raufen, wenn die heutigen russischen Grundsätze bei uns Eingang fänden. – In den nächsten Tagen wird wahrscheinlich das Angebot [einer Anleihe] von 30 amerikanischen Milliarden bekanntgegeben werden, – gegen *Verpfändung unseres gesamten staatlichen u. privaten Grund u. Bodens*. Der Himmel bewahre uns davor! Damit sie uns ganz und gar zu ihren Sklaven machen können. Die übrige Entente soll übrigens Lunte davon gerochen haben und möchte das Geschäft selbst machen. Daher wohl der Umschwung in der Stimmung drüben, die Zeitungen haben dort wohl einen Wink bekommen. Bezeichnend ist ja, daß im allgemeinen unsere Judenpresse von einem politischen Zusammengehen mit Sowjet-Rußland nichts wissen will. Dadurch könnte ja den Juden-Kapitalisten drüben bei der Entente das Geschäft verpatzt werden u. den Schiebern u. Wucherern bei uns vielleicht auch. Jedenfalls ist der Weltkrieg wohl nur scheinbar zu Ende. Es brodelt weiter unter den ruhigen oberen Schichten des Lavabreis des europäischen Vulkans. Hier u. dort pufft es vorläufig mal auf. Ob nicht in absehbarer Zeit das Ganze noch mal flüssig wird?! [Hervorhebg. i. Orig.]

– In meinem Geschäft geht es gut[1]. Wir haben eine Maschinenfabrik gefunden, die für uns Möbel nach unseren Entwürfen herstellt. Auf der Leipziger Messe haben wir größere Aufträge erhalten, wegen noch größerer sind wir noch in Verhandlungen. [. . .]

---

zu Nr. 264

[1] Gemeint ist die Münchner Wohnungskunst GmbH.

Nr. 265

Am 13. 03. 1920 besetzten Freikorps und Teile der Reichswehr das Regierungsviertel in Berlin, um die republikanische Reichsregierung zu stürzen. Dieser »Kapp-Putsch« – so genannt nach seiner politischen Leitfigur Wolfgang Kapp, einem höheren Beamten, der sich zum Reichskanzler erklärte – scheiterte am Widerstand der Gewerkschaften. Dagegen zwang die Reichswehr in München die bayerische Regierung Mitte März zum Rücktritt. Hintergrund dieser Umsturzversuche war der Versailler Vertrag, der die Verkleinerung der Reichswehr von 400.000 auf 100.000 Mann – und damit praktisch die dauernde militärische Ohnmacht Deutschlands – verlangte. In die Entwaffnung sollten nämlich auch die bewaffneten Einwohnerwehren einbezogen werden, in denen Rudolf Heß diente und die Bayern vor dem Bolschewismus bewahrt hatten.

Handschriftliche Postkarte Rudolf Heß
an Klara Heß, Reicholdsgrün

München, 16. 03. 1920

[. . .] Schnell einen Gruß, daß Du siehst, es geht uns gut. Wir haben uns zur Aufrechterhaltung der Ordnung wieder zur Verfügung gestellt. [. . .]

Nr. 266

Handschriftlicher Brief Rudolf Heß
an Klara und Fritz Heß, Reicholdsgrün

München, 24. 03. 1920

[. . .] Wir wurden also gleich, als die Kapp-Sache losging, alarmiert und in unserem alten Heim, der Türken-Kaserne, untergebracht. Die Zeitfreiwilligen sind wohl einige 1000 Mann mit glänzendem Geist, wie er im Frieden wohl kaum bei einer Truppe vereint war. Mit Sang und Klang zogen wir täglich zum Exerzieren. Es war wohltuend, wieder mal lauter stramme Leute zusammen zu sehen. Vor General Möhl[1] machten wir einen Parademarsch, der friedensmäßig gut gewesen sein soll. Was will man mehr! Öfters wurden wir alarmiert. Doch brauchten wir nicht einzugreifen. Allein unser Vorhandensein genügte, um Unruhen niederzuhalten. [. . .] Der Regierungswechsel geht ja in Bayern erfreulich glatt

ab, nur in einigen Nestern wie Hof scheint ein Spartakusrummel losgegangen zu sein.[2]
Im Reich steht die Sache weniger erfreulich, obwohl ich glaube, daß die Zeitungen wieder sehr übertreiben. Hoffentlich gelingt es bald, die Unruhen niederzuringen. Erfreulicherweise sind auch von hier Truppen fort, um an anderen Stellen den Kameraden zu helfen, wie diese uns vor einem Jahr beisprangen.
Die Regierung Kapp scheint wieder erledigt zu sein. Es ist traurig. Ein großer Teil des Volkes überall schrie nach einer kraftvollen Regierung, nach einem Diktator, der Ordnung schaffte, gegen die Judenwirtschaft auftritt, die Schieberei u. Wucherei unterbindet. Ist aber mal der Mann da, der selbstlos zum Wohl des Ganzen die Sache in die Hand nehmen will und auf eignes Wagnis handelt: siehe da, das Zetergeschrei über den »Friedensstörer« geht los, kaum jemand springt helfend bei. Unsere Judenpresse, die weiß, daß es den Rassegenossen an den Kragen gehen könnte, tut natürlich ihr Möglichstes, die neuen Leute als »Junker«, »Reaktionäre«, »Monarchisten« usw. zu brandmarken. Und der gute Michel glaubt's brav! Selbstverständlich erschallte auch wieder der Schreckensruf »Alldeutsche«![3] Wann wohl mal unser Volk einsieht, daß gerade unter den Alldeutschen unsere Besten sind? Warum hat denn England so große Erfolge in der Politik? Weil jeder Engländer das ist, was man bei uns einen Alldeutschen nennt, und die Regierung kann danach handeln, wenn sie von der Masse in einer kraftvollen Politik unterstützt wird. Doch unserem Judenpack paßt eine kraftvolle deutsche Politik nicht, und deshalb nutzt sie die Macht ihrer Presse im entsprechenden Sinne aus. – Wir haben letzter Tage viele Flugzettel gegen Alljuda verteilt, besonders auch solche, die über die jüdischen Arbeiterführer die Augen öffnen sollten. Von letzteren haben wir, Alfred, ich und einige Kameraden, etwa 3000 nachts im Arbeiterviertel in Giesing[4] angeschlagen und unter den Türen in die Häuser geschoben. Natürlich waren wir in Zivil und möglichst arbeitermäßig angezogen. Der Erfolg muß groß gewesen sein, denn eine Judenvereinigung veröffentlichte bald darauf Gegenerklärungen, die aber gegen Tatsachen nicht viel bringen konnten. – [. . .]

---

zu Nr. 266

[1] Arnold Ritter von Möhl (1867–1944), bayerischer General, im Frühjahr 1919 Befehlshaber der bayerischen Einheiten im Kampf gegen die Münchner Räterepublik, dann bayerischer Landeskommandant.

[2] Der Kapp-Putsch führte in Bayern – im Gegensatz zum Reich – zur Ablösung der sozialdemokratisch geführten durch eine konservative Regierung. Gegen diesen Rechtsruck lehnten sich hier und dort Spartakisten und Unabhängige Sozialdemokraten auf.
[3] 1891 als Allgemeiner Deutscher Verband gegründet. Die politische Vereinigung, die Anhänger verschiedener Parteien umfaßte, trat für eine Stärkung des deutschen Nationalbewußtseins sowie für eine expansionistische Außenpolitik des Deutschen Reiches ein. Unter Führung von Heinrich Class (ab 1908) bekämpfte der Alldeutsche Verband die Politik des Reichskanzlers Bethmann Hollweg.
[4] Stadtteil Münchens.

Nr. 267

Handschriftlicher Brief Rudolf Heß an Klara und Fritz Heß, Reicholdsgrün

[ohne Ort], März 1920

[. . .] Unser Bataillon ist fortgekommen von München, um an anderen Orten für Aufrechterhaltung der Ordnung zu sorgen. Mir ist es leider nicht möglich gewesen mitzuziehen, da ich Herrn Hausleiter[1] nicht allein lassen konnte. Die Bank war aber so anständig, Alfred auf seine Bitten hin freizugeben. Strahlend zog er mit all' den Kameraden von dannen. Mit schwarz-weiß-roten Flaggen[2], mit Blumen geschmückt, unter den Klängen der Musik, marschierten sie ab. Wohin sie sind, weiß ich nicht. Es wird aber wohl bald Nachricht eintreffen. – Meine Leute, darunter auch Alfred, hatten sich jeder ein wunderschönes antisemitisches Hakenkreuz[3] auf den Stahlhelm gemalt. Leider mußten sie es aber auf höheren Befehl wieder entfernen. Wahrscheinlich waren andere Kompagnien nicht ganz hasenrein. [. . .]

---

zu Nr. 267
[1] Früherer Adjutant Karl Haushofers, Mitgründer und Geschäftsführer der Wohnungskunst GmbH.
[2] Schwarz-Weiß-Rot waren die Farben des Deutschen Reiches von 1871 gewesen. Die Farben der Weimarer Republik waren Schwarz-Rot-Gold. Durch das Vorzeigen der kaiserlichen Farben demonstrierten die Freikorps und Einwohnerwehren gegen die Weimarer Republik, die sie ablehnten.
[3] Das Hakenkreuz kam in früherer Zeit als Symbol in Europa, Asien und sogar in Polynesien vor. Die arische Verabsolutierung stammt von dem völkischen Ideologen G. v. List (»Die Bilderschrift der Ario-Germanen«, 1910). Bei Ende des Ersten Weltkrieges wurde das Hakenkreuz zum Erkennungszeichen verschiedener antisemitischer Verbände. Adolf Hitler übernahm es dann zu Beginn der zwanziger Jahre als Kampfabzeichen der nationalsozialistischen Bewegung.

Nr. 268

Während es in Bayern unter dem neuen Ministerpräsidenten Gustav von Kahr einen Ruck nach rechts gab, behaupteten Kommunisten und Sozialisten, zum Teil gestützt auf »rote Arbeiterwehren«, Sachsen, Thüringen und Teile des Ruhrgebietes. Weil sich auch hier Freikorps, Bürgerwehren und Reichswehreinheiten gegen die Bolschewisierung Deutschlands wehrten, kam es in West- und Mitteldeutschland zu bürgerkriegsähnlichen Zuständen.

Handschriftlicher Brief Rudolf Heß
an Klara Heß, Reicholdsgrün — München, 27. 03. 1920

[. . .] Sitze wieder mal in der Türken-Kaserne: »Alarmbereit.« Unser Bereitsein wirkt Wunder; es ist alles ruhig in der Stadt und bleibt es hoffentlich auch. Wir sind nur immer noch im Dienst wegen der neuerlichen Streikgelüste in Norddeutschland. – Von Alfred sind gute und vergnügte Nachrichten da. Anbei ein Bild meiner Gruppe mit ihm, das ich an der Bahn aufnahm. – Ich hoffe, daß bald wieder allgemeine Ruhe eintritt. Die Geraer haben scheinbar schlimme Zeiten durchzumachen. Erna Schuhmann[1] schrieb, die männlichen Teile der Verwandtschaft säßen größtenteils fest unter Bewachung der Spartakisten. Die Reichswehr wird wohl auch dort bald Ordnung schaffen. Unglaubliche Nachrichten werden aus dem Ruhrgebiet gemeldet. Im Grunde ist alles gewaltig übertrieben. Ich sprach einen Herrn, der von dort kam. [. . .]

---

zu Nr. 268
[1] Konnte nicht ermittelt werden.

Nr. 269

Nach einem Ultimatum an die »Rote Ruhrarmee«, sich wieder aufzulösen, marschierten Reichswehreinheiten in das Kohlenrevier ein, um den Aufstand unter Einsatz schwerer Waffen niederzuschlagen. Auch an diesen blutigen Kämpfen wirkte Rudolf Heß – wieder als Flieger in seinem Element – mit.

Handschriftliche Postkarte Rudolf Heß
an Klara und Fritz Heß, Reicholdsgrün — München, 10. 04. 1920

[. . .] Ich bin seit zwei Tagen wieder in München. Während ich bis Dortmund mit Flugzeug 5 ½ Stunden bei starkem Gegenwind gebraucht hatte, war ich rückwärts 30 Stunden unterwegs. vvv Alfred wird wohl auch nächster Tage zurückkehren. [. . .]

Nr. 270

Handschriftlicher Brief Rudolf Heß
an Klara und Fritz Heß, Reicholdsgrün

München, 16. 04. 1920

[. . .] Gleich nachdem Alfred von München fort ist, gelang es mir, bei der Fliegertruppe als Zeitfreiwilliger angenommen zu werden. Meine Freude könnt Ihr Euch denken, als ich gleich am ersten Tag zwei Flüge machen durfte auf der schönsten Doppelsitzermaschine, die ich mir denken kann, der leichten Halberstädter CL II. [. . .]

Nr. 271

Handschriftlicher Brief Klara Heß
an Rudolf Heß, München

Hof, 25. 04. 1920

Lieber Geburtstager!
Nimm nochmals mit inniger Umarmung und herzlichem Kuß meine treuesten Glück- und Segenswünsche für Dein neues Lebensjahr. Möge Dir Gott das Jahr reich an Freuden und Befriedigung schenken und vor allem Deinem Streben, dem unglücklichen Vaterland zu neuer Blüte zu verhelfen, Kraft und Segen geben. [. . .] Auch ich stimme Dir bei, mich für *keine* Partei festzulegen, sondern mit Freuden die Partei anzuerkennen, die Ordnung und Gleichheit aller Parteien durchführen kann. Der vor der Revolution bestandene große Unterschied zwischen Reich u. Arm war mir stets gegen das Gefühl, und sehe ich jetzt mit Freuden den Wohlstand der Arbeiter. Nur müssen sie in ihren Forderungen vernünftig bleiben und nicht auf den Umsturz und die Unterdrükkung der anderen Klassen losarbeiten. Außerdem hat das Proletariat zur Zeit leider nur Hunger nach Geld und Schlemmerei, und das Suchen, sich geistig emporzuringen, liegt ihnen noch sehr fern. Mit dem Tanz um's »Goldene Kalb« wird unser Volk niemals erstarken. Wenn sich doch endlich ein Führer fände, der es für gei-

stiges Wachstum gewinnen könnte. [. . .] Ich für meine Person kenne keine Furcht und war als Kind der größte Furchthase. Das Leben hat mich eben zum Glück gar nicht verweichlicht, und bin ich jetzt recht dankbar dafür. Jetzt verstehe ich erst die harte Lebensschule, die mir die Ehe gebracht, zu würdigen. Ich bin ein »Mimikri« geworden, das sich leicht jeder Lebenslage anpaßt.** Fürchte deshalb auch die wenig freudenreiche Zukunft [nicht]. »Willst Du immer weiterschweifen, sieh' das Gute liegt so nah; lerne nur das Glück ergreifen, denn das Glück ist immer da.«[1] Ich besitze ja durch Euch und Vater soviel Glück, alles andere ist Nebensache. Wenn nur materieller Reichtum »das Glück« bedeutet, wie ungerecht wäre dann das Schicksal gegen die Unbemittelten. Ich weiß ja Vaters Herzensgüte zu schätzen, seine anderen betrüblichen Charaktereigenschaften hilft *die Liebe* ertragen, wenn es auch manchmal recht schwer fällt. vvv Es wird ihm mit mir ebenso gehen. Wir sind ja Gott sei Dank so verschieden veranlagt, das kommt Euch zustatten, Ihr habt hoffentlich von uns beiden nur die für's Leben nützlichsten Eigenschaften geerbt. Vaters Überlegung, ängstliches Abwarten und meine Draufgängerart geben sicher eine gute Mischung. Ebenso mein vollkommenes Ausschalten meines »Ich« und Vaters Egoismus. – Seit ich im Besitz etwas Geldes bin, fühle ich mich viel lebensfreudiger. Diese Abhängigkeit drückte mich unglaublich nieder. Nun kann ich doch wenigstens die Gelegenheiten ausnützen, Nahrungsmittel im Vorrat anzuschaffen und hauptsächlich genügend Heizungsmaterial für den Winter. [. . .] Vater würde sich ja nur nach den schwersten Kämpfen zu einer solch' großen Ausgabe *auf einmal* entschließen. [. . .] Vater schrieb sehr lieb über Eure Tätigkeit als Zeitfreiwillige. Alfreds Brief, den ich mit großem Interesse gelesen u. dem ich mit Freuden entnehme, daß Alfred sich wieder auf den Weg nach München machte, somit aus unmittelbarer Gefahr herauskam. Trotz alledem freue ich mich auch über unsere beiden braven Jungens, die für die gute Sache sich so tapfer einsetzen – wenn nur auch das übrige Jungdeutschland mit solchem Schneid für's Wohl des Vaterlandes sorgen würde! Dann wären wir wohl bald wieder im richtigen Fahrwasser. [. . .] [Hervorhebg. i. Orig.]

** [Fußnote von Klara Heß:] »Weibisches Zagen, ängstliches Klagen, wendet kein Elend, macht Dich nicht frei.« Goethe

---

zu Nr. 271

[1] Zitat aus Johann Wolfgang von Goethe »Erinnerung«.

Nr. 272

Handschriftlicher Brief Rudolf Heß
an Fritz Heß, Reicholdsgrün

München, 04. 05. 1920

[...] Gestern abend war ich in der Wahlrede des Geheimrats Kahl,[1] der von der Deutschen Volkspartei für den Wahlkreis Oberfranken aufgestellt ist. Besonders interessierte er mich natürlich als der Schwiegervater von Generalkonsul Hellwig.[2] Es war eine der besten nationalen Reden, die ich je hörte. Das Feuer des alten Herrn war bewundernswert. Er riß alle mit. [...]

zu Nr. 272

1 Wilhelm Kahl (1849–1932), Reichstagsabgeordneter der DVP 1920–1932.

2 Konnte nicht ermittelt werden.

Nr. 273

Handschriftliche Postkarte Rudolf Heß
an Klara Heß, Reicholdsgrün

München, 01. 06. 1920

[...] Betreffs Wahlen kann ich Dir nur sagen, daß die beiden Rechtsparteien, die so ziemlich die gleichen Ziele verfolgen, wohl nur für uns in Betracht kommen. Diese beiden Parteien, die »*Deutsche* Volkspartei«[1] und die »Bayer[ische] *Mittel*partei«[2] haben hier sogar ihre Listen vereint. *Letztere Partei* ist mir insofern noch sympathischer, als sie sich völlig judenrein gehalten hat, während in die »Deutsche Volkspartei« durch den sog. Rechtsabmarsch aus der *demokratischen* Juden- u. Berliner Tageblattpartei leider Angehörige dieser Rasse gekommen sind. [...] [Hervorhebg. i. Orig.]

zu Nr. 273

1 1918 von dem späteren Reichskanzler und Außenminister der Weimarer Republik Gustav Stresemann gegründete Partei, die an die Nationalliberale Partei des Kaiserreiches anknüpfte, der Industrie nahestand und das gebildete Bürgertum gewinnen wollte.

2 1918 in Nürnberg gegründeter Vorläufer der Deutschnationalen Volkspartei (DNVP), die konservativ-völkische Gruppen auf Landesebene zusammenfaßte und seit 1919 im bayerischen Landtag vertreten war. 1924 wurde die Bezeichnung Bayerische Mittelpartei (BM) wieder aufgegeben.

Auszug aus dem »Kladderadatsch«[1]

Vergessen
Ich weiß ein Wort, mit reißendem Stoß will es die Seele mir fressen;
Es krallt sich fest, und es läßt mich nicht los, das grausige Wort »Vergessen«!
Vergessen ist, wie Schwert und Schild einst wogten auf blutiger Halde
Vergessen ist das ragende Bild im Teutoburger Walde.
Vergessen ist, was uns groß gemacht im Wandel der tausend Jahre,
Der Held der Fehrbelliner Schlacht[2] und sein grollendes »Exoriare«![3]
Vergessen der Alte von Sanssouci und was er für Deutschland gewesen.
Als hätten von seinen Taten wir nie mehr mit freudigem Stolze gelesen.
Vergessen sind Leipzig[4] und Waterloo,[5] von Nacht und Nebel bemeistert
Und all' das Edle, daran wir froh uns in goldenen Tagen begeistert.
Vergessen der Kaiser, eisgrau und alt, der neunzig Jahre durchmessen ...[6]
Es liegt ein Grab im Sachsenwald[7] – vergessen, vergessen, vergessen!
Vergessen ist, was wir selber gesehen vom Nordmeer bis zu den Karpaten,[8]
Bei Tannenberg[9] das große Geschehen, der Brüder unsterbliche Taten.
Und Sieg um Sieg vier Jahre lang, wir sahen sie freudetrunken; nun sind sie ohne Sang und Klang vergessen, verschollen, versunken!
Vergessen der Stolz und der männliche Mut, vergessen der Ruhm und die Ehre!
Vergessen das heilige, rote Blut der todesmutigen Heere!
Die Tage tanzen in rasender Flucht – wir sind vom Teufel besessen,

Und Ordnung und Sitte und Treue und Zucht, vergessen sind sie, vergessen!
Und der grinsende Feind fühlt uns ins Gesicht und lacht der heiligen Rechte;
Den Herrn spielt jeder freche Wicht, und wir sind seine Knechte!
O Deutschland, wo blieb dein eisern Geschlecht, du ragendstes Volk der Erde!
Du übst dich wie ein geborener Knecht in knechtischer Gebärde.
In Stücke reißt dich der taumelnde Feind, da du dich selber verloren,
da du, einst herrlich und stolz geeint, Dich blöder Zwietracht verschworen.
Ich aber weiß: es kommt der Tag, der wird empor dich rütteln, da steigst du auf aus dem Sarkophag, da wird der Ekel dich schütteln.
Da wird erwachen der stürmende Groll und den züngelnden Drachen vernichten;
Da wird man, göttlichen Zornes voll, gewaltige Taten verrichten!
Da lasse der Himmel den frevelnden Wahn mit rächendem Maße dich messen!
Und was der Feind uns angetan, daß sei ihm nicht vergessen!

[Autorenname unleserlich]

---

zu Nr. 274

[1] Satirische Zeitschrift, 1848 in Berlin als nationales Wochenblatt von D. Kalisch, E. Dohm und R. Löwenstein gegründet. Das Gedicht erinnerte Rudolf Heß an seine eigenen Kriegserlebnisse und wurde deshalb von ihm aufgehoben.

[2] Bei Fehrbellin in der Nähe Berlins siegte Friedrich Wilhelm I. von Brandenburg-Preußen 1675 gegen die Schweden, die in sein Land eingefallen waren.

[3] Von lat. exorior = sich erheben, aufstehen, hervorbrechen.

[4] Gemeint ist die Völkerschlacht von Leipzig, 1813, gegen Napoleon, der daraufhin Deutschland räumen mußte.

[5] Gemeint ist die Schlacht bei Waterloo, 1815, die zum Sturz Napoleons führte.

[6] Gemeint ist Wilhelm I., deutscher Kaiser und preußischer König (1797–1888).

[7] In der Sachsenwald-Gemeinde Friedrichsruh liegt der frühere Reichskanzler und preußische Ministerpräsident Otto Fürst von Bismarck (1815–1898) begraben.

[8] Größte Ausdehnung der Front im Ersten Weltkrieg.

[9] Schlacht bei Tannenberg von 1914, bei der es den beiden deutschen Heerführern Hindenburg und Ludendorff gelang, Ostpreußen gegen den Zugriff Rußlands zu verteidigen.

Als Strafe für die Reichswehr-Aktion an der Ruhr, die in einem vom Versailler Vertrag entmilitarisierten Gebiet stattgefunden hatte, besetzten französische Truppen Frankfurt/Main und einige andere westdeutsche Städte. Angesichts des in Deutschland herrschenden Bürgerkrieges und der außenpolitischen Bedrohung kam den Reichstagswahlen am 06. 06. 1920 und den ebenfalls im Mai stattfindenden Landtagswahlen große Bedeutung zu. In ihnen verlor die Koalition aus SPD, Zentrum und Deutscher Demokratischer Partei, die bisher die junge Weimarer Republik getragen hatte, ein für allemal die parlamentarische Mehrheit im Reichstag. Die Wähler gaben ihre Stimmen jetzt überwiegend den Parteien auf den linken und rechten Extremen des politischen Spektrums. Damit begann eine politische Polarisierung, die schließlich zum Untergang der ersten deutschen Republik führte.

Handschriftlicher Brief Rudolf Heß
an Klara Heß, Reicholdsgrün

München, 10. 06. 1920

[. . .] Mit dem Wahlergebnis können wir immerhin zufrieden sein. Die »Lauen« haben gewaltig an Stimmen verloren. Über unsere Tätigkeit am Wahltag berichte ich nächstens in einem gemeinsamen Brief an Vater u. Dich ausführlich. – Es wird wohl wieder mal eine Zeitlang drunter u. drüber gehen in unserem armen Deutschland. Wann wird endlich diese künstliche Mauer zwischen Arbeiter u. Bürger eingerissen? Solange das Judenpack Nutzen davon hat, sicher nicht. Die wenigsten Leute bei uns ahnen, wo die wirklichen Drahtzieher sitzen. Empfehle doch möglichst weit »Judas Schuldbuch«,[1] z. B. Schuhmanns. Wenn das Buch gelesen ist, soll es weitergegeben werden. [. . .]
Hier ist so eine »Planetendame«, die aus dem Geburtsdatum Horoskope stellt. [. . .] Ich war neulich auch dort. Charakterveranlagung stimmte auch bei mir gut. Z. B. würde ich mich mitten in einer Großstadt nie wohlfühlen, d. h. die Wohnung gehört wenigstens hinaus in Vororte. Büroluft wäre auch nichts für mich. Am Kaufmännischen hätte ich nur bei sehr großzügigen Abschlüssen usw. Freude. Ich würde noch mal den Beruf wechseln. Finanzielle Sorgen hätte ich nie im Leben, in der Beziehung ging es mir immer gut. [. . .] – Einige nebensächliche Dinge stimmten übrigens nicht. [. . .]

zu Nr. 275
[1] Antisemitische Kampfschrift

Nr. 276

Handschriftlicher Brief Rudolf Heß
an Klara und Fritz Heß, Reicholdsgrün

München, 17. 06. 1920

[...] Wollte Euch noch über die Wahltage berichten. 5 Uhr standen wir auf, um in unserem Wahllokal die Plakate der Partei [1] an günstiger Stelle anbringen zu können. Es war ein Wettrennen nach den besten Plätzen. Besonders nett war das Plakat der Deutschen Volkspartei: Eine junge Mutter, die ihr Kind jubelnd hochhält, vor der schwarz-weiß-roten Flagge, unterschrieben mit »Für uns – wählt Deutsche Volkspartei!«. Ein solches Blatt hab' ich noch, werd' es gelegentlich heimschicken zum Andenken. Sehr wirkungsvoll war ein Plakat der Bay[erischen] Mittelpartei (Deutschnationale Volkspartei), das während der Nacht vor den Wahlen angeschlagen worden war: Die Abbildungen der ganzen jüdischen Führer nach dem Heft »Auf gut Deutsch« mit der Überschrift: »Umsturz ihr Stern! – Bleiben sie Herrn?« »Wollt Ihr das nicht, so wählt bay[erische] Mittelpartei.« – Diese beiden Rechtsparteien hatten hier ihre Listen vereint, daher arbeiteten u. wählten wir für beide. – Alfred und ich waren in zwei getrennten Lokalen als schützende Begleiter für zwei junge Damen von Frl. v. Sch. [2] und von nebenan, die sich auch zum Zettelverteilen usw. gemeldet hatten. 8 Uhr begann der Wahlbetrieb, der gleich rege einsetzte. Vor dem Lokal hatte ich bald ein Redegefecht gegen ein kleines Brillenmännle mit großem Vollbart. Der Typus des flaumachenden hin- und herpendelnden Linksdemokraten mit Völkerbeglückungs-Ideen. Wir hatten bald einen großen Kreis Zuhörer. Die Sache machte mir großen Spaß. Bei den Widersprüchen, die sich bei dieser Art Weltanschauung vereinen, war es mir nicht schwer, ihm heimzuleuchten. Nachmittags war ich frei. War bei Grete zum Tee mit Kuchen. Abends half ich dann beim Stimmenzählen, Alfred desgleichen. Für die Kleinbürger- und Arbeitergegend, in der wir saßen, konnten wir wohl zufrieden sein. Mit großen Vorsprung ging natürlich die bay[erische] Volkspartei [Zentrum] durch's Ziel. Dann kamen die Sozis, dann wir. Zu unserer großen Freude hatten wir erheblich mehr Stimmen als die Demokraten, die Halblinkser, die Verjudeten. Die sind mit am gefährlichsten. Bei der U.S.P. [3] weiß die Masse, woran sie ist, und nimmt sich in Acht. Den Demokraten mit ihren gesalbten Sprüchen geht sie aber zu leicht auf den Leim. [...] Abends brachte ich das

Ergebnis auf die Parteileitung der »Deutschen Volkspartei«, von der ich einige Herren kenne. Ständig gingen die Nachrichten über die Ergebnisse im Lande durch Fernsprecher ein, so auch aus Berlin. Langsam konnte man sich ein Bild vom Ausfall zusammensetzen. Allmählich sah man im Geiste das Wahlgebäude, das so entscheidend ist für das Schicksal unseres Deutschland. [. . .] Sehr Interessantes hör' und lern' ich von General Haushofer. Es ist ein famoser Mensch. Wenn gutes Wetter ist, holt er mich immer im Geschäft vor dem Mittag- oder Abendessen ab zu einem gemeinsamen Spaziergang. Neulich wanderten wir schon früh von 7 bis ½ 9 [Uhr] durch den Englischen Garten. Wie ich schon mal schrieb, hat General H. noch im Frieden seinen Dr. der Geographie gemacht und lehrt jetzt an der Universität [München]. Er wird wohl bald Professor werden. Er ist genau das Gegenteil von dem, was sich Onkel Adolf etwa unter einem »Militaristen« vorstellt. Als hervorragender Generalstäbler war er mehr der Wissenschaftler im Soldatenrock. Besonders als Organisator hat er sich ausgezeichnet. Als Soldaten-Vater war er so beliebt, daß seine Leute ihn während der Revolutionstage vor Beleidigungen schützten und er seine Artillerie-Division geschlossen heimführen konnte. – Er ist viel herumgekommen in der Welt. [. . .] Zusammen mit seiner Frau, die auch sehr nett ist, war er ½ Jahr in Japan. Er trat für das Bündnis mit Japan ein, das sogar noch 1914 möglich gewesen wäre. Das paßte dem Präger des Wortes von der »Gelben Gefahr« nicht, und dadurch mußte er seinen militärischen Dienst aufgeben, bis er 1914 wieder in die Armee eintrat. Er ist übrigens von Jugend an sehr befreundet mit Kronprinz Rupprecht [von Bayern]. – Kürzlich war ich sehr gemütlich zum Abendessen allein im Familienkreis (er hat zwei Buben). [. . .] Mit dem einen Sohn, der eine gute englische Aussprache hat, geh' ich manchmal spazieren und sprech' englisch mit ihm.[5] [. . .]

---

zu Nr. 276

[1] Unklar, welche Partei Rudolf Heß meinte. Aus seinem Brief geht weiter unten hervor, daß er sich im Wahlkampf für die DVP und die Bayerische Mittelpartei eingesetzt hatte.

[2] Konnte nicht ermittelt werden.

[3] U.S.P. = USPD = Unabhängige Sozialdemokratische Partei Deutschlands.

[4] Dieses Schlagwort prägte Kaiser Wilhelm II.

[5] Gemeint ist Albrecht Haushofer (1903–1945), der jüngere Sohn von Professor Karl Haushofer, der später – im Zusammenhang mit dem Englandflug von Rudolf Heß – eine undurchsichtige Rolle spielte.

Nr. 277

Im September 1919 war der in München lebende Reichswehr-Gefreite Adolf Hitler in die »Deutsche Arbeiterpartei« eingetreten, eine nationalsoziale Splittergruppe. Rasch stieg der faszinierende Redner zum Vorstandsmitglied und Propagandaleiter auf. Im Februar 1920 benannte sich die Partei in »Nationalsozialistische Deutsche Arbeiterpartei« um. Gemeinsam mit anderen Parteimitgliedern formulierte Hitler ein 25-Punkte-Programm, das nationalistische mit sozialistischen und antisemitischen Forderungen verband. Mit seiner mitreißend-kämpferischen Rhetorik gegen die »November-Verbrecher«, das »Schanddiktat von Versailles« und das »internationale Finanzjudentum« wurde Hitler schnell populär.

Handschriftliche Postkarte Rudolf Heß an Ilse Pröhl,[1] München

München, 11. 08. 1920

Liebes Fräulein Pröhl,
Der Vortrag ist endgültig festgesetzt für Freitag, ½8 [Uhr] im *Hofbräu*haus[2] (»Warum sind wir Antisemiten.« Außerdem Abrechnung mit Graf Bothmer.[3]) Plakat kann ich diesmal noch nicht senden. R. Heß [Hervorhebg. i. Orig.]

---

zu Nr. 277

[1] Ilse Pröhl (geb. 1900 in Hannover), Tochter eines Oberstabsarztes, zunächst Zimmer-Nachbarin von Rudolf Heß in der Münchner »Pension von Schildberg«, die beide eine Zeitlang bewohnten, ab 1920 dessen politische Weggefährtin, später dessen Braut. Ilse und Rudolf Heß heirateten 1927 (Vgl. Dokument-Nr. 383)

[2] Unklar, wer der Veranstalter und wer der Redner des von Rudolf Heß hier erwähnten »Vortrages« war. Da Heß bereits am 01. 07. 1920 als Mitglied Nr. 16 der eben erst gegründeten »Nationalsozialistischen Deutschen Arbeiterpartei« beigetreten war, könnte es sich um eine Veranstaltung der NSDAP mit dem Redner Adolf Hitler gehandelt haben.

[3] Felix Graf von Bothmer (1852–1937), bayerischer General und im Ersten Weltkrieg zuletzt Oberbefehlshaber der 19. Armee an der Westfront.

Nr. 278

Überzeugt, in Hitler den Retter Deutschlands kennengelernt zu haben, begab sich Rudolf Heß in die Dienste der Nationalsozialistischen Arbeiterpartei. Als ehrenamtlicher Mitarbeiter kümmerte er sich um Propaganda- und vor allem um wirtschaftspolitische Grundsatzfragen, wohl auch um die Mitgliederwerbung. Mit der folgenden Ausarbeitung scheint er sich an Mitbürger gewandt zu haben, die sich für seine Partei interessierten.

Maschinenschriftliche Ausarbeitung
von Rudolf Heß

[ohne Ort], August 1920

Die nationalsozialistische Arbeiter-Partei hat seit ihrer Gründung bewiesen, daß sie wirklich imstande ist, zu einen, statt noch weitere Gegensätze hervorzurufen. Und nur so kann man sich mit einer weiteren Partei einverstanden erklären, während wir deren übergenug haben. Es ist zu hoffen, daß diese mit der Zeit andere in sich aufnehmen wird. Denn tatsächlich gehören der Deutschen Arbeiterpartei ehemalige Mitglieder aller übrigen Parteien von rechts bis ganz links an. Es sind ehemalige Kommunisten und U.S.P.-Leute dabei, Idealisten, die vom Internationalen gründlich geheilt sind und sich wieder dem Nationalen zuwenden. [. . .] Die Bewegung ist national bis zum Äußersten und vereint damit soziale Bestrebungen, wie Bodenreform, Zinsbrechung usw. Die Zinsbrechung ist vor Aufhebung des Versailler Vertrages allerdings widersinnig, später wohl nur schwer durchführbar. Auf die Dauer mag sie aber den einzigen Weg bilden aus den Finanznöten des Reiches. Näheres darüber steht im »Manifest zur Brechung der Zinsknechtschaft« von Dipl. Ing. Feder,[1] Verlag: Huber, Diessen.

Gegründet wurde die Partei hier vor 1½ Jahren durch einen einfachen Eisenarbeiter.[2] Inzwischen ist sie auf etwa 2000 Mitglieder gestiegen, über die Hälfte Handarbeiter, vor allem dank dem glänzenden nationalen Redner [Adolf] Hitler[3]. Letzterer fesselt allwöchentlich über 3000 Zuhörer aller Stände zwei Stunden lang. Er spricht z. B. über Wilsons 14 Versprechungen,[4] und wie die Welt heute tatsächlich aussieht, führt die einzelnen Paragraphen des »Friedens«-Vertrages[5] mit seinen entsetzlichen Folgen aus, in der wichtigen Erkenntnis, daß der Masse des Volkes der Vertrag viel zu wenig bekannt ist, behandelt die Judenfrage rein sachlich usw. H[itler] ist ein Kunstgewerbler,[6] der jedoch die Geschichte bis in die neueste Zeit gründlich studiert hat.

Während des Krieges war H[itler] vom Anfang bis zum letzten Tag in vorderster Linie als einfacher Mann.[7] Mit prachtvollem persönlichem Mut spricht er auch als gefürchteter Gegenredner in den Versammlungen der Linksparteien.

Ortsgruppen der Parteien bestehen bisher, außer in kleinen bayrischen Orten, auch in anderen Städten in Deutschland, Stuttgart, Karlsruhe, Dortmund. Sehr stark ist die Bewegung in Deutsch-Österreich.[8]

Wenn die Bewegung auch noch verhältnismäßig schwach ist, so bin ich doch der Überzeugung, daß sie sich durchsetzt, als Gutes, das auf Wahrheit aufgebaut ist.
Das Ganze mag etwas überideal erscheinen, aber zum Schluß ist die ideale Richtung doch die beständigere, besonders beim deutschen Volk mit seinem, trotz allem, unverwüstlich gutem Kern.

---

zu Nr. 278
1 Diplom-Ingenieur Gottfried Feder (1883–1941), 1919 nationalsozialistischer Wirtschaftstheoretiker, dessen Ideen Eingang in das Programm der NSDAP fanden.
2 Anton Drexler (1884–1942), Werkzeugschlosser, im Januar 1919 Mitbegründer der Deutschen Arbeiterpartei, Vorläuferin der NSDAP.
3 Adolf Hitler (1889–1945), lebte von 1907 bis 1913 als österreichischer Staatsbürger in Wien. 1913 Übersiedelung nach München, wo er bei Kriegsausbruch als Freiwilliger in das bayrische Heer eintrat. Bis 1918 als Meldegänger an der Westfront. 1919 Beitritt zur Deutschen Arbeiterpartei, die sich ab 1920 Nationalsozialistische Deutsche Arbeiterpartei (NSDAP) nannte.
4 Gemeint sind die »Vierzehn Punkte« des US-Präsidenten Woodrow Wilson, ein Friedensprogramm, das vom Versailler Vertrag überholt wurde.
5 Gemeint ist der Vertrag von Versailles, der nach dem Urteil vieler Zeitgenossen den nächsten Krieg vorprogrammiert hatte.
6 Anspielung auf Hitlers künstlerische Ambitionen als Maler und Architekt.
7 Hitler hatte es im Ersten Weltkrieg trotz seines tapferen Einsatzes als Meldegänger nur bis zum Gefreiten gebracht.
8 Deutsch-Österreich, anderer, von den Westalliierten verbotener, Ausdruck für die Republik Österreich, die seit dem Friedensvertrag von Saint-Germain 1919 und dem Verlust Ungarns, der tschechoslowakischen und südslawischen Gebiete von als vor allem deutsch besiedeltes Gebiet und selbständiger Nachfolgestaat der ehemaligen Doppelmonarchie Österreich-Ungarn existierte.

Nr. 279

Handschriftlicher Brief Rudolf Heß
an Klara und Fritz Heß, Reicholdsgrün

München, 14. 09. 1920

[. . .] Ich hab' hier viel zu tun. Fahre dazwischen im Auto fort. Zu welchem Zweck wird Euch Onkel Alfred erzählt haben. – Viel Zeit verwende ich auch für die Arbeiter-Partei. Mit Hitler bin ich beinah täglich zusammen. Von diesem Prachtmenschen wird Euch Käthe[1] wohl erzählt haben. [. . .]

---

zu Nr. 279
1 Dr. Käthe Heß, geb. Worms, Tante von Rudolf Heß.

Nr. 280

Mit Ex-General Erich Ludendorff, dem früheren Stabschef der Obersten Heeresleitung im Ersten Weltkrieg, gelang es Rudolf Heß, eine Persönlichkeit von nationalem Rang für die noch kleine Nationalsozialistische Deutsche Arbeiterpartei zu gewinnen.

Handschriftlicher Brief Rudolf Heß
an Klara und Fritz Heß, Reicholdsgrün München, 22. 09. 1920

[. . .] Ihr wißt doch, für was für eine Bewegung ich hier tätig bin, die einend wirken soll im Volk und zum Nationalen zurückführen.[1] Nun hab' ich mich neulich hingesetzt und hab' über die ganze Sache an Ludendorff geschrieben, der ja nach München übergesiedelt ist. Hab' ihm auch das Programm, das Ihr kennt, mitgeschickt und ähnliches Drucksachen-Material. Ich hatte die unbeschreibliche Freude, daß er mir noch am gleichen Tag mit einem sehr netten und sehr interessanten längeren Schreiben geantwortet hat. Er drückte seine wärmste Sympathie für die Sache aus und ging auf einzelne Punkte näher ein, in zustimmender Weise. Da er um Diskretion bat, kann ich nicht mehr darüber sagen. In öffentliche Versammlungen kann er leider nicht gehen. Er bat, daß ich ihn gelegentlich über die Bewegung unterrichte. [. . .]

[Fußnote von Rudolf Heß:] L[udendorff] schickte mir auch zwei Druckschriften mit, die Ähnliches verfolgen; in Berlin herausgekommen! Bitte sprecht nicht darüber, *über was* ich an L[udendorff] schrieb. [Hervorhebg. i. Orig.]

---

zu Nr. 280
[1] Gemeint ist die nationalsozialistische Bewegung.

Nr. 281

Handschriftliche Notiz
von Rudolf Heß [ohne Ort], 1921

Rechne immer mit der Tücke des Schicksals wie des Objekts, erwarte immer Nadelstiche, so wirst Du weniger Enttäuschungen erleben als andere, dafür aber mehr freudige Überraschungen. Wo Du kannst, antworte mit Keulenhieben und glaube an Deinen Endsieg wie an den Deines Volkes.
R. H. 1921

Ende Januar 1921 beschlossen England und Frankreich, dem Deutschen Reich eine Wiedergutmachung von 226 Milliarden Goldmark für erlittene Kriegsschäden, zahlbar in 42 Jahren, aufzuerlegen. Unter der Last der Reparationen taumelte die Weimarer Republik von einer innenpolitischen Krise in die andere. – Bei den verzweifelten Protesten, die sich daraufhin in dem bereits hungernden und frierenden Deutschland gegen diese wirtschaftlichen Zwangsverpflichtungen erhoben, tat sich der Volksredner Hitler ganz besonders hervor. Täglich mußten er und seine politischen Freunde mit Verhaftung wegen Volksverhetzung und anderer Delikte rechnen.

Handschriftlicher Brief Rudolf Heß
an Klara Heß, Reicholdsgrün

München, 24. 02. 1921

[. . .] Hitler sitzt noch immer nicht. Vielleicht bekommt er eine Bewährungsfrist. – Er hat inzwischen ein paar prachtvolle Reden gehalten und verschiedene große Feiern mit Konzert u. Vorträgen veranstaltet. Nun, Ihr erfahrt ja aus d. [Völkischen] Beobachter[1] darüber. Nach Plauen schickte ich eine Sammelliste für Zeitungsausschnitte, die ich zusammengestellt habe. Außerdem habe ich diese Nachrichten-Abt[ei]l[ung] so organisiert, daß ich nur als Oberaufsicht darüber schwebe, ohne daß sie mir viel Zeit nimmt. Die Zeitungsausschnitte kommen schon mit ihrer Einordnungsnummer versehen hier an, zum Teil sogar von Parteimitgliedern in Amerika.[2] Ein halbes Dutzend Damen ordnen die Ausschnitte dann hier entsprechend der Zeichen darauf ein. – Es macht mir viel Freude, wenn so etwas ganz nach meinem Willen sich abwikkelt. [. . .]

zu Nr. 282

[1] Völkischer Beobachter, erst Wochen-, dann Tageszeitung und offizielles Organ der NSDAP von 1920–1945, hervorgegangen aus dem »Münchner Beobachter«. 1921 bis 1923 geleitet von dem nationalsozialistischen Schriftsteller Dietrich Eckart, 1923 bis 1938 von dem Parteifunktionär Alfred Rosenberg.

[2] Erster Hinweis in der Heß-Korrespondenz auf die Nationalsozialistische Partei in den USA. Die von dem amerikanischen Historiker Sander A. Diamond getroffene Feststellung, »die erste Ortsgruppe der NSDAP in den Vereinigten Staaten . . . wurde im Herbst 1922 in Bronx County gegründet«, kann danach nicht stimmen (Vgl. Sander A. Diamond, Zur Typologie der amerikanischen NS-Bewegung, in: Vierteljahreshefte für Zeitgeschichte, Band 23, [1975], S. 271). Es muß schon vorher – wahrscheinlich gefördert durch den US-Millionär Henry Ford, der spätestens 1915 in ein antisemitisches Fahrwasser geraten war – eine nationalsozialistische Partei in den Vereinigten Staaten gegeben haben. Vgl. zu den publi-

zistischen Aktivitäten des amerikanischen Großindustriellen ab 1918, dessen inhaltliche Aussagen sich mit Hitlers Antisemitismus deckten, J. & S. Pool, Hitlers Wegbereiter zur Macht. Die geheimen deutschen und internationalen Geldquellen, die Hitlers Aufstieg zur Macht ermöglichten, Bern/München 1979, S. 80ff. und Anm. 1 zu Dokument-Nr. 316.

Nr. 283

Maschinenschriftlicher Brief Rudolf Heß
an Milly Kleinmann[1],
[Aufenthaltsort unbekannt] München, 11. 04. 1921

[...] Es tat mir herzlich leid, daß ich Freitag nicht von Eurem Hiersein wußte. Ich hätte besonders Dich gern am selben Abend im Vortrag von Hitler gehabt, nachdem Du ihn noch nicht gehört. Laß Dir von Käthe über ihn erzählen. Er ist mir ein lieber Freund geworden. Ein Prachtmensch! In seiner Jugend hat er neben seinem Studium Straßen in Wien gekehrt, um leben zu können. Stammt aus ganz einfachen Verhältnissen. Hat sich aber ein gewaltiges Wissen angeeignet, das ich immer wieder bestaune. Im Feld hat er zwei Jahre auf Urlaub freiwillig verzichtet. Als einfacher Soldat erwarb er sich das Eiserne [Kreuz] I. Kl[asse]. Mit seinem unbeugsamen Willen arbeitet er jetzt in anderer Richtung für sein Deutschtum, für das Großdeutschland, das er anstrebt. Sein Grundgedanke ist, die Brücke zu schlagen zwischen den Volksschichten, einen Sozialismus zu gründen auf nationaler Grundlage. Das schließt natürlich ganz von selbst den Kampf gegen das Judentum in sich ein. Die Erfolge, die er erzielte, sind größer als die irgendeiner sonstigen Bewegung z. Zt. – Kürzlich brachte er es in einer prachtvollen Rede fertig, daß am Schluß im Zirkus Krone die etwa 6000 Zuhörer aller Kreise das Deutschland-Lied anstimmten, die etwa 2000 anwesenden Kommunisten sangen mit. In anderen Städten, in denen Hitler noch nicht so wirkte, etwas Unerhörtes. – – Der scheinbar so rauhe Mensch ist innerlich rührend weich, was ich vor allem aus seiner Art, mit kleinen Kindern umzugehen, ersehe und aus seinem Mitgefühl mit Tieren. – – Mein ganzer Schmerz ist immer nur, daß ich geldlich nicht mehr für die Bewegung tun kann, für die Bewegung, die in meinen Augen in erster Linie dazu berufen ist, Deutschland aus dem Sumpf herauszuhelfen. Denn die Zukunft beruht darauf, ob es uns gelingt, die breiten Arbeitermassen zum Nationalen zurückzuführen. Wenn wir es aber erreichen, können wir wirklich das stärkste Volk der Welt werden. Aber solche Unternehmungen brauchen Geld, Geld, Geld, wie das Kriegführen. Schieber und Börsenjuden fehlen bei uns, weil die Menschen im allgemeinen nicht gern helfen, ihr eigenes Grab zu schaufeln. [. . .]

---

zu 283
[1] Milly Kleinmann, geb. Rothacker, Kusine von Rudolf Heß.

Nr. 284

In Bayern war nach dem Kapp-Putsch und dem Sturz der sozialistischen Regierung der rechtskonservative Dr. Gustav von Kahr neuer Ministerpräsident geworden. In seiner Amtszeit wurde der südlichste Bundesstaat des Reiches zum Zentrum der nationalrevolutionären Opposition gegen Weimar und Versailles.

Handschriftlicher Brief Rudolf Heß
an Klara und Fritz Heß, Reicholdsgrün

München, 19. 05. 1921

[. . .] Ich bleib' hier, um an den Fliegerfeiern teilzunehmen, gestern Vorträge (junger Richthofen[1] u. Walz[2]), heute Feier im Odeon, morgen Sportfest, abends Zusammensein in den Vier Jahreszeiten mit den Kameraden (Wir von Jasta 35[3] haben einen Tisch für uns), Sonntag Trauergottesdienst und dann Festessen. Überall nehmen Ludendorff, v. Kahr[4], Escherich[5] usw. teil. Neulich konnte ich Herrn v. Kahr persönlich sprechen mit ein paar anderen Herren zusammen. Ich habe mich gefreut, einen so kerndeutschen, aufrechten Mann zu sehen. Schlicht, gerade und ehrenhaft bis zum letzten. Wir können uns freuen, in Bayern diesen Mann an der Spitze zu haben. Hoffentlich behalten wir ihn der Gesellschaft in der Reichsregierung zum Trotz. Die neue Entwaffnungsangelegenheit wird schwere Belastungsproben geben.
Zu Pfingsten haben wir mit Frl. Pröhl eine Radfahrt gemacht an die Osterseen. Alfred blieb dort, um einen Förster zu suchen, bei dem er mal einen Bock schießen kann. [. . .]
Ich bin am nächsten Morgen mit Frl. Pröhl weitergefahren nach Kochel. Dort ließen wir die Räder, stiegen auf die Sonnenspitze u. wanderten dann in ein schönes Bergtal nach Jachenau. Am nächsten Morgen um 4 [Uhr] ging es dann weiter in vier Stunden auf die Benediktenwand (1500 m). Dort hatten wir einen herrlichen Blick auf die Alpenwelt, die umso klarer war, als am Abend vorher ein Gewitter die Luft gereinigt hatte. Nach der anderen Seite

sieht man weit in die Ebene. Da es der letzte Ferientag (2. [Pfingst-] Feiertag) [war], waren nicht mehr allzu viel Besucher oben, und es war Bergfriede über dem Ganzen. Ein paar Stunden haben wir uns gesonnt, frühstückten und stiegen dann wieder ab. An blumigen Hängen entlang, vorbei an rauschenden Gletscherwassern ging der Weg fünf Stunden lang bis Kocheln zurück. Immer wieder hatte man herrliche Durchblicke durch verwitterten Bergwald hindurch auf's Gebirge. [. . .]

---

zu Nr. 284

[1] Wahrscheinlich Wolfram Freiherr von Richthofen (1895–1945), der von 1917 bis 1920 – ähnlich wie Rudolf Heß – bei der deutschen Fliegertruppe gedient hatte.

[2] Wahrscheinlich Johann Baptist Walz (geb. 1894), 1915–1917 Kriegsteilnehmer, 1920 zum Priester geweiht und anschließend Student der Theologie, 1922 theologische Promotion Würzburg, 1927 Habilitation, Sterbedatum unbekannt.

[3] Jagdstaffel 35.

[4] Gustav Ritter von Kahr (1862–1934), bayerischer Politiker, nach dem Kapp-Putsch 1920 Ministerpräsident einer bürgerlichen Rechtsregierung in Bayern. Kahr trat nach dem Mord an Erzberger am 11. 09. 1921 zurück, da er die erlassenen Notverordnungen nicht billigte. Über seinen weiteren Weg vgl. unten Dokument-Nr. 317ff.

[5] Dr. rer. pol. Erich Escherich (1870–1941), Gründer und Landeshauptmann der bayerischen Organisation Escherich (1920), einer Ersatzorganisation für die von der Reichsregierung verbotenen Einwohnerwehren. Die »orgesch« wurde zuerst in Preußen 1920 wieder verboten, da sie in Fememorde verwickelt war. Im Juni 1921 wurde die Organisation von der Reichsregierung nach Intervention der Siegermächte aufgelöst.

Nr. 285

In dieser Antwort an seine Kusine Milly Kleinmann, deren Brief leider verlorengegangen ist, nahm Rudolf Heß zu verschiedenen Punkten des nationalsozialistischen Programms bzw. zu kritischen Anmerkungen Millys Stellung. Seine Kommentare zur Behandlung »Fremder«, zur »Brechung der Zinsknechtschaft« und zur Frage der Kriegsgewinne leiteten unmittelbar zu seinen grauenhaften Erfahrungen im Ersten Weltkrieg über – eine Gedankenverbindung, die für Nationalsozialisten der ersten Stunde typisch war.

Maschinenschriftlicher Brief Rudolf Heß
an Milly Kleinmann,
[Aufenthaltsort unbekannt]

München, 03. 07. 1921

Liebe Milly!
Endlich sollst Du wenigstens in einigen Hauptpunkten Antwort auf Deinen Brief haben.

Zu 7: Ausweisung Fremder, wenn nicht Lebensmöglichkeit genug für Volksgenossen. – Du fragst, ob dann auch hervorragende Gelehrte inbegriffen wären. Antwort: Ausnahmen können gemacht werden.
Sind Ausnahmen nicht möglich, dann lieber verlassen einige bedeutende Männer mit das Land, als daß Fremde dableiben und mein Volk weiter schädigen und an ihrer Stelle nach Clemenceau[1] 80 Millionen Deutsche auswandern oder verhungern. Unter den Auswanderern sind noch dazu die Besten und Unternehmungslustigsten. Die Minderwertigeren bleiben da und verlangen Arbeitslosenunterstützung.
Zu 11: Zinsbrechung. Du bist empört bei dem Gedanken. Denkst an Witwen und alte Leute. Außerdem solle es einem Menschen freistehen, eine Zeitlang 14 Stunden täglich zu arbeiten und dann ein paar Monate zu ruhen. Die Forderung wäre geradezu unmoralisch. Antwort: Schon Aristoteles[2] hat diesen »unmoralischen« Gedanken, der später immer wieder auftaucht, besonders bei [den] Kirchenlehrern, zeitweise auch verwirklicht wurde. Denn *Geld ist Anweisung auf geleistete Arbeit und kann nicht aus sich selbst heraus neues Geld erzeugen.*
Wenn jemand 14 Stunden arbeitet, erhält er mehr Anweisungen als er zum Leben benötigt und speichert sie auf für die Zeit der Ruhe. Ein Studierender verbraucht angesammelte Anweisungen auf geleistete Arbeit seines Vaters. Es ist später nur recht und billig, wenn seine infolge der Studienzeit hochwertigere Arbeit mehr Anweisungen einbringt, so daß er das vorher verbrauchte Geld wieder ersetzen kann. So *sollte* es sein. Heute wird Arbeit, zu welcher Vorbildung nötig war, meist schlechter bezahlt als andere. Auch das bekämpfen wir. Für Arbeitsunfähige und Alte muß eine entsprechend hohe Rente ausgesetzt sein, auf die sie ein Recht haben, sie soll kein Gnadenbrot darstellen. Außerdem können sie aufgespeicherte Anweisungen auf geleistete Arbeit hinzusetzen, wenn sie vorher sparten.
Aber das war alles graue Theorie. Tatsächlich durchführbar ist m. E. nur die staatliche Zinsbrechung, d. h. alle Staatspapiere werden in zinsloses Geld umgewandelt, z. B. Kriegsanleihen bringen keine 5% mehr, sondern sind 100-Mark-Scheine. Um der darauf folgenden Geldüberschwemmung zu steuern, hat gleichzeitig eine stark gestaffelte Vermögensabgabe einzusetzen, die erfaßten Gelder sind einzustampfen. – Wir wissen sehr wohl, daß diese Maßnahme tief in die Volkswirtschaft einschneidet.

Aber ein völliger Staatsbankrott schneidet noch tiefer ein. Dieser kommt aber, selbst wenn wir nach Brechung des Versailler Vertrages keine Abgaben mehr nach außen zu leisten haben, allein durch die Unmöglichkeit, die vielen Milliarden Zinsen für Anleihen aufzubringen. Man halte sich nur vor Augen, was allein die eine Milliarde Wehrbeitrag für das noch gesunde Deutschland vor dem Krieg bedeutete. Hinzu kommt, daß die Steuern, um die Zinsen aufzubringen, durchaus nicht im gleichen Maß verteilt sind, als wie die Zinszahlungen empfangen werden. Hauptvorteil haben einige wenige, ganz große Vermögen (Rothschild[3] usw.), die große Masse der Deutschen trägt die vernichtende Steuerlast. Das Leihkapital verhält sich zum werteschaffenden Industriekapital wie 1:20. Ersteres ist zum Hauptteil in jüdischen Händen. Daher lenkt der Jude [Karl] Marx[4] in genialer Weise die Arbeiterschaft auf das viel kleinere Erstere. Auch heute hört man in der linksradikalen verjudeten Presse kaum ein Wort über das Leihkapital.
Wir sind uns darüber klar, daß die Zinsbrechung der Staatsanleihen erst nach Aufhebung des Versailler Vertrages erfolgen darf, sonst käme das Ersparte nur den Gegnern zugute. Dann kenne ich aber nur diesen Ausweg. Wer ihn verurteilt, soll gleichzeitig ein anderes Mittel nennen, um einst dem Staatsbankrott zu entgehen (theoretisch haben wir ihn ohnehin), wir werden dankbar sein. – Unser Programm ist auf lange Sicht eingestellt. Die zu uns Kommenden wollen wissen, was wir wollen; sie schließen sich uns nicht an, um ins blaue Nichts zu marschieren. Und die Arbeiter sollen wissen, wo sie der Schuh drückt, damit sie nicht weiterhin den Hebel an der schaffenden Industrie ansetzen. Hitler versichert den Massen immer wieder, daß er ihnen durchaus nicht das »Himmelreich auf Erden« verspricht, im Gegenteil müßten sie vielleicht mehr als bisher arbeiten. Aber etwas gerechter soll es ein.
Und gerade viele der Wohlhabenden würden vielleicht glücklicher sein; denn im tiefsten Inneren regt sich doch etwas wie schlechtes Gewissen, wenn sie an alten Leuten vorbeigehen, die ihr Leben lang redlich arbeiteten, zum Teil mit für die Allgemeinheit, und die nun betteln müssen, um nicht zu verhungern und für Nahrungsmittel und Gegenstände des täglichen Bedarfs beträchtlich über dem Wert zahlen müssen, weil hohe indirekte Steuern darauf liegen, damit die Zinsen für die Papiere der Wohlhabenden aufgebracht werden. – – Nochmals: Bei Kritik an der Zinsbrechung bitte ich um Gegenvorschläge. Wenn man einsieht, daß der Zusammenbruch der Geldwirtschaft eines Tages mit mathematischer

Sicherheit kommen muß, darf man nicht einfach die Hände in den Schoß legen und den Karren laufen lassen. Außergewöhnliche Zeiten verlangen außergewöhnliche Taten. Hoch über allen Eigeninteressen und Parteiinteressen hat das Wohl Deutschlands zu stehen.

Zu 12.: Kriegsgewinn-Einziehung.

Du meinst, es gebe auch ehrlich erworbene Kriegsgewinne. Antwort: Es handelt sich hier gar nicht um ehrlich oder unehrlich, sondern nur um berechtigt oder unberechtigt.

Während daheim Kriegsgewinne eingestrichen wurden, stand der beste Teil des Deutschtums im Feld, körperlich oder geistig kämpfend, ringend und leidend. – In vorderster Linie verbluteten täglich Tausende. – Für die, die nicht draußen waren, noch folgendes: Schon in ruhiger Zeit war der Grabenaufenthalt kein reines Vergnügen. Zeitweise kein trockner Faden am Leib. Nur wenige Stunden immer wieder unterbrochener Ruhe. Fortgesetztes Schlammschaufeln. Ausheben neuer Gräben in nächtelanger Arbeit. Legen von Drahtverhau wenige Schritte vom Gegner. Dabei ständig unter Störungsfeuer, was das Ende oder eine furchtbare Verwundung bringen konnte. Ich sehe heute noch einen Kameraden, dem ein Querschläger die Schädeldecke fortriß, daß das Hirn viele Meter durch den Graben spritzte. Die anderen bissen die Zähne aufeinander und taten ihre Pflicht. Wenn der Mann dann abends nach einem kalten, knappen Essen, an Körper und Seele ermattet, auf ein feuchtes Lager sank, bleiernmüde, dann war er kaum warm geworden, so mußte er wieder heraus, Posten stehen für zwei Stunden, nach weiteren zwei Stunden Schlaf Tragen von Balken oder zentnerschweren Minengeschossen oder wieder für den Rest der Nacht schanzen. So ging es weiter, mit nur kurzen Erholungspausen in schlechten, verlausten Quartieren, wochen-, monate-, jahrelang. Nur ganz selten bessere Zeiten und wirkliche Erholung. Unsere Leitung hatte eben nicht Truppenmassen wie der Gegner, um ständig zu wechseln, hatte keine Chinesen, die die Erdarbeiten verrichteten. Und unsere Leute haben den Humor nicht verloren, hielten den Kopf hoch, sangen ihre Lieder und dachten an die Heimat, für die sie kämpften.

Und soll ich Dir nun vom Kampf selbst erzählen: vom tagelangen Liegen in wassergefüllten Trichtern, wie die besten Freunde fielen, mit zerfetztem Leib sich windend langsam verbluteten, ohne daß man helfen konnte, in den Unterständen schlief man zwischen Verwundeten und Leichen. Wenn Essen da war, aß man es in von

Verwesungsgeruch durchsetzter Luft. Die Suppe war vielleicht durch Gasgranaten vergiftet. Wehe dem, der sie berührte. Tagelang gellte und paukte das Trommelfeuer nieder, mit bis zum Zerreißen gespannten Nerven hörte man die ganz schweren Riesengeschosse heranschlürfen. Man erwartete jede Sekunde, daß man vielleicht, wie am Vortag die Kameraden, zwischen zerborstenen Stollenbalken eingequetscht in stundenlanger Qual langsam zugrunde gehen würde. Oder man dachte an die anderen, denen der Eingang verschüttet wurde und die man erstickt fand mit blutigen Nägeln. Sie hatten versucht, mit den Händen sich durch hausdicke Erdmassen zu kratzen. – – Und jeden Augenblick konnte der Gegner kommen, mit Handgranaten den Unterstand belegen. Wenn er anlief, verließ jeder trotz Gas-, Feuer- und Stahlregens seinen Schlupfwinkel und wehrte ihn ab mit den letzten paar Kampfmitteln. Das Artillerietrommeln aber ging weiter. Gelegentlich riß es vielleicht eine alte [Leiche] neu hoch und wirbelte die Glieder über einen weg. – – Wie harmlos wurde doch früher die Hölle dargestellt. – – Und die Feldgrauen trugen es wie selbstverständlich. Sie hatten vor ihren Augen Heim und Herd, Frau und Kind. Andere dachten daran, wie sie [19]14 auszogen im Glauben an den Sieg und an Deutschlands Zukunft. Und sie hielten durch, in ihrer Mehrheit sogar bis zum Ende. – – Die rückwärtigen Truppen waren auch nicht immer im Paradies. Die Stäbe arbeiteten bis in die Nächte unter nach oben sich steigernder Verantwortungslast, umso mehr, daß sie teilweise wohl wußten, was jeder Befehl für die Truppen vorn bedeutete. Persönlichen Vorteil hatte keiner davon. – – Soll in dieser Zeit wirklich daheim verdient worden sein von Leuten, die im Warmen saßen, verdient dafür, daß sie der blutenden Truppe im Schlamm das Notwendige gaben, während der Mann vorne neben allem Leiden sein Lebenswerk zugrunde gehen sah? Und sieh Dir heute die Verstümmelten an, die alles willig trugen und jetzt zum Dank in den Straßenecken bettelnd stehen, weil sie, allein auf die Rente des Amtes angewiesen, verhungern würden. Der Staat hat aber kein Geld für sie, weil er die Zinsen für die Kriegsanleihen aufbringen muß, und das ist natürlich sehr viel wichtiger. Denn dafür, daß die Daheimgebliebenen ihr Geld dem Staate liehen, müssen sie doch belohnt werden, die draußen gaben ja nur Gesundheit, Blut und Leben. Die heimgekehrten Feldgrauen sollen nur arbeiten bis an ihr Lebensende, damit den Geldgebern auch entsprechend gedankt werden kann. (Nebenbei: Du weißt, daß ich z. Zt. studiere, also nicht direkt

schaffend bin. Ich spreche also durchaus nicht etwa in meinem Interesse.)
Nun halte Dir nochmals die leidenden Truppen vor Augen, dann kannst Du ermessen, was es heißt, daß heute noch ein großer Teil von ihnen bereit wäre, neu zu kämpfen. In Oberschlesien wurde es bewiesen.[5] Und der größte Teil von den beteiligten Arbeitern, die mit Begeisterung stritten, sind Mitglieder der Deutschen Arbeiterpartei[6] oder sind durch diese beeinflußt. Das ist der erste sichtbare Erfolg dieser Bewegung über den Parteien, der zeigt, daß der Weg richtig ist. Über die Hälfte aller Mitglieder sind Handarbeiter: also weit mehr im Verhältnis als bei allen sonstigen nichtmarxistischen Parteien. Deutschlands Zukunft beruht aber in erster Linie darauf, ob es uns gelingt, den Arbeiter zum Nationalen zurückzuführen. Da ich in dieser Hinsicht den meisten Erfolg bei dieser Bewegung sehe, kämpfe ich in ihren Reihen. Der Erfolg ist bei ihr, wo sie auch auftritt. In Rosenheim, einst die Hochburg der Kommunisten, ist sie heute die stärkste Partei nach dem Zentrum. Hier ist die Zahl der eingetragenen Mitglieder größer als bei den Rechtsparteien, ohne diesen aber viele Mitglieder fortgenommen zu haben, was ich begrüße, da sie doch national sind, wenn sie auch wirtschaftlich und sozial nicht ganz auf unserem Standpunkt stehen. Auch arbeiten sie zu still, und bei der großen Masse der Arbeiter haben sie bisher im Verhältnis zu uns wenig Erfolg gehabt. Außerdem sind sie in der Praxis doch Klassenparteien wie die übrigen Parteien, während wir grundsätzlich nur Deutsche kennen, arbeitende und nichtarbeitende Menschen. Im Endziel sind wir uns aber einig. Nur glauben wir eben, daß dafür große Opfer gebracht werden müssen von allen Seiten, materiell (siehe Zinsbrechung) wie sozial. Wie groß die Opferbereitschaft ist, mögest Du daraus ersehen, daß Arbeiter einen Teil ihres Gehaltes für die Bewegung bringen (darunter ehemalige Kommunisten) und Studenten sehr schlecht in Studenten- und Volksküchen essen, um das auf diese Weise Ersparte gleichfalls [zu] geben. Das ist der Geist von 1813[7]. Größere Geldmittel fehlen aber natürlich ganz. Wir hoffen aber, daß der Tag kommt, da Deutsche auch für reindeutsche Bewegungen mit nur ideellem Ziel großzügig geben. Dann sind wir auch dem Endziel um vieles näher, dieses aber ist Deutschlands Freiheit!
Nachschrift: Zu dem Flugblatt mit Aussprüchen bekannter Männer über das Judentum meinst Du, diese wären aus dem Zusammenhang gerissen. Antwort: Wir können nicht jedem das betref-

fende Buch in die Hand drücken. Wir können nur sagen: Lest und denkt nach, und wenn ihr Zweifel habt, nehmt die Quelle zur Hand.
Hitlers Ton in den Vorträgen ist nicht jedermanns Geschmack. Aber nur so bringt man die Massen so weit, zuzuhören und wiederzukommen. Man muß das Werkzeug dem Material anpassen. H[itler] kann auch anders sprechen. Besonders gern höre ich ihn über Kunst reden. [. . .] [Hervorhebgn. i. Orig.]

---

zu Nr. 285
[1] Georges Benjamin Clemenceau (1841–1929), genannt »der Tiger«. Der ursprünglich von der äußersten Linken kommende französische Politiker wurde als Ministerpräsident der Dritten Republik (1906–1909 und 1917–1920) zum Exponenten des französischen Imperialismus, dem es 1919 bei den Friedensverhandlungen in Versailles gelang, Deutschland als Großmacht auszuschalten. Deshalb wurde der Vertrag auch häufig als »Clemenceau-Frieden« bezeichnet.
[2] Aristoteles (384–322 v. Chr.), griechischer Philosoph.
[3] Internationales, überwiegend jüdisches Bankhaus.
[4] Karl Marx (1818–1883), deutsch-jüdischer Philosoph und Nationalökonom, zusammen mit Friedrich Engels Schöpfer des Marxismus, der die Vergesellschaftung der industriellen Produktionsmittel fordert.
[5] Anspielung auf den Kampf der Freikorps gegen die Annexion Oberschlesiens durch Polen nach dem Ersten Weltkrieg.
[6] Vgl. Kommentar zu Dokument-Nr. 277 – Die Deutsche Arbeiterpartei wurde 1919 von Angehörigen rechts stehender Gruppierungen aus Arbeiter-, Handwerker- und Kleinbürgerkreisen, wie dem späteren Vorsitzenden Anton Drexler, der 1918 einen »Freien Arbeitsausschuß für einen guten Frieden« ins Leben gerufen hatte, gegründet. Durch den ersten Vorsitzenden in der Geschichte dieser Splittergruppe, den Journalisten K. Harrer, fand das völkisch-antisemitische und antibolschewistische Gedankengut der Thule-Gesellschaft Eingang in die Programmatik der Deutschen Arbeiterpartei. Unter Hitlers Einfluß wurde die Partei umbenannt in »Nationalsozialistische Deutsche Arbeiterpartei« (NSDAP).
[7] Anspielung auf den preußisch-deutschen Freiheitskrieg gegen Napoleon von 1813.

Nr. 286

Um die Einheit der extremen Rechten zu erzwingen, hatte sich Hitler am 21. 07. 1921 zum Vorsitzenden der NSDAP »mit diktatorischen Machtbefugnissen« wählen lassen, also zum »Führer« im eigentlichen Sinne. Kurz darauf, am 03. 08. 1921, wurde die »SA« gegründet. Dieser »Schutzabteilung« Hitlers traten anfangs vor allem ehemalige Freikorpsleute bei. Mit der Partei und ihrer Parteiarmee schufen sich die Nationalsozialisten die beiden wichtigsten Instrumente für ihren »Freiheitskampf nach innen«. – Währenddessen zog sich Rudolf Heß nach Reicholdsgrün in das Sommerhaus seiner Eltern zurück, um dort Urlaub zu machen. Seine

Freundin Ilse Pröhl erhielt eine Einladung von Klara und Fritz Heß, ihre Ferien ebenfalls dort im Fichtelgebirge zu verbringen.

Handschriftlicher Brief Rudolf Heß
an Ilse Pröhl, München

Reicholdsgrün, 09. 08. 1921

Liebes Fräulein Pröhl!
Das war mal nett von Ihnen! Solch' einen ausgiebigen Bericht hätte ich mir wirklich nicht träumen lassen. Bekam gradezu Heimweh nach den Versammlungen.
Dank auch für das Tippen der Erwiderung. Ihre Fleißarbeit hat meinen vollen Beifall gefunden.
Eigentlich wollte Ihnen meine Mutter selbst schreiben, aber sie kommt nicht dazu. Meine Eltern würden sich nämlich riesig freuen, wenn Sie uns hier besuchen würden, so lang Sie können, also wohl bis zum 1. Sept[ember]. Ein Gast wird immer sehr geschätzt; denn einsam ist die Gegend, das läßt sich nicht verleugnen. [. . .]
[. . .] Wenn Sie nicht ohnehin unerreichbar auf irgendeinem Gipfel kleben und wenn Sie Lust haben, setzen Sie sich in den nächsten Zug und kommen Sie. [. . .]
Herzl[ichen] Gruß
Rudolf Heß

[Zusatz:]

Liebes Fräulein Pröhl!
Vielleicht haben Sie Lust, Ihre Ferien bei uns zu verbringen. Wir sehnen uns nach Jugend, und da Rudi hier [ist], würden Sie sicher nicht unter Einsamkeit leiden. Also packen Sie zusammen, und reisen Sie baldmöglichst ab. Sie brauchen nur einfachstes Land- und Sportkostüm.
Besten Gruß von meinem Mann und Ihrer
Klara Heß [. . .]

Nr. 287

Am 26. 08. 1921 wurde der ehemalige Reichsfinanzminister Matthias Erzberger von rechtsextremistischen Tätern ermordet. Der Reichstagsabgeordnete des Zentrums, Exponent des demokratisch-pazifistischen Par-

teiflügels, hatte 1918 in Compiègne den Waffenstillstand unterzeichnet. Reichspräsident Friedrich Ebert (SPD) erließ nach dem Anschlag eine Notverordnung zum Schutz der Republik, die rechtsextremistische Druckschriften, Versammlungen und Vereinigungen vorübergehend verbot. Ministerpräsident von Kahr weigerte sich aber, die Verordnung durchzuführen, da sie angeblich einen unzulässigen Eingriff in die inneren Verhältnisse Bayerns darstellte. Hier bestand ein Ausnahmezustand, der sich allerdings einseitig gegen die extremistische Linke richtete. Zwischen Bayern und dem Reich drohte es daraufhin zum Bruch zu kommen. – Unterdessen nahm die Verelendung der Deutschen durch Inflation, Arbeitslosigkeit und zu dürftige Sozialleistungen des Staates zu.

Handschriftlicher Brief Rudolf Heß
an Ilse Pröhl, München

Reicholdsgrün, 01. 09. 1921

[. . .] Was sagen Sie denn zur Berliner Attacke gegen die Antisemiten? Nun darf überhaupt kein Wort gegen die Juden mehr fallen, da ja auf diese Weise ein Vertreter der Staatsgewalt verächtlich gemacht würde. Mit welcher Sorgfalt aber auf dem Erlaß jeder Hinweis auf des Pudels Kern vermieden wurde; alles wird nur mit »Rechtsradikalismus« bezeichnet. Das Ganze bedeutet nur, daß sich das Judentum in Berlin für stark genug hält, in aller Öffentlichkeit die Macht in die Hände zu nehmen. Bin neugierig, ob Bayern sich das bieten läßt. Lieber den Bruch mit dem Reich und hier die Befreiung organisieren, als allen Widerstand aufgeben und mit in den dort oben heraufgezüchteten Bolschewismus hineinrutschen. – Was tut Hitler?! – Jetzt geht's um's Ganze!! [. . .]

Nr. 288

Handschriftlicher Brief Rudolf Heß
an Ilse Pröhl, München

Reicholdsgrün, 03. 09. 1921

[. . .] Anbei Brief an H[itler], den ich nicht direkt schicken möchte. Dank im voraus für das Überbringen. [. . .]

Nr. 289

Handschriftlicher Brief Rudolf Heß
an Ilse Pröhl, München

Reicholdsgrün, 06. 09. 1921

[. . .] Das große Paket und der lange Brief kamen an. Danke! Der Inhalt des Berichts hat mich um Mittagsruh' und einen Teil des Nachtschlafs sogar gebracht. – Freilich möcht' ich nach München!! Aber wenn wirklich Not am Mann ist, komm' ich auch, verlassen Sie sich drauf. Vorläufig kommt es aber auf mich nicht so an. Wenn ich hier in Ruh' mir die Grundlagen für später aneigne, ist das sehr viel wichtiger. [. . .]

Wieder eine Bitte, aber nicht für mich. Frau D. hier, von der ich sprach, bekommt durch die Gemeinde *27,60 M[ark].* monatlich zugleich für 6 kleine Kinder (vor kurzem waren 8 Kinder zu Hause). Der Mann ist kurz nach der Entlassung 1919 an einer im Felde zugezogenen Erkrankung gestorben. Da der Arzt (ein Jude) bei der Entlassung* einen Fehler machte, bekommt die Frau keinen Pfennig vorerst vom Staat. [. . .]

Nun möchte ich Sie bitten, fragen Sie doch einmal bitte bei der betreffenden Stelle nach, wie es mit meinem *Gesuch um Beschleunigung* der Berufungsangelegenheit der Witwe D. [. . .] steht. Legen Sie den alten Bürokraten nahe, daß es doch wohl nicht im Interesse der Bay[erischen] Regierung liegt, eine Frau mit 10 Kindern (so viele sind's im ganzen) langsam doch den linkesten Radikalen zuzutreiben, so sehr sie sich vorläufig noch an Staat und Religion klammert. Lassen Sie durchblicken, daß, wenn die Sache nun nicht bald in Ordnung käme, würde ich mich in Anbetracht der prinzipiellen Wichtigkeit entweder an den Herrn Min[ister]-Präsidenten selbst wenden, den ich kenne,[1] oder ich würde die Sache in den Landtag bringen durch meine Verbindungen.[2] [. . .] [Hervorhebgn. i. Orig.]

* [Fußnote von Rudolf Heß] des außergewöhnlichnationalen Mannes (!)

---

zu Nr. 289

[1] Gemeint ist von Kahr. (Vgl. Anm. 4 zu Dokument-Nr. 284)

[2] Vgl. Dokument-Nr. 292.

Nr. 290

Zusätzlich zu ihrer Not hatten die Deutschen das überaus abschreckende Beispiel der Sowjetunion vor Augen, wo es aufgrund der Kriegsfolgen, einer Dürre sowie einer überstürzten und großenteils gewaltsam durchgeführten Vergesellschaftung der Produktionsmittel im Sommer 1921 zu einer dramatischen Hungerkatastrophe kam. Die Heß-Notiz zeigt, wie die Vorgänge in Rußland den Antisemitismus in Deutschland schürten. In der befürchteten Bolschewisierung Norddeutschlands lag offenbar ein wichtiges Motiv für den nationalsozialistischen Plan, Deutschland durch eine »nationale Revolution« von Bayern aus zu retten.

Handschriftliche Notiz Rudolf Heß

[ohne Ort], September 1921

[. . .]

2. *Wie sieht der Bolschewismus in Wahrheit aus?*

Einer der fürchterlichsten Berichte eines Augenzeugen aus Sowjetrußland ist das Buch »Der Blutrausch des Bolschewismus« von R. Nilostowski. Aus Sowjetrußland zurückkehrende Kriegsgefangene bestätigen den Inhalt. [. . .]

Geistliche sind meist aus falsch verstandener christlicher Nächstenliebe keine Antisemiten. Es bedarf schon böser Erfahrungen, um sie zu solchen zu machen [. . .]. Aus obiger Rede ersieht man auch, warum in deutschen Zeitungen so wenig über die tatsächlichen russischen Verhältnisse zu finden ist. Ein ähnliches Verhalten der Presse wie im Falle Ungarns [1] könnte man auch Bayern gegenüber feststellen, wo eine Regierung am Ruder war, welche die Gefahr erkannt hatte. Bayern wurde als der unsicherste Staat Deutschlands verschrieen.

Die russische Hungerkatastrophe läßt sich nicht mehr verheimlichen.[2] Erschütternde Briefe berichten, wie Hunderttausende mit Weib u. Kind die Straßen entlangwandern, um Gebiete mit Nahrung zu suchen. Am Wege liegen unbestattet die schon Verhungerten, die Vorübertaumelnden essen die Leichen auf. Die gleichfalls vom Hunger bedrohten Juden Rußlands verlassen das leergeraubte sinkende Schiff und strömen nach Deutschland herein, zu neuem »Wirken«. Das »Berliner Arbeiter-Fürsorge-Amt der jüdischen Organisationen Deutschlands«, Berlin, Auguststr. 17, hat am 29. September 1921 in einem Rundschreiben an ausländische Juden mitgeteilt, daß es in 14.000 Fällen deutsche Personalausweise für eingewanderte Juden besorgte und 12.500 Ausweisungsbefehle rückgängig machte, da sämtliche derartige Befehle gegen ausländische Juden dem jüdischen Arbeiter-Fürsorge-Amt zur Begutachtung vorgelegt werden. Die Unterstützung dieses Amtes wird in dem Schreiben als »Pflicht der jüdischen Selbsterhaltung« und »Gebot der politischen Klugheit« bezeichnet.

Wie begegnen wir der drohenden Gefahr?
Für den Norden Deutschlands ist es wahrscheinlich für eine Gegenbewegung zu spät. Die Verhetzung der Massen ist soweit fortgeschritten, die Organisation soweit durchgeführt, daß der Bolschewismus losbrechen wird. Die einzige Rettung kann Bayern bedeuten. [Unleserlich] [. . .] Um von hier aus die Befreiung des Nordens zu organisieren und um der mit Folter und Tod verfolgten Intelligenz Zuflucht zu gewähren. Denn auch das steht in den »Weisen von Zion[3]«: Die Intelligenz des Landes ist zuerst zu vernichten. In Rußland wurde danach gehandelt. Bezeichnend ist, daß Rathenau[4] ein unbedingter Gegner der Walschensee-Kraftwerke[5] sein soll. Bayern würde durch den Besitz der Kraftquelle, unabhängig von der Kohle, das Gehen eigener Wege im Falle der Bolschewisierung des Nordens erleichtert werden. [. . .] [Hervorhebgn. i. Orig.]

---

zu Nr. 290
[1] Anspielung auf die politische Entwicklung in Ungarn nach dessen Abtrennung von der österreichisch-ungarischen Doppelmonarchie durch die ungarische Revolution und den Vertrag von Trianon. Die daraus hervorgehende Rätediktatur Bela Kuns wurde 1920 abgelöst von einer Rechtsdiktatur unter Admiral Horthy, Oberbefehlshaber der ungarischen Armee. Horthy proklamierte Ungarn am 23. 03. 1920 zur Monarchie. Die Rückkehr König Karls auf den Thron wurde jedoch von der Entente verhindert.
[2] Trotz des Bürgerkrieges und der Intervention auswärtiger Mächte hatte sich das bolschewistische Regime in Moskau nach der Revolution von 1917 behaupten können. Im Übergang vom »Kriegskommunismus« zur Nachkriegszeit kam es von 1918 bis 1922 zu einer wirtschaftlichen Krise, weil die Vergesellschaftung der Produktionsmittel überstürzt und größtenteils gewaltsam vorangetrieben wurde und weil sich die von der Kollektivierung der Landwirtschaft bedrohten Bauern weigerten, den sowjetischen Behörden Nahrungsmittel zur Versorgung der städtischen Bevölkerung abzuliefern.
[3] Antisemitische Kampfschrift.
[4] Walther Rathenau (1867–1922), deutscher jüdischer Großindustrieller, Schriftsteller und Politiker, von Mai bis November 1921 Wiederaufbau-, von Februar bis Juni 1922 Außenminister der Weimarer Republik, am 24. 06. 1922 von rechtsradikalen Tätern ermordet.
[5] Der Bau des Walchensee-Kraftwerkes in den Alpen wurde 1924/25 vollendet.

Nr. 291

Handschriftlicher Brief Walter Heß[1]
an Rudolf Heß, München

Mainkur, 07. 10. 1921

[. . .] Sehr nett war es von Dir, ein Lebenszeichen uns zu senden, wenn auch nur in Form eines politischen Glaubensbekenntnisses.

[. . .] Die Judenfresserei kann ich verstehen vom nationalen Standpunkt aus, vom menschlichen Standpunkt und besonders von der Gegenwart aus aber nicht. Eine solche Macht wie das Judentum kann man bekämpfen mit *geringeren* Mitteln, dann aber mit mehr Erfolg, weil »sie« noch andere Interessen haben. Will man aber sie ganz unschädlich machen von vornherein, dann sieht der Jude seinen Ruin und wendet alle Mittel zur Bekämpfung jener an, die ihn zu vernichten drohen und die Absicht dazu bekunden. Das Mittel [dazu] hat der Jude überall, bei uns und in der ganzen Welt. Daher halte ich diesen Kampf in der angekündigten – schärfsten – Form für aussichtslos. – Vielfach ist der Jude ein großer Schaden für uns, weil er erst Jude ist, dann er selbst und dann erst der Mensch der Gemeinsamkeit. Andererseits habe ich auch viele Juden persönlich kennengelernt, sympathisch, »reizend«, [unleserlich] edel, daß ich auch aus diesem Grund Dein scharfes Urteil und Vorgehen nicht gutheißen kann. [Hervorhebg. i. Orig.]
Im übrigen bin ich ebenso demokratisch-national gesinnt, wie ich es bei Dir erkenne, kann einfach die rechte reaktionäre Seite nicht verstehen, ebenso wie rechts stehende Kollegen hier meine Gesinnung mir direkt verübeln. [. . .]

---

zu Nr. 291
[1] Walter Heß (1877–1949), Bruder von Fritz Heß, Onkel von Rudolf Heß.

Nr. 292

Amtlicher Bescheid [1]

München, den 12. 10. 1921

Nr. IIM.V.1287/1921.
B Landesmilitärversorgungsgericht.

an

Herrn Rudolf Heß,
München,
Elisabethstr. 5/III

Betreff:
Militärversorgungssache der Witwe Anna D. [. . .]
in Reicholdsgrün, Bezirks-Amt Wunsiedel.

Die Sache ist als dringlich behandelt und außer der Reihe in Bearbeitung genommen worden. Weitere Mitteilung werden Sie im Laufe der nächsten Wochen erhalten.

Zur Eingabe vom 3.ds.Mts.

[Handschriftliche Unterschrift – unleserlich]

---

zu Nr. 292

[1] Vgl. Dokument-Nr. 289.

Nr. 293

Handschriftlicher Brief Rudolf Heß
an Ilse Pröhl, München

Gera, 17. 10. 1921

[. . .] Heut' hab ich in mehrstündiger Arbeit wenigstens einen Verwandten (Onkel Alfred F.[1]) von skeptisch lächelnder Ablehnung zu höchstem Interesse gebracht, die sich hoffentlich noch weiter auswirkt. Auf den Erfolg bin ich stolz. – Dann war ich bei einem Kommunistenführer. Ein Mann, der aus bürgerlichen Kreisen stammt, Kommunist u. Anarchist ist, weil er sich zum Idealismus der linkesten Arbeiter hingezogen fühlt und Ekel empfindet vor den feigen, indolenten Kaffeehausbürgern. Er trat aus der Kommunistischen Partei aus, als diese sich entschloß, in das Schwätzerparlament einzutreten.[2] Er ist nun Angehöriger der Kommun[istischen] *Arbeiter*-Partei,[3] die das Parlament ablehnt. An die Durchführbarkeit des Kommunismus glaubt er nicht. Er ist Antisemit und nimmt an allen deutschvölkischen Versammlungen teil. In der Arbeiterschaft spielt er eine große Rolle. Er ist 9/10 gewonnen. [. . .] [Hervorhebg. i. Orig.]

---

zu Nr. 293

[1] Eventuell Alfred Ferber, ein Nennonkel von Rudolf Heß.

[2] Gemeint ist die Beteiligung der Kommunistischen Partei Deutschlands (KPD) an der Reichstagswahl 1920, die ihr einen Stimmenanteil von 2 % bzw. 4 Mandate einbrachte.

[3] Kommunistische Arbeiterpartei Deutschlands (KAPD), die 1920 aus der KPD ausgeschlossene Linksopposition, die bis März 1921 auf 45.000 Mitglieder anwuchs und einen revolutionär-antiparlamentarischen Kurs verfolgte. Nach 1923 sank diese Splitterpartei zur Bedeutungslosigkeit herab.

Nr. 294

Während sich die innen- und außenpolitische Entwicklung weiter zuspitzte – Abtrennung des oberschlesischen Industriereviers durch die Alliierten, monarchistischer Putsch in Ungarn, Regierungskrise in Berlin – arbeitete Rudolf Heß in Reicholdsgrün offenbar an nationalsozialistischen Grundsatzfragen.

Handschriftlicher Brief Rudolf Heß
an Ilse Pröhl, München

Reicholdsgrün, 24. 10. 1921

[. . .] Dank f[ür] Briefe, die ich gestern vorfand.
Am liebsten wäre mir Spamers Weltgeschichte;[1] auf Urteil des Tribunen fußend. Aber Pfl[ugk]-Hartung[2] ist mir auch recht, wenn dieser unbeeinflußt schreibt. Um dies festzustellen, sehen Sie bitte nach, ob er auch die Schattenseiten der Königin Luise bringt und ob die Rolle Friedr[ich] Wilh[elm] III.[3] vor den Befreiungskriegen richtig gezeichnet [ist]. Interessant wäre mir auch, wie der Mann die Juden behandelt. [. . .] Eben sehe ich Aufschrift Ihres Briefes. *Verbitte mir »Klein-Mucki« ganz energisch!!* Wieder abgewöhnen! Sonst bleibt der Schauertitel noch. vvv [. . .] [Hervorhebg. i. Orig.]

---

zu Nr. 294

[1] Spamer's illustrierte Weltgeschichte. Mit besonderer Berücksichtigung der Kulturgeschichte, unter Mitwirkung von G. Diestel, F. Rösiger, O. E. Schmidt und K. Sturmhoesel, hrsg. v. Otto Kaemmel, 10 Bände, Leipzig o. J.

[2] Julius von Pflugk-Hartung (Hg.), Weltgeschichte. Die Entwicklung der Menschheit in Staat und Gesellschaft, in Kultur und Geistesleben, 6 Bände, Berlin 1907–1910.

[3] Königin Luise von Mecklenburg-Strelitz, verheiratet mit König Friedrich Wilhelm III. von Preußen (1797–1840).

Nr. 295

Handschriftliches Konzept Rudolf Heß

[ohne Ort], 1921

Wenn die Produktion der Fabriken nicht noch mehr zurückgehen soll zum Schaden der Allgemeinheit, wenn Deutschland nicht überhaupt einst dem Bolschewismus verfallen soll, muß der Arbeiter aufgeklärt werden über die systematische Irreführung des Volkes durch die Links-Parteien. Die Regierung versagt auch in dieser Richtung. Man kann sogar der Ansicht sein, daß die heutige

Rathenau-Regierung[1] systematisch auf die Bolschewisierung hinzielt, z. B. durch die Brotpreiserhöhung, welche weitere allgemeine Teuerung und Lohnkämpfe im Gefolge hat, wodurch der Arbeiter weiter der äußersten Linken zugetrieben wird (siehe »Enthüllungen der Times«, Anl. 2 und »Rathenau als Organisator des russischen Bolschewismus«, Anl. 1 b).[2]
Nur eine Bewegung hat bisher erfolgreich und in großem Maßstabe den bolschewistischen Einflüssen unter der Arbeiterschaft entgegengewirkt.[3] Es ist ihr sogar gelungen, gerade einen Teil der radikalsten Elemente an sich zu ziehen und ihre Gedankengänge umzustellen. Voraussetzung dafür war, daß der Arbeiter sah, er wird in Versammlungen der neuen Bewegung gegen Angriffe seiner übrigen Genossen ebenso rücksichtslos gedeckt wie in seinen bisherigen Parteien. Ein gewisser Terror, auch wenn er nationalistisch und antibolschewistisch ist, zieht ihn an. – Als sichtbarster Erfolg sei die Tatsache erwähnt, daß beinah alle Arbeiter, welche als Freiwillige in Oberschlesien kämpften, Mitglieder der neuen Bewegung sind.
Während aber den Linksparteien fortgesetzt ungeheure Mittel zufließen, fehlen solche für diese einzige erfolgreiche Gegenbewegung völlig. [. . .] Der Deutsche ist leider in der Mehrheit, bis in die obersten Schichten, spießbürgerlich. Wenn ihm ein Teil des Programms nicht paßt, wenn ein Punkt undurchführbar scheint, wenn ihm die Kampfmittel zu scharf sind, verwirft er das Ganze und überläßt den Arbeiter lieber der bolschewistischen Linken. Bestenfalls verschleudert er sein Geld an eine gemäßigte, unentschlossene, meist auch untätige Vereinigung, die vom Arbeiter verspottet wird und so erfolglos bleibt. Er vergißt, daß so der Tag kommen kann, da er hingemartert wird wie in Rußland Hunderttausende. Die Rätezeit in München war nur ein Vorspiel.
Außer durch Barmittel kommt noch folgende Unterstützungsmöglichkeit in Betracht: Der Arbeitgeber bestellt für jeden seiner Arbeiter das Kampfblatt der Bewegung[4] (M[ark] 10,– vierteljährlich), indem er die Adresse samt Geld (am besten über mich) einschickt. Der Arbeiter erhält dann, scheinbar kostenlos, das Blatt in's Haus gesandt, ohne daß er weiß, wer der Besteller ist. Einige großzügige und weitsichtige Männer haben diesen Weg schon beschritten. [. . .]
Der Führer der Bewegung[5] ist ein eisenharter Kopf, hochbegabt und voll außergewöhnlichen Verständnisses für das Volksempfinden. Er dürfte z. Zt. der beste Redner in Deutschland sein. Für die

persönliche Zuverlässigkeit des Mannes, mit dem ich seit 1½ Jahren beinahe täglich verkehre, trete ich voll und ganz ein. R. H.

zu Nr. 295

[1] Anspielung auf die Tatsache, daß Walther Rathenau der Reichsregierung unter Kanzler Joseph Wirth (Zentrum) von Mai bis November 1921 als Wiederaufbauminister angehörte.

[2] Die Anlagen blieben nicht erhalten.

[3] Anspielung auf die nationalsozialistische Bewegung.

[4] Gemeint ist der »Völkische Beobachter«.

[5] Adolf Hitler.

Nr. 296

Die Nachgiebigkeit, mit der die hilflose Reichsregierung auf die empörend harte Deutschlandpolitik der Alliierten reagierte, und der wirtschaftliche Niedergang des Reiches waren für Hitler und dessen Anhänger untrügliche Anzeichen für den nahenden Untergang des ganzen Abendlandes. NSDAP und SA gingen in ihrer Agitation zu immer gewalttätigeren Methoden über. Nachdem der Führer und seine militanten Anhänger am 04. 11. 1921 eine politische Versammlung Andersdenkender in München gesprengt hatten, wurde Hitler wegen Landfriedensbruchs zu einer Haftstrafe verurteilt.

Handschriftlicher Brief Rudolf Heß
an Klara und Fritz Heß, Reicholdsgrün München, 09. 02. 1922

[. . .] Hitler ist noch frei, aber er muß wohl in diesen Wochen die Strafe antreten. Über die Bewegung erfahrt Ihr ja durch den [Völkischen] Beobachter. Mit herzlicher Freude hörte ich, daß ihn Vater regelmäßig bekommt und außerdem sogar die Deutsche Zeitung hält. [. . .]

Nr. 297

Handschriftlicher Brief Rudolf Heß
an Klara und Fritz Heß, Reicholdsgrün München, 07. 03. 1922

[. . .] Meine Vorlesungen gehen jetzt zu Ende. Ich bin zufrieden mit meinen Fortschritten in diesem Halbjahr. Dem Volkswirtschafts-Professor hab' ich kürzlich meine Auffassung über eine von ihm behandelte Frage schriftlich eingereicht. Er war sehr erstaunt, als er dann erfuhr, daß ich erst im zweiten Semester bin, er hatte nach meinen Ausführungen angenommen, ich wäre am Ende des Studiums. [. . .]

Vor 8 Tagen hab' ich noch meinen Vortrag in den geschichtlichen Übungen vom Stapel gelassen: »Bismarck und Lassalle«.[1] Die beiden Männer haben sich nämlich öfters heimlich zusammengefunden, um ihre Meinungen über die soziale Frage auszutauschen. Außerdem versuchte der schlaue Jude Lassalle Bismarck in seinem Sinne zu beeinflussen. Übrigens gehört dieser Jude teilweise in seiner Art zu den Ausnahmen und ist in mancher Beziehung National-Sozialist gewesen, wenn auch mehr aus Zweckmäßigkeitsgründen; er glaubte, auf nationaler Grundlage mehr zu erreichen als auf internationaler wie Marx. Meine eigenen Gedanken über die soziale Frage flocht ich mit hinein, wie auch meine Ansicht über Bismarcks Behandlung der Sozialdemokratie. [. . .]

Ich habe sie nach dem Vortrag auf Wunsch des Generals, der auch zuhörte und später sehr anerkennend sich aussprach, niedergelegt. Den Vortrag an sich hielt ich ganz frei, hatte nur Stichworte aufgeschrieben. Der Geschichtsprofessor schrieb mir zu meiner großen Freude in's Zeugnis: »Der Vortrag zeugte, infolge der großen Selbständigkeit des Urteils, von außergewöhnlicher Reife.« Mehr kann ich mir nicht wünschen. Er sprach später noch allein mit mir und wollte mich veranlassen, daß ich den Doktor bei ihm mache. Ich sagte aber, die Volkswirtschaft wäre mir wichtiger. [. . .] Ich glaube, daß die Fähigkeit von Rathenau und anderen, uns *so* zu schaden, zum großen Teil mit darauf beruht, daß diese Leute, neben der Praxis, theoretisch die Triebwerke der Wirtschaft durchschauen (Rathenau machte seinen Doktor). Die Praxis ist sozusagen die taktische Schule, die Theorie die strategische Schule der Volkswirtschaft. So wissen diese sich aufdrängenden Führer nur zu genau, wie und wo die Kräfte anzusetzen sind, um aufzubauen oder um zu zerstören, in großem Stil. [. . .] Um diesen Leuten das Handwerk legen zu können, um ihre Schlachtpläne aufzudecken und zu paralysieren, müssen sich bei uns Männer in gleicher Schulung heranbilden, müssen vor allem Politiker gleichzeitig zu Wirtschaftlern werden. [. . .]

---

zu Nr. 297

[1] Ferdinand Lassalle (1825–1864), sozialdemokratischer Politiker und Präsident des von ihm mitbegründeten Allgemeinen Deutschen Arbeitervereins. Lassalle bot Bismarck im Verfassungskonflikt 1863/64 ein Bündnis gegen das liberale Bürgertum an, um das Zugeständnis des allgemeinen Wahlrechts zu erhalten.

[2] Gemeint ist Karl Haushofer. (Vgl. Anm. 3 Dokument-Nr. 260)

Nr. 298

Handschriftlicher Brief Klara Heß
an Rudolf Heß, München

Reicholdsgrün, 11. 03. 1922

[. . .] Deine Gedanken in »Machthaber u. Fordernde«[1] erscheinen mir sehr richtig. Es ist traurig, daß unsere Volksführer so ganz entgegengesetzt handeln, u. besonders jammervoll ist es, daß sie mit Absicht unser Vaterland zugrunderichten, nur aus Selbstsucht u. Habgier. – Mögen sich noch recht viele junge Leute finden, die sich gleich Dir durch Studium zu einem Schlag gegen die Volksschädlinge vorbereiten, um dann kräftig in geschlossener Front mit Erfolg gegen sie auftreten zu können. Gott gebe ein glückliches Gelingen dem Aufstieg aus der unwürdigen Versklavung. [. . .] In der Auslandswarte, Anfang März 1922, Jahrgang II, Nr. 5 findest Du zwei Aufsätze, die in Dein Fach fallen und die Du unbedingt lesen mußt. Es sind Auszüge aus zwei Schriften »Die Grenzen der Reparationsleistungen« zum neuen Buch von J. M. Keynes.[2] Von dem Verfasser: »Die wirtschaftlichen Folgen des Friedensvertrages«[3] ist ein neues Werk erschienen als Fortsetzung: [Titel unleserlich] [. . .]

zu Nr. 298

[1] Hierbei scheint es sich um eine Ausarbeitung von Rudolf Heß zu handeln, die nicht erhalten ist.

[2] John Maynard Keynes (1883–1946), britischer Volkswirtschaftler, hielt die alliierten Reparationsforderungen volkswirtschaftlich für nicht vertretbar.

[3] John Maynard Keynes, Die wirtschaftlichen Folgen des Friedensvertrages, München/Leipzig 1920.

Nr. 299

Mit der Ermordung von Reichsaußenminister Walther Rathenau, dem Konflikt zwischen Bayern und dem Reich über das »Gesetz zum Schutze der Republik« und der galoppierenden Inflation spitzte sich die Krise Deutschlands im Laufe des Jahres 1922 immer mehr zu. Dennoch ging der 28jährige Rudolf Heß in München und – während der Semesterferien – auch in Reicholdsgrün seinen Studien nach. Außerdem hatte er sich in Ilse Pröhl verliebt. Für die Pause in seinen politischen Aktivitäten war aber sicher auch die Tatsache maßgeblich, daß Adolf Hitler wegen der Vorgänge im November 1921 am 24. 06. 1922 seine Haftstrafe antreten mußte.

Handschriftliches Gedicht Rudolf Heß
für Ilse Pröhl [Auszug]

Auf einer Bahnfahrt durch das Allgäu,
16. 03. 1922

[. . .]
Beug' mich hinaus zum Fenster
und laß den Kopf durchweh'n –
warum wohl? – Seht, da schweig' ich –
nur eins: die Welt ist schön!
Doch immer packt mich
ganz leise Angst im Innern,
weil's Glück ja treu nicht sein darf –
Seht, neulich sagt ich Euch, warum ich es vermieden,
das heißt, es *meiden* wollte,
Euch fest in's Aug' zu schauen.
Die hohe, reine Freundschaft,
soll nicht zum »Andern« führen,
so groß auch die Gefahr,
da wir mal beide jung
und voller heißen Bluts.
Doch beide sind auch stark
und ragen aus der Menge.
So müssen wir denn meistern,
was wenige vermögen –
und sei's nur äußerlich –
mit zugepreßten Zähnen. –
Nun könnt Ihr wohl begreifen,
woher die rauhe Schale
Euch gegenüber kam. –
[Alternative Fassung:] Warum so manches Mal
die Schale rauh und kalt Euch gegenüber war.
Denn seht, ich fühl' es sicher,
das »Andere« wär' ein Rausch,
gar wunder-wunderschön –
vielleicht zu Höchstem führend –
doch wär' es auch der Anfang
vom Schicksals schweren Ende
der edlen großen Freundschaft,
die mich mit Euch verbindet;
der Weg zurück zu dieser
ist schwer und kaum zu finden. –
[. . .]

Nr. 300

Handschriftlicher Brief Rudolf Heß
an Ilse Pröhl, München

Zürich, 27. 03. 1922

[. . .] Mir schwebt nur immer wieder die Angst, die namenlose Angst jenes Mittwochmorgens vor, dieses plötzliche Stehen vor gähnender Leere. Gudrun, Gudrun, was ich da gefühlt, kann ich nicht sagen [1] – das ließe sich vielleicht nur in Musik ausdrücken, Musik, wie sie Euch ergreift, wie sie mich innerlich bewegt, als ich als Bub bei Sturm u. Regen am Meer entlanglief, mit durchzausten Haaren. Was ich da gesummt und in die Brandung hineingebrüllt, daß käm' näher an eine Sinfonie als an Operetten-Kitsch. [. . .]

zu Nr. 300
[1] Zitat aus Richard Wagners »Götterdämmerung« in Anspielung auf die Schwester von König Gunther.

Nr. 301

Handschriftlicher Brief Rudolf Heß
an Ilse Pröhl, München

Zürich, 02. 04. 1922

[. . .] Sehen Sie, so sind »Wir«.* Erst predige ich mir, daß man sich innerlich auf Verzicht einstellen müsse, überhaupt müsse man Geduld lernen, es sei durchaus nicht notwendig, daß immer die Briefantwort immer gleich folge, Selbstbeherrschung ist die Losung usw. usw. – Dann kommt aber Ihre Antwort das erstemal einen Tag später als erwartet, am Montag liegt nicht der Brief mit den lieben stolzen Zügen auf dem Frühstückstisch – und schon schmeckt das Essen nicht mehr, und bei jedem Klingelzeichen wird zum Gartentor geschielt, ob's nicht doch der Postbote ist. vvv Und die gute Tante findet, ich sähe schlecht aus. vvv Aber das sollte ich Ihnen gar nicht erzählen! [. . .]

* [Fußnote von Rudolf Heß:] »Wir« im Sinne SM. [1]

zu Nr. 301
[1] S. M. = »Seine Majestät«, frühere Anrede des deutschen Kaisers.

Nr. 302

Handschriftliches Gedicht Rudolf Heß
für Ilse Pröhl

[ohne Ort], April 1922

In Eure Hände, Eure lieben Hände,
möcht' ich die roten Rosen legen.
Ich möchte still auf Eurem Bettrand rasten
und fest, ganz fest die Hände an mich pressen.
Ich möchte Eure Stirne leis' berühren
und lang und tief in Eure Augen schauen,
bis unsere Pulse ineinander pochten,
daß wir den Lebensschlag nicht mehr zu scheiden wüßten.
In meinen Armen aber solltet Ihr
ganz langsam ruhig u. ruhiger werden,
dieweil viel Schönes, gar unsagbar Schönes
sacht durch die Sinne einend zöge.
Denn was uns fest u. fester fesselt,
das ist ein immer neues Finden,
von Ungeahntem,
nie Gezeigtem,
das scheue Öffnen eines letzten Schreins
für einen Einz'gen nur,
von dem der Andere weiß,
der kann begreifen,
und der ward
feinstfühlig wie er selbst
die höchste Heiligkeit.
Wenn's denn nicht anders sein kann,
will ich allein für mich,
den lieben Tag uns feiern,
ganz still,
den Tag,
der Euch der Welt gegeben,
Euch, als ein Schicksalskind,
das mich mir wiedergab,
da wir einander schenkten.

Nr. 303

Handschriftlicher Brief Rudolf Heß
an Klara und Fritz Heß, Reicholdsgrün

München, 07. 07. 1922

[. . .] In der Staatsbibliothek sitzend, bei einer Arbeit über »Dividende im Verhältnis zum Arbeitslohn«, will ich Euch zwischenhinein doch schnell noch einen Gruß senden in der Hoffnung, daß er bis Sonntag Euch noch erreicht.
In Plauen[1] wird es jetzt wohl auch etwas unruhig sein. Hier u. dort streikelt u. rätelt es doch wieder mal anläßlich des plötzlichen Hinüberschwebens des von den Arbeitern so vergötterten großen Milliardärs in den obersten jüdischen Himmel.[2] Jetzt werden wahrscheinlich Arbeiter-Schutz-Bataillone gebildet für Großkapitalisten, so weit diese mauscheln. Woher es nur kommt, daß dieses Volk, das »seine Geschicke selbst in die Hand genommen hat«, so ganz von allen guten Geistern verlassen ist u. bald reif für's Irrenhaus wird.
Hitler sitzt in Stadelheim für einen Monat.[3] Wenigstens hat er aber Einzelhaft, kann für sich arbeiten, sich selbst ernähren, zweimal wöchentlich Besuch empfangen (ich will Montag hin), kann Zeitungen lesen. An sich tut die Ruhe Nerven u. Stimme sehr gut. vvv [. . .]

---

zu Nr. 303
[1] In der sächsischen Stadt hielt sich Fritz Heß zu dem Zeitpunkt gerade auf.
[2] Anspielung auf den Mord an Walther Rathenau am 24. 06. 1922.
[3] Hitler verbüßte vom 24. 06 bis zum 27. 07. 1922 eine Haftstrafe in München-Stadelheim wegen Landfriedensbruch, Folge von schweren Zwischenfällen auf einer von den Nationalsozialisten gesprengten Veranstaltung des Bayernbundes.

Nr. 304

Handschriftliches Gedicht Rudolf Heß
für Ilse Pröhl

[ohne Ort], Juli 1922

Durch schwarze Nacht
starrt ich in's Dunkel –
Deiner gedenkend.

Tief jagten die Wolken
vor westlichen Winden –
sie kamen von Dir.

Die Lüfte trugen
harzherbe Süße
gleich Deinem Haarduft.

Sie hatten vielleicht,
noch vor wenigen Stunden,
Deine Locken durchspielt.

Und mich durchwehend,
brachten sie Grüße,
Grüße von Dir.

Leis' ging ein Strömen
durch meinen Körper –
Dein Rufen von ferne.

Über die weiten
schlafenden Lande
geb' ich Dir Antwort.

Nr. 305

Handschriftlicher Brief Rudolf Heß
an Ilse Pröhl, München

Reicholdsgrün, 31. 08. 1922

[...] Kl[eines] M[ädele], der Brief hatte für mich einen tiefschwarzen Trauerrand, wenn er auch durch den zweiten Teil etwas blasser wurde. – Aber trotzdem, es ist mir viel lieber, Ihr schreibt mir solche Gedanken, als daß Ihr's in Euch hineinfreßt u. ich nichtsahnend zur Seite stehe. Ich bin auch zum Teil selbst schuld, ich weiß es. Mein Brief nach Eurem lieben Empfangsgruß war nicht so, wie Ihr erwartet hattet, u. auch in München u. auf der Tour war ich Euch nicht das, was Ihr wollt. Aber seht, Ihr sagtet es oft schon selbst: Wir Männer haben manchmal etwas – u. es sind nicht die schlechtesten unter uns – das uns gefangenhält u. zeitweise noch stärker sein kann als Ihr, es ist der Drang nach einem Schaffen, die fortgesetzte innere Unruhe, dem Ziele mit jeder Stunde näher zu kommen, besser näher kommen zu wollen. Auch ohne Buch wird im stillen weitergegrübelt über Fragen, die einen gerade interessieren u. die oft sehr prosaisch-wirtschaftlich sind (vvv). Ich geb's zu. Vor allem nachts, in schlaflosen Stunden, setzt dieses Hirnwühlen ein. Und die Reaktion ist dann in der übrigen Zeit – die je nach Veranlagung, je nach Intensität der vorherigen Beanspruchung usw. ziemlich breit sein kann – ein gewisses Sichgehenlassen, ein Abspannen, das zur Seichtigkeit führt u. unter dem Ihr dann leiden müßt, die Ihr den Hauptteil Eurer Kräfte für uns gespart habt. – Dieser andere starke Lebensinhalt neben Euch ist es wohl auch, der uns eine Trennung von Euch viel leichter ertragen läßt, der uns für einige Zeit Ablenkung zu geben vermag. So, nun habe auch ich offen gesprochen u. habe versucht, eine Erklärung zu finden. Ob sie richtig ist, weiß ich nicht, vielleicht habe ich doch wieder nur dahergeredet. – [. . .]

Nr. 306

Handschriftlicher Brief Rudolf Heß
an Ilse Pröhl, München

Reicholdsgrün, 11. 09. 1922

Liebe! Liebe!
Triumph! Sieg! Sieg!!
Zwei Tage hab' ich zappeln müssen bis zur Entscheidung. Diplomatisch hab' ich bis zur Abreise des Vaters mit dem Angriff gewartet, damit er dann die Sache sich nicht mehr anders überlegt u. über die gute Mutter eine Umwandlung meines Wunsches herbeizuführen sucht. Im Fall der Ablehnung hätte ich ohnehin erklärt, dann leider am 1. Okt[ober] abreisen zu müssen, um woanders meine Touren mit den Kameraden zu machen.
Vater begleitete ich bis Marktleuten.[1] Nach tiefem vorschriftsmäßigem Atmen (was Rotwerden verhindern soll vvv) und nachdem endlich dichter Regen klares Sehen durch einen Kneifer unmöglich machte, kam dann die zufällig hingeworfene Frage, ob Ihr nicht kommen könntet wie letztes Mal. Antwort: »Freilich! Natürlich! Warum denn nicht! Das wär' ja sehr nett!« – Jetzt war das »Sauwetter« erst recht ein Glück; denn mein Gesicht hatte ich doch nicht ganz in der Gewalt u. die Augen durfte wohl erst recht niemand sehen! vvv Dann kam allerdings noch das »Aber« nach:

»Aber – daß es mir nicht so endet wie mit der Erna!!«[2] vvv Man versuchte, dem einen scherzhaften Unterton zu geben. Ich versicherte lachend, daß ich nicht mal wisse, ob ich überhaupt mal je in meinem Leben heiraten würde, jedenfalls die nächsten Jahre bestimmt nicht. Vater u. Sohn trennten sich sehr vergnügt. [. . .]

---

zu Nr. 306
[1] Kleinstadt bei Reicholdsgrün.
[2] Alfred, jüngerer Bruder von Rudolf Heß, ließ sich von seiner Frau Erna, geb. Schumacher, scheiden.

Nr. 307

Handschriftlicher Brief Rudolf Heß
an Ilse Pröhl, München

Reicholdsgrün, 13. 09. 1922

Mädele, mein liebes, kleines Mädele!
Wenn ich nur schon wüßte, *wann* Ihr kommt! [. . .] Auf das Wiedersehen hab' ich mich vom ersten Tag an gefreut, aber daß ich mich *so* freue, wenn es wirklich in greifbare Nähe rückt, hätte ich doch nicht gedacht. Dabei liegt eigentlich eine richtige Ewigkeit nicht zwischen heut' und dem Morgen, da eine kleine Hand den Mund berührte u. einen letzten Gruß mir zuwarf. Da ein Lockenkopf, eine liebe Gestalt kleiner u. kleiner werdend, in der Ferne schwand. [. . .]
Weißt Du, zwei – drei schöne, schöne Wanderungen wollen wir machen! Ich will sehr fleißig sein – aber dazwischen werden Bücher u. volkswirtsch[aftliche] Gedanken fortgeworfen u. dann geht's hinaus in die Welt! Du hast ja recht! Jung sind wir äußerlich u. Jugend haben wir auch in uns. Nutzen wir die Zeit! Verscherzte Jugend [. . .]
Weiß nicht, woher es kommt – aber die Ahnung eines neuen Erlebens steckt in mir. Nur glaub' ich, so unnahbar wird »sie« mir nicht scheinen wie damals, wenn sie aussteigt. vvv Und ganz so lang wird's vielleicht auch nicht dauern, bis ein Arm unter den anderen greift oder bis »Geltendorf«[1] da ist. vvv [. . .] [Hervorhebg. i. Orig.]

---

zu Nr. 307
[1] Anspielung auf eine besonders innige Begegnung mit Ilse Pröhl in einem Ort namens Geltendorf.

Trotz gelegentlicher Moratorien in den Reparationszahlungen wurde die finanzielle und wirtschaftliche Lage des Deutschen Reiches im Winter 1922/1923 immer auswegloser. Es drohte unter der Last seiner vielfältigen wirtschaftlichen, sozialen und politischen Nöte zusammenzubrechen. In dieser auf das äußerste angespannten Lage beschloß die französische Regierung im Januar 1923, das Ruhrgebiet militärisch zu besetzen, um sich Faustpfänder für die Erfüllung ihrer Reparationsforderungen zu sichern.

Maschinenschriftliche Ausarbeitung
von Rudolf Heß [ohne Ort], Anfang 1923

Die Partei über den Parteien [1]

Während das Land dem Verderben nahe ist, das Volk hungert, streiten sich die parlamentarischen Parteien um die nichtigsten Dinge.

Immer größer wird die Zahl derer, die von keiner Partei mehr etwas wissen wollen. Sie sind überzeugt, daß nur Einigkeit uns retten kann. Diese bringt aber nur eine Bewegung zustande, welche die scheinbaren Gegensätze – Nationalismus und Sozialismus – in sich vereinigt, in ursprünglicher Kraft, ohne schwächliche Kompromisse einzugehen. [. . .]

Wir sind national bis zum Äußersten, denn national sein heißt: sein Volk über alles lieben. Die Folge ist, daß wir die Augen nicht verschließen vor der Not großer Volksteile und daher auch für einen gerechten deutschen Sozialismus eintreten. Wir weisen aber von uns den jüdisch-marxistischen Sozialismus des Neides, der erwiesenermaßen nur tiefer in das Elend führt.

[. . .]

Als Hauptschädling im Wirtschaftsleben betrachten wir das Leihkapital. Dieses ist in erster Linie in jüdischen Händen (Rothschild usw.). Daher wird der Arbeiter in genialer Weise auf das *zwanzigmal kleinere*, werteschaffende Industriekapital abgelenkt.

Um die Zinsen für die Anleihen zahlen zu können (auch ohne Forderung des Feindes), muß der Staat die Gesamtheit mit ungeheuren direkten und indirekten Steuern belasten, die immer mehr zur völligen Verarmung aller Volksschichten führen, zugunsten weniger ganz großer Besitzenden sowie der Banken. Wir fordern daher die staatliche Zinsbrechung, d. h. alle Staatspapiere werden in zinsloses Geld umgewandelt, z. B. Kriegsanleihen bringen keine 5% mehr, sondern sind 100-M-Scheine. Um der weiteren Geld-

überschwemmung vorzubeugen, hat gleichzeitig eine stark gestaffelte Vermögensabgabe einzusetzen; die erfaßten Gelder sind einzustampfen. Wir wissen sehr wohl, daß diese Maßnahme tief in die Volkswirtschaft einschneidet. Aber ein völliger Staatsbankrott schneidet noch tiefer ein. Dieser kommt aber, selbst wenn wir nach Brechung des Versailler Vertrages keine Abgaben nach außen zu leisten haben, allein durch die Unmöglichkeit, die nunmehr bis auf über 10 Milliarden [RM] gestiegenen Zinsen für Anleihen alljährlich aufzubringen. (Man halte sich vor Augen, was allein die 1 Milliarde [RM] Wehrbeitrag[2] für das noch gesunde Deutschland vor dem Kriege bedeutete.) Wer Kritik übt an dem Gedanken der Zinsbrechung, soll gleichzeitig ein anderes Mittel nennen, einst dem Zusammenbruch der Geldwirtschaft nach dem Muster des heute verhungerten Rußlands zu entgehen. [. . .]
Wiederum aus sozialem Gefühl heraus fordern [wir] die baldigste Aufhebung des Versailler Vertrages. Langsam verliert auch der letzte Arbeiter den Glauben an eine internationale Hilfe. Den Vertrag brechen kann aber nur ein Volk, das entschlossen ist, die Ketten abzuwerfen; ein Volk von Brüdern, das sich auf seine nationale Kraft besinnt. Daher peitschen wir die nationalen Leidenschaften auf.
Wir glauben aber auch, daß von allen Seiten Opfer gebracht werden müssen. Der Besitzende durch Hingeben von Gut und sozialen Vorrechten, der Arbeiter durch Verzicht auf übertriebene Zukunftshoffnungen. Höher als alles Eigeninteresse hat zu stehen das Wohl des Landes und seines Volkes. [. . .]
Deutschlands Zukunft beruht mit darauf, ob es uns gelingt, vor allem die Masse der Arbeiter zum Nationalen zurückzuführen. Dies bringen die Rechtsparteien aber nicht fertig, da der Arbeiter nach jahrzehntelanger Verhetzung Mißtrauen gegen sie hegt. Auch sind sie nicht sozial genug und stehen in der Praxis wie alle anderen Parteien auf einem Klassenstandpunkt. Wir dagegen kennen nur Deutsche, arbeitende und nichtarbeitende Menschen. [. . .]
Trotzdem uns die Macht des Geldes fehlt, sind wir überzeugt, daß letzten Endes starker Wille, gepaart mit reinem Wollen, zum Ziele führt. Das Ziel aber ist die Einigkeit der besten Teile des Volkes von rechts bis links zur Erringung der *Freiheit*. [Hervorhebgn. i. Orig.]

---

zu Nr. 308
[1] Selbstverständnis der NSDAP, die sich als umfassende Sammlungsbewegung, nicht als Partei – also nicht als »Teil« (lat. pars) eines Ganzen – verstand.
[2] Gemeint sind wohl die Kriegskredite, die der Deutsche Reichstag 1914 bewilligt hatte.

Die Besetzung des Ruhrgebietes durch eine französisch-belgische Armee hatte nicht nur den passiven Widerstand der Reichsregierung zur Folge, die sich bis Ende September 1923 weigerte, den Anordnungen der Alliierten zu folgen. Vielmehr brach auch die deutsche Währung zusammen, und die nationalsozialistische Bewegung, die sich im Frühjahr 1923 auf eine Kraftprobe mit der Linken anläßlich der 1.-Mai-Feiern vorbereitete, erhielt immer mehr Zulauf von den demoralisierten Massen. Rudolf Heß wurde wieder stärker in die Führungsarbeit seiner Partei einbezogen.

Handschriftlicher Brief Rudolf Heß
an Klara und Fritz Heß, Reicholdsgrün

München, 03. 03. 1923

[. . .] Schon lang' wollte ich Euch von meiner Wiener Fahrt schreiben – aber es blieb bei der guten Absicht. Grund: Arbeit in allen Richtungen. Kam in letzter Zeit kaum länger mit General, Alfrieds usw. zusammen, dafür hab' ich, neben dem Studium, ausgiebig mich dem Sturmtrupp[1] gewidmet. Meine 11. Hundertschaft ist eine Mustertruppe, beinah' nur aus gedienten Leuten bestehend. Leider mußte ich sie nun abgeben aus der direkten Führung, da mir das ganze 2. Bataillon übertragen wurde. Die Bataillone führt wiederum Hauptm[ann] Göring[2], der letzte Kommandeur des Jagdgeschwaders Richthofen; ein famoser Mensch. Da seine Hochzeit[3] kürzlich mit der Fahnenweihe zusammengefallen wäre, erklärte er am Abend vor dem Hochzeitstag Braut und Verwandten, er könne unmöglich zur Hochzeit kommen – er habe Wichtigeres zu tun. So wartete denn die teilweise aus Schweden herangereiste Hochzeitsgesellschaft brav, bis der Bräutigam nach 8 Tagen endlich Zeit zur Hochzeit hatte. Allgemeine Heiterkeit darob. [. . .]
Hi[tler] sprach neulich 3½ Stunden vor 150 Spitzen der bayer[ischen] Industrie u. Finanz in Anwesenheit des Ministerpräsidenten[4]. Ungeheurer Eindruck! – Montag sprach er vor Hauptteil der Studenten u. Professoren. V[on] Zwiedinek[5] meinte dann zu mir: »Er hat auf mich einen elementar-wuchtigen Eindruck gemacht. Selbstverständlich steht unsereins einzelnen Ausführungen über Punkte des Programms sehr kritisch gegenüber. Um so bewundernswerter ist es, daß es trotzdem so fortreißt. Hatte das Gefühl einer ganz außergewöhnlichen Persönlichkeit gegenüberzusitzen.« Andere Professoren wie van Calker[6] äußerten sich ähnlich. [. . .]

zu Nr. 309

[1] Gemeint ist der von Hitler im August 1921 gegründete Ordnerdienst, der sich ab November 1921 »Sturmabteilung Hitler« oder »Sturmabteilung« (SA) nannte und bis zur Machtergreifung zu einer regelrechten Parteiarmee mit einer Stärke von ca. 200.000 Mann (1931) ausgebaut wurde.

[2] Hermann Göring (1893–1946), Fliegerhauptmann und letzter Kommandeur des Jagdgeschwaders Richthofen sowie Träger der Kriegsklasse des Ordens »Pour le mérite« (1917), seit 1922 Mitglied der NSDAP, 1922/23 Führer der SA.

[3] Göring heiratete 1922 die schwedische Baronin Carin von Fock-Kanzow (1888–1931).

[4] Eugen Ritter von Knilling (1865–1927), bayerischer Ministerpräsident von 1922 bis 1924.

[5] Otto Edler von Zwiedinek-Südenhorst (1871–1957), Professor der Nationalökonomie an der Universität München von 1921 bis 1938, und einer der akademischen Lehrer von Rudolf Heß.

[6] Fritz van Calker (1864–1957), Professor der Rechtswissenschaft an der Universität München.

Nr. 310

Handschriftlicher Brief Rudolf Heß
an Klara und Fritz Heß, Reicholdsgrün

München, 15. 07. 1923

[. . .] Ich jammere auch oft dem General vor, daß ich nicht zu allem komme, das ich mir vorgenommen habe, lesen wichtiger Bücher für mein Studium. Aber schließlich hat er ja wohl recht: die Führung eines Bataillons hat früher die Zeit eines Menschen völlig u. reichlich in Anspruch genommen – ist es ein Wunder, wenn ich auch wenigstens einen Teil meiner täglichen Zeit hinhängen muß. Und notwendig ist es nun mal, daß diese Arbeit geleistet wird; denn was nutzt all unser sonstiges Schaffen, wenn wir über kurz oder lang doch zugrunde gehen oder zumindest in erster Linie schuften, den Versailler Vertrag zu erfüllen. Manchmal beneide ich diejenigen, die in aller Gemütsruhe sich ganz ihrem Studium widmen können und sehne mich auch danach, das sind aber nur vorübergehende Anfälle, dann sage ich mir doch, das sind im Grunde Ritter von der traurigen Gestalt. [. . .] Wenigstens drücke ich mich, aber angängig, vor rein repräsentativem Auftreten, vor Festfeiern bei anderen befreundeten Verbänden usw. Mitgemacht habe ich aber natürlich die große Schlageter-Gedenkfeier[1] auf dem Königsplatz, wobei ja unsere Sturmabteilung zusammen mit »Oberland« und »Reichs[-kriegs-]flagge«[2] geschlossen aufmarschierte. Wir sind bei der Gelegenheit gefilmt worden. [. . .] Der Film läuft jetzt in

Amerika.[3] Die Feier war eine monumentale Kundgebung. Das beste war aber anschließend in der kath[olischen] Kirche die Rede des Paters Achtleitner. Man glaubte, Savonarola[4] vor sich zu haben. – Er betonte anfangs zwar, ich treibe *nie* Politik von der Kanzel, würde es auch an dem Tag so halten, bald steigerte er sich aber in wilde leidenschaftliche Anklagen gegen die, »die unser Unglück verschuldet, die unserer *Front in den Rücken gefallen*«, spräch von der »fluchwürdigen Revolution«, von denen, die jetzt noch ihr schädliches Wirken fortsetzen, von der Notwendigkeit, erstmal im Innern aufzuräumen. Also ganz entgegen den Grundsätzen der bay[erischen] Volkspartei oder gar des Zentrums. Ich glaube, die Führer bei diesen [Parteien] haben Krämpfe bekommen bei der Nachricht [von] dieser Rede. – Der Pater war oft in unseren Versammlungen, sprach auch schon mal mit H[itler], wie mir dieser erzählte. H[itler] sagte ihm, er fände es unerhört, daß er ausgerechnet von Vertretern seines Bekenntnisses derartig angegriffen werde. Darauf der Pater: »Was, Sie sind katholisch?« H[itler]: »Allerdings, ich rechne mich sogar zu den guten Katholiken.« – Der Pater: »Sagen Sie mal, Herr H[itler], gehen Sie auch in die Kirche?« – H[itler]: »Das nicht, denn wenn ich hingehe, verdreht sich alles die Köpfe nach mir. Ich störe also die ganze Andacht, und meine eigene Stimmung wird mir auch genommen.« Im übrigen hat der gute Pater doch wohl einige Zweifel gehabt an der »kristallklaren Rechtgläubigkeit«, wie H[itler] meinte. Jedenfalls sagte er zum Schluß: »Tun Sie mir den einzigen Gefallen, und greifen Sie nicht die Religion an, die letzte Stütze in dieser Zeit; dann werden Sie Tausende von Pfarrern und Höheren aus unseren Reihen bekommen, die es satt haben, sich einzusetzen *für Parteien, die sich christlich nennen, im Grunde aber nur die Geschäfte der Marxisten u. des Judentums besorgen.*« – H[itler] ist jetzt erfreulicherweise viel in den Bergen zur Erholung. Es ist ein ganz ungewohntes Bild, ihn plötzlich in Krachledernen mit nackten Knien und hemdsärmelig zu sehen. Er sieht auch sehr viel besser aus als früher. Aufreibend ist sein Leben aber, der ganze Tag ist hier immer eingeteilt von früh bis spät in die Nacht. – Eine Besprechung jagt die andere, vielfach ohne daß er sich Zeit nimmt, dazwischen zu essen. Wenigstens hat er das bequeme Auto[5]; um so schneller folgen sich aber dafür die Geistesanspannungen, die Umstellungen auf die verschiedenen Menschen.

25. VII. 23: Wieder große Pause. Los war genug, Turnfest mit dem unerhörten Eingriff der Polizei. Unsere Leute hatten freilich

den Befehl vorher bekommen, nicht geschlossen zu marschieren. Aber leider ist die Disziplin einer Freiwilligen-Truppe nicht so fest, daß sie nicht doch eine Dummheit macht, wenn die Führer gegangen [sind]. Ich mache mir noch heute Vorwürfe, daß ich nicht hin bin, um derartiges zu verhindern. Aber irgendein Grund für das Eingreifen der Polizei in dieser Art war nicht gegeben. Man munkelt von ziemlich unterrichteter Seite, daß man gehofft hatte, H[itler] an der Spitze zu erwischen und irgendwie unschädlich zu machen. [. . .] [Hervorhebgn. i. Orig.]

---

zu Nr. 310

1 Albert Leo Schlageter (1894–1923), deutscher Freikorpskämpfer, seit 1922 Mitglied der NSDAP, nach Anschlägen gegen die französische Besatzungsmacht während der Besetzung des Ruhrgebietes zum Tode verurteilt. Nach der Exekution wurde Schlageter von den Nationalsozialisten zum Volkshelden erhoben.

2 Bund Oberland, eine paramilitärische Organisation von etwa 4000 früheren Frontsoldaten. Als Freikorps am Umsturz der Münchner Räterepublik, 1920–1921 am Kampf gegen Polen in Schlesien beteiligt. Politischer Führer des Bundes war der Tierarzt Dr. Friedrich Weber, Mitglied der elitären »Akademischen Gilde« in München. 1923 schloß sich der Bund Oberland mit dem Freikorps »Reichskriegsflagge« zum »Deutschen Kampfbund« zusammen.

3 Anspielung auf die Verbindungen der NSDAP zur nationalsozialistischen Bewegung in den USA. In deren Kreisen wurde der Film offenbar vorgeführt.

4 Girolamo Savonarola (1452–1498), italienischer Dominikaner und Sittenprediger.

5 Im Jahre 1923 hatte Hitler, ohne selbst zu fahren, zunächst einen »Selve-Wagen« besessen, dann einen »Benz« bis zu seiner Verhaftung nach dem mißglückten Putsch.

Nr. 311

Handschriftlicher Brief Rudolf Heß
an Ilse Pröhl, München

Reicholdsgrün, 10. 08. 1923

[. . .] Draußen am Bach sitz' ich, wo wir oft lagen – bleierne Hitze trotz Wind – aufziehende Gewitterwolken – Erinnerung an Lindegg. Eigentümlich, ich hätte gar nicht gedacht, daß ich mich so schnell so nach dem kleinen Mädel sehnen würde. vvv [. . .]
Ich bewohne »ihr« Zimmer, bin eben darin, da ich hier ungestörter von Gret.[1] Über die schwerreichen Kornfelder hin fällt mein Blick auf Neudorf und den Wald dahinter. Große Wolkenschatten jagen über die Landschaft, die dann beinah schwermütig ausschauen kann. Sie ist doch schön in ihrer Art – ich wollt', ich könnte mal mit Dir in aller Ruhe hier hausen, allein natürlich, alles genießend nach Herzenslust, Wald, Wiese, Wasser, Heim, Tag und Nacht,

Sturm, Sterne u. Mond. Ganz allein in einem Haus, das das eigene ist, Herr im Haus. Ob wenigstens aus dem Blockhäusl was wird? – [...]

zu Nr. 311

[1] Gemeint ist Grete, die Schwester von Rudolf Heß.

Nr. 312

Handschriftlicher Brief Rudolf Heß an Ilse Pröhl, München

Reicholdsgrün, 27. 08. 1923

[...] Der beiliegende Aufsatz »Die Frau zwischen den Zeiten« wird Ihr Freude machen. Was für »Möglichkeiten des Werdens« Ihr in uns seht, hängt wohl in erster Linie von Euch selbst ab. Ihr liebt den, den Ihr wollt, nach den Möglichkeiten, die Ihr in uns legt. Sie gehört auch zu den »Kompromißlosen« – Gott sei Dank – aber deshalb darf daraus nicht »die Tragik ihres Lebens« entstehen. Ich werde kein »erbarmungsloser Spezialist«, dessen Seele darüber stirbt. Was Sie mir schrieb, »was hülfe es den Menschen, ...« – den Spruch[1] hab' ich mir schon *sehr* oft hergesagt, besonders vor dem Übertritt zum Studium, wenn ich mich dagegen sträubte, kaufmännischer »Techniker« zu werden, meinen Lebensberuf im Geldmachen zu sehen. Wie anders handhabe ich jetzt doch die gleiche Materie. Jetzt sehe ich als »Ingenieur«, *warum* die Maschine so läuft, wie das Räderwerk ineinandergreift und was sich ändern läßt. Sehe sie, das ist doch wenigstens ein Fortschritt auf einem umgrenzten Gebiet für mich. [...] Der Volkswirtschaftler, wie ich ihn auffasse, muß hart sein am Verbindungsstück, dem Volkswirtschafts-Nervensystem, hin zum »Technik-Körper« des »Kulturstaates« der Zukunft. Wie wohl jeder bedeutendere Arzt, Psychologe u. psychologisch gebildet sein muß, die Seele nicht vernachlässigen darf, so darf auch unsereins die Seele des Zukunftsstaates nicht außer acht lassen. Dazu gehört viel, das weiß ich wohl, dazu gehört auch die Pflege der eigenen Seele. Ich lasse sie nicht sterben, glaub' Sie es mir, und wenn Sie mir weiter hilft, sie frisch zu halten, so danke ich es Ihr. [...] [Hervorhebgn. i. Orig.]

zu Nr. 312

[1] Vollständig heißt der Bibelvers: »Was hülfe es dem Menschen, so er die ganze Welt gewönne, und nähme doch Schaden an seiner Seele.« (Matthäus, Kapitel 16, Vers 26)

Nr. 313

Handschriftlicher Brief Rudolf Heß
an Ilse Pröhl, München[1]

Reicholdsgrün, 07. 09. 1923

[. . .] Wie ein Symbol war's, dies' Regensburg, umgeben vom hastenden, nüchternen Leben des modernen Schaffens, mit Schienensträngen, Eisenkähnen, Schornsteinen. Darinnen aber ruhige Heimlichkeit alten Straßengewinkels mit hohen, warmen Giebeln. Alles schließt sich zusammen mit aufragendem Mittelpunkt des köstlichen Domes. – Wie ein Symbol war's, dies' Regensburg. – Kamen wir nicht auch hin, innerlich aufgewühlt in schwankenden Zweifeln u. bangen Ahnungen? Und fanden wir nicht bald zu ruhiger Geborgenheit, zum Ineinanderklingen der beiden andern Menschen, die nur wir kennen? Fanden wir ihn nicht wieder, *unsern* Dom, schöner und reiner denn je? Gedämpft wie durch uralt farbiges Glas gar milder Schein um uns, in uns – und uns war so wohl! Bis sie dann aufrauschte, unsere Messe, zu höchstem, letztem Glück, erbebend in Jubel bis zum Schwinden der Sinne – wie überall, da wir an die Grenzen des Seins rühren – abebbend dann in ruhiger stiller Seligkeit. [. . .] [Hervorhebg. i. Orig.]

---

zu Nr. 313

[1] Nach einem gemeinsamen Besuch in Regensburg.

Nr. 314

Handschriftlicher Brief Rudolf Heß
an Ilse Pröhl, München

Reicholdsgrün, 10. 09. 1923

[. . .] Dem Muck[1] geht's heute nachmittag sehr gut; abgesehen davon, daß lachender Sonnenschein draußen, hat sein Selbstbewußtsein einen Hupfer bekommen, der dem Ehrgeiz wohltat. Seinen Namen unter der Leitartikel-Überschrift des führenden nationalen Blattes zu sehen[2], ist doch immerhin etwas. vvv Mittags kamen die Belege – und schon habe ich ein Exemplar an [Henry] Ford[3] geschickt: Ich würde gern fernerhin im Interesse der antisemitischen Bewegung Lügen über seine Person entgegentreten und wäre dankbar für Unterlagen zu diesem Zweck, wie Berichte über seine Werke, Arbeiterverhältnisse dort, außerdem wäre ich dankbar für regelmäßige Übersendung des »Dearborn Independent«[4] regelmäßige englische Zeitungslektüre würden dem kl[einen] M[uck] sehr gut tun. [. . .]

---

zu Nr. 314

[1] Kosename von Rudolf Heß.

[2] Gemeint ist der »Völkische Beobachter«.

[3] Henry Ford (1863–1947), führender Industrieller der amerikanischen Automobilbranche und informeller Anführer der antisemitischen Bewegung in den USA. Die »Nationalsozialistische Vereinigung Teutonia«, nach Sander A. Diamond die »wichtigste dieser neuen deutschen Verbände«, wurde freilich formell erst am 12. 10. 1924 in Detroit, der amerikanischen »Auto-Stadt«, gegründet, Sitz des Ford-Konzerns. (Vgl. Sander A. Diamond, Zur Typologie der Amerikanischen NS-Bewegung, in: Vierteljahreshefte für Zeitgeschichte, Band 23, [1975], S. 271.) (Vgl. Anm. 2 zu Dokument-Nr. 282)

[4] Kleine Provinzzeitung, die Ford 1918 gekauft hatte, um seine antisemitischen Ansichten in den USA zu verbreiten.

Nr. 315

Auf dem »Deutschen Tag« in Regensburg – eine von der nationalen Rechten begangene Feier zum Gedächtnis an den Sieg von Sedan im deutsch-französischen Krieg von 1870/71, die in den folgenden Tagen an verschiedenen Orten Bayerns wiederholt wurde – kam es Anfang September 1923 zu einem Bündnis vaterländischer Verbände. Nachdem Hitler die Leitung dieses »Deutschen Kampfbundes« übernommen hatte, begann er sich immer stärker mit der Frage eines Umsturzes zu beschäftigen.

Handschriftlicher Brief Rudolf Heß
an Ilse Pröhl, München

Hof, 16. 09. 1923

[. . .] Etwas Derartiges [wie den »Deutschen Tag«] hat Hof überhaupt noch nicht erlebt. *Jedes* Haus beflaggt. Die Straßen ein einziges schwarz-weiß-rotes u. weiß-blaues Fahnenwallen, auch in den Arbeiterstraßen (!), wo wenigstens in den Fenstern Fähnchen mit diesen Farben flatterten. Und auf allen Lippen *ein* Name: Hitler! [. . .] Es wimmelte von Sachsen, auch sächsischen Kommunisten, die erklärten, sie blieben ganz ruhig – schon im eigenen Interesse – aber Hitler interessiere sie eben derart, daß sie eben kamen. [. . .] Heut' morgen war er glücklicherweise endlich da, begleitet vom »Stoßtrupp Hitler«.[1] Wie ein Lauffeuer ging's durch die Stadt: »Er spricht um 12 Uhr« – programmwidrig und im Hand-

umdrehen waren 6 Säle zum Brechen überfüllt, u. davor standen die Massen, vergeblich Einlaß erhoffend, dabei faßte ein Saal allein 5000 [Menschen]. Ich bin mit ihm von Saal zu Saal. Hinreißend sprach er, meist ½ Stunde, obwohl er sich auf je 10 Minuten beschränken wollte. In einem Saal wurde er plötzlich wieder von dem Unbeschreibbaren besessen – es packte mich so, daß ich die Zähne aufeinanderbeißen mußte. Dort sprach er über ¾ Stunde. Viel gute u. kritische Köpfe waren im Saal – am Schluß waren sie außer sich vor Begeisterung. Aber ernst war der Tribun wie selten. Er hat keine zum Lachen reizende Redewendung gebracht, und ich sah ihn selbst den ganzen Tag kein Mal lachen. Er fühlt, *was über Deutschland steht, u. fühlt seine Verantwortung auch – wie er mir kürzlich sagte – im Hinblick auf den Beginn, auf den Entschluß von seiner Seite, das Feuer auf's Pulverfaß zu werfen.* –[2] Nachmittags nahm er dann mit Admiral Scheer[3] den Vorbeimarsch der Verbände ab; für Kämpfer u. Volk verschwand Scheer aber völlig neben ihm. Der Vorbeimarsch der Kampfverbände [...] dauerte über 1 Stunde (!). Der Zug in Gruppen-Kolonne war etwa 6 km lang, ⅓ etwa D.A.P.[4], dementsprechende Zahl Hakenkreuzfahnen unter den über 100 Flaggen. Ich hatte die Ehre, das »Bat[tai]l[lon] Sachsen« zu führen, teilweise famose Kerle, wenn auch die Art uns nicht liegt. War das ein Jubel in den Straßen und ein dauerndes Blumenzuwerfen. [...]
Aus einem Saal klingt es zum weiß ich zum wieviel tausendstenmal durch das »rote Hof«: »Sturmabteilung Hitler werden wir genannt.« – »Ein Name war in München auf aller Mund, u. die Augen leuchteten dabei auf – oder entbrannten in Haß«, schrieb neulich jemand in der »New Yorker Staatszeitung«. Nicht nur in München leuchten die Augen auf – oder hassen sie! [...] [Hervorhebgn. i. Orig.]

---

zu Nr. 315

[1] Ca. 100 Mann starke Sondereinheit, die 1925 zusammen mit der »Stabswache zum persönlichen Schutz« Hitlers in der SS (»Schutzstaffel«) aufging. Die schwarz uniformierte SS unterstand bis 1934 der braun uniformierten SA. Sie wurde ab 1929 von Heinrich Himmler geführt. (Vgl. Anmerkung 3 zu Dokument Nr. 374.)

[2] Anspielung auf die Umsturz-Pläne Hitlers.

[3] Reinhard Scheer (1863–1928), deutscher Admiral und letzter Chef des Admiralstabes und der neugebildeten Seekriegsleitung im Großen Hauptquartier des Kaisers bis 1918/19.

[4] Deutsche Arbeiter-Partei. (Vgl. Anmerkung 6 zu Dokument-Nr. 285.)

Nr. 316

Der folgende Brief zeigt, daß führende Repräsentanten der NSDAP schon 1923 gewisse Kontakte zu dem amerikanischen Großindustriellen Henry Ford und der von diesem geführten antisemitischen Bewegung in den USA hatten.

Handschriftlicher Brief Rudolf Heß
an Ilse Pröhl, München

Reicholdsgrün, 19. 09. 1923

[...] Betreff Ford-Flugblatt für die Arbeiter: Ich schrieb an Ford, ich schlüge vor, unter den [deutschen] Arbeitern einen Auszug seines Buches[1] zu verbreiten mit einem Vorwort über sein Werk, Löhne usw. – [...]

---

zu Nr. 316

[1] Die im »Dearborn Independent« 1920–1922 von Henry Ford veröffentlichten Artikel gegen die Juden wurden in vier Bänden unter dem Titel »The International Jew« herausgebracht. Die deutsche Ausgabe lautete »Der ewige Jude«.

Nr. 317

Einen Tag vor einer Serie von Massenveranstaltungen, die Hitler zur Mobilisierung der Bevölkerung am 27. 09. 1923 in München abhalten wollte, verhängte die bayerische Regierung unter Ministerpräsident Eugen von Knilling den Ausnahmezustand über das Land. Sie ernannte Ex-Ministerpräsident von Kahr zum Generalstaatskommissar mit diktatorischen Vollmachten. Kahr verfolgte freilich eigene, gegen das republikanische Berlin gerichtete Absichten, die sich zum Teil sogar mit den Putschplänen Hitlers und mit den politischen Ordnungsvorstellungen der Reichswehr deckten, die aber zum Teil auch – vor allem was den Zeitpunkt des Losschlagens anging – von ihnen abwichen. Drei Tage, nachdem die Reichsregierung den passiven Widerstand gegen die Ruhrbesetzung aufgegeben und sich wieder unter den Willen der Alliierten gebeugt hatte, schien Hitler der Zeitpunkt für den »Marsch nach Berlin« gekommen zu sein, wie ihn der italienische Faschistenführer Benito Mussolini drei Wochen später nach Rom durchführte. Doch machte ihm die Verhängung des Ausnahmezustandes zunächst einen Strich durch seine Rechnung.

Handschriftlicher Brief Rudolf Heß
an Ilse Pröhl, München

Reicholdsgrün, 01. 10. 1923

[...] Vielleicht baut auch das Schicksal dem Tribunen[1] nochmals unübersteigbare Mauern entgegen. Ich war eigentlich gar nicht böse, als ich den Gegenzug der Regierung i[n] Form der Schachfigur Kahr[2] las, weil ich das instinktive Gefühl hab', daß der richtige Augenblick noch immer nicht da [ist]. – Vor dem 1. Mai wär' ich ja dem Tribunen auch am liebsten in den Arm gefallen[3] und bedauerte hinterher, daß ich es nicht wenigstens durch ein paar Fragen versuchte, ihn nachdenklich zu stimmen. – Diesmal hatt' ich aber keine positive Sünde anzuführen, ich habe nur ein »Gefühl«. Im Gegenteil, der Umfall der Reichsregierung in der Ruhrfrage ist vielleicht der psychologisch günstigste Augenblick, und ich sage mir, schließlich ist des Tribunen Schicksal wohl festliegend, seines u. das seiner Taten. Und wenn ihm der Erfolg bestimmt ist, so wird er trotz eines »zu früh« an Mißerfolgen entlang sich schließlich doch zum richtigen Augenblick hintasten. [. . .]

---

zu Nr. 317

1 Bezeichnung von Karl Haushofer für Adolf Hitler.

2 Am 26. 09. 1923 wurde Gustav Ritter von Kahr von der bayerischen Regierung als Generalstaatskommissar und Inhaber der vollziehenden Gewalt eingesetzt. Der bestehende Ausnahmezustand dauerte fort.

3 Offenbar war Rudolf Heß gegen den Versuch Hitlers gewesen, es am 1.-Mai-Feiertag 1923 auf eine Kraftprobe mit der Linken ankommen zu lassen.

Nr. 318

Handschriftliches Epigramm Rudolf Heß

[ohne Ort], 04. 10. 1923

Donnernd zum Himmel hinan jaget im brausenden Flug sieghaft begehrend der Mensch. Schweigend schwebt er darauf, heimwärts zur irdischen Mutter, sacht sie berührend – begrüßend.

R. H.

Nr. 319

Während Rudolf Heß in Reicholdsgrün seinen Studien nachging, spitzte sich der Konflikt zwischen Bayern und dem Reich immer mehr zu. Der Kommandeur der 7., in Bayern stationierten Reichswehrdivision, General Otto von Lossow, weigerte sich, das Verbot des »Völkischen Beobachters« auszuführen, das die Reichsregierung gegen das NS-Parteiorgan verhängt hatte. Lossow ließ sich statt dessen von Kahr »in die Pflicht neh-

men«, der sich dabei wiederum auf das Notstandsrecht berief. In Wirklichkeit aber war das Verhalten Lossows und Kahrs ein Akt der Rebellion gegen das Reich. Kahr ging sogar so weit, den von der Reichsregierung am 19. 10. 1923 abgesetzten General als Landeskommandeur der bayerischen Reichswehr wiedereinzusetzen. Kahr forderte die Umbildung der Reichsregierung und berief den überall im Reich steckbrieflich gesuchten Freikorpsführer Hermann Ehrhardt nach München, um den Marsch nach Berlin vorzubereiten. Lossow gab die Parole »Einmarsch nach Berlin und Errichtung der nationalen Diktatur« aus – ein Ziel, das sich mit Hitlers Zielen deckte. Die militärische Aufmarschplanung der Rebellen sah den 15.11. 1923 als ersten Kampftag vor.

Handschriftlicher Brief Rudolf Heß an Ilse Pröhl, München

Reicholdsgrün, 10. 10. 1923

[...] Für Näheres über die Stimmung in München bin ich immer dankbar, besonders solang' der [Völkische] Beob[achter] verboten [ist]. Kahr wuchs wohl mit der ihm übertragenen Rolle u. handhabt sie etwas anders als die beabsichtigt [haben], die ihn beriefen. Auch weiß er wohl, daß der Tribun doch bald an seiner Stelle sitzt, wenn er nicht wenigstens einen Teil dessen durchführt, das der andere den Massen als Erfordernisse eingehämmert [hat]. Am Tribunen u. seinem Blatt ist es, Kahr auf dieser Bahn immer weiter zu treiben. Uns kann's m. E. nur recht sein. Die Verantwortung trägt ein anderer u. die bay[erische] Volkspartei [1] samt den übrigen, die in ihrer Angst Kahr holten. Außerdem kann die Bauernschaft nicht aufgehetzt werden, wie es sicher der Fall [wäre], wenn der Tribun, der »Ausländer« [2], persönlich vor den Kulissen stände. – Ob ich noch vor Semesterbeginn geholt werde? – Mädele, die Zeit fliegt hin; bei den Aufregungen schon gar! vvv [...]

---

zu Nr. 319

[1] 1918 als volksnaher, konservativer und bayerisch-nationaler Ableger des Zentrums gegründete Partei, die 1920 die Arbeitsgemeinschaft mit dem Zentrum im Reichstag aufkündigte und immer weiter nach rechts abdriftete.

[2] Hitler besaß bis 1925 die österreichische Staatsbürgerschaft, war dann bis 1932 staatenlos und erhielt am 25. 02. 1932 mit der Ernennung zum Regierungsrat in Braunschweig die deutsche Staatsangehörigkeit. (Vgl. Kommentar zu Dokument-Nr. 411)

Nr. 320

Handschriftlicher Brief Rudolf Heß
an Ilse Pröhl, München

Nürnberg, 14. 10. 1923

[. . .] Wo der Muck jetzt schreibt, ahnt sie auch nicht: im Hauptbahnhof zu Nürnberg. Der Tribun rief, und alle, alle kamen, d. h. die Führer, Ortsgruppenvertreter [der NSDAP] usw., und er hat uns dann seinen Standpunkt dargelegt in einer seiner ganz großen, aus dem Innersten kommenden Reden. Neues hat er mir zwar nicht gesagt; ich hatte ihn schon verstanden – aber *wie* er es sagte, das war eben ganz er, mit seiner scharfen, prachtvollen Klarheit, seiner strengen Logik, seinem hinreißenden Idealismus. Wenn er sich hinter den Mann mit seinen Halbheiten[1] stellte – viele Kämpfe der letzten Zeit, die Aufregungen alle blieben ihm erspart, mit offenen Armen hätte man ihn aufgenommen, wenn er »die zwei Treppen hochgegangen wäre« – wenn er sich hinter den Mann stellte, der den deutschen Freiheitskampf beginnt mit dem Herausholen von zwei Maschinen [unleserliches Wort] a[us] d[er] Münchener Post statt mit einer Proklamation ans deutsche Volk (wie er sie uns entgegenschleuderte) – dann würde er sich selbst untreu [werden]. Es könne sein, daß »Oberland« ihm die Treue bräche, daß die Partei ihm die Treue bräche, ja selbst die S.A.[2] [ihm] die Treue bräche, daß er bald Straßenkehrer [sei], aber jedem könne er dann noch frei in die Augen sehen, denn er selbst breche sich die Treue nicht! Kann Sie sich denken, wie die Menge seiner Unterführer raste! Er hatte Stellen in seiner Rede, da den vielen guten Köpfen helle Tränen in den Augen standen [. . .]
[. . .] Alles ist reif. Aber ich warne überall vor Illusionen: Vorerst könne »der Mann« [Hitler] bestenfalls erreichen, daß es nicht noch schlimmer wird; Besserung kann sich vielleicht erst in Jahren zeigen. [. . .]
Wenn Sie von Gundolf[3] z. B. schreibt, dann kommt in mir auch für einen Augenblick das Schwanken wieder durch – und es packt mich auch sonst öfter an, als ich Ihr's eingestehe. Aber ich mach' es dann ähnlich wie der Tribun, der sich, wenn sein Haß nachläßt, hinsetzt u. die Heeresberichte aus der Zeit unserer sieghaften Größe durchliest, die Geschichtsabschnitte liest aus der Zeit kultureller Größe des Volkes, und dann hält er sich plötzlich das Heute vor Augen mit der ganzen kriechenden Wehrlosigkeit, mit allem Schmutz des Kinos u. der Nacht u. macht sich klar, daß eben doch

diese [jüdische] Rasse bewußt auf diesen Zustand hingearbeitet hat. – [. . .] [Hervorhebg. i. Orig.]

---

zu Nr. 320

[1] Gemeint ist Kahr, der sich im Herbst 1923 weder klar für noch klar gegen einen Staatsstreich von Bayern aus gegen das Reich entscheiden konnte. (Vgl. Kommentar zu Dokument-Nr. 322)

[2] S.A. = Sturmabteilung. (Vgl. Anm. 1 zu Dokument-Nr. 309)

[3] Gemeint ist wahrscheinlich der Schriftsteller Friedrich Gundelfinger, genannt »Gundolf« (1880–1931), der dem national-schwärmerischen Kreis um Stefan George angehörte.

Nr. 321

Handschriftlicher Brief Rudolf Heß
an Ilse Pröhl, München

Reicholdsgrün, 24. 10. 1923

Kleines Mädelein, ob man mich wirklich ganz in die eine oder andere »Reihe« rechnen soll – jetzt ganz abgesehen davon, daß erst mit der Zeit noch der Beweis erbracht werden muß, daß ich weit über den Durchschnitt mich hinentwickle – weiß Sie, ich bin, glaub' ich, in allem eine eigentümliche Mischung, woraus auch die Spannungen entstehen, die mir zeitweise das Leben so schwer machen. Heute Bedürfnis nach Ausgeglichenheit, stiller Arbeit im Zurückgezogensein, nichts hören wollen von Politik u. Kriegsgeschrei, Sehnen nach einer Umgebung mit Kultur bis in die Fingerspitzen, nach Mozart, nach Klavier u. Flöte, und morgen Marsch durch Sturm u. spritzende Pfützen, Hineinstürzen in den Trubel, Volksrednerei, wilde Debatten, beinah' Verachtung dessen, was mir gestern noch lieb u. heilig – heute überweich, morgen rauh, borstig, polternd. – Ich kenn' mich nicht aus mit mir. Sind's moderne Kulturnerven in ihren Extremen, ist's etwas Ungehobenes, das vorerst vergeblich nach einem Ausweg sucht, ich weiß es nicht. Was klagt ich's Ihr auch! Sie hat genug mit sich selbst zu raufen – in mancher Beziehung sind wir uns ja so ähnlich, nur zu ähnlich –. [. . .]

Nr. 322

Anfang November 1923 wurde deutlich, daß nicht nur Hitler und Lossow auf einen Staatsstreich hinarbeiteten, sondern daß sich auch Reichswehr-

Chef General Hans von Seeckt mit Umsturzplänen trug. Die Frage war eigentlich nur noch, wer wann wo als erster gegen die Weimarer Republik losschlagen würde. Am 08. 11. 1923 – knapp fünf Jahre nach dem schmählichen Waffenstillstand von Compiègne – entschloß sich Hitler, die Zögernden durch einen Coup zu überrumpeln und damit die nationale Revolution einzuleiten. Gleichzeitig wollte er damit die politische Führung des Umsturzes an sich reißen. Dadurch aber, daß er Kahr und Lossow praktisch zum Mitziehen erpreßte, überforderte sich Hitler. Es gelang ihm in den entscheidenden Stunden der »nationalen Revolution« nicht, gemeinsam mit Ex-General Ludendorff die militärischen Operationen gegen das Reich zu organisieren und Kahr und Lossow politisch bei der Stange zu halten. Vielmehr entzogen sich die beiden in der Nacht vom 08. auf den 09. 11. 1923 der Führung Hitlers. Die bayerischen Reichswehrgenerale weigerten sich außerdem, den nationalsozialistischen Revolutionären Waffen und Soldaten zur Verfügung zu stellen. Der Putsch sackte noch vor Morgengrauen in sich zusammen. Die Reichsregierung reagierte u. a. mit dem Verbot der NSDAP. Als Hitler und Ludendorff am 09. 11. 1923, mittags, in München an der Spitze eines Demonstrationszuges zur Feldherrenhalle marschierten, kam es zu einem Schußwechsel mit einer Polizeieinheit, in dessen Verlauf es Tote und Verwundete gab. Hitler floh verletzt, verbarg sich zwei Tage lang bei einem Freund und wurde dann verhaftet.

Handschriftlicher Brief Rudolf Heß
an Klara und Fritz Heß, Reicholdsgrün

[ohne Ort], 08. 11. 1923
1. Fortsetzung: 16. 11. 1923
2. Fortsetzung: 04. 12. 1923

[. . .] Der Tribun hatte mir eine Mitteilung gemacht, am 8. [11. 23], morgens, 9 Uhr, nachdem er mich telefonisch hatte rufen lassen. Kurz und klar sagte er, es sei abends meine Aufgabe, während des Festes im Bürgerbräukeller[1] – anschließend an seinen Staatsstreich – das gesamte Ministerium[2] zu verhaften. Jedenfalls ein ehrenvoller u. wichtiger Auftrag! Das Haus, in dem die hohen Herrschaften untergebracht u. bewacht werden sollten durch mich, würde mir noch bezeichnet. Ich versprach mit Handschlag unbedingtes Schweigen, u. wir schieden bis zum Abend. – Wegen des Hauses[3] war ich noch bei einem anderen Herrn – auf den wartend ich die ersten Zeilen dieses Briefes schrieb. Vom Oberkommandierenden[4] nahm ich dann noch den genauen Befehl für den Abend entgegen.
[Um] 6 Uhr kam ich in der alten Uniform, mit untergeschnallter

Pistole unter dem Mantel zur Leitung. Dort versammelten sich verschiedene Führer. Zum Schluß kam Hitler. Im Auto fuhr ich dann zum Bürgerbräukeller, wo Kahr in Anwesenheit des gesamten Ministeriums eine Rede hielt, im Rahmen einer vaterländischen Feier. Die Schutzleute wollten mich nicht hineinlassen, wegen Überfüllung des Saales. Zufällig kam General Ä[chter], Führer von »Oberland«, in großer Uniform an. Er war völlig nichtsahnend; es wußten nur einige ganz wenige von der Sache (die Truppenteile des Kampfbundes[6] waren zu »militärischen Übungen zusammengerufen«). General Ä. schloß ich mich als eine Art Adjutant an, ihm Platz machend – und ich war drin. Befehlsgemäß suchte ich nun ein Nebenzimmer aus, in dem ich einige Leute von uns unterbrachte. Bald kam auch Hitler, in Begleitung von H[au]pt[man]n Göring und anderen. Ich bekam den Auftrag, mich an seiner Seite zu halten. Etwas nervös ging H[itler] während des ersten Teils der Rede K[ahr]s am Saaleingang auf und ab. – Plötzlich ein kleiner Tumult am äußeren Eingang von der Straße her, die Schutzleute wurden beiseite gedrängt – herein stürmten Leute von uns im Stahlhelm, die [Hakenkreuz-]Binde am Arm, Maschinengewehr-Pistolen in der Hand. Die verdutzte Versammlung wich entsetzt auseinander, durch die Gasse drängte sich Hitler zum Rednerpult, links von ihm ich, rechts Oberl[eu]t[nant] [unleserlich], alle Pistolen in der Hand. K[ahr] machte ein Gesicht wie ein Kind, das man unschuldig geschlagen hat. Hitler sprang auf einen Stuhl, wir Begleiter folgten, wir verlangten Ruhe, sie trat nicht ein, Hitler gab einen Schuß in die Luft ab – das wirkte. H[itler] verkündete: »Soeben ist die nationale Revolution in München ausgebrochen; die ganze Stadt wird im gleichen Augenblick von unseren Truppen besetzt. Der Saal selbst ist mit 600 Mann umstellt.« Das bay[erische] Ministerium sei abgesetzt. Er bäte Herrn v. K[ahr], Exz[ellenz] v. Lossow[7] u. Oberst Seisser[8], mit hinaus zu kommen, zwecks einer kurzen Unterredung zur Bildung einer neuen nationalen Reichsregierung. Die Herren entschlossen sich wohl oder übel mitzugehen in das vorher bereitgehaltene Zimmer. H[itler] legte ihnen seine Absichten klar, und bat dann, die Herren mögen sich miteinander besprechen. Inzwischen würde General L[udendorff] im Auto geholt werden[9], dem die Führung der neu zu bildenden, nationalen Armee angetragen werden solle. – Sehr wohl war den Herren sichtlich nicht zu Mute; mit einer Entscheidung wollten sie warten, bis L[udendorff] eingetroffen [sei].
Ich ging dann in den Saal zurück, um das bay[erische] Ministerium

zu verhaften. Rief die Herren namentlich auf: Exz[ellenz] v. Knilling[10], Schweyer[11] usw. einschließlich Polizeipräsidenten Mantel[12] u. d. Leiter der polit[ischen] Abteilung, Bärenreuter[13]. Später kam noch Graf Soden[14] hinzu, Kabinettschef des Königs. Ich bat die Herren, sich hinauszubegeben. Sie kamen in das geheizte Wohnzimmer des Wirts in vorläufigen Gewahrsam mit meinen Posten davor.

Leider war ich bei den weiteren Verhandlungen nicht anwesend, nachdem L[udendorff] eingetroffen, eben infolge meiner Verhaftungstätigkeit. Das öffentliche Treugelöbnis[15] vor der Versammlung im großen Saal zwischen Hitler, L[udendorff] Kahr, Lossow, Seisser (Lossow = Kriegsministerium, Seisser = Reichspolizeiminister) kennt Ihr ja aus der Zeitung.

Meine Minister fuhr ich dann in verschiedenen Autos mit Bedekkung in die Wohnung des mir bekannten Verlagsbuchhändlers Lehmann (Alldeutschen-Führer). Die Herren kamen in Einzelzimmer. Leider kamen dann im Laufe des Vormittags die Nachrichten vom Umfall Kahrs (es war ein Umfall, kein Theater von Anfang an). Ich beschloß, wenigstens Schweyer u. Wutzelhofer[16] im Auto den Bergen zu zu fahren, um sie möglichst noch einige Zeit auf einer Skihütte festzuhalten. In Tölz stellte sich heraus, daß bei dem Schnee u. bei der Dunkelheit in der Nacht (9.–10.) die Hütte nicht mehr zu erreichen ist. Ich ließ das Auto mit Bedeckung zurück, um mit dem Inhaber einer abgelegenen Villa zwecks Unterbringung für die Nacht zu verhandeln. Die Verhandlungen zogen sich in die Länge. Als ich zurückkam, war das Auto aus einem mir bis jetzt unbekannten Grund fortgefahren. Die Minister sind dann in München eingetroffen. –

Vielleicht war es die beste Lösung. Durch das weitere Festhalten der Minister wäre auch nichts mehr zu retten gewesen. Ich blieb eine Zeitlang in den Bergen, von Oberlands-Leuten sehr nett aufgenommen, und halte mich auch jetzt noch im Untergrund. –

Ob Kahr recht hatte bzw. ob die treibende Kraft v. Lossow recht hatte, in Anbetracht der seiner Ansicht nach mangelnden militär[ischen] Vorbereitung, Fehlen an Kohlen usw., das Unternehmen zum Scheitern zu bringen – das kann wohl erst die fernere Geschichte entscheiden. Wenn sie auf ihrem etwas vorsichtigeren Wege dasselbe Ziel eines Tages erreichen, mögen sie recht haben. Aber viel Zeit dürfen sie sich nicht lassen. Sonst wird sie eines Tages das Volk doch hinwegfegen zugunsten Hitlers, trotz allem und allen. Die Stimmung unter der Arbeiterschaft hier ist mit

einem Schlag durch sein entschlossenes Handeln auf Hitlers Seite. [...] Verloren ist also noch gar nichts. Die Sache kann sich im Gegenteil ganz zu Hitlers Gunsten auswirken. Z. Zt. sitzt er in der Festung Landsberg[17] (wo auch Arco[18] ist). Die Behandlung soll gut sein. Nur ist er seelisch sehr darnieder. Aber das wird er auch überwinden; er hat Elastizität genug.
Hoffen wir auf den endlichen Sieg; trotz Tod u. Teufel! [...]

---

zu Nr. 322

[1] Das »Fest im Bürgerbräukeller« war eine politische Massenveranstaltung, die Generalstaatskommissar Gustav von Kahr aus Anlaß des fünften Jahrestages des Waffenstillstandes von 1918 in der Münchner Bierschwemme angesetzt hatte.

[2] Gemeint ist die bayerische Regierung unter Ministerpräsident Eugen Ritter von Knilling, soweit sie auf der Veranstaltung im Bürgerbräukeller vertreten war.

[3] Rudolf Heß sollte die Minister in der Villa des Münchner Verlegers Julius F. Lehmann, einer führenden Persönlichkeit der rechtsextremistischen Szene, festhalten.

[4] Hermann Göring, der in der Putschnacht die SA-Einheiten befehligte. (Vgl. Anm. 2 zu Dokument-Nr. 309)

[5] General a. D. Adolf Aechter, militärischer Führer des »Bundes Oberland«. (Vgl. Anm. 2 zu Dokument-Nr. 310)

[6] Gemeint ist der »Deutsche Kampfbund«, d. h. im wesentlichen der Zusammenschluß der Freikorps »Reichskriegsflagge« und des »Bundes Oberland«.

[7] Otto von Lossow (1868–1938), Generalleutnant, Kommandeur der 7. Reichswehrdivision und Landeskommandant von Bayern.

[8] Hans von Seisser (1874–1973), Oberst, Chef der divisionsstarken Bayerischen Landespolizei, der sich im Laufe der Nacht mit Kahr und Lossow gegen Hitler stellte.

[9] Erich Ludendorff (1865–1938), General a. D., 1916 bis 1918 Generalquartiermeister der Obersten Heeresleitung, wohnte in der Nähe Münchens.

[10] Eugen Ritter von Knilling (1865–1927), Ministerpräsident von Bayern 1922 bis 1924.

[11] Franz Schweyer (1868–1935), bayerischer Innenminister von 1921 bis 1924.

[12] Karl Mantel, Polizeipräsident von München.

[13] Gemeint ist vermutlich Otto Bernreuther, politischer Berater des Polizeipräsidenten.

[14] Josef Graf Soden war vor 1918 der Kabinettschef des letzten bayerischen Königs Ludwig III. gewesen.

[15] Nachdem sich Hitler und Ludendorff mit Kahr, Lossow, Seisser und dem ebenfalls anwesenden Ex-Polizeichef von München, Ernst Pöhner (1870–1925) in einem Nebenzimmer des Bürgerbräukellers auf die Durchführung der nationalen Revolution geeinigt hatten – eine Einigung, von der Kahr, Lossow und Seisser im Laufe der folgenden Nacht wieder abrückten – bekräftigten sie ihren Schein-Konsens, indem sie in den Saal zurückkehrten und sich vor der Versammlung demonstrativ die Hände reichten.

[16] Johann Wutzelhofer (1871–1939), bayerischer Minister für Landwirtschaft von 1919 bis 1923.

[17] Dort saß Adolf Hitler bis zu Beginn seines Prozesses in Untersuchungshaft. (Vgl. Kommentar zu Dokument-Nr. 326)

[18] Vgl. Anm. 1 zu Dokument-Nr. 261.

Nr. 323

Handschriftlicher Brief Rudolf Heß
an Ilse Pröhl, München

[ohne Ort], 28. 11. 1923

[. . .] Eben ein Schauspiel ganz unerhörter Art! Seit Tagen sind wir in dichtestem Nebel eingekapselt. Jetzt plötzlich teilen sich die Schleier, blauer Himmel, die sonnenbestrahlte Bergkette bricht in blendender Klarheit durch. – Ich muß hinaus! *Oh, bräche auch für uns u. unser Volk die Sonne plötzlich so durch, einem Wunder gleich!* [. . .] [Hervorhebg. i. Orig.]

Nr. 324

Handschriftlicher Brief Rudolf Heß
an Ilse Pröhl, München

[ohne Ort], 29. 11. 1923

[. . .] Über die Astrologie werden für mich die nächsten Wochen entscheiden. Wenn dieser fabelhafte Aspekt sich nicht irgendwie gleich einem Wunder auswirkt, dann wird sie für mich auch zu einer Art Pest. Der Aspekt ist geradezu fürstlich, gehäufte Ehren usw. vvv Der Höhepunkt soll schon im nächsten Monat sein. Also, wie gesagt, diesen Fall werde ich als Prüfstein nehmen. [. . .]

Nr. 325

Nach dem fehlgeschlagenen Putschversuch war Rudolf Heß nach Österreich entwichen, wo er sich bei Freunden versteckte. Hin und wieder scheint er aber von dort aus in das Reichsgebiet eingereist zu sein.

Handschriftlicher Brief Rudolf Heß
an Klara Heß, Reicholdsgrün

[ohne Ort], Januar 1924

[. . .] Aus sehr verschiedenen Lagen Deines Sohnes bekommst Du mit der Zeit der Jahre Geburtstagsgrüße! vvv Wer Dir das an meiner Wiege gesungen hätte! vvv Schon allein, daß viermal der Gruß mitten aus dem Kriege käme! Und nun bin ich ähnlich dran wie mancher, der in den Märztagen [1813] einst für Schwarz-Rot-Gold sich einsetzte.[1] Nun, alles sind Übergangsstadien und alles ist Entwicklung. Entwicklung, zum Teil vorwärtsgetrieben durch uns, die wir dabei selbst uns weiterentwickeln. Entwicklung, ohne daß wir dabei selbst genau sagen können, wohin sie führt. Was ist all' unser Wollen – wird der Erfolg nicht doch letzten Endes irgendwie eingezwängt in ein vorausbestimmtes Schicksal, ist all' unser Tun – so oder so – nicht doch nur Mittel zum Zweck für dieses Schicksal? Wer weiß es, und wer will's ergründen?

Man hilft halt rudern auf dem Schicksalsstrom und hofft, daß es doch zu [et]was nutze [ist], daß man innerhalb der Ufer und der Bewegung dieses Stromes »wirkt«, »schafft«, statt daß man die Ruder sinken und den Kahn treiben läßt. Treiben lassen, ohne Ruderschlag, heißt aber steuerlos sich preisgeben. Die Gewißheit haben wir aber, wir, die man sucht, wir hieben ein in den Strom im Rhythmus des Führers.

Was freilich das Fließen des Stromes selbst anbetrifft – wir vermögen schneller auf ihm talab zu fahren, wir können uns gegenstemmen eine Zeitlang – was Richtung und endliches Ziel anbelangt, sind wir wohl machtlos. Doch Ahnungen über die Richtung, über Glück und Unglück, hat man vielleicht – und mir ist eigentlich nicht bange um meine Zukunft; wenn sich auch mancher am meiner Stelle mit Grund die Haare raufen würde, in meinen Jahren noch immer ohne wohlbestallten Ruf, ohne Haus, Kind und Kegel zu sein. vvv [. . .]

Sehr freu' ich mich, Euch viell[eicht] auf der Durchreise zu sehen. Z. Zt. arbeite ich fleißig an der Arbeit über »Die Verstaatlichung d[es] Kredits«.[2] [. . .]

---

zu Nr. 325

[1] Anspielung auf die preußische Erhebung gegen Napoleon im März 1813, die unter den Farben Schwarz-Rot-Gold stattfand. Diese Farben leiteten sich ab von den Lützowschen Jägern, einem preußischen Freikorps, das schwarze Uniformen mit roten Vorstößen und goldenen Knöpfen trug. Wegen der schwarzen Uniformen, die im Grunde nur umgefärbte Zivilröcke waren, auch »Schwarze Schar« genannt.

[2] Eine der Grundsatzfragen der nationalsozialistischen Wirtschaftspolitik, mit der sich Rudolf Heß damals offenbar beschäftigte.

Nr. 326

Am 24. 02. 1924 begann in München vor einem sogenannten »Volksgericht« der Prozeß gegen Hitler und neun seiner Mitverschwörer wegen Hochverrats und anderer Delikte. Hitler nutzte das zum Teil öffentliche

Verfahren zu einer eindrucksvollen Selbstdarstellung, ohne daß ihn die Richter, die politisch größtenteils rechts standen, zur Ordnung riefen.

Handschriftlicher Brief Rudolf Heß
an Ilse Pröhl, München

[ohne Ort], 28. 02. 1924

[. . .] Jetzt dauert's nur noch 48 Stunden, bis Sie wieder mit ihrem grünen Mützchen auftaucht im Gewühl, etwa an der gleichen Stelle, da Sie mir entschwand nach der »großen Emotion«. [. . .] Im übrigen wird Sie wie mich der Prozeß beschäftigen. Glaub' schon, daß das Ganze dem Tribunen nützt – jetzt hat sogar mal die »Neueste« [Münchner Nachrichten][1] eine Rede von ihm im Wortlaut abdrucken müssen u. andere Blätter, einschl[ießlich] solcher im Ausland, werden sich auch recht intensiv mit ihm beschäftigen. Daß der Eindruck seiner Rede groß ist, ist sicher – wenn auch etwas Wasser in den Wein geschüttet werden wird, wenn Kahr u. Lossow das Wort ergreifen. Aber in sehr Vielem können sie ihn nicht abschwächen. – Der Kernpunkt für mich sind des Tribunen Worte an Lossow, daß man, wenn man den Brand habe, eine Operation vornehmen müsse, auch wenn nur ½% Wahrscheinlichkeit für das Gelingen (also 99½% für das Mißlingen) vorhanden [ist]. [. . .]

zu Nr. 326
[1] Größte Münchner Tageszeitung.

Nr. 327

Am 27. 03. 1924, dem vorletzten Tag des Prozesses, hielt Hitler anstelle seines »letzten Wortes« eine flammende Rede, mit der er seine Ankläger und alle diejenigen, die sich seinem Putschversuch verweigert hatten, vor dem »Gericht der Geschichte« ins Unrecht zu setzen versuchte.

Handschriftlicher Brief Rudolf Heß
an Klara und Fritz Heß,
Reicholdsgrün

[ohne Ort], 02. 04. 1924

[. . .] Es tat mir sehr leid, als ich hörte, daß Ihr die Zeitung mit den Prozeßberichten nicht zugeschickt bekamt. Inzwischen hat sie Erna[1] aber doch abgeschickt u. Hitlers Schlußrede geht anbei mit.

Sie ist wohl eine der besten, gewaltigsten Reden, die er je gehalten hat. Sie wirkt schon gedruckt stark – wie muß sie erst, von Hitler mit seinem ganzen Temperament gesprochen, packen! Selbst die im Verhandlungsraum anwesend Gewesenen, z. T. für Hitler nicht freundlich eingestellten Zuhörer, sollen tief erschüttert gewesen sein. Die Tochter eines höheren Offiziers kam kreidebleich nach Hause u. konnte kaum reden vor Erregung. – Auch Ludendorffs Worte sind prachtvoll, sende Euch anbei das neueste und beste Bild von ihm mit. – Nach der Verhandlung wurden ihm vor dem Gebäude Blumen zugeworfen. Er fing einige auf u. teilte sie mit Hitler. – Gegen die 6 Monate, die Hitler absitzen muß vorerst, habe ich gar nichts einzuwenden. Er hat in der Zeit die Möglichkeit, sich in Ruhe weiter zu vertiefen u. fortzubilden. vvv [. . .]

---

zu Nr. 327

[1] Vermutlich Erna Hanfstaengl, Schwester des Deutsch-Amerikaners Ernst Hanfstaengel, genannt »Putzi« (1887–1976), »Auslandspresseberater« Hitlers während des Putschversuchs.

Nr. 328

Parallel zur juristischen Aufarbeitung des nationalsozialistischen Umsturzversuches, der die Weimarer Republik bis in die Grundfesten erschüttert hatte, versuchten die Alliierten unter Führung der USA auf einer Konferenz in London, das von einer Hyperinflation geschüttelte Reich finanziell zu stabilisieren. Ein internationaler Sachverständigenrat unter Leitung des amerikanischen Finanzexperten C. G. Dawes, veröffentlichte am 09. 04. 1924 einen Plan, der eine neue wirtschafts- und finanzpolitische Basis für die deutschen Reparationszahlungen schaffen sollte, ohne die Höhe der Reparationen selbst zu reduzieren oder die Zahlungsdauer festzulegen. Im Gegenzug sicherte Frankreich die Räumung des Rhein-Ruhr-Gebietes binnen Jahresfrist zu. Deutschland erhielt außerdem eine internationale Anleihe in Höhe 800 Millionen Goldmark. Praktisch wurde es jetzt unter das Kuratel der internationalen Banken gestellt.

Maschinenschriftliche Ausarbeitung
von Rudolf Heß

[ohne Ort], 09. 04. 1924

Von vielen Seiten – auch von solchen, die Hitler sonst freundlich gegenüberstanden – ist seine Tat vom November als »übereilt«,

»außenpolitisch unmöglich« und noch schärfer abgelehnt worden. Das Urteil würde wesentlich anders ausfallen, wenn den Betreffenden bekannt wäre, was in den nicht veröffentlichten Sitzungen [des Gerichts] dargelegt wurde und leider der Öffentlichkeit vorenthalten werden muß. Nach dem, was Hitler mir in dieser Richtung mitteilte, sind die auch bei mir vorhanden gewesenen Zweifel völlig geschwunden. Im folgenden seien wenigstens einige Andeutungen gemacht.

Daß endlich gehandelt werden müsse – darüber war man sich an verschiedenen führenden Stellen des Reiches seit längerer Zeit klar, und zwar auf illegalem Wege gehandelt werden müsse (siehe die Aussage von General Seeckt im Class-Prozeß über seine eigenen Pläne)[1]. Nachdem einige Male schon ein Losschlagen in Aussicht gestellt worden war, ohne daß es dann tatsächlich erfolgte, gewann Hitler den bestimmten Eindruck, daß immer wieder vor dem letzten Schritt zurückgescheut würde und dieser unterbleiben würde, wenn er nicht selbst handelte. Er bewies, daß er nicht nur der beste Volksredner Deutschlands, sondern – was oft genug angezweifelt wurde – auch einer der ganz wenigen zur letzten entschlossenen Tat fähigen Menschen ist. Grundlage für sein weiteres Vorgehen war, daß die Träger der Gewalt in Bayern entweder entsprechend ihrer bisherigen Haltung mittaten oder aber daran gehindert würden, sich in den Weg zu stellen. Demgemäß war das Vorgehen am 8ten [November]. (Wenn dieselben vorzeitig ihre Handlungsfreiheit wiedererlangten, so geschah dies gegen die strikte Weisung Hitlers gegenüber zwei Führenden der neuen Regierung, die in Hitlers Abwesenheit gegen diese Weisung die Betreffenden allein fortfahren ließen.)

Über die Kräfte, die an vielen Stellen des Reiches sich auf die ersten Nachrichten hin zur Unterstützung bereitmachten bzw. sich schon in Marsch setzten, ebenso wie über die Haltung auswärtiger Reichswehrführer soll hier nichts Näheres ausgeführt werden, da auch die Presse aus sehr verschiedenen Motiven hierüber schrieb. Es ist jedoch anzunehmen, daß der »Marsch auf Berlin« beendet worden wäre, noch bevor die Truppen des Südens in Berlin hätten eintreffen können.

Außenpolitisch: Über vorhergegangene Verhandlungen und Angebote von außen muß geschwiegen werden. Tatsache ist, daß Lord Curzon[2] an Kahr ein Glückwunschtelegramm sandte, bevor der Umfall bekannt wurde, daß die italienische Presse des Jubels voll war, und Mussolinis[3] Vertreter Kahr in München gratulierte, daß

Beneš[4] erklärte, die Tschechoslowakei werde sich nicht einmischen (Gefahr für den Nationalitätenstaat!). Tatsache ist, daß das Gericht nach Hitlers Darlegungen unter Ausschluß der Öffentlichkeit darauf verzichtete, Sachverständige aus dem Ministerium des Äußeren zu berufen, da es zu der Überzeugung kam, daß diese die Ausführungen Hitlers nicht widerlegen könnten. Im weiteren Verlauf des Prozesses ist infolgedessen von Seiten des Gerichts nicht mehr die Rede gewesen von »außenpolitischen Unmöglichkeiten«.[5]

In wirtschaftlicher Hinsicht konnte ich als fachlich Gebildeter zu meiner Überraschung feststellen, daß Hitler viel eingehendere Kenntnisse besitzt, als ich für möglich hielt, daß er an utopische Versuche nicht denkt, sondern auf völlig realen Grundlagen fußt.* Stark beschäftigt hat er sich vor allem mit historischen Sanierungen. Mit der Gewährung einer Anleihe seitens eines fremden Staates war nach Herbeiführung vertrauenswürdiger Zustände in Deutschland zu rechnen.** – Hitlers Gedanken richten sich vor allem auf bessere Produktionsmethoden, auf erhöhter Erzeugung. Hier [ver-]weist er vor allem auf Ford, der für wenige hundert Dollar ein ausgezeichnetes Auto liefert, so daß die breite Masse in der Lage ist, sich Kraftwagen zu erwerben***. Dabei läßt Ford nur 6 Stunden [täglich] arbeiten bei der höchsten Lohnzahlung des Landes, wodurch die anstrengende Produktionsmethode zumindest ausgeglichen wird. – Hitler ist der Überzeugung, daß sich nach derselben Art eine große Zahl anderer Erzeugnisse herstellen lassen, selbst Steinhäuser.

Wäre Hitlers wirtschaftliche Einstellung nicht einwandfrei, würde ein bekannter, vielfach führender Oberfinanzrat, der Hitler sowohl als Persönlichkeit kennt, wie er dessen Gedankengänge genau kennt, bestimmt nicht heute noch ständig für ihn eintreten unter Verteidigung seiner Tat vom 8. November, unter Übermittlung zustimmender Grüße.

Wie bitter notwendig eine nationale Diktatur in Deutschland wäre, beweist die heute drohende Annahme des »Sachverständigen-Gutachtens«, welches über Versailles hinausgeht und neben unerträglichen Eisenbahntarifen mit ihren allgemeinen Preisfolgen zu einer ungeheuren weiteren Steuerbelastung der Wirtschaft führen wird. Der dadurch zunehmende Kreditbedarf kann nur durch die internationale Monopol-Kreditbank in Berlin befriedigt werden, was in sich schnell steigende Massenüberfremdung und Überführung der nationalen Produktionsmittel in die Hände der

internationalen Hochfinanz bedeutet, d. h. Sklavenarbeit an der Grenze des Existenzminimums. Die fraglose Unerfüllbarkeit wird im übrigen bald zu neuen »Sanktionen« führen, die mit Annahme der »Sachverständigen-Vorschläge« als gerechtfertigt anerkannt werden.
In Voraussicht des Kommenden hat Hitler gehandelt – *mußte* er handeln! [. . .]
Über Hitlers Fähigkeiten im allgemeinen kann man sich wiederum nur im persönlichen Umgang ein völliges Urteil bilden. [. . .] Klar, einfach und dabei außerordentlich geistreich in allen seinen Äußerungen, erhält man bald den Eindruck, es mit einer ganz bedeutenden Persönlichkeit zu tun zu haben. Auf ihn selbst läßt sich anwenden, was er von einer Gestalt der Geschichte sagte: Das so Seltene trifft bei dem Manne zusammen: das Geniale und das Heldische, die Fähigkeit zur Tat.
Bei aller persönlichen großen Bescheidenheit im Umgang [mit anderen] besitzt er einen gewaltigen Glauben an sich selbst. Er hat recht behalten, da er einst seinen Kameraden im Felde erzählte, er würde der beste Volksredner Deutschlands werden, obwohl er damals das Gefühl hatte, beim ersten Auftreten in der Öffentlichkeit vor Schüchternheit kein Wort herausbringen zu können. Er *wird* recht behalten, wenn er heute die felsenfeste Überzeugung hat, daß er auf die Dauer doch nicht aufzuhalten ist, daß er eines Tages trotz allem in Berlin dort stehen wird, wo er stehen will und muß. [Hervorhebgn. i. Orig.]

* [Fußnote Rudolf Heß:] Feder war nicht etwa als Finanzminister vorgesehen, sondern er sollte nur für den ersten Augenblick einige Maßnahmen treffen u. besonders Kapitalflucht jüdischer Kreise verhindern.
** [Fußnote Rudolf Heß:] Auf Grund realer Tatsachen.
*** [Fußnote Rudolf Heß:] *Tages*produktion 6–8000 Wagen (!)

---

zu Nr. 328
1 Gemeint ist wahrscheinlich ein Straf-Verfahren gegen den Alldeutschen-Führer Heinrich Claß, der 1924 – nach Konspirationen mit dem Chef der Heeresleitung, General Hans von Seeckt, im September 1923 über die Errichtung einer Rechts-Diktatur, die mit einer Absage Seeckts endeten – beschuldigt wurde, er habe einen süddeutschen Fanatiker zu einem Mord an dem General anstiften wollen.
2 George Nathaniel Curzon, Erster Marquess Curzon of Kedlestone (1859–1925), konservativer englischer Politiker, Vizekönig von Indien (1888–1905), 1916 bis 1918 Mitglied des britischen Kriegskabinetts, 1919 bis 1924 britischer Außenminister.
3 Benito Mussolini (1883–1945), Begründer und Führer der italienischen Faschisten. Mit seinem »Marsch auf Rom« am 28. 10. 1922 riß er die Regierungsgewalt an sich. Obwohl Mussolini 1924/25 diktatorische Vollmachten erhielt, ließ er die Monarchie Italiens formell bestehen.

[4] Eduard Beneš (1884–1948), tschechoslowakischer Außenminister 1918 bis 1935, 1921 bis 1922 zugleich Ministerpräsident.

[5] Mit den Zusicherungen von Beneš und den Glückwünschen Curzons waren starke Indizien dafür vorhanden, daß die benachbarten Mächte Frankreich und die Tschechoslowakei militärisch nicht eingegriffen hätten, wenn die »nationale Revolution« 1923 gelungen wäre.

Nr. 329

Das Urteil gegen Hitler und die meisten seiner Mitverschwörer fiel am 01. 04. 1924. Es lautete auf fünf Jahre Festungshaft und 200 Goldmark Geldstrafe. Bei guter Führung konnte der Freiheitsentzug nach sechs Monaten auf Bewährung ausgesetzt werden. Die verurteilten Nationalsozialisten wurden auf die Festung Landsberg am Lech gebracht, wo sie – nur 60 km von der bayerischen Hauptstadt entfernt, also für ihre Freunde gut erreichbar – einen privilegierten Strafvollzug genossen. Die Öffentlichkeit wertete dies alles als einen Sieg Hitlers, der jetzt zu den populärsten politischen Figuren Deutschlands zählte.

Handschriftliche Postkarte Rudolf Heß
u. Ilse Pröhl an Klara und
Fritz Heß, Reicholdsgrün

[ohne Ort], 18. 04. 1924

[. . .] Von einer Osterskitour – also nochmals mitten in den Winter vvv – Grüße u. viel gute Wünsche, vor allem im Hinblick auf Vaters Ägypten-Reise! [1] – Ich genieße den Sport, besonders nachdem man nicht wissen kann, ob ich nicht eine Zeitlang auf ihn verzichten muß. Eigentlich kann man's ja wissen; denn schlimmer als dem »Meister« [2] kann es mir ja wohl nicht ergehen. vvv Vor Mitte Mai (Aufhebung der Volksgerichte!) muß meine Sache erledigt sein. Freu' mich auf mein »Auftreten«, und bin froh, wenn hinterher wieder etwas Ruh' in mein Dasein kommt. [. . .]

---

zu Nr. 329

[1] Im Frühjahr 1924 reiste Fritz Heß nach Alexandrien/Ägypten, um nach einer zehnjährigen, durch den Ersten Weltkrieg herbeigeführten Zwangspause sein Handelsgeschäft zu reaktivieren.

[2] Gemeint ist Hitler.

Nr. 330

Zehn Tage nach der Verurteilung Hitlers stellte sich Rudolf Heß den bayerischen Behörden. Er kam ebenfalls vor das Volksgericht und wurde nach wenigen Verhandlungstagen auch zu Festungshaft in Landsberg verurteilt.

Handschriftlicher Brief Rudolf Heß
an Klara Heß, Reicholdsgrün

München, 11. 05. 1924

[. . .] Von hier nicht viel Neues. Ich gedenke, mich nun doch nächster Tage zu stellen, damit es Klarheit gibt. Die scheinen mich nicht gerade sehr zu verfolgen; aber es schwebt immer das Schwert des Damokles über mir, und wenn ich nicht hingehe, holen sie mich später mal in einem Augenblick, der mir noch viel weniger paßt als heute. So kann ich doch immer, wenn ich wirklich eine Zeitlang nach L[an]d[s]b[er]g komme – in Ruhe studieren, in interessanter Gesellschaft. Verpflegung soll gut sein, gemeinsames Wohnzimmer, Einzelschlafzimmer, Garten, schöne Aussicht, also! vvv [. . .[

Nr. 331

Handschriftlicher Brief Rudolf Heß
an Ilse Pröhl, München

München, 12. 05. 1924

[. . .] Der G[eneral] Haushofer war natürlich mit meiner Rede [vor Gericht] nicht völlig einverstanden. Ich konnt' es mir denken, besonders wohl – zumindest im Unterbewußtsein – beeinflußt durch meine Worte über den Tribunen und über L[udendorff].* vvv Nur handelte es sich bei der Rede gar nicht um mich, sondern ich wollte nur vor der Öffentlichkeit einiges feststellen, wie z. B. daß der Tribun durchaus kein Utopia wirtschaftlich durchführen wollte. Aber die alten Herren wollten heim od[er] zum Bier u. wurden nervös. vvv In einigen Punkten konnte ich aber doch noch sagen, was ich wollte. [. . .]

* [Fußnote von Rudolf Heß:] die er, glaub' ich, haßt.

Nr. 332

Nach der Festsetzung Hitlers, dem Verbot der NSDAP und dem »Dawes-Plan« schien sich die Weimarer Republik innen- und außenpolitisch, aber auch in wirtschaftlicher Hinsicht zu konsolidieren. Dieser Eindruck bestand jedoch nur vordergründig. Reichskanzler Gustav Stresemann war über den Hitler-Putsch gestürzt, weil er es nicht gewagt hatte, gegen Bayern mit Gewalt vorzugehen. Schon bei den Reichstagswahlen am

04. 05. 1924 wurden die extremistischen Links- und Rechtsparteien stärker als die parlamentarische Mitte. Zwar konnte Stresemann, der in den nächsten fünf Jahren Außenminister des Reiches blieb, seine Verständigungspolitik gegenüber dem Westen einleiten. Aber über allem schwebten drohend der antirepublikanische Grundkonsens einer Mehrheit in Deutschland und die wirtschaftlichen Gefahren, die sich für die Weltwirtschaft aus dem ungesunden Kreislauf von Reparationen, Kriegsschulden und Krediten ergaben.

Handschriftlicher Brief Rudolf Heß
an Klara Heß, Reicholdsgrün

Festung Landsberg, 16. 05. 1924

[...] So bin ich denn glücklich hier gelandet u. kann täglich zusammen sein mit dem prachtvollen Menschen, mit Hitler, den Du ja ebenso hochhältst wie ich. Ich sagte Dir schon mal, daß ich bestimmt nicht bös' wäre, wenn es dazu käme. Ich hätte mich ja auch viel früher schon gestellt, wenn ich nicht die Preisarbeit [über die Verstaatlichung des Kredits][1] hätte beenden wollen u. nicht Vaters Abreise nach Alexandrien[2] in Aussicht gestanden wäre. So aber stellte ich mich ein paar Tage vor Auflösung des Volksgerichts – meinen diesbezüglichen Brief über Tante Grete[3] bekamst Du wohl – saß nur zwei Tage in Untersuchungshaft u. wurde in der letzten Sitzung des Volksgerichts zu 1 Jahr, 6 Monate Festungshaft verurteilt, wovon aber nur 3 Monate »abzusitzen« sind – Rest Bewährungsfrist.
Außer Hitler sind noch drei andere Altbekannte hier: Oberstl[eutnan]t Kriebel[4], Dr. Weber[5], Maurice[6], weiter noch zwei Mann der Sturmabt[ei]l[ung], mit denen ich früher noch nicht zusammengekommen war. An Besuchen fehlt es nicht. Eben waren Major Siry[7] und Pernet[8] da. Ludendorff[9] selbst kommt auch öfters, heut' mittag tranken wir gerade einen von ihm gestifteten Wein.
Überhaupt brauchst Du Dir in keiner Weise Sorge um mich zu machen, weder um mein körperliches noch sonstiges Wohlergehen. Die Behandlung ist tadellos, ganz dem Begriff »ehrenhaft« entsprechend.[10] Ich sitze z. Zt. in meinem Schlafzimmer am Schreibtisch, durch die großen Fenster dringt freundliche Stille. Alles ist blitzblank gesäubert worden – wie täglich –, während ich heut' morgen mit Hitler zwischen den blühenden Obststräuchern des Gartens wandelte und später turnte u. sportelte, wozu sich zu meiner großen Freude auch Hitler entschlossen hat. Er sieht überhaupt glänzend aus bei der guten Ernährung und bei der Unmöglichkeit, bis tief in die Nächte hinein von Besprechung zu Bespre-

chung zu hetzen, in ewiger Unruhe. Ich hatte nicht nur scherzhaft früher verschiedentlich zu ihm gesagt, ich würde ihm eine zeitweilige Festsetzung von Herzen gönnen.
Freilich, draußen fehlt er – fehlt seine einigende Persönlichkeit, seine Autorität, der sich die kleinen Kläffer beugen. Vorläufig beißt man sich um nichtige Dinge lustig gegenseitig in die Beine, macht Dummheiten über Dummheiten, vergißt in blinder Wut, wo der wirkliche Feind steht. Läßt Hitler eine richtunggebende Erklärung bzw. läßt er sie durch einen der Besucher verbreiten, eine Erklärung, die beweist, daß er sich seinen gesunden Menschenverstand bewahrt hat, so hängt »seine« Presse einige abschwächende dumme Sätze hinten dran. Nun, er übergießt auch diese sog. »Hitler-Presse« mit beißendem Spott. Es ist ein Jammer, daß er immer wieder mit diesen Blättern und Blättchen gleichgestellt wird. – Also Hitler ist wohl u. munter und durchaus nicht irgendwie »niedergebrochen« – im Gegenteil. Und Zeit, sich weiter zu vertiefen, hat er auch. Im übrigen staune ich immer wieder, welch' ein Wissen und welche Kenntnisse er auch auf Gebieten, die nicht zu seinen eigentlichen gehören, besitzt. Ob er nun über Straßenbau, über das Auto als zukünftiges Beförderungsmittel auch des kleinen Mannes in die Natur – wie in Amerika – über Kriegsschiffarmierung – mit anschließender positiver und negativer schlagender Kritik an Tirpitz[11] spricht, überall merkt man, daß er sich eingehend mit den Dingen beschäftigt hat. – Eben höre ich aus dem gemeinsamen Wohn- und Eßzimmer seine Stimme. Er scheint mitten im Auffrischen von Kriegserlebnissen zu sein, er ahmt Granaten und Maschinengewehre nach, springt wild im ganzen Zimmer herum, fortgerissen von seiner Phantasie. – Gestern abend nach dem Essen, als wir noch lange beim Tee in dem gemütlichen Korbsessel- u. Topfblumeneck saßen – bei von Verehrern geschickten Kuchen usw., die nie ausgehen – erzählte er in seiner packenden lebendigen Art von seiner Reise nach Zürich – seiner ersten größeren Reise – mit der Fahrt über den Bodensee. Er war dort auch bei der Familie, die ich seinerzeit besuchte, u. die er scheinbar auch im Sturm gewonnen hat. Für seine nächste Reise hat er mich als Begleiter eingeladen. vvv Bei der Zürich-Reise wollte er übrigens ganz unauffällig hinüberkommen.[12] Als er in Lindau in den Bahnhof einfuhr, standen – weißgekleidete Jungfrauen da, mit Raditschingtira setzte eine Musikkapelle ein, das Hakenkreuzlied erklang, Fahnen wehten, der unvermeidliche Professor mit dem großen Vollbart begrüßte den »verehrten Führer« in »Lindaus

Mauern« – kurz, es war fürchterlich. – vvv Der Unglücksrabe Dr. G.,[13] der vorausgefahren war, hatte einem Bekannten unter dem Siegel unbedingter Verschwiegenheit einen an H[itler] abzugebenden Brief hinterlassen. Eine Illustration, *wie* der Deutsche schweigen kann! – der Durchschnittsdeutsche wenigstens! vvv
Du möchtest Dir aber wohl noch ein genaueres Bild meiner Umgebung machen können. Da will ich Dir einen Grundriß unserer Wohnung aufzeichnen[14], nachdem Du vorerst doch nicht selbst herkommst, sie zu besichtigen. – Der Garten zieht sich noch weiter hin. Für unsere Benutzung steht ein anderer Teil zur Verfügung. Die Festung sind mehrere zusammenhängende große Baulichkeiten, modern u. geschmackvoll, ganz von Gärten umgeben, teils sind es Gemüsegärten. Die Bewachungsposten sitzen bei uns, diskret unseren Augen verdeckt, im Türmchen. vvv Herrlich ist die Einrichtung des immer uns zur Verfügung stehenden heißen Bades im modernen, nur für uns bestimmten Badezimmer. – In den Garten kann man 6 Stunden [täglich]. – Bücher hab' ich genug mit, die ich in Ruhe durchzuarbeiten gedenke. [. . .] [Hervorhebg. i. Orig.]

---

zu Nr. 332

[1] Vgl. Anm. 2 zu Dokument-Nr. 325.

[2] Vgl. Anm. 1 zu Dokument-Nr. 329.

[3] Grete Münch, Tante von Rudolf Heß.

[4] Hermann Kriebel (1876–1941), Oberstleutnant a. D. und ehemaliger Offizier im Bayerischen Generalstab. Militärischer Führer des »Deutschen Kampfbundes«, eine der Schlüsselfiguren des Hitler-Putsches.

[5] Dr. Friedrich Weber (1892–1954), politischer Führer des »Bundes Oberland«, ebenfalls einer der Hauptverschwörer des Jahres 1923.

[6] Emil Maurice (1897–1979), gelernter Uhrmacher, Mitglied eines Stoßtrupps während des Putschversuchs, nach seiner Haftentlassung Hitlers Chauffeur.

[7] Alexander Siry, Major a. D., einer von Hitlers Kollaborateuren in der Putschnacht.

[8] Heinz Pernet, Leutnant a. D., Ludendorffs Schwiegersohn, maßgeblich an Planung und Ausführung des Putschversuchs beteiligt.

[9] Als ehemaliger deutscher Kriegsheld wurde General a. D. Erich Ludendorff im Hitler-Prozeß 1924 freigesprochen.

[10] Die Festungshaft von Hitler, Heß und den anderen Mitverschwörern galt im Gegensatz zum Freiheitsentzug für gewöhnliche Kriminelle als »ehrenhaft«, weil sie wegen eines politischen Deliktes (Hochverrat) erfolgte.

[11] Vgl. Anm. 3 zu Dokument-Nr. 169.

[12] Hitler reiste im Sommer 1923 in die Schweiz, wo er – u. a. durch die Vermittlung von Rudolf Heß, der in Zürich Verwandte hatte – bei Geschäftsleuten zur Vorbereitung seines Putsches namhafte Franken-Beträge lockermachte. Vgl. Willi Gautschi, Der Hitler-Besuch in Zürich 1923. Sonderdruck aus der NZZ v. 29. 12. 78.

[13] Gemeint ist Dr. Gansser, Hitlers persönlicher Referent bis 1924.

[14] Dem Brief beigefügt ist eine Handskizze von Rudolf Heß, die den Grundriß seiner Zelle zeigt.

Nr. 333

Handschriftlicher Brief Rudolf Heß
an Ilse Pröhl, München

Festung Landsberg, 18. 05. 1924

[. . .] Mein luftiges u. helles Zimmer wartet nun noch auf ein paar Bilder, um ganz heimisch zu sein, und ich wäre sehr dankbar für das Mitbringen derselben aus der Römerstraße[1], einschließlich der Dürer[2], wenn es nicht zu viel Mühe macht oder die Gefahr für die Gläser zu groß ist. – Vorläufig hängt nur der Schwarzweiß-Nachdruck eines Kampf'schen Gemäldes da: »Rede Friedr[ichs] d[es] Gr[oßen] an seine Generale bei Koeben.«[3] Der Alte Fritz[4] hängt auch ein paarmal im Wohnzimmer im Korbmöbeleck, in dem wir vorhin eine uns gestiftete Bowle – eine wundervolle Maibowle – tranken. »Ritter, Tod u. Teufel« hängt in des Tribunen Zimmer. Wir wollten es ihm doch immer mal schenken!
Der Tribun sieht glänzend aus. Sein Gesicht ist nicht mehr so mager. Die erzwungene Ruh' tut ihm gut. Neben der reichlichen Kost der Festung kommen ständig Liebesgaben, von den sauersten Mixed-Pickles bis zu den süßesten Kuchen u. allen nur denkbaren Würsten u. Konserven dazwischen, so daß wir genügend Abwechslung haben. Er [Hitler] turnt (! vvv), badet, raucht nicht, trinkt außer etwas Bier kaum Alkohol: da *muß* er ja gesund sein bei dem Fortfall der sonstigen Hetze, bei ausgiebigem Schlaf, frischer Luft u. bei einem moralischen Zustand, der alles andere als niedergedrückt ist. Im Gegenteil! An Zukunftsplänen fehlt es ihm nicht. [Hervorhebg. i. Orig.]
Während ich heut' nachmittag schrieb – jetzt ist es Nacht – kam er plötzlich zu mir ins Zimmer und zeigte mir mit leichtem Stolz u. leichter Verlegenheit, beinah wie ein kleiner Bub, einige Entwürfe in flotter künstlerischer Federzeichnung von seiner Hand, über die er mir am Morgen, als wir nebeneinander 2½ Stunden zwischen blühenden Sträuchern in der Sonne wandelten, gesprochen hatte.
Von der Möglichkeit der Überbrückung von Weltraumentfernungen, einer Möglichkeit, die, gemessen an der Entwicklung der Menschheit gar nicht so weit fortzusein brauche – längst nicht so weit wie das Einbaum-Boot vom modernen Riesen-Schnelldampfer – über die Theorien zur Erklärung der Mondkrater kaum er zu den Sternwarten, u. wieviel weiter man auf diesem Gebiet sein könne, wenn der Staat annähernd soviel wie für Rüstungszwecke

für Kulturausgaben dieser Art hingäbe. Er sei gewiß kein Feind von höchstmöglichen Rüstungen. Aber wie traurig wäre es doch, wie wenig monumentale Bauten wir der Nachwelt aus unserer Zeit überlieferten, abgesehen von einigen Wolkenkratzer-Geschäftshäusern usw. Wir hätten vor allem nichts der Gesamtheit Gehörendes, Einendes, das unseren Domen entspräche. [. . .] Auch hier müsse einstmals Deutschland vorangehen. Der Kuppelbau wäre z. B. seit dem Pantheon u. Rom durchaus nicht dem Fortschritt der Zeit weiterentwickelt worden. Man müßte mit dem heutigen Material u. mit der heutigen Technik noch ganz andere Wirkungen erzielen können als der alte Petersdom. Er habe z. B. einen großen Nationalbau für große Nationalfeiern, für [die] Eröffnung des Reichstags usw. entworfen.[6] Wohl wäre der Riesenbau mit seiner über 100 m überspannenden Kuppel kostspielig. Aber das müßte auch nicht von heut' auf morgen werden, u. wenn die Mitwelt kein volles Verständnis zeige und die Spießer schimpften, die Nachwelt würde es verstehen; – der Mensch lebe nicht vom Brot allein u. die Nation auch nicht. – Und ich meinte, daß die Achtung, die wir anderen Staaten mit derartigen Leistungen abnötigen, sehr wohl auch politisch ihre Früchte trage und viell[eicht] sogar manchen Rüstungsakt einzuschränken ermögliche, wenn man schon den Zweckmäßigkeitsstandpunkt mit in Rechnung ziehen wolle. – Nun, dieser wirklich prachtvolle Entwurf, mit dem seitlich je ein Museum für den [Ersten] Weltkrieg zu Lande und für den See-, Luft- u. Kolonialkrieg verbunden ist, den brachte er mir nachmittags, zusammen mit Theater, National-, Bibliothek-, Universitäts-Entwürfen u. mit Feder- u. Pinselzeichnungen von Bühnenbildern zu [den Opern] Tristan, Lohengrin, Turandot, Julius Cäsar u. a. Nachdem ich nur Karikaturen wildester Art von ihm gesehen hatte, war ich sehr erstaunt, diese Seite zu finden. [. . .]
Anschließend sprach er mir vom Staatsaufbau, wie er ihn sich denke. Ein beratendes politisches u. ein wirtschaftliches Parlament, denen vom Senat – der zusammen mit dem Staatsoberhaupt Gesetze erläßt – die Aufgaben zur Durchberatung zugewiesen werden oder die ihrerseits an den Senat mit Vorschlägen herantreten. Die Mitglieder des Senats werden durch den Senat selbst zur Hinzuwahl vorgeschlagen u. von dem Staatsoberhaupt ernannt. Sie bleiben auf Lebenszeiten im Senat. Auf meinen Einwurf, daß dann ganz alte Grauköpfe das Schicksal des Landes mitbestimmten, meinte er, durch den jüngeren Nachwuchs würde ein Gegen-

gewicht geschaffen, und außerdem wäre die Stetigkeit, die das ruhig abwägende Alter gewährleiste, bei den Aufgaben des Senats in normalen Zeiten kein Nachteil – junge Brauseköpfe wären nicht immer gut! vvv Große Staatsmänner – große Baumeister!

19. 05. 1924

Der Tribun wollte mich eben zu einem Vormittagsspaziergang haben. Schlug es ihm aber aus, weil ich den Brief endlich forthaben möchte. Sonst stehe ich dem Tribunen natürlich stets zur Verfügung zu unterhaltsamen Spaziergängen, bei denen ich meinerseits alle meine Abers anbringe mit der Zeit. So äußerte ich meine Zweifel, ob bei der heutigen Lage noch die Möglichkeit bestände, uns vom Griff des internationalen Kapitals freizumachen. Er setzt seine Hoffnungen auf England, dessen nationale Politik doch noch die börsenmäßig eingestellte in den Hintergrund dränge. Nicht umsonst hätte Lord Curzon an Kahr ein Glückwunschtelegramm übermittelt, bevor der Umfall bekannt wurde. Und er erzählte mir von geheimen Angeboten Englands in Berlin, die er auch in den Verhandlungen unter Ausschluß der Öffentlichkeit zur Sprache brachte und die es allerdings begreiflich machen, im Zusammenhang mit dem allen, was er sonst noch gesagt hat, daß selbst der Staatsanwalt ein derartiges glänzendes Urteil über die Persönlichkeit des Tribunen fällte u. daß man gar nichts mehr hörte von »außenpolitischen Unmöglichkeiten«. [. . .]
Den Spengler[7] besorgen Sie um des Himmels Willen nicht; er ist wenigstens dreimal vorhanden. vvv Werde ihn lesen u. beurteilen. Der Tribun ist nicht sehr erbaut von ihm. – Er liest z. Zt. des Generals [Haushofer] Japan-Buch, wobei er interessanterweise mit dem Kapitel über den Hausbau in Japan begann. Zwischendurch verschlingt er auch das kleine Büchlein von Rosen mit der knappen, schlagenden Charakterisierung des Amerikaners. – »Seine« Presse überschüttet er ständig mit gesalzenem Spott wegen der manchmal gar so dummen Artikel u. besonders, weil sie politisch nicht die Linie halten, die er will. [. . .] Ich sehe mit großen Hoffnungen in die nähere u. fernere Zukunft, was diesen Mann anbetrifft. [. . .]

---

zu Nr. 333

1 Dort hatte Rudolf Heß zuletzt in München gewohnt.

2 Gemeint sind wohl die Bilder von Albrecht Dürer (1471–1528), einem der bedeutendsten Maler und Kunsttheoretiker aus der Zeit des großen Umbruchs von der Spätgotik zur Renaissance, die in der Wohnung von Rudolf Heß hingen.

[3] Arthur Kampf (1864–1950), deutscher Maler.
[4] Friedrich II., auch genannt »Friedrich der Große« (1712–1786), König von Preußen, der bei den Nationalsozialisten hoch im Ansehen stand.
[5] Kupferstich von Albrecht Dürer (1513).
[6] Diese Vorstellungen fanden nach der Machtergreifung in den Plänen von Hitlers Architekten Albert Speer zum Umbau der Reichshauptstadt in eine Weltmetropole ihren konkreten Niederschlag.
[7] Oswald Spengler (1880–1936), Geschichtsphilosoph und Verfasser von »Der Untergang des Abendlandes« (1918–1922), ein weit verbreitetes Geschichtswerk, das hier sicher von Rudolf Heß gemeint ist.

Nr. 334

Handschriftlicher Brief Rudolf Heß
an Ilse Pröhl, München

Festung Landsberg, 25. 05. 1924

[. . .] Ach, es hat mich halt gepackt, unentrinnbar! Nicht nur die duftenden Dolden waren's. Nein, das Wiedersehen nach nur einem Dutzend Tagen der Trennung und dies ganz ungewohnte Zusammensein, ohne Deine Hand fassen u. küssen zu können. – Das zeigte mir überwältigend wieder, wie unsere Sein ineinander verschlungen sind u. wie innerlich alles in mir revoltiert gegen diese erzwungene Trennung. Oh, kleines, liebes Mädele, daß ich ausgerechnet jetzt hinter Gittern sitzen muß! [. . .]

Nr. 335

Handschriftlicher Brief Rudolf Heß
an Ilse Pröhl, München

Festung Landsberg, 27. 05. 1924

[. . .] Der Tribun hat mir seine Gedanken über die Möglichkeit des Massenbaues von Einfamilienhäusern auf der Grundlage des Standes heutiger Technik eingehend dargelegt. Jedes Teil, alle Ziegelgrößen, alle Holzlängen für das Dach, jedes Fenster, jede Rohrlänge für das Badezimmer, alles müßte fabrikmäßig fix u. fertig hergestellt, in benötigter Reihenfolge an die Bauplätze gefahren und dort nur noch aufmontiert werden. Der Grund sei auszubaggern. Auf Lastkraftwagen montierte Paternoster-Aufzüge sorgen für schleunigste Beförderung der Materialien nach oben. In weni-

gen Tagen und Stunden stehen die Häuser fertig da zu einem Preis von etwa 1.600 M[ark], nach seinen Berechnungen, gegenüber 4.500 M[ark] heutigen Baupreises. Er meint ganz richtig, wir hätten im Baufach mittelalterliche Methoden beibehalten; würde man heute Maschinen nach den gleichen Prinzipien bauen – die einzelne Teile an Ort u. Stelle vor der Zusammenstellung zurechtschnitten u. -feilten usw. – die Maschinen würden das zehnfache des heutigen Preises kosten. – Wenn man einwürfe, es käme durch die Typisierung unkünstlerische Eintönigkeit in die Bauten, das Individuelle ginge verloren, so sei zu erwidern, daß man durch Farbengebung Abwechslung bringen könne, öffentliche Bauten würden weiterhin die Gleichmäßigkeit unterbrechen, Wohlhabendere könnten nach wie vor nach Belieben bauen. Man hätte letzten Endes nur die Wahl, Millionen weiterhin im Wohnungselend zu belassen oder mit Inkaufnahme eines gewissen gleichen Zuges, der noch immer nicht an die Mietskasernen heranreicht, ihnen gesunde freundliche Heime mit Bad usw. zu verschaffen, die sie in wenigen Jahren abzuzahlen in der Lage wären. – Er will aber nicht, daß man von seinen diesbezüglichen Plänen spricht, weil er nicht will, daß sich einige wenige Private darauf stürzen u. damit persönliche Gewinne erzielen.
Gestern sprach er mir von den Grundsätzen im Großen u. von den Konstruktionseinzelheiten, die bei dem Bau von Wolkenkratzern in Anwendung kämen. (Verankerung im Boden, Winddruckversteifungen, Feuerschutz usw.). Sein Ideal wäre es, seine Parteizentrale, die Zeitung usw. in solch' einem Gebäude unterzubringen. Dabei hätte er noch die Nebenfreude, die »Theutschvölkischen« in seiner Bewegung gehörig vor den Kopf zu stoßen [1]! vvv Wolkenkratzer u. Altgermanentum läßt sich nicht ganz vereinen! vvv
Ich schreibe das alles in Verfolg der längst gehegten Absicht, einige der Gedankengänge, Aussprüche usw. des Tribunen niederzuschreiben, für später zu bewahren, ganz gleich, was sein weiteres Schicksal sein wird. Daß übrigens seine Rolle noch lange nicht zu Ende ist, die Überzeugung wird täglich fester im persönlichem Umgang mit dem Sprudelkopf – abgesehen von gefühlsmäßigem Hoffen. – [. . .]

---

zu Nr. 335

[1] Die von Hitler immer wieder ins Lächerliche gezogene »deutschvölkische Bewegung« ging auf das 19. Jahrhundert zurück. Sie war Anfang der zwanziger Jahre

eine teils übertrieben deutschtümelnde, teils antisemitische und nationalistische Strömung im politisch-geistigen Umfeld der NSDAP. Nach dem Verbot der Hitler-Partei im Zusammenhang mit dem Putschversuch von 1923 bildete sich aus der »Altvölkischen Freiheitspartei« und politisch heimatlos gewordenen Nationalsozialisten die »Nationalsozialistische Freiheitspartei«, die zwar 1924 in den Reichstag einzog, die aber nach der Wiederzulassung der NSDAP zur Bedeutungslosigkeit herabsank. (Vgl. Anmerkung 1 zu Dokument-Nr. 339 und die Kommentare zu den Dokument-Nr. 352ff.)

Nr. 336

Handschriftlicher Brief Rudolf Heß
an Ilse Pröhl, München

Festung Landsberg, 02. 06. 1924

[...] Und was auch komme, ich habe die feste Überzeugung, die er selbst ja [auch] hat – der Tribun –, *felsenhaft* hat –, daß er doch nicht aufzuhalten ist u. zur rechten Zeit dort stehen wird, wo er stehen muß, gleichgültig ob vorher Hunderttausende seiner Schäflein blökend auseinanderlaufen. Er bedarf ihrer nicht! Er geht seinen Weg aufrecht und unabhängig vom Jubel u. vom Kriegsgeschrei! Im Herzen die brennende Liebe zu seinem Volk u. eine erhebliche Menge Verachtung für die Masse, aus der er äußerlich selbst heraufkommt u. der er innerlich doch nie angehörte wie jeder Große. Und im übrigen: Das Feuer, das er angefacht, erlischt doch nicht ganz, auch bei den Lauen [nicht] – es glimmt fort und lodert wieder auf, wenn er von neuem vor sie tritt. Zumindest werden sie nie als Werkzeug gegen ihn zu brauchen sein in ihrer Mehrheit – wenn unsere Abgeordneten sich noch so dumm aufführen! Die, in die das nationale Feuer einmal hineingegossen wurde, die sind für die Internationale verloren, und das ist die Hauptsache. Und der Kern der Besten bleibt ihm auch durch Jahre hindurch. Doch abgesehen davon, glaube ich nicht an die fünf Jahre, wenn auch der 1. Oktober noch nicht der Tag der Freiheit ist, ich glaube nicht an die fünf Jahre, weil's eben auch nicht »aller Tage Abend ist«. [...] [Hervorhebg. i. Orig.]

Nr. 337

Handschriftlicher Brief Rudolf Heß
an Ilse Pröhl, München

Festung Landsberg, 08. 06. 1924

[. . .] Längst schon wollte ich weiterschreiben, aber der Tribun hielt mich in 3½ stündigem Gespräch gefesselt, das freilich ziemlich einseitig von ihm geführt wurde, abgesehen von einigen Zwischenfragen u. Einwänden meinerseits. – Eines hat mir einen besonders starken Eindruck gemacht. Als er erzählte, daß sein Name seiner Schwester[1] viel Schwierigkeiten beim Fortkommen in dem verjudeten Wien bereitet, meinte ich, sie könne doch nach München übersiedeln, da wär's sicher leichter für sie. Doch er wehrte mit allen Zeichen des Entsetzens ab, wurde plötzlich nervös, rutschte auf dem Stuhl herum, fuhr sich durch die Haare: Um des Himmels Willen nicht! Das bedeutete bei seiner Liebe zu ihr nur eine Belastung, eine Hemmung für ihn. Sie könnte vor einer großen Entscheidung in ihn einzuwirken suchen, ihn beschwören. Aus dem gleichen Grunde heirate er nicht, vermeide er sogar stärkere Neigungen – er deutete das an – zu einem weiblichen Wesen. Er müsse jederzeit ohne den geringsten, menschlichen, persönlichen Gedanken sich allen Gefahren aussetzen u. wenn nötig, sterben können. [. . .]

---

zu Nr. 337

[1] Gemeint ist die jüngere Schwester Paula Hitler (1896–1960).

Nr. 338

Maschinenschriftlicher Brief Rudolf Heß
an Ilse Pröhl, München

Festung Landsberg, 11. 06. 1924

[. . .] Der Tribun, der doch trainiert ist in der Abwehr innerer Bindungen, war ganz geknickt, daß ich ihn am Montag nicht herausgerufen habe, um [der Besucherin Ilse Pröhl] Grüßgott zu sagen. Er hatte drinnen darauf gewartet. Ich finde aber, daß man dem armen Kerl seine »unbedingten Entschlüsse« nicht zu schwer machen soll. vvv Meint Sie nicht auch!? vvv Aber man kann ihm wohl nicht gut abschlagen, Ihr – wie er vorhat – einen einstündigen Vor-

trag über Gotik höchstpersönlich zu halten, wenn es sich gerade mit seiner Besuchszeit so einrichten läßt. Da wird Sie schon mal in den sauren Apfel beißen müssen! vvv Aber er hätte gern eines seiner Architekturwerke hier. Da habe ich gemeint, Sie würde das sicher mal ihm zu Gefallen in seiner Wohnung abholen. Ich habe ihn gebeten, er solle Ihr einen entsprechenden Ausweis schreiben, damit seine Wirtin es Ihr aus seinem Zimmer herausgibt. So kommt Sie zu ein paar Zeilen aus seiner Hand – hab' ich das nicht klug und weise gemacht?! vvv [. . .]
Was sagt Sie denn zu *unserm* Tribunen, zur Entdeckung dieses Tribunen! Das Gesicht vom General [Haushofer] möchte ich sehen bei Erhalt meines Briefes (einen Durchschlag lege ich Ihr bei). Bin neugierig, ob ich es noch erreiche, den General zu einem Tribunenanhänger, zumindest zur Anerkennung der Persönlichkeit als solcher zu bringen. [. . .] [Hervorhebg. i. Orig.]

Nr. 339

Anlage 1 zu Dokument 338:
Handschriftlicher Brief Rudolf Heß
an General Haushofer, München

Festung Landsberg,
11. 06. 1924

[. . .] Es begann damit, daß er [Hitler] bedauerte, es von hier aus nicht verhindert gemocht zu haben – trotz vieler Bemühungen –, daß L[udendorff] zur Wahl aufgestellt wurde.[1] Denn damit sei er [Ludendorff] [von seinem Sockel] heruntergestiegen. Er habe damit einen Parteistempel, er käme in den politischen od[er] besser parlamentarischen Kuhhandel. Sein Name verliere damit an suggestiver Kraft. Der Tribun habe ihn immer nur für die ganz großen Augenblicke haben wollen, als über den Parteien stehende Persönlichkeit, die der ganzen Nation gehört. Berliner Herren käme es aber nur darauf an, ihre eigene Unbedeutendheit durch den Mißbrauch des Mannes zu heben im öffentlichen Ansehen. L[udendorff] zu raten, sei aber eben sehr schwer. Die Berliner suggerierten ihm scheinbar, daß er ein großer Politiker sei. Wohl schon weil damit bestimmte Seiten in ihm angeschlagen werden, wie ich meinte; es wird da vielleicht eine menschliche Schwäche ausgenutzt. Der Tribun sagte, er selbst spiele eben auf dieser

Saite nicht, sondern erlaube sich doch, seiner Exz[ellenz] sehr ungeschminkt die Meinung zu sagen. Er halte ihn wohl für einen großen Soldaten, aber nicht für einen ebensolchen Politiker. Wie entsetzt sei er allein gewesen, als der andere plötzlich die uralte, festgefügte Organisation der katholischen Kirche angriff. Man könne auch nicht politisch nach mehreren Seiten kämpfen, und wenn man nicht vernichtend zuschlagen könne, dürfe man auch keine Nadelstiche versetzen. [. . .] Aus dem gleichen Grunde sei auch Bismarck für ihn kein Riese; er bewundere ihn auch durchaus nicht so, wie das sonst üblich wäre. Selbst auf dessen engstem Gebiet könne er ihm nicht immer zustimmen. Wie anders stehe daneben Friedrich der Große, nicht nur der Feldherr und Staatsmann, sondern gerade auch der [unleserlich] Geistes, der schönen Künste, da. Da hieß es: Das ist ein Mann! [. . .] Bei Dir habe er auch sofort die Künstlernatur herausgefühlt, die nun einmal bei jedem bedeutenden Menschen bis zu einem gewissen Grade vorhanden sein müsse. Deine ruhige und geistvolle Art zu sprechen habe großen Eindruck auf ihn gemacht. Er schätze Dich außerordentlich hoch. [. . .] Ich solle mir mal den alten Moltke[2] ansehen. Ja, den stelle er auch ganz oben an. Ich solle dessen Schriften und Briefe lesen. Mit was sich *der* alles beschäftigt habe! *Der* habe sich auch künstlerisch betätigt, der habe sich ans Klavier setzen können und spielen. Und er sei solch innerlich vornehmer Mensch gewesen, daß der sich auch nicht hätte halten, sich gegen seine Umgebung »durchboxen« können, wenn nicht Roon[3] und der alte Kaiser[4] da gewesen wären, [um] für ihn zu streiten. [. . .] [Hervorhebgn. i. Orig.] Du wirst nun vielleicht meinen, solch' schmeichelhafte Dinge schreibe man auch seinem besten Freund nicht. Aber einmal stammen sie nicht von mir, – und dann ist es schon etwas anderes! Weiter liegt mir aber auch sehr daran, daß Du Dein Bild vom Tribunen etwas revidierst. Und da scheint mir gerade sein Urteil über Persönlichkeiten der Vergangenheit und Gegenwart besonders geeignet zu sein. Es hat mich selbst sehr überrascht, wie mich überhaupt in letzter Zeit vieles aus seinem Munde überraschte, und ich habe erst hier den Mann wirklich kennengelernt. Dabei kann man doch sagen, ich sei schon bisher öfters und länger mit ihm zusammengewesen. Wie kann man da von anderen, die ihn nur aus seinen öffentlichen Reden oder durch eine flüchtige persönliche Bekanntschaft zu kennen glauben, eine richtige Einschätzung erwarten. – Gedacht hatte ich z. B. auch nicht, daß er erst nach schweren inneren Kämpfen zu seinem heutigen Standpunkt in der

Judenfrage sich durchgerungen hat. Immer kamen wieder Zweifel, ob er nicht doch unrecht tue. Und noch heute spreche er in einem kleinen Kreis von Gebildeten anders, als wie er vor der Masse sprechen müsse; vor dieser könne er nur den radikalsten Standpunkt vertreten. – [. . .]

---

zu Nr. 339

[1] Erich Ludendorff organisierte zusammen mit anderen die »Nationalsozialistische Freiheitspartei« als eine Art Dachverband aller völkischen Gruppen, die bei der Reichstagswahl von 1924 32 von 472 Sitzen erlangen konnte. Von diesen Mandaten entfiel eines auf Ludendorff selbst.

[2] Gemeint ist Helmuth Graf v. Moltke, vgl. Anm. 4 zu Dokument-Nr. 210.

[3] Albrecht Graf von Roon (1803–1879), preußischer Generalfeldmarschall und Kriegsminister seit 1859, preußischer Marineminister von 1861 bis 1871 und 1873 preußischer Ministerpräsident.

[4] Kaiser Wilhelm I. (1797–1888), König von Preußen und Deutscher Kaiser.

Nr. 340

Anlage 2 zu Dokument 338:
Handschriftliche Notiz Adolf Hitler

Festung Landsberg,
11. 06. 1924

Liebe Frau Reichert!
Bitte geben Sie Fräulein Pröhl meine 4-bändige Architekturgeschichte in den blauen Einbänden.
Viele herzliche Grüße auch an die Eltern, den Herrn Gemahl und Tonerl
Ihr
Adolf Hitler

Nr. 341

Handschriftlicher Brief Fritz Heß
an Rudolf Heß, Festung Landsberg

Alexandrien/Ägypten,
15. 06. 1924

[. . .] In der kommenden Woche dürfte ich meinen Geschäftsbetrieb eröffnen, nachdem ich mich am Markt hier und in Kairo so ziemlich umgehört und umgesehen habe. Die Geschäftslage ist ziemlich flau, insbesondere durch die Riesenvorräte aller nur

denklichen Gebrauchs- und Luxusartikel, die Legionen von Kommissionären und Vertretern (syrische und spanische Juden, Armenier, Griechen, auch Wiener Juden), zum großen Teil Erzgauner, haben das Land mit Waren überschwemmt u[nd] z[war] Waren, deren Gegenwert der arme Fabrikant (in seinem Vertrausensdusel hergegeben) in vielen Fällen niemals zu sehen kriegen wird. Unzählige Fabrikanten, die schon Haare lassen mußten, sind Deutsche, eben der dumme Michel. Früher hieß es: »Die Dummen hören nicht auf,« jetzt kann man getrost sagen: »Die Dummen werden immer mehr!« Viele Waren kann man, trotzdem sie deutscher Herkunft sind, hier weit billiger kaufen als in Deutschland. Hier habe ich Gelegenheit gehabt, von einer kleinen 3-jährigen Schweizer Firma, die liquidieren will, das ganze gemietete Bürolokal, nebst Büromöbel u. Angestellte, zu übernehmen, damit bin ich der Mühe und dem Zeitverlust enthoben, alles dies zusammensuchen zu müssen. Im Laufe dieser Woche stehen »Heß & Co« wieder da, und, Inschallah,[1] schlagen sie gut Wurzel, so daß sie mit der Zeit auch wieder zur Blüte kommen. Aber momentan, wie schon oben gesagt, kann es nur mit großer Mühe und sehr viel Geduld weitergehen infolge der gar nicht rosigen Marktlage.
[. . .] Über die Entschädigungsfrage[2] habe ich bis dato gar nichts mehr gehört, obgleich die maßgebenden Stellen von meiner Adressen-Änderung benachrichtigt sind. Hier ist man überall erstaunt, zu hören, daß das Deutsche Reich seinen Auslandsdeutschen für das enteignete Hab und Gut nur 1/2 % (für Möbel, Wäsche, Kleider sogar nur [unleserlich] %) vergütet statt allermindestens den Betrag, den England beim Verkauf hier [ein]gelöst und den das D[eutsche] Reich *in Goldwährung* gutgeschrieben hat. Es ist der ausgesprochene Raub, den die Berliner Reichsregierung an seinen eigenen Staatsangehörigen verübt – £ St[er]l[in]g 100.000.- in Häusern, Grundstücken, Waren, Wertpapieren, Mobiliar usw. habe ich besessen, und heute stehe ich nicht nur vor nichts, sondern sogar vor Schulden. [. . .] Mit allen Fasern meines Herzens habe ich stets zum Vaterland gehalten, Dich und Alfred und Grete habe ich auch dementsprechend erzogen – für die deutsche Industrie habe ich Jahrzehnte hindurch in Ägypten die Wege geebnet, und die Ausplünderung bis auf's Hemd ist der Dank, der mir vom Vaterland zuteil wird! [. . .] [Hervorhebg. i. Orig.]

---

zu Nr. 341
[1] Arabisch = »so Gott will«.

[2] Fritz Heß hatte mit Unterstützung seines Sohnes Rudolf bei der Reichsregierung in Berlin die ihm gesetzlich zustehende Entschädigung für sein im Ersten Weltkrieg von den Briten beschlagnahmtes Handelsgeschäft und die daraus entstandenen Verluste beantragt. (Vgl. auch Dokument-Nr. 368)

Nr. 342

Handschriftlicher Brief Rudolf Heß
an Ilse Pröhl, München

Festung Landsberg, 18. 06. 1924

[. . .] Gestern haben wir unter anderem ein altes Landsknechtslied nach einer schönen alten Melodie gesungen. Ich glaub', Sie hätt' auch Ihre Freud' dran, und so will ich's Ihr abschreiben.

Ein Landsknecht sei ich von Natur
und dächt' an Krieg und Wandern nur,
schlüg selbst mein Glück in Scherben.
Hätt' keinen Sinn für's Elternhaus,
drum würd' ich auch – man sieht's voraus –
verderben – – verderben!
Ihr lieben Leut', Ihr habt ja recht,
ich hab' gekämpft, geliebt, gezecht,
von mir ist nichts zu erben.
Ich schwur nie Treu' vor dem Altar,
und doch würd' für mein Lieb' fürwahr
ich sterben – ich sterben!!

Es biß manch' Stahl in meinen Leib
viel heißer als ein glühend' Weib
Tod, ich spürt' keine Reue!
Und wenn die Wunden kaum geheilt,
bin, Brüder, ich zu Euch geeilt
auf's Neue – – auf's Neue!!

Nun werd' ich älter Jahr um Jahr,
bin nicht mehr der, der einst ich war;
mein Wehrzeug rost' im Schranke.
Laß Gott im Kampfe fallen nicht,
glaub' mir, daß noch im Sterben ich
Dir danken – – Dir danken.

(Melodie: Die bange Nacht . . .)

Und hinterher bin ich in mein Kämmerlein und hab' lang' in die sommerliche grillenzirpende strahlende Mondnacht hinausgeschaut und meines Liebs gedacht. Gar keine Ruh' konnt' ich finden, mitten in der Nacht hat's mich an's Fenster getrieben, und manch' gemeinsame Fahrt, Wanderung, manch' schöne, schöne Stunde vom ersten Auftauchen im Gesichtskreis an zog mir durch den Sinn. »Ich schwur nie Treu vor dem Altar, und doch würd' für mein Lieb fürwahr ich sterben – – ich sterben!« – – – Wie lang dauert's noch, bis wir wieder Arm an Arm wandern – – wie lange?! [. . .]

[. . .]

[. . .] Ich schick' Ihr wieder ein Gespräch von ihm [Hitler] mit. Es ist ziemlich »authentisch«, [. . .] abgesehen von dem Interesse, das alles, was er sagt, für mich hat, tritt noch das eigentümliche Gefühl hinzu, an der Seite des Mannes zu gehen, von dem ich bestimmt weiß, daß er der »kommende Mann« in Deutschland ist, der »Diktator«, dessen Flagge doch über kurz oder lang auf den öffentlichen Gebäuden in Berlin wehen wird. Er selbst hat ja den Glauben, der Berge versetzt [. . .]. Bei einer wilden Debatte über die Frage der Astrologie, die ich angezettelt hatte, [. . .] erklärte der Tribun, er habe ja leider sich nicht beeinflussen lassen, aber die Tatsachen müsse er doch feststellen. Dieses seien: es wäre ihm von verschiedenen Seiten gesagt worden seinerzeit, wenn er in nächster Zeit handele, so würde seine Person dabei vorerst unter die Räder kommen, allerdings auf weitere Sicht würde sich das Ganze zum Guten auswirken.[1] Noch ein weiteres sei ihm gesagt worden, doch könne er darüber vorerst nicht reden. Er spreche noch lange nicht der Astrologie das Wort, aber in Anbetracht der Tatsachen könne er sie auch nicht ablehnen. [. . .]

---

zu Nr. 342

[1] Zum einen prophezeite die Astrologin Elsbeth Ebertin in ihrem Jahrbuch für 1923 Hitler das Scheitern seines bevorstehende Putsches. Zum anderen warnte ihn der Astrologe Wilhelm Wulff mit einem im Sommer 1923 erstellten Horoskop. Wulff avancierte zum astrologischen Berater der SS nach der Machtergreifung.

Anlage zu Dokument 342:
Handschriftliche Aufzeichnung Rudolf Heß
von einem Gespräch mit
Adolf Hitler

Festung Landsberg, 16. 06. 1924

[. . .] Er [Hitler] sprach von technischen Fortschritten im allgemeinen. [. . .] Man solle sich ein Beispiel an Amerika nehmen! Dort entwickele man die Technik bis zur letzten Vollkommenheit. Dabei habe man dort noch Ausdehnungsmöglichkeiten, noch Siedelungsflächen. Wieviel mehr müßten wir in unserem übervölkerten Deutschland auf Intensivierung aller Tätigkeiten hinwirken! Freilich, drüben habe man das Taylorsystem,[1] aber er stehe diesem durchaus nicht ablehnend gegenüber, wenn damit erreicht werde, daß – wie bei den Ford-Werken – infolge der ungeheuren Produktionsleistungen (8.000 Autos am Tag!) – die Arbeiter bei höchsten Löhnen entsprechend längere Erholungs- und Ruhezeiten haben und die Preise der Erzeugnisse auf einem Bruchteil des bisherigen Preises zu stehen kämen. Unsere Industrie wolle nun erhöhte Zölle gegen den Wettbewerb durch Ford. Er sei durchaus dagegen; unsere Industrie solle sich nur anstrengen und gleiche Leistungen vollbringen! – – Die Aufgabe der weißen Rasse in unserem Zeitalter sei es, die Technik zu immer höherer Vollkommenheit zu bringen. Die Alten hätten in der Kunst Höchstes geleistet, hier seien gewisse Grenzen gezogen. »Unser Gebiet ist die Technik. Sie läßt sich mit klassischen Formen verbinden – die Gotik bekam durch die Technik den Nackenschlag! Und welch' ästhetischer Genuß ist an sich ein modernes technisches Gebilde, an dem alles höchste Zweckmäßigkeit ist, ein Junkers-Flugzeug, eine Schreibmaschine, eine Hängebrücke bei Budapest, der Hörer eines Telefons! [. . .] Wie wenig hat unsere arme Frauenwelt noch teil am Fortschritt! Wie könnte man ihr alles erleichtern mit Hilfe der Technik! Aber die meisten glauben noch heute, die Frau sei nur dann eine tüchtige Hausfrau, wenn sie die ganze Zeit dreckig und von früh bis spät an der Arbeit sich abrackere. Und dann wundert man sich, wenn die Frau dem Manne geistig nicht genügt, wenn er keine Anregung und Erholung bei ihr finden kann! Selbst die Rasse wird ja dabei geschädigt; denn daß eine übermüdete Frau nicht so gesunde Kinder zeugt wie eine ausgeruhte, die gute Bücher lesen konnte usw., ist selbstverständlich. Hier sind unsere

»Theutschvölkischen«[2] die schlimmsten, ich glaube, die würden am liebsten zum Kienspan zurückkehren! [. . .]
Der ländlichen Bevölkerung sollte in den Schulen ein gewisses Maß von technischen Kenntnissen beigebracht werden – es sollte Interesse für Maschinen geweckt werden. – Jeder Bauernhof, der keine sonstige Kraft besitzt, müßte sich einen Windmotor mit Dynamo und Akkumulatorenbatterie aufstellen; – es gibt jetzt verhältnismäßig billige Windräder aus Duraluminium, die mit ihren 6 PS völlig ausreichen. Von der heutigen Wirtschaftslage, die derartige Kapitalanlagen kaum ermöglicht, sehe ich jetzt ab; bezahlt machen würde sich die Anlage mit der Zeit. Ich möchte mir ein Gut einrichten! Alle nur denkbare Technik würde da zusammenwirken, und ich würde wahrscheinlich den ganzen Tag grübeln, ob sich nicht doch noch irgendetwas vereinfachen ließe. Ein Mustergut einrichten und verwalten, das würde mir Freude machen. Ich kann mir überhaupt nur drei Berufe für mich denken! Offizier, Staatsmann oder Landwirt. – Man jammert, mit der Technik in der Landwirtschaft ginge die ganze Romantik des alten Bauernhofes verloren. Ich pfeife auf eine Romantik, die die Menschen hinter Butzenscheiben ins Dämmerlicht setzt, die Frauen unter der Härte der Arbeit in frühen Jahren altern läßt. Der Städter geht auf's Land, schwärmt die Romantik an und freut sich, wenn er abends wieder in seinem modernen, sauberen und zweckmäßigen Heim in der Stadt anlangt, so sehr ihm vielleicht für ein paar Tage die Abwechslung dieser Romantik gefallen haben mag!
Auf der anderen Seite bin ich natürlich durchaus nicht gegen die Erhaltung der Natur, aber dann muß es auch die ganz reine unbeleckte Natur sein. Man richte in den Bergen einen gewaltigen Naturschutzpark ein! Auch hier haben die Amerikaner das Richtige getroffen mit ihrem Yellowstone-Park, ganz oder gar nicht!« [. . .]

---

zu Nr. 343

[1] Frederick Winslow Taylor (1856–1915), amerikanischer Ingenieur und Betriebsorganisator. Begründer der wissenschaftlichen Betriebsführung. Taylor schuf die Grundlagen für Arbeits- und Zeitstudien und damit für plan- und wirkungsvolle Betriebsabläufe mit Rationalisierungseffekten, den sogenannten »Taylorismus«.

[2] Vgl. Anm. 1 zu Dokument-Nr. 335.

Nr. 344

Handschriftlicher Brief Rudolf Heß
an Ilse Pröhl, München

Festung Landsberg, 26. 06. 1924

[. . .] Aber im übrigen warten wir ab, ob man wirklich die Bewährungsfrist für die *gesamte* Zeit aufheben will. Denn daß sie vorläufig mal aufgehoben ist, kann ich Ihr leider nicht verhehlen. Gestern traf der Schrieb ein, der mit trockenen Worten so viel Hoffnungen, die Freude auf unsere sommerliche Bergfahrt, die Möglichkeit, sich in interessantester Tätigkeit beim General selbständig ins Leben zu stellen – alles mit einem Schlag zerstörte! Schicksal! Vielleicht hat's auch sein Gutes. Vielleicht soll der kleine weiche Muck innerlich gehärtet werden. [. . .]
So einen Brief von Ihr [zu] bekommen, der überströmt von Liebe zu Ihrem Muck, u. dann hinter Gittern sitzen zu müssen, getrennt von Ihr in Ihrer weiten warmen Sommerwelt – das ist doch das weit, weit Schwerste an der ganzen Festung! [. . .] [Hervorhebg. i. Orig.]

Nr. 345

Handschriftlicher Brief Rudolf Heß
an Ilse Pröhl, München

Festung Landsberg, 29. 06. 1924

[. . .] Als ich ihm [Hitler] heut' mittag den Tee brachte, führte er mir die Einbanddeckel-Proben für sein Buch [1] vor. Die Luxusausgabe in elfenbeinernem Pergament. Volksausgabe in Halbfranz; Wir hielten einige Farben für Rücken und Deckel aneinander. – Als ich gehen wollte, hieß er mich bleiben; ich solle das Umgeschriebene anhören: Politische Betrachtungen zum Weltkriegsbeginn, Zusammenballen der Gewitterwolken, bis der Blitz des gewaltigen Geschehens niederzuckt, und in den Donner mischt sich das Grollen der Batterien des Weltkriegs. Er erzählt seinen Eintritt ins bayer[ische] Heer, den Ausmarsch, Fahrt am Rhein entlang, der Zug mir den jungen Freiwilligen-Regiment kommt am Niederwald-Denkmal [2] vorbei, das durch zarte Nebel in der Sonne aufleuchtet, die Wacht am Rhein erklingt von den Lippen der Knaben. – Kurz darauf in Flandern pfeifen und singen die ersten Grüße des Todes ihnen entgegen. Regiment deutscher Jugend neben Regiment stürmt. Plötzlich klingt es von weit rechts erst leise, dann immer stärker herüber: »Deutschland, Deutschland über alles ...« Immer Neue nehmen es auf, das Lied, und geben es weiter, bis die ganze Front ein stürmendes Singen ist. Zwischen die Träger des Sangs aber peitschen die Garben, die Blüte Deutschlands niedermähend. Das Singen verstummt nicht. »Die jungen Regimenter verstanden vielleicht nicht so zu kämpfen wie die anderen, aber sie verstanden zu sterben.« Der Tribun hatte zuletzt immer langsamer, immer stockender gelesen, mit unbeweglichem Gesicht suchte er auf seinem, wie mir schien, unübersichtlichen Konzept, er machte immer längere Pausen, dann ließ er plötzlich das Blatt sinken, stützte seinen Kopf in seiner Hand und – schluchzte – –.

Daß es da auch mit meiner Fassung zu Ende war, brauch' ich Ihr das zu sagen!

Gleich darauf riß er sich zusammen und las tonlos weiter. Viel von dem, was drinnen stand, kam mir nicht zum Bewußtsein: Kriegspropaganda und ähnliches –. Er zeigte mir anschließend die Stichworte für den folgenden Absatz. Er kam gesprächsweise nochmals zurück auf etwas, das er im Vorlesen berührt hatte: Wie der Selbsterhaltungstrieb sich in ihm meldete, wie ein Unbeschreibliches seine Brust einengte, seinen Lauf zu hemmen versuchte, das Hirn anfing, Gründe zu finden, die den Unsinn des eigenen Handelns klarlegen wollten, – »und es war doch nur Feigheit«. »Ich habe dies alles langsam überwunden; Winter [19]15, [19]16 war ich ganz frei davon.« Er gestehe das ganz offen, ohne sich dessen zu schämen, daß er empfindlichere Nerven als andere habe. Im übrigen sei es beinah jedem so gegangen, in stärkerem oder schwächerem Maße. Wer es verneine, sei entweder nicht richtig im Feuer gewesen oder sei ein Lügner. Es gebe zwar Ausnahmen, aber die seien auch minderer Intelligenz gewesen, mit Nerven wie Ochsenziemer.

Dann sprach er noch ein paar Worte vom unvergleichlichen Heldentum unseres Heeres, das sich ganz zeigte bei seiner Haltung, als aller Rausch vorüber war, er sprach von seinen Kämpfen und Leiden und dann der Verrat zu Hause – »oh, ich werde erbarmungslos und fürchterlich Rache nehmen, an dem Tag, an dem ich es kann! Ich nehme Rache im Namen der Toten, die ich dann vor mir seh'!« Über die »Lesepause« haben wir kein Wort verloren;

aber als ich ging, reichten wir uns die Hand zu festem langem Druck. – Ich bin ihm ergeben mehr denn je! Ich liebe ihn! [. . .]

---

zu Nr. 345

[1] Gemeint ist Hitlers erstes Buch »Mein Kampf«.

[2] Bronzestandbild der Germania oberhalb von Rüdesheim, zur Erinnerung an die Gründung des Deutschen Reiches 1870/71.

Nr. 346

Handschriftlicher Brief Rudolf Heß
an Ilse Pröhl, München

Festung Landsberg, 03. 07. 1924

[. . .] [Othmar] Spann[1] habe ich bei meinen Vorträgen, soweit ich mich dabei an die Gebildeten richtete, angeführt dafür, daß auch in der Wissenschaft der Begriff »Sozialismus« wenigstens zum Teil so aufgefaßt wird wie bei uns. In seinem Artikel »Stand u. Klasse« im Handwörterbuch d[er] St[aats]w[issenschaft] sagt er, man müsse unterscheiden zwischen den Marxisten, die im Grunde Individualisten seien, u. den wahren Sozialisten. Denn die Marxisten gingen von den Einzelnen aus, die, egoistisch eingestellt, aus Egoismus sich zusammenschließen im Staat, weil die Belange des Einzelnen durch den Zusammenschluß besser gewahrt werden, das persönliche Wohlergehen zunimmt.*

[. . .] Der wahre Sozialist dagegen geht von der Gesamtheit aus. Staat, Volkheit, Volk sind in sich geschlossen oder sollten es sein und die darin Vereinten wirken im Rahmen u. zum Vorteil des Ganzen, das persönliche Ich dem Gemeinschaftsgedanken unterordnend; der Einzelne sich nach bestem Können möglichst frei auswirkend für die Gesamtheit. Wirkt er nicht im Interesse der *Gesamtheit*, sondern dagegen, greift die Vertretung der Gesamtheit, der Staat, gegen ihn ein. [. . .] [Hervorhebg. i. Orig.]

* [Fußnote von Rudolf Heß] Der Einzelne wird in seiner Leistung gehemmt, damit er den anderen Einzelnen nicht das Dasein erschwere . . . *eine Menge von Einzelnen* aus Zweckmäßigkeit organisiert. [Hervorhebg. i. Orig.]

---

zu Nr. 346

[1] Othmar Spann (1878–1950), Volkswirtschaftler, Philosoph und Soziologe, Professor in Brünn und Wien. In seinen Schriften forderte Spann eine Neuordnung von Staat und Gesellschaft auf ständischer Basis (Ständestaat).

Nr. 347

Handschriftlicher Brief Rudolf Heß
an Ilse Pröhl, München

Festung Landsberg, 05. 07. 1924

[. . .] Neulich war hier in bestimmter Sache eine ziemliche Aufregung unter den Leuten, wegen Umquartierung in schlechteres Unterkommen. Sie hofften auf den Tribunen, daß er Krach schlüge oben. Er erklärte aber zu meiner Überraschung und Freude sehr kühl, er denke gar nicht daran. Das Vorgehen von oben entspreche den Vorschriften, also sei auch gar nichts dagegen mit Aufbrausen zu machen. Er könne nur innerhalb der Vorschriften versuchen, friedlich und nett das Mögliche zu erreichen (er erreichte es später auch). Er habe aber keine Lust, sich als wilder Mann zu gebärden oder auf den Kopf zu stellen und wie ein Kreisel zu drehen, wenn er wisse, daß er doch keinen Erfolg damit hat. Und er verbitte sich auf das Entschiedenste, daß seine Leute plötzlich der Leitung gegenüber widerspenstig würden. Ebenso müßten sie in ihren Briefen alles vermeiden, was willkommenen Anlaß eines Tages zur Aufhebung der Bewährungsfrist geben könnte. Es gab einen großen Tanz deshalb mit Kr.[1] u. W.,[2] die dem Tribunen und dann auch mir vorwarfen, diese Taktik sei pazifistisch, defätistisch, entspreche den Methoden unserer Regierung gegenüber der Entente des »Nichtreizens« und [des] alles Hinnehmens. (Dieser Vorwurf dem Tribunen gegenüber, wer hätte das je für möglich gehalten!) Der Tribun kümmerte sich aber natürlich wenig darum, sondern erklärte, er mache eben nicht eine Anzahl Schritte vorschnellend vorwärts, wenn er genau wisse, daß er dann eine entsprechende Anzahl zurück tun müsse. [. . .]

---

zu Nr. 347

[1] Hermann Kriebel (Vgl. Anm. 4 zu Dokument-Nr. 332).

[2] Gemeint ist entweder Robert Wagner (1898–1946), Ex-Leutnant der Reichswehr, Mitverschwörer vom 08. 11. 1923 und Mithäftling, oder Dr. Friedrich Weber. (Vgl. Anm. 5 zu Dokument-Nr. 332)

Nr. 348

Handschriftlicher Brief Rudolf Heß
an Ilse Pröhl, München

Festung Landsberg, 10. 07. 1924

[. . .] Eben kam Ihr Brief, oh, Du kleines, dummes Mädel! vvv Das hab' ich gewußt, daß er ungefähr so beginnen werde. vvv Dabei hab' ich doch den Generals-Brief[1] Ihr gegeben, damit Sie liest, was Sie interessiert, damit Sie teilhat an dieser kleinen Debatte, die in der vorhergehenden Woche begonnen hatte und von der ich Ihr prompt am Sonntag darauf berichtete. – Begonnen hat die Sache damit, daß ich von Kr.[2] und anderen im Garten etwas gefrotzelt wurde mit dem geopolitischen »Lebensraum«. Doch dann wollten sie im Ernst wissen, was man darunter zu verstehen habe. Ich legte mir dann folgende Fassung des Begriffs zurecht und sagte sie dem staunend lauschenden Kreis, wobei Kr. freilich behauptete, zu dumm zu sein, das auf Anhieb zu begreifen: »Lebensraum ist ein mehr oder weniger scharf begrenztes Gebiet der Erdoberfläche in Zusammenhang mit seinen Einflüssen auf Lebewesen.« (»Einflußnehmen« kann dabei auf, unter u. über der Erde Seiendes sein.) Als der G[eneral] dann am Dienstag hier war, da fragte ich [ihn], ob man die Definition so fassen könne. Er versprach mir dann eine genaue Definition zu schreiben, nachdem ich seine mündliche nicht anerkennen wollte. Sie* lautete: »Lebensraum ist ein Teilraum der Erdoberfläche, ein Stück Erdoberfläche, nach natürlichen oder künstlichen Grenzen auf die Erhaltung des Lebens der darin befindlichen Lebewesen (Menschen, Tiere, Pflanzen) betrachtet (bestimmter Lebensformen).«
Auf die Frauenfrage wird der Tribun in seinem Buch auch zu sprechen kommen. Er ist nach wie vor der Ansicht, daß die Frau in der *politischen* Volksvertretung nichts zu suchen habe. Politik sei Männersache, besonders die Politik, die bis zu den letzten Folgerungen gehe, d. h. die unter Umständen dazu führe, daß die Männerwelt ihr Blut hingebe. Er verbitte sich, daß Frauen, die selbst nicht die Folgen ihrer Politik am eigenen Leibe, mit dem eigenen Blut zu tragen hätten, bestimmten, wann *er* sich einzusetzen habe! Man kann da freilich erwidern, daß die Frauen vielleicht auch »ihr Blut« – ihre Söhne – hinzugeben hätten. Doch *diese* Frauen haben vielfach keine Söhne. Auf jeden Fall ist der Tribun für eine Vertretung der Frau in der Ständekammer und in dauernden oder vorübergehenden sozialpolitischen Körperschaften, desgleichen dort,

wo über Erziehungsfragen, sanitäre Fragen usw. entschieden werde. [. . .] [Hervorhebgn. i. Orig.]

* [Fußnote von Rudolf Heß] die schriftliche

---

zu Nr. 348
[1] Siehe Dokument-Nr. 339, Anlage 1 zu Dokument-Nr. 338.
[2] Hermann Kriebel (Vgl. Anm. 4 zu Dokument-Nr. 332).

Nr. 349

Maschinenschriftlicher Brief Rudolf Heß
an Ilse Pröhl, München

Festung Landsberg, 23. 07. 1924

[. . .] Vorhin kam der Tribun und fragte mich, ob ich ein Stückchen Zeit habe, er wolle mir das zuletzt geschriebene Kapitel seines Buches vorlesen, das sich »München« betitelt und sein Kommen nach München vor dem Krieg und die ihm dort aufgetauchten Probleme: Überschätzung Österreichs, Volk und Bodenerwerb, Bündnispolitik behandelt. So trocken dieser Vorwurf klingt, mit einer Logik, Lebendigkeit, Bildhaftigkeit, Schönheit der Sprache hat der Tribun hier geschrieben, daß ich hingerissen war, das Blut mir durch die Adern hämmerte und ich zum Schluß tief aufatmete, wie wenn sich eine Spannung löst, ebenso wie nach einer seiner besten Reden, wobei freilich noch die Persönlichkeitswirkung, die auch sein Vorlesen begleitet, ihr Teil beigetragen hat. Auch bei der Wiedergabe seines Geschriebenen unterstreichen Gesichtausdruck und Gebärden der Hände ständig. Er bleibt immer ganz er, was er tut und sagt, er kann sich nicht entfliehen! Nie werde ich das Bild vergessen, wie er in meinem Zimmer im Korbstuhl vor mir sitzt. Nie werde ich aber auch vergessen, wie er strahlt und die Freude eines kleinen Buben zeigt, wenn er sieht, daß seine eigene Überzeugung von der Güte seiner Ausführungen durch den Eindruck auf den anderen bestätigt wird und wenn man ein paar Worte der Anerkennung sagt.

Welch' eine Mischung von kalter, reifer Überlegenheit des Mannes mit hemmungsloser Kleinjungenhaftigkeit! – Was den Inhalt des Buches anbetrifft, so weiß ich, daß eine Welle von Staunen, Wut, Bewunderung darob nach dem Erscheinen durch die deutschen Lande gehen wird. Ich möchte manchen sehen, wenn er es liest, dies Buch des »kommenden Mannes«, nicht zuletzt den guten S.S.[1] vvv, denn der kommende Mann ist er seit langem für mich und ist er jetzt noch mehr denn je, nicht nur als Auflockerer und Wegeebner, sondern schon auch als Lenker ganz großen Ausmaßes. [. . .]

---

zu Nr. 349
[1] Gemeint ist ein Bekannter der Familie Heß namens Schulte-Strathaus.

Nr. 350

Maschinenschriftlicher
Brief Rudolf Heß an Klara Heß,
Alexandrien/Ägypten

Festung Landsberg, 24. 07. 1924

[. . .] Daß hier sonst meine Lage, rein äußerlich und teilweise auch innerlich, nicht gar so schwer ist, hast Du ja erfahren. Das dauernde Zusammensein mit H[itler], den ich hier erst in jeder Richtung ganz kennengelernt habe, gibt mir sogar *sehr* viel, nicht nur für einst an Erinnerungswerten an den Mann, der einst an der Spitze des durch ihn neu gesundeten Deutschlands stehen wird, sondern auch in Hinsicht der Weiterbildung meines Geistes, der Anregung, des Lernens. Er liest mir jetzt regelmäßig aus seinem Buch vor, das er gerade schreibt, wenn ein Kapitel fertig ist, kommt er damit zu mir. Er erläutert [es] mir, und wir sprechen über den einen oder den anderen Punkt. Was man auch berührt, immer ist er geistreich, immer treffen sein scharfer Verstand und – sein großes Herz, wie schlafwandelnd manchmal, das Richtige. [. . .] [Hervorhebg. i. Orig.]

Nr. 351

Handschriftlicher Brief Rudolf Heß
an Ilse Pröhl, München

Festung Landsberg, 04. 08. 1924

[. . . Der Tribun glaubt bis Anfang nächste Woche mit seinem Buch fertig zu sein – ich glaub' es nicht. Er hat mich feierlich eingeladen zum gemeinsamen Durchkorrigieren. Bin neugierig, wie weit es mir gelingt, einzelne Beobachterstil-Stellen herauszubringen, die ich zwar in Zeitungsartikeln auch schreibe gelegentlich (vvv), niemals aber in einem Buch brächte. Jedenfalls gibt's einen schweren Kampf. [. . .]

Nr. 352

Nachdem Hitler im Mai 1924 seine Haft angetreten hatte, drohte die nationalsozialistische Bewegung im Verlauf des Sommers zu zerfallen. Hitler registrierte die Rivalitäten zwischen den einzelnen Flügeln einerseits, zwischen der in den Untergrund abgedrängten NSDAP und anderen national-völkischen Gruppierungen andererseits mit Gelassenheit. Nach seiner Entlassung aus der Festungshaft gedachte er, seine Führung mit um so größerer Wirksamkeit wiederherzustellen.

Handschriftlicher Brief
Rudolf Heß an Fritz Heß,
Alexandrien/Ägypten

Festung Landsberg, 17. 08. 1924

[. . .] Wenn Du mich schon außerhalb der Mauern meines »Sommeraufenthaltes« wähnen solltest, so irrst Du Dich. Mein Hinausmarschieren wird sich voraussichtlich bis zum 1. Oktober verzögern. In zweiter Instanz ist nämlich befunden worden, daß bei der Art meiner Beteiligung an der Sache [1], insbesondere bei der Stellung, die die mir »anvertrauten« Personen einnahmen und bei der unfreiwilligen Fahrt in die Berge von zweien derselben,[2] ich noch etwas länger über Recht und Gerechtigkeit nachdenken soll. Das tue ich auch dazwischen sehr eingehend, mit welchem Erfolg, will ich Dir lieber nicht schreiben; sonst bekommst Du den Brief nicht! Aber dem bekannten Satz, den man auch meinen Kameraden entgegenhielt: »Es lebe das Recht – und wenn die Welt darüber zugrundegeht!« habe ich die etwas andere Fassung gegeben: »Deutschland muß leben – und wenn das Paragraphen-Recht darüber zum Teufel geht!« – Und manchmal muß ich doch daran denken, daß ein Mann,[3] der nachgewiesenermaßen in den kritischsten Augenblicken seines Landes Munitionsstreiks organisierte und sich an einem Umsturz beteiligte, nicht nur nicht hinter Schloß und Riegel sitzt, sondern im Gegenteil auf einem Präsidentenstuhl thront und Kriegsdenkmäler einweiht für die Gefallenen, unter denen sich nicht wenige Gefallene befinden, die in Folge Munitionsmangels ihr Leben ließen. [. . .]

Über Langeweile kann ich überhaupt nicht klagen. Mein Tageslauf spielt sich üblicherweise wie folgt ab: [Um] 5 Uhr aufstehen, ich koche eine Tasse Tee für Hitler (der an seinem Buch schreibt) und für mich. Bis ½8 arbeite ich als »Arbeiter der Stirn«. Nach dem Frühstück bin ich von 8–11 »Arbeiter der Faust« und hacke Holz. Eine sehr gesunde Betätigung, besonders da ich auf Wurzelstöck' einhauen kann. Außerdem bringt es die Stunde 20 Pf[enni]g[e] ein! Die meisten anderen tun auch mit. H[itler] hat diese Tätigkeit in Aussicht genommen, wenn er mit seinem Buch fertig ist. – Dann kommt ein heißes Bad. ¾12 reichliches Mittagessen. Anschließend ein Mittagsschlaf, Tee, wieder »Arbeit der Stirn«. Nach dem Abendessen um ¾7 Uhr bis 8 Uhr, so lang dürfen wir im Freien sein, gemeinsame Spiele, oder ich unterhalte mich mit H[itler] spazierengehenderweise. Dann sitzen wir – H[itler], Ob[er]stl[eu]t[nant] Kr.[4], Dr. W.[5], Maurice[6] und ich – bei Tee und Kuchen, der von allen Seiten reichlich eintrifft, noch ein Stück zusammen. Samstags und wenn Geburtstage sind, haben wir auch gemeinschaftliche Abende. Zur Erinnerung an die zehnjährige Wiederkehr des Kriegsbeginns hat jeder von uns einen Beitrag für das Zusammensein in Form einer Kriegserinnerung gebracht, außer H[itler], der dafür die Rede hielt. [. . .]
Die Nachricht, die Du gelesen hast, H[itler] habe die Leitung niedergelegt, stimmt.[7] Allerdings hat er sie nur für die Dauer seines Hierseins niedergelegt. Er hat einerseits nicht genug Einblick von hier aus, andererseits ist keine Gewähr gegeben, daß seine Weisungen wirklich befolgt werden, wenn er [das] nicht nachprüfen kann. Auch will er sich nicht in den Kampf einiger Ehrgeizlinge untereinander mischen. Er zeigt der Gesellschaft draußen, daß sie ohne ihn doch nichts zuwegebringen, daß es nicht so einfach ist, wie sie sich gedacht haben, die Arbeit zu leisten, die er leistete. Seine Person bleibt über dem kleinlichen Streit. Wenn er wieder draußen ist, wird er dank seiner Autorität in kurzer Zeit alles wieder in Ordnung haben. Er hat die feste Überzeugung, und ich glaube, er hat recht. – Außerdem will er ungestört an seinem Buch schreiben können. Dieses wird ganz ausgezeichnet. Sein Erscheinen wird einen schweren Schlag für seine Gegner bedeuten. Er liest mir von Zeit zu Zeit die fertigen Abschnitte vor. H[itler] wird mir nach dem Erscheinen im Herbst einige Exemplare für meine Bekannten in der Schweiz usw. übergeben. Du bekommst auch ein Stück für Dich und für Verleihung an andere drüben.
Eines ist übrigens sehr interessant: Die Nachricht, daß meine Be-

w[ährungs-]Frist aufgehoben sei, stand etwa 14 Tage früher in der Frankf[urter] Z[ei]t[ung], als es sonst ein Mensch erfuhr, einschließlich meiner Wenigkeit selbst. General H[aushofer] wurde sogar noch 10 Tage nach der Veröffentlichung in dem Frankfurter Blatt auf dem Justizministerium versichert, daß dort von einer Aufhebung nichts bekannt sei! Er kam erfreut zu mir: »Wenn mich nicht das halbe Justizministerium angelogen hat, besteht keinerlei Gefahr in dieser Richtung.« Ein paar Tage darauf hatte ich die gegenteilige Nachricht in Händen. Der Gerichtsbeschluß war etwa 3 Wochen früher datiert. [. . .]

---

zu Nr. 352

1 Gemeint ist der Hitler-Putsch.

2 Hierbei handelte es sich um die bayerischen Minister für Inneres und für Landwirtschaft, Franz Schweyer und Johann Wurzelhofer, die Heß am Morgen nach dem mißlungenen Putsch entführt hatte, um sie in einer Skihütte bei Bad Tölz unterzubringen.

3 Die rechtsradikale »Mitteldeutsche Presse« hatte 1924 den ersten Reichspräsidenten der Weimarer Republik, Friedrich Ebert, des Landesverrats bezichtigt, weil der sozialdemokratische Politiker im Januar 1918, also noch während des Ersten Weltkrieges, am Streik der Munitionsarbeiter teilgenommen habe. Ein Schöffengericht in Magdeburg verurteilte den zuständigen Redakteur zwar wegen »formaler« Beleidigung des Staatsoberhauptes zu drei Monaten Freiheitsstrafe mit der Begründung, das Blatt habe keine exakten Beweise vorgelegt. Das Gericht stellte aber gleichzeitig fest, Ebert habe de facto Landesverrat im strafrechtlichen Sinne begangen. Die Tatsache, daß der Sozialdemokrat nur deshalb in die Streikleitung eingetreten war, um die Arbeitsniederlegung im Interesse der Landesverteidigung so schnell wie möglich zu beenden, berücksichtigte das Gericht nicht.

4 Hermann Kriebel.

5 Dr. Friedrich Weber.

6 Emil Maurice.

7 In einem »Offenen Brief« legte Hitler im Mai/Juni 1924 die Führung der NSDAP nieder und zog erteilte Handlungsvollmachten zurück.

Nr. 353

Handschriftlicher Brief Rudolf Heß
an Ilse Pröhl, München

Festung Landsberg, 20. 08. 1924

[. . .] Neulich bin ich, wie schon öfters, mit Kr.[iebel] u. W.[eber] aneinandergeraten über den Punkt meiner Stellung zur protest[antischen] Kirche. [. . .] Der Tribun saß lächelnd, aber schweigend dabei. [. . .] Später, als wir allein waren, versicherte er mir noch öfters, wie er sich freue, daß wir uns hier so träfen. In der

Öffentlichkeit hüte er sich freilich, etwas Derartiges zu sagen, da müsse er aus politischen Zweckmäßigkeitsgründen seiner Kirche gegenüber etwas heucheln – heute noch –, so zuwider es ihm auch sei. Ebenso wie er seine Kampfstellung gegen den Alkohol heute maskieren müsse. Wenn man übrigens hier wie zum Beichten u. wie zur Messe geht, ob dann die Kirche nicht doch weiß, was es geschlagen hat? vvv Wenn er das Zeug zum Heucheln großen Stils hätte, wäre er vielleicht Geistlicher geworden, hätte gewartet, bis er entsprechend hoch und fest im Sattel sitzt und hätte dann vielleicht kirchlich reformiert u. revoltiert. Hätte viell[eicht] die deutsche Einheitskirche geschaffen. Das könne aber nur von einem kommen, der in der Organisation selbst drinnen steckt.
Im Grunde ist der Tribun tief religiös veranlagt. In seiner Gedenkrede am 2. Aug[ust] [1924][1] sagte er, nur wer sich selbst nicht aufgebe, könne damit rechnen, daß Gott ihm beistehe. »Und wenn der Tag einst da [ist], erflehen wir den Segen des Höchsten, den Segen, ohne den letzten Endes nichts zu vollbringen ist auf dieser Welt.«
Er freut sich jetzt wie ein Kind auf das Freikommen am 1. Okt[ober].[2] Hoffentlich gibt's keine Enttäuschung! [. . .]

---

zu Nr. 353
[1] Zum Gedenken an den Kriegsausbruch vom 01. 08. 1914.
[2] An diesem Tag sollte seine Haftstrafe – bei guter Führung – zur Bewährung ausgesetzt werden. Hitler und Kriebel wurden aber erst zum 20. 12. 1924 entlassen. (Vgl. Kommentar zu Dokument-Nr. 360).

Nr. 354

Handschriftliches Gedicht
Rudolf Heß für Ilse Pröhl — [ohne Ort], 10. 09. 1924

Kühlender Wind
in finsterer Nacht
wirble dahin,
brause dahin,
grüße die Liebste,
suche sie auf,
fächle sie sacht,
leise, ganz leis',

streichle sie,
schmeichle sie,
küß' sie von mir!

Kühlender Wind,
kehr' bei mir ein,
Rosen von ihr
rührst Du im Flug.
Rosenduft hauch'
hin zu dem Lieb,
daß es ihm träum'
von seliger Zeit,
wie sie verflog,
wie sie uns winkt –
wär's doch kein Traum!

Nr. 355

Handschriftlicher Brief Rudolf Heß
an Ilse Pröhl, München

Festung Landsberg, 24. 09. 1924

[. . .] Wundert Sie sich darüber, daß die Mutter [von Rudolf Heß] dazwischen fremd u. zurückhaltend ist?! Ich glaub', das ist das ewig gleiche Lied, wenn Mütter, die ihren Sohn sehr gern haben, merken, daß dieses andere Etwas ihr den Sohn innerlich streitig macht und vielleicht an die erste Stelle rückt. – Notwendig wär's freilich nicht, denn Ihr spielt doch beide eine gar zu verschiedene Rolle. Ihr habt miteinander kaum was zu tun. In der Mutter verkörpert sich die ganze Jugend, in der Vergangenheit wurzelt man in ihr. Sie ist ein Teil des eigenen Wesens, das eigene – auch heutige – Urwesen, von dem ein Teil überströmte, im ersten geistigen Austausch u. Wechselverhältnis, ohne sie wäre man ein anderer geworden.
Sie dagegen ist der Kamerad des in den Grundlagen Befestigten, Sie ist der neue Abschnitt in meinem Dasein, auch wohl stark beeinflussend, doch in anderer Richtung – besser: mitformend am Überbau. Sie ist Gegenwart – mehr noch – Sie ist Zukunft, am Dach werden sich Spuren von Ihr finden.
In jeder Phase aber ruht das Ganze auf dem Grund. [. . .]

Nr. 356

Handschriftlicher Brief Rudolf Heß
an Ilse Pröhl, München

Festung Landsberg, 14. 10. 1924

[. . .] Daß man etwas *sehr* vermißte, sich vielleicht sogar unbewußt danach sehnte, merkt man oft erst, wenn einem dieses »Etwas« wieder entgegentritt, umgibt, umklingt. vvv [Hervorhebg. i. Orig.] So ging's mir dieser Tage mit der Musik. Aus der Kirche klangen Orgeltöne, ein Chor – recht gute Stimmen darunter – fiel ein. Wie eigen war das. Wie lang hörte ich so etwas nicht! Und mit wie manchem wird es mir noch so ergehen, wenn ich erst wieder draußen bin. – –
Und heut' kam von B[echstein]s [1] ein Grammophon, ein weiches gedämpftes. Militärmärsche, daß es einen reißt! Walzer, die durch u. durch gehen. Eine herrliche Stimme singt Schubert: [2] »Du bist die Ruh« und Richard Wagners »Schmerzen«. [3] Wenn man die Augen schließt, kann man für ein paar Minuten vergessen, wo man wirklich ist, und sich ganz ernstlich wo ganz anders hinversetzen. Mit der Zeit bring ich es schon noch fertig, mich dazwischen immer wieder fern von Ihr zu erholen. vvv Dann halte ich's jahrelang noch aus! vvv Für die Seele hat man noch keine Gitter u. Mauern erfunden – der Körper mag seine Gegenwart hier markieren. vvv Das Schlimmste ist wohl, wenn Körper u. Geist hier sein müssen, um einen Besuch zu empfangen, und der Geist wegen der fremden Ohren doch zurückgedrängt werden muß, sich nicht geben darf, wie er sich geben möchte. Daß ich nicht eine Minute ein paar persönliche Worte mit der Mutter vor ihrer Abreise für Jahre wechseln durfte, das werde ich diesem Staate nicht so bald vergessen! Ich komme allmählich in ein Verhältnis zu diesem Staat, das ich früher gar nicht für möglich gehalten hätte.
Las Sie übrigens, daß Österreich dem Tribunen die Staatsbürgerschaft entzogen hat? [4] Wir haben eine Riesenfreude! Damit muß er über einem Jahr etwa bayer[ischer] Staatsbürger vvv werden, als Staatenloser, der im bayer[ischen] Heer gedient hat. Da werden sich manche die Haare raufen! vvv Wir haben den »Staatenlosen« heut' abend mit einem Glas Wein gefeiert. vvv [. . .]

---

zu Nr. 356

[1] Helene Bechstein, Ehefrau des bekannten Klavierfabrikanten, hatte Hitler Anfang der zwanziger Jahre kennengelernt und zählte seitdem – zusammen mit ihrem Mann – zu den vermögenden Gönnern des nationalsozialistischen Politikers.

[2] Franz Schubert (1797–1828), österreichischer Komponist, in dessen Schaffen das romantische Lied im Mittelpunkt steht.
[3] Rudolf Heß teilte mit Hitler die Vorliebe für die Werke des deutschen Operndichters Richard Wagner (1813–1883).
[4] Während die bayerischen Justizbehörden – vergeblich, wie sich am Ende herausstellte – im September/Oktober 1924 versuchten, Hitler in sein Heimatland Österreich abzuschieben, wurde dem nationalsozialistischen Führer von der republikanischen Regierung in Wien vorsichtshalber die Staatsbürgerschaft entzogen. Hitler war von da an bis 1932 staatenlos (Vgl. Kommentar zu Dokument-Nr. 411).

Nr. 357

Seit den Reichstagswahlen vom 05. 05. 1924 wurde die Weimarer Republik von einer Regierung ohne parlamentarische Mehrheit regiert. Die Mehrheit, die sich Ende August dennoch für die Annahme des Dawes-Planes fand, zerfiel wieder. So wurde der Reichstag am 20. 10. 1924 wegen Beschlußunfähigkeit bis zu den Neuwahlen im Dezember aufgelöst. Die national-völkische Rechte mußte sich nun überlegen, wie sie sich nach der bevorstehenden Entlassung Hitlers aus der Haft verhalten wollte. Noch war ja die NSDAP verboten.

Handschriftlicher Brief Rudolf Heß
an Ilse Pröhl, München

Festung Landsberg, 21. 10. 1924

[. . .] Der Reichstag ist also doch glücklich aufgelöst! Wenn's nach dem Tribunen ging, würden die Völkischen nicht wieder in diese »heil'gen Hallen« einziehen. Sie weiß doch, daß er stets gegen eine Beteiligung an den Wahlen war – heut' ist er's mehr denn je! Ich glaub', jetzt tut's ihm beinah leid, daß er sich so grundsätzlich von jeder Einflußnahme draußen zurückgezogen hat, daß er auch in diesem Falle sich nicht gut einmischen kann, wenigstens nicht entscheidend. – Ich glaube ja freilich, daß selbst hier es das Schicksal gut meint. L[udendorff] will doch den parlamentarischen Weg mitbenutzen und wird bei seinem Dickschädel kaum nachgeben, auch wenn der Tribun draußen ist und seine Persönlichkeit gegen die Wahl ins Gewicht wirft. Über dieser grundsätzlichen Frage würde es dann höchstens zu einem Bruch kommen zwischen den beiden, die nun doch mal eine gewisse gegenseitige Ergänzung darstellen – militärisch und politisch – und deren ferneres Zusammenwirken der Bewegung zum Heil gereichen könnte. – Die weitere direkte Wirkung würde auch sein, daß – da keiner von beiden nachgibt – *doch* gewählt wird, die Anhänger des Tribunen dagegen der Wahl fernbleiben und somit ein völkisches Grüppchen in den Reichstag einzieht. Das aber wäre *das* Schlimmste! Es scheint mir, daß das Schicksal dieses Schlimmste verhütet, obwohl der Tribun im Augenblick nicht daran glaubt, daß dieses Schicksal es *auch in diesen* Falle gut mit ihm meint. Ich glaube, daß ich die Lage richtig beurteile. [. . .] [Hervorhebgn. i. Orig.]

Nr. 358

Handschriftlicher Brief Rudolf Heß
an Gret Georg, Schweinfurt

Festung Landsberg, 27. 11. 1924

[. . .] An der Persönlichkeit und an dem Können Hitlers darf man andere Führer in der völkischen Bewegung nicht messen.
Das findet sich nicht so schnell ein zweites Mal, daß *ein* Mann in einer Massenversammlung den linkesten Eisendreher ebenso fortreißt wie den Regierungsrat von rechts, daß dieser Mann 1.000 Kommunisten, die kamen, um zu sprengen, innerhalb [von] zwei Stunden dazu bringt, am Schluß stehend das Deutschlandlied mitzusingen (wie in München 1921), während er in einem Sondervortrag vor einigen hundert Industriellen und vor den Ministerpräsidenten, die mehr oder weniger als Gegner kamen, nach drei Stunden deren volle Zustimmung oder sprachloses Staunen erreicht, ohne daß sich einer zu Wort meldet. [. . .] Der gleiche Mann, der in Landshut es fertig bringt, daß die USP-Gegner[1] am Schluß seiner Rede ihre eigenen Führer zum Saal hinausfeuern, spricht in Berlin im »Nationalen Club« so, daß nach dem Ende der alte Admiral Schröder,[2] General von Hutier[3] und andere schweigend den Saal verlassen und am nächsten Tag ihm einen Besuch abstatten, um ihm zu sagen, sie wären so ergriffen gewesen, daß sie unmöglich einen sich meldenden Diskussionsredner hätten hören können. Und der Mann, dessen Bild nach dem [gescheiterten Putsch vom] 9ten November bei einer Unzahl kleiner Leute hängt, erhält von Männern der Wirtschaft – *ersten* Männern der Wirtschaft – die Versicherung, durch den am 8ten und 9ten erbrachten Beweis, fähig zu sein, seinen Worten die Tat folgen zu lassen, habe er auch bei ihnen gewonnenes Spiel. [. . .]
Und glaubst Du nun wirklich, daß neben diesem Mann die Parlamentspartei, die er nicht wollte und die er nicht will,[4] sehr wichtig

ist? Gewiß, ihr voraussichtlich erhebliches Zurückgehen bei den Wahlen als Folge dessen, daß die »Führer« draußen regelmäßig das Gegenteil von dem taten, was er anempfahl, wird eine augenblickliche moralische Wirkung in der Öffentlichkeit haben. Aber für den Mann selbst und sein Werk ist das gleichgültig. Übrigens werden die sich bald zeigenden Auswirkungen der Dawes-Abmachungen – leider – auch die »Partei« selbst bald wieder hochtreiben, zusammen mit den Kommunisten.

Der Mann ist auf seinem Wege nicht aufzuhalten durch Parteischiebungen und -verschiebungen, durch Parlamentsmehrheiten und Mehrheitsbeschlüsse.

H[itler] ist der Vertreter einer neuen Weltanschauung. Er sagte neulich mal zu mir, man solle sich mal die Entwicklung von auf Weltanschauungen fußenden Bewegungen ansehen. Was bedeute da ein Zeitabschnitt wie der, den unsere Bewegung jetzt durchlaufe?! Eine kleine Episode! Viel längere Abschnitte des Stillstandes und auch des Einschleichens nicht ganz einwandfreier Erscheinungen wurden da überwunden, zum Teil, ohne daß man es überhaupt in der Geschichte später für wichtig genug befand, sie aufzuzeichnen.

H[itler] gibt sich übrigens keinen Illusionen hin in bezug auf das Ausmaß der Umsetzbarkeit der »Idee« durch ihn selbst. Das Ausreifen von Ideen, das Anpassen der Wirklichkeit an die Idee und der Idee an die Wirklichkeit bedarf wohl vieler Menschenalter. »Ich stelle ein neues Ziel auf in einer fernen Sicht. Mir selbst ist es vielleicht nur vergönnt, den Boden zu lockern, um den Pfahl [herum], der einen bisherigen großen Zeitabschnitt in der Entwicklung der Menschheit bezeichnet. Den Pfahl herausreißen und ihn ein Stückchen auf dem Wege zum Ziel vorantragen, das ist dann Sache eines anderen, eines kommenden Größeren.« In diese Worte etwa faßte er es mir gegenüber vor einigen Monaten. [. . .] [Hervorhebgn. i. Orig.]

---

zu Nr. 358

1 Gemeint ist die Unabhängige Sozialdemokratische Partei Deutschlands (USPD).

2 Ludwig von Schröder (1854–1933), im Ersten Weltkrieg Admiral der kaiserlichen Flotte und Chef der Marine-Station Ostsee, danach Vorsitzender des Nationalverbandes deutscher Offiziere und erster Förderer Hitlers in hohen Offizierskreisen.

3 Oskar von Hutier (1857–1934), im Ersten Weltkrieg General der Infanterie und Oberbefehlshaber der 18. Armee bei St. Quentin, wo auch Rudolf Heß gekämpft hatte.

4 Gemeint ist die »Nationalsozialistische Freiheitspartei«.

5 Vgl. Kommentar zu Dokument-Nr. 328.

Noch vor Hitlers Entlassung aus der Haft fand am 07. 12. 1924 die Reichstagswahl statt, bei der die von Erich Ludendorff geführte deutschvölkische »Nationalsozialistische Freiheitspartei« – eine Nachfolgeorganisation und zugleich Rivalin der verbotenen NSDAP – eine Schlappe erlitt. Auch die KPD verlor an Stimmen, so daß in Berlin wieder eine parlamentarische Regierungsbildung möglich wurde.

Maschinenschriftlicher Brief Rudolf Heß
an Ilse Pröhl, München

Festung Landsberg, 11. 12. 1924

[. . .] Nun, was sagt Sie zu der Wahlquittung? Nicht mal Fraktion sind »unsere« Leut' mehr, denn dazu braucht man 15 Stimmen [1]. Ob der gute L[udendorff] die Folgerungen daraus zieht? Soweit ich ihn aber kenne, gibt er Gott und der Welt die Schuld, nur nicht sich. – Hinsichtlich der reinen Zweckmäßigkeit des Ausschlusses der Esser-Streicher-Gruppe ist es jedenfalls interessant, daß Streicher in Nürnberg auf seiner Liste über 25.000 Stimmen erhielt. Wenn man wirklich alles ausschließen will, was bei einem Teil der Bewegung irgendwie anrüchig scheint oder was tatsächlich anrüchig ist mit den Worten: »Lieber verzichten wir auf die Massen!«, dann darf man auf der anderen Seite nicht zur Wahl aufstellen, nachdem die Wahl nun mal auf der Wirkung der Masse aufgebaut ist.
[. . .] Neulich hat jemand einen Herrn in Berlin gefragt, warum denn L[udendorff] um des Himmels Willen wieder auf der Reichstags-Kandidatenliste stehe. Darauf kam die prompte Antwort: »Weil wir ihn unbedingt brauchen!« Der Tribun sagt dazu ganz richtig: »Die dort oben 'brauchen' den L[udendorff], weil sie mit dem Namen einige Bürgerliche herüberfischen zu können hoffen. Ich möchte, daß der Name möglichst aus der Bewegung verschwände, weil er mir für die Gewinnung von Arbeitern hinderlich ist.«
Nun, ich bin sehr gespannt, kommt der Tribun frei, dann wird der L[udendorff] sein Wunder erleben. Er kennt den Tribunen *noch* nicht! [. . .] [Hervorhebg. i. Orig.]
Der Tribun erzählte mir heute, wie er als Bub beim Lesen der Geschichte Napoleons aufgesprungen sei: »Dös hätt' er nit tun dürfen, sich die Kaiserkrone aufsetzen!« Das ist in seinen Augen tatsächlich der größte Fehler Napoleons gewesen, noch dazu so bald nach der Revolution, neben dem weiteren psychologischen Fehler:

Die Scheidung von Josephine und die Heirat der Habsburgerin aus reiner Zweckmäßigkeit heraus.[3] Durch Letztere hätte er es besonders mit den Frauen verdorben, und deren Einfluß mit ihrem gesunden Instinkt solle man nie übersehen. Er mußte sich später mehr auf die Kreise aus der Vorrevolutionszeit stützen. – Das immer neue Erringenmüssen von Gloire ist auf diese Kreise zurückzuführen. Als mächtiger Erster Konsul hätte er [Napoleon] die Sympathie des Volkes sich erhalten können, auch ohne immer neu berauschende neue Erfolge, die seine Macht über die Grenzen des auf die Dauer Möglichen hinaustrieben. So wenigstens fasse ich des Tribunen Ansicht in ihren Folgerungen auf. [. . .]

---

zu Nr. 359

[1] Eine Fraktion benötigte mindestens 15 Sitze, um als solche nach der Geschäftsordnung des Deutschen Reichstages anerkannt zu sein und deren Rechte zu genießen.

[2] Hermann Esser, Journalist und seit 1923 Propagandaleiter der NSDAP, und Julius Streicher (1885–1946), Volksschullehrer und seit 1924 NSDAP-Mitglied des bayerischen Landtages, bildeten nach dem Verbot ihrer Partei eine nationalsozialistische Gruppierung innerhalb der deutsch-völkischen Bewegung, um die Kontinuität der Bewegung zu sichern.

[3] Napoleon ließ sich nach seinem neuerlichen Sieg über Österreich bei Wagram von seiner ersten Frau Joséphine scheiden und heiratete 1810 die Tochter des österreichischen Kaisers, Marie Louise, um den österreichischen Widerstand gegen seine Herrschaft zu ersticken.

Nr. 360

Am 20. 12. 1924 wurde Adolf Hitler aus der Festung Landsberg entlassen. Ludendorff versuchte, Hitler zur gemeinsamen Bildung einer national-völkischen Einheitsbewegung zu überreden. Aber es kam nicht dazu. Hitler strebte die Aufhebung des NSDAP-Verbots und die Wiederherstellung seiner alleinigen Führung über die Partei an.

Maschinenschriftlicher Brief Rudolf Heß
an Ilse Pröhl, München

Festung Landsberg, 20. 12. 1924

[. . .] Die Nachricht von der Freilassung [Hitlers] traf gestern abend ½ 10 [Uhr] ein. Wir haben dann noch bis Mitternacht bei Tee und einem Glas Wein zusammen gefeiert. Rein persönlich und egoistisch genossen, tut's mir natürlich sehr leid, *seine* Gesellschaft zu verlieren; was er mir hier bedeutete, werde ich erst nach seinem Fortgehen ganz ermessen!

Der Brief ist etwas konfus, nicht? Mir ist aber auch gar nicht nach Briefeschreiben zu Mute. –
Eben kommt der Tribun von drüben zurück. Strasser[1] und Drechsler[2] waren da, um ihn im Auto sofort zu L[udendorff] hinauszunehmen. (!) Der Wettlauf um ihn beginnt *noch* früher, als ich erwartete. Er [Hitler] dachte natürlich gar nicht daran mitzufahren. War sehr empört! Will vorerst seine Ruh' und sonst nichts! [. . .] [Hervorhebgn. i. Orig.]

---

zu Nr. 360

[1] Gregor Strasser (1892–1934), Apotheker aus Niederbayern, im Ersten Weltkrieg Frontsoldat, danach Mitglied des Freikorps Epp, seit 1921 NSDAP-Mitglied. Wegen seiner Teilnahme am Hitler-Putsch wurde Strasser zwar auch verhaftet, dann aber schon wieder im April 1924 aus der Untersuchungshaft entlassen, weil er inzwischen in den bayerischen Landtag gewählt worden war.

[2] Anton Drexler (1884–1942), von Beruf Werkzeugschlosser, Mitbegründer der »Deutschen Arbeiterpartei«, aus der unter Hitlers Führung die NSDAP wurde. Drexler, nach dem Putschversuch kurzzeitig inhaftiert, wurde im Frühjahr 1924 ebenfalls in den bayerischen Landtag gewählt, aber – im Gegensatz zu Strasser – als Abgeordneter des Völkischen Blocks. Er trat aus Opposition gegen Hitler nach Neugründung der NSDAP der Partei nicht bei, sondern gründete mit Gesinnungsgenossen den auf München beschränkten »Nationalsozialen Volksbund«.

Teil IV

Der Weg zur Macht

1924–1933

Nr. 361

Neun Tage nach Hitler wurde auch Rudolf Heß vorzeitig aus der Haft entlassen. Kurz darauf erwirkte Hitler gegen das Versprechen künftigen Wohlverhaltens beim bayerischen Ministerpräsidenten Heinrich Held die Wiederzulassung der NSDAP. Die Partei wurde am 27. 02. 1925 im Münchner Bürgerbräukeller – Ausgangspunkt des Putsches vor nicht einmal eineinhalb Jahren – neu gegründet. Hitler begann sogleich zielstrebig mit der Straffung der Parteiorganisation und mit der Unterwerfung seiner innerparteilichen Gegner und Rivalen. Von seinen Anhängern schlug ihm überall, wo er hinkam, die alte Begeisterung entgegen. Hitler galt jetzt bei der extremen Rechten als nationaler Märtyrer.

Handschriftliche Postkarte Rudolf Heß
an Klara und Fritz Heß,
Alexandrien/Ägypten

München, 01. 01. 1925

[. . .] Wie Ihr seht, bin ich wieder »im Land«[1]. Der Tribun hat in ein paar Tagen fertiggebracht, was den anderen während Monaten unmöglich schien. Am 29ten Dezember verließ ich sehr plötzlich und unerwartet das Heim, das ich 7½ Monate bewohnt hatte. [. . .]

zu Nr. 361

[1] Anspielung von Rudolf Heß auf seine Haftentlassung.

Nr. 362

Handschriftlicher Brief Rudolf Heß
an Klara und Fritz Heß,
Alexandrien/Ägypten

Nürnberg, 02. 03. 1925

[. . .] Leider ist diesmal aus der Fahrt bis B[er]l[i]n nichts geworden, da H[itler] auf seinen großen Erfolg in München hin erst das übrige Bayern fest hinter sich bekommen wollte. – In M[ünchen] ist am Freitag nämlich die Wiederzusammenführung der beiden feindlichen Brüder[1] gelungen. Am Ende seiner prachtvollen Rede reichten sich Esser, Büttmann[2] (Völk[ischer] Block) usw. die versöhnende Hand, lösten ihre Gruppen auf u. unterstellten sich H[it-

ler] bedingungslos. – Heute wird er hier in 3 Sälen sprechen, d. h. in einer ½ Stunde etwa fahren wir los; der Wagen steht mit Maurice vor der Tür des Hotels und wartet des Meisters. –
[. . .] Der Wagen ist ein neuer 15/70/100 PS-Kompressor-Mercedes[3]. Durch den Kompressor – eine ganz junge Erfindung – kann die Leistung des Wagens zeitweise gesteigert werden auf 100 PS, vor allem für das Nehmen von Bergen oder um schnell auf Geschwindigkeit zu kommen – im Notfall auch um die Höchstschnelligkeit von 135 km[/h] zu erreichen. [. . .] Dieser Wagen erregt auch im Ausland großes Aufsehen und schlägt in jeder Richtung die Konkurrenz dort. Leider sind in Folge Streikerei nur ganz wenige dieser Art fertiggestellt; unseres Wissens ist H[itler]s Wagen der einzige, der z. Zt. in Deutschland läuft. [. . .]
Erworben hat ihn H[itler] sich durch einen Teil des Vorschusses, den er für sein in Druck befindliches Buch bekommen hat. [. . .]
(½11 Uhr), die Versammlungen sind vorüber. Tausende und Tausende drängten sich auf der Straße, die nicht in die Säle kamen, wie überall, wo H[itler] jetzt auftaucht, um zu sprechen. Das Auto wurde bei der Abfahrt so von den Menschenmassen eingekeilt, daß es lange nur schrittweise vorwärts konnte; die Schutzleute wurden davor gedrängt und kugelten teilweise immer, durch die außer sich geratenen Menschen gestoßen, vor den Wagen hin. Im übrigen waren sie hochanständig. Salutierten alle vor H[itler]. [. . .]
H[itler] ist voll guter Dinge. In alter Spannkraft. Das überflüssige Fett von L[andsberg] her ist längst dahin. Zeit hat er natürlich auch kaum mehr; wie einst immer in der Hetz'. Nur der gestrige Tag war ein Ausruhtag für ihn, den er sehr genoß. [. . .]

---

zu Nr. 362
[1] Gemeint sind die Deutsch-Völkischen und die Nationalsozialisten, die während des NSDAP-Verbotes und Hitlers Haft zum Teil in der Nationalsozialistischen Freiheitspartei überwintert hatten.
[2] Gemeint ist wohl Rudolf Buttmann (geb. 1885), Abgeordneter und Fraktionsführer der NSDAP im Bayerischen Landtag seit 1924.
[3] Hitler hatte sich diesen teuren Wagen mit Hilfe der Honorare angeschafft, die er für sein Buch »Mein Kampf« erhielt.

Nr. 363

Am 28. 02. 1925 starb der erste Reichspräsident der Weimarer Republik, Friedrich Ebert (SPD) – noch über seinen Tod hinaus verfemt von der ex-

tremen Linken und Rechten. Damit wurde die Neuwahl des deutschen Staatsoberhauptes fällig, die am 29. 03. 1925 stattfinden sollte. Offenbar zur Vorbereitung dieser Entscheidung, der angesichts der präsidialen Machtstellung eine besondere Bedeutung für die Zukunft der Republik zukam, eilte Hitler nach Berlin.

Handschriftlicher Brief Rudolf Heß
an Ilse Pröhl, München

Berlin, 15. 03. 1925

[. . .] Ach, wie gern würde ich mit Ihr hier durch die Straßen gehen – Arm in Arm – und mir von Ihr die Weltstadt zeigen lassen[1]. Denn es ist wirklich eine Weltstadt mit einer Großartigkeit teilweise, die ich doch nicht erwartet hatte. Und wenn ich mitten in *dem* Verkehrsgewühl an das alte gute München denke, selbst ein »Verkehrszentrum«, dann muß ich lachen und mir kommt's Minka[2] wie ein »Provinzstädtle» vor, gemütlich und verträumt. – Schon das Herankommen an die Riesenstadt war wunderschön. Auf den prachtvollen Straßen zuletzt fast ständig im 100 km-Tempo – es lag hier noch kein Schnee – zur Beruhigung! (vvv) – Bei herrlichem Mondschein, an Seen vorbei; die Landschaft hat doch auch ihre großen Reize! Dazwischen konzentrierteste Industrie, Kohlengruben; das Lichtermeer von Bitterfeld. Ziemlich plötzlich aus dem Wald heraus dann Ihr Potsdam. Ein letztes Jagen auf der alten kaiserl[ichen] Autostraße mit 120 km[/h] [. . .]. In vier Minuten in Berlin. Auf dem Kaiserdamm dahin, dann den Tribun abgesetzt, dann zum Hotel. [. . .]
Am nächsten Tag wurden wir angeklingelt. Frau B[echstein][3] hatte mit Bädern usw. am Abend vorher gewartet; wir sollten bei ihr wohnen. So zogen wir denn um in das wundervolle alte Haus in der Johannesstr[aße], (Nebenstraße d. Friedrichstr.) mitten im Zentrum, nur wenige Minuten von Oper, Museen usw. [entfernt] und doch in der Straße so ruhig und die Mauern so stark, daß man keinen Ton hört u. meinen könnte, auf dem Lande zu sein. Äußerlich ist das Haus ganz unscheinbar. Innen dagegen riesige u. kleinere repräsentative Räume, kostbare Teppiche, alte Originale an den Wänden. Überall alter guter Geschmack. Ihr würde es auch gefallen. [. . .]
Mit dem Tribunen sah' ich heut' den Prachtbau des Neuen Museums von außen an. Vormittags war ich allein drinnen, vor allem bei Armenophobis IV. und seiner Königin. Was haben diese beiden Menschenkinder für feine Züge, [. . .]

Der Tribun hat mir zugesagt, daß wir noch nach Potsdam[4] fahren, trotzdem weder Flieder noch Herbstlaub, sondern Schnee dem Park das Gepräge gibt. [. . .]

zu Nr. 363

[1] Ilse Pröhl, geboren in Potsdam bei Berlin, kannte sich in der Reichshauptstadt, die sie 1920 aus persönlichen Gründen verlassen hatte, sehr gut aus.

[2] Mundartliche Bezeichnung Münchens.

[3] Vgl. Anm. 1 zu Dokument-Nr. 356.

[4] In Potsdam steht u. a. das Schloß Sanssouci, das Friedrich der Große zum Teil nach eigenen Entwürfen erbauen ließ und vorzugsweise im Sommer bewohnte.

Nr. 364

Am 26. 04. 1925 wurde der 77jährige parteilose Paul Ludwig Hans von Beneckendorff und von Hindenburg, der »Sieger von Tannenberg« und Chef der Obersten Heeresleitung im Ersten Weltkrieg, im zweiten Wahlgang mit einer Million Stimmen Vorsprung vor seinem bürgerlichen Gegenkandidaten Wilhelm Marx zum neuen Reichspräsidenten gewählt. Er war der Kandidat eines »Reichsblocks« aus Deutsch Nationaler Volkspartei (DNVP), Deutscher Volkspartei (DVP) und Bayerischer Volkspartei (BVP) gewesen. Hindenburg erhielt auch die Stimmen der meisten Nationalsozialisten, die keinen eigenen Kandidaten aufgestellt hatten. Seine Wahl bedeutete einen Rechtsruck für die gesamte Republik.

Maschinenschriftlicher Brief Rudolf Heß
an Klara und Fritz Heß,
Alexandrien/Ägypten

München, 24. 04. 1925

[. . .] Nun, ich sehe [dem Zeitgeschehen] nicht nur zu; in der Beziehung hab' ich und werd' ich einst ein reines Gewissen haben! Ich wirke dort, wo es nach meiner Überzeugung am notwendigsten ist und wo ich am direktesten wirken kann: an der Seite des Tribunen. Denn – und nun kommt eine Überraschung für Euch, nachdem bei der »Akademie«[1] in meinen Augen vieles faul und für mich persönlich auf die Dauer unerfreulich war, habe ich den wiederholten Bitten des Tribunen nachgegeben und habe eine Vertrauensstellung an seiner Seite angenommen, die nebenbei noch sehr viel besser bezahlt ist als in der Akademie[2] (vorerst das Doppelte, nächstens, nach durchgeführter Neufinanzierung der Bewegung, erheblich mehr), außerdem bin ich völlig frei in meiner Zeit-

einteilung, kann also gut weiterstudieren. [. . .] War dort [an der Akademie] meine Landsberger Zeit usw. eine Belastung, so trifft beim Tribunen natürlich das Gegenteil zu. Hier bleibe ich in der Linie, in der ich seit Jahren schreite. [. . .] Den Tribunen erkenne ich als Führer an. Zu ihm stehe ich in einem persönlichen Vertrauensverhältnis, sonst hat mir niemand etwas reinzureden. Im Gegenteil, ich vertrete ihn in vielen Dingen, empfange Besucher für ihn, erledige seine Korrespondenz, reise und verhandle für ihn. Das Ansehen, das ich genieße, ist entsprechend. Ich habe ihm von vornerein gesagt, daß ich mich nicht persönlich mit kleinlichen Schreibereien abgeben will. Das war für ihn selbstverständlich. Ich bekomme ein Schreibfräulein, dem ich die Sachen herunterdiktiere. Auch legte er von vornherein Wert darauf, daß ich kein Parteiangestellter bin, sondern ganz unabhängig von der Partei stehe. Das ist schon wegen der Autorität dort notwendig. – Auf den Reisen mit dem Tr[ibunen] und allein lerne ich Persönlichkeiten kennen, [. . .] auch Wirtschaftsführer, unter denen der eine oder andere ganz bedeutende Kopf zum Glück doch Verständnis für unsere Sache zeigt, vor allem auch für die soziale Seite. Einzelne haben doch Weitblick und sind außerdem sozial, was leider nicht selbstverständlich ist. [. . .]
Wenn jemand sagt, ich stelle mich [durch die Zusammenarbeit mit Hitler] auf eine schmale Plattform, so frage ich ihn, wo er mir in diesen Zeiten eine wirklich sichere und breite nennen will, auf der man so ohne weiteres noch Platz nehmen kann. Man darf nicht vergessen, daß wir im Zeichen des Abbaus stehen und erst recht stehen werden, wenn die vorerst zu erwartenden bösen Jahre kommen [. . .]. Es *muß* doch immer mehr fühlbarer werden, wenn man aus einem ohnehin ausgesogenen Volk fortfährt, ständig Goldmilliarden über Goldmilliarden herauszuziehen. Vogel-Strauß-Politik hilft auf die Dauer wenig!
[. . .] Tatsächlich gibt es wohl nicht viele, die so wie ich das, was er braucht, vereinen. Ich bin bei der Bewegung seit den Tagen, da sie noch keine 100 Köpfe zählte, kenne also den äußeren Aufbau, das äußere Wirken durch und durch, ebenso kenne ich aber die inneren Gedanken des Tr[ibunen], seine Einstellung zu allen nur möglichen Fragen, seine ganze Art. Er kennt mich; das gegenseitige Vertrauen bis zum Letzten, das Verstehen ist da. – Dank meines Studiums, das ich ja zum Teil auf die Bewegung eingestellt hatte, bin ich in der Lage, gebildeten Menschen gegenüber für sie bisher nicht ganz Klares entsprechend zu behandeln, ich eigne

mich als Bindeglied zwischen der Massenbewegung und der Schicht der Gebildeten. Andererseits bin ich viel zu sehr von der Notwendigkeit der an sich oft unerfreulichen Mittel und Formen des Kampfes – im Hinblick auf die Psychologie der Massen – überzeugt, als daß ich mich durch sie vom Mitwirken bei dieser Bewegung abschrecken lassen würde, wie so viele andere Gebildete. – Ich habe die Überzeugung, in Einflußnahme nach vielen Richtungen hin an *der* Stelle Gutes wirken zu können.
Ich bin ja damit noch nicht für alle Zeiten an den Tribunen gebunden. [. . .]
Ich weiß, Ihr werdet mich verstehen! – Ich habe mich ja seinerzeit *so* gefreut, als nach dem November 23, da fast alle wankten, Ihr unerschütterlich zum Tribunen standet. [. . .] Und lieber Gott, im Grunde seid Ihr ja eigentlich selbst daran schuld, daß ich *so* geworden bin und also *so* handeln muß! vvv [Hervorhebgn. i. Orig.]
[Fortsetzung]

28. 04. 1925

Anbei ein neues Bild vom Tribunen, wohl das beste, das bisher erschienen [ist]. Es ist aber nicht das meinige; das folgt nächstens. – Komme gerade von ihm, da ich mit ihm die letzte Post durchsprach. Er ist sehr guter Dinge, sehr vergnügt, wie die ganze letzte Zeit. Er hat eben einen unerschütterlichen Glauben an seine Sache. Und nicht nur, weil Frau Ebertin[3] und andere Astrologie-Leute den Aufstieg seines Sternes für Herbst dieses Jahres vorausgesagt haben. vvv
Hindenburg ist also durch. Gott sei Dank! Knapp genug war's! [. . .]

---

zu Nr. 364
[1] Gemeint ist die »Deutsche Akademie«, das Institut Professor Haushofers, an dem Rudolf Heß eine Assistentenstelle winkte.
[2] Rudolf Heß wurde im April 1925 für ein Anfangsgehalt von 500 RM monatlich der Privatsekretär Hitlers.
[3] Elsbeth Ebertin, Astrologin, die im September 1923 das Scheitern des Hitler-Putsches vorausgesagt hatte, jedoch auch die spätere Führerrolle Hitlers in Deutschland prophezeite.

Nr. 365

Nachdem Frankreich durch den Dawes-Plan finanzielle Garantien für die Erfüllung seiner Reparationsforderungen erhalten hatte, kam die deutsch-französische Entspannung voran. Sie mündete Anfang Oktober 1925 in die Verträge von Locarno, die die deutschen Grenzen im Westen festschrieben, im Osten aber nach wie vor offenließen. Die Verträge ebneten der Weimarer Republik auch den Weg in den Völkerbund. Unterdessen baute Hitler – durch 2400 Veranstaltungen allein im Jahr 1925 und durch allerlei organisatorische Maßnahmen – die NSDAP wieder zu einem politischen Kampfverband auf. Neben Hitlers Sekretär Rudolf Heß bildeten Schatzmeister Franz Xaver Schwarz und Generalsekretär Philipp Bouhler die Spitze der wieder langsam anschwellenden Bewegung.

Maschinenschriftlicher Brief Rudolf Heß
an Klara und Fritz Heß,
Alexandrien/Ägypten

München, 07. 07. 1925

[. . .] Ich hielt mich ohnehin nur einen Tag in M[ünchen] auf, da ich Sonntag früh mit dem Tribunen in Stuttgart war. (Der Tribun fuhr für einen Tag nach Berlin und dann im Schlafwagen nach St[utt]g[ar]t, in der nächsten Nacht wieder nach Berlin!) Ich traf in Stgt. 4 Minuten vor Beginn der Führerbesprechung ein, sprang vor dem Bahnhof in ein Auto und war pünktlich im Saal. Eine kleine Illustration, wie's manchmal »zugeht«, aber gerade das macht Spaß! vvv Neulich war ich für 2 Tage in Berlin (wohnte wieder bei Bechsteins). Der Herr Sekretär bekommt vom großzügigen Tribunen immer 2ter Kl[asse] Schlafwagen. Da kommt er immer frisch an. – [. . .] Abends, als wir das Geschäftliche erledigt hatten und durch die hell erleuchteten Straßen Berlins im Mercedeswagen federten, Maurice am Steuer, kam der Tribun auf den Gedanken, mir den Luna-Park zu zeigen. Das müsse man auch gesehen haben, um Berlin zu kennen. So sind wir denn in diesen Jahrmarktstrubel im Millionenstadt-Stil. Berlin amüsiert sich, wie es auf der anderen Seite aber auch arbeitet. Denn das Getriebe dieses Reichszentrums ist doch imponierend. Und ich hab' diese großzügige Stadt in ihrer Art gern. Der Tribun liebt sie ja abgöttisch! Träumt ja auch immer davon, wie er sie mal noch weiter ausbauen will. vvv [. . .] In Berlin wird er [Hitler], nach einwandfreien Nachrichten unserer heimlichen Anhänger bei der Polizei, ständig von 35 Kriminalbeamten beobachtet, in Autorennwagen verfolgt usw. Stresemann[1] hat Angst, daß er die Deutsch-Nationalen[2] gegen den Sicherheitspakt[3] aufwiegelt! Der T[ribun] erkennt die Beamten vor dem Haus. Beide Seiten grinsen sich vergnüglich an. Als er zur Bahn hierher wollte (an seinem Wagen wird ein Lager ausgewechselt), gelang es ihm, zu einem Hintertor zu entwischen. Am Anhalterbahnhof standen aber schon wieder zwei Beamte, die ihn erwarteten. Sie mußten wohl durch ein Telefongespräch mit mir hier von der beabsichtigten Abfahrt wissen. Na, ihm ist's ziemlich gleich. Es macht ihm Freude, den Beamten dazwischen ein Schnippchen zu schlagen. [. . .]

zu Nr. 365

[1] Gustav Stresemann (1878–1929), Mitbegründer und Vorsitzender der Deutschen Volkspartei (DVP), Reichskanzler und Reichsaußenminister seit 1923.

[2] Gemeint ist die DNVP = Deutsch-Nationale Volkspartei, 1918 von bürgerlichen, konservativen und nationalistischen Politikern des früheren Kaiserreiches gegen den Versailler Vertrag und die Weimarer Republik gegründet, zählte 1924 fast eine Million Mitglieder, wurde bei den Reichstagswahlen desselben Jahres stärkste Fraktion.

[3] Gemeint sind die Locarno-Verträge, die von der DNVP abgelehnt wurden.

Nr. 366

Nach Veröffentlichung des ersten Bandes von »Mein Kampf« im Juli 1925 erschien im Oktober 1926 der zweite Band dieser Mischung aus Autobiographie und Programmschrift, die Hitler in Landsberg verfaßt hatte. Ihre hohe Verkaufsauflage machte ihn wirtschaftlich weitgehend unabhängig. In den innerparteilichen Konflikten setzte sich Hitler gegen den linken »Strasser-Flügel« – genannt nach Gregor Strasser, einem antikapitalistischen Gegner Hitlers innerhalb der NSDAP – und die SA durch. Der erste Reichsparteitag nach dem gescheiterten Putsch am 03. 07. 1926 festigte Hitlers Stellung.

Handschriftlicher Brief Rudolf Heß
an Fritz Heß, Alexandrien/Ägypten

München, 24. 10. 1926

[. . .] So sehr mich die [Berliner Automobil-]Ausstellung reizt, will ich doch möglichst hierbleiben, um den Druck des zweiten Bandes [von Hitlers »Mein Kampf«] zu überwachen, nochmals die Druckbogen durchzukorrigieren, vor allem auch noch kleine stilistische Korrekturen anzubringen, die man erst sieht, wenn die Sache gesetzt ist, da ja leider das Manuskript nicht zweimal geschrieben wurde, wie sich's gehört. Die Zeit war zu knapp. Außerdem will ich diesmal die Seitenüberschriften machen. [. . .]
Heut' ist Sonntag. Ich will nachher mit dem Tribunen, Maurice und Ilse Pröhl bei Rückforth – ein neuentdecktes Lokal in der

Neuhauserstr. – als Gast des Tribunen essen. – Gestern war ich mit ihm im »Ben Hur-« Film. Er ist teilweise sehr gut, wenn auch dazwischen kitschige kolorierte Bilder kommen. Im übrigen ist er ein sehr geschickter Propagandafilm für das Judentum, wobei nicht mal vor so groben Geschichtsfälschungen zurückgeschreckt wurde, daß die Römer Christus ans Kreuz schlugen und die guten Juden es vergeblich zu verhindern suchten. [. . .]

Nr. 367

Nach wie vor hielt die NSDAP Verbindung zu nationalsozialistischen Kreisen in den USA.

Handschriftlicher Brief
Rudolf Heß an Herrn Volck[1],
[Aufenthaltsort unbekannt]

München, 12. 12. 1926

[. . .] Besonders lieb wäre es mir, wenn ich Sie vor Ihrer beabsichtigten Amerika-Reise sprechen könnte. In diesem Fall hätte ich eine besondere Bitte an Sie, über die ich mich aber nicht schriftlich äußern möchte. [. . .]

---

zu Nr. 367
[1] Konnte nicht ermittelt werden.

Nr. 368

Fritz Heß, der Vater von Rudolf Heß, hatte durch britische Enteignung im Ersten Weltkrieg sein gesamtes Vermögen in Ägypten verloren. Er war mit den Entschädigungen, die ihm die Weimarer Republik bot, wie viele andere ehemalige Auslandsdeutsche in ähnlicher Lage, sehr unzufrieden.

Handschriftlicher Brief Fritz Heß
an Rudolf Heß, München

Alexandrien/Ägypten, 16. 12. 1926

[. . .] Endlich bin ich dazu gekommen, Dir die Antworten auf Deinen Fragebogen bezüglich Regierungsentschädigung [für das sei-

nerzeit in Ägypten enteignete Vermögen der Familie Heß] aufzustellen.
Anbei 2 Antwortbogen, die alles Wissenswerte aufweisen. Das Schlußergebnis ist, daß von der Schadenssumme

angemeldet: Fritz Heß privat	M. 824.600,–
angemeldet: Heß & Co.	M. 2.512.400,–
	M. 3.337.000,–

bzw. vom heutigen Wert	
Fritz Heß	M. 2.849.200,–
Heß & Co.	M. 4.112.400,–
	M. 6.961.600,–

sage und schreibe
M. 14.744,– an Fritz Heß
M. 3.000,– an Heß & Co.
M. 17.744,–

bis heute vergütet worden sind, also etwa ½% des angemeldeten Vorkriegswertes. Berücksichtigt man noch, daß laut Friedensvertrag, also ab 1919, also seit 7 Jahren, die Entschädigung fällig ist, so ergibt sich noch eine sehr erhebliche Verzugszinsen-Summe, die das Reich bisher gefressen hat.
So wird man vom Vaterland behandelt, und da halten die Berliner Oberbonzen große Reden. [. . .]

Nr. 369

Am 09. 01. 1927 starb der Schwiegersohn des Operndichters Richard Wagner, Houston Stewart Chamberlain, in Bayreuth. Der britische Kulturphilosoph, der eine völkisch-mystische Weltanschauung auf rassistischer Grundlage vertrat, war 1916 deutscher Staatsangehöriger geworden. Er zählte zu den ideologischen Lehrmeistern Hitlers.

Handschriftlicher Brief Rudolf Heß
an Klara und Fritz Heß,
Alexandrien/Ägypten

Coburg, 11. 01. 1927

[. . .] Fuhr daher direkt hierher, mit der Bahn, wo ich morgen mit dem Tribunen an der Beerdigung Chamberlains[1] teilnehme. Der

Tribun war ja einer der wenigen, die noch ein paar Mal den todkranken Mann besuchen durften. Die Augen des letzteren strahlten dann immer, wie mir Frau Wagner[2] erzählte. Das letzte Mal brachte er sogar ein »Heil« über die Lippen. [. . .] Deutschland trägt einen seiner großen Denker zu Grabe, einen »germanischen Vorkämpfer«, wie auf dem Kranz steht, der im Namen der Bewegung niedergelegt wird. [. . .]
Für Euer Weihnachtsgeschenk nochmals herzlichen Dank! Der Tribun verehrte mir eine silberne Armbanduhr, die ich sehr brauchen konnte, u. einen Füllfederhalter (letzteren im eigenen Interesse, da er seinen nie dabei hat u. mein alter angeblich immer die Finger beschmierte oder leer war vvv) Habt Ihr drüben Gelegenheit, das Mussolini-Buch[3] zu lesen? [. . .] In vielen großen und kleinen Zügen erkenne ich meinen Tribunen wieder: In der Art, Probleme zu erfassen, in der Starrheit, im Jähzorn, dann auch wieder in der Persönlichkeit seinen internen Gegnern gegenüber, bis zur »Sorglosigkeit, mit der er ein Heft verliert«, in dem er einst im Gefängnis seine Jugenderinnerungen aufschrieb. Bei beiden taucht ein Augenblick auf, in dem an einem Kameraden, der beleidigt und geschlagen hatte, hinterher mit Lederriemen u. spitzen Steinen Rache genommen wird bis zur Besinnungslosigkeit. Bei beiden machte es Eindruck bis in die heutigen Tage. Der Tribun erzählte mir in der Festung [Landsberg] davon. Auch in der politischen Auffassung sind viele Parallelen, so in der Stellung zur katholischen Kirche, in der Klugheit bei der Behandlung dieser heiklen Frage. [. . .]

---

zu Nr. 369

[1] Houston Stewart Chamberlain (1855–1927), Schriftsteller, verheiratet mit Eva, Tochter Richard Wagners. Die in seinem Werk »Die Grundlagen des 19. Jahrhunderts« vertretene rassenideologische Deutung der Geschichte beeinflußte Hitlers politische Vorstellungen.

[2] Winifred Wagner (1897–1980), Frau von Siegfried Wagner, dem ältesten Sohn von Richard Wagner. Fördernde Freundin von Hitler.

[3] Da Mussolini sehr viel veröffentlicht hat, konnte das Buch nicht identifiziert werden.

Nr. 370

Während es Außenminister Stresemann unter Anerkennung des territorialen status quo gelang, die Weimarer Republik aus ihrer internationalen Isolierung herauszuführen, trat Hitler vehement und mit allen dem-

agogischen Mitteln für die Beseitigung des Versailler Vertrages und für die Umwandlung der parlamentarischen Demokratie in einen antisemitischen, antimarxistischen und expansionistischen Führerstaat ein. Da er in den meisten Ländern des Reiches Redeverbot hatte, konnte er seine Position vor allem in Thüringen, das ihm keine Beschränkungen auferlegte, ausbauen. Ab März 1927 durfte Hitler freilich auch wieder in Bayern auf Massenveranstaltungen als Redner auftreten.

Handschriftlicher Brief Rudolf Heß
an Ilse Pröhl, München

Eisenach, 14. 01. 1927

[. . .] Abends große Versammlung hier im Saal des Hotels, über 2.000 [Zuhörer]. Erst klebriges Nichtmitgehen, viel hochnäsiges Bürgertum. Statt der beabsichtigten 1½ Stunden sprach er [Hitler] 2½ [Stunden]. Zum Schluß hatte er sie. Der bisher uns feindlich gegenüberstehende leitende Polizeioffizier kam zum Schluß in heller Begeisterung zu mir, ich solle ihn dem Trib[unen] empfehlen, er stimme ihm in jedem Satz zu, es sei ganz glänzend gewesen u. eine große Überraschung: er habe sich in ihm einen kleinen Demagogen vorgestellt.
Aber der Tribun war fertig! Käsebleich, eingefallen, wankend, noch nach dem Bad, den Kopf schweigend auf den Tisch gelegt, kaum mehr verständlich vor Heiserkeit. Ich tue es nie wieder, so knapp hintereinander zwei Versammlungen anzusetzen, auch wenn er wie diesmal einverstanden [ist]. [. . .]

Nr. 371

Handschriftlicher Brief Rudolf Heß
an Ilse Pröhl, München

Weimar, 23. 01. 1927

[. . .] Hab' ich meine Übereilung mit dem ersten Brief wieder ausgeglichen? vvv Ist Dir allmählich die Zornesader wieder geschwollen ob des langen Schweigens auf den langen Anlauf hin? vvv Na, sei beruhigt – böse Absicht auf Deinen Triumph hin war es nicht. Ich schrieb ja den ersten langen lieben Brief vorahnenderweise, daß in nächster Zeit es wohl wieder in *einer* Hatz dahingeht oder der Tribun einen zur Gesellschaftsleistung beschlagnahmt.
Aber schlechtes Gewissen hat mich plötzlich gepackt wegen der

Finanzen. Schließlich sitzest Du blank da! Ich hoffe wenigstens, das Los war nicht etwa ein Gewinner, daß ja sonst im letzten Gang das große Glück nicht darauf fallen könnte. vvv Ich lege also für alle Fälle 10 M[ark] bei, die wohl bis zu meiner Rückkehr für's Nötigste reichen. Ich denke, am 27. [Januar 1927][1] werden wir einkassieren. [. . .] [Hervorhebg. i. Orig.]

---

zu Nr. 371
[1] Möglicherweise irrtümliche Anspielung auf die thüringische Landtagswahl vom 30. 01. 1927, bei der die NSDAP nur drei Sitze gewann.

Nr. 372

Handschriftlicher Brief Rudolf Heß
an Klara Heß, Alexandrien/Ägypten

Weimar, 23. 01. 1927

[. . .] Viel weist darauf hin, daß es auch im Großen ein bedeutungsvolles [Jahr] ist für Deutschland. Seit Jahren decken sich alle Voraussagen darin. Und dieser Tage las ich erst bei Mutschmanns[1] – die Euch grüßen lassen – in einem kleinen astrologischen Büchle für 1927, daß in diesem Jahr in Deutschland eine Änderung der politischen Lage eintreten werde, und alle Anzeichen sprächen dafür, daß der Mann, der es schaffen werde, den unteren Schichten des Volkes entstamme.

Unabhängig von all' dem, auf das der Tribun nicht viel gibt, wenn er es auch nicht ablehnt, ist dieser von sich aus überzeugt, daß er dies Jahr seinen großen Aufstieg nimmt. »Sie werden sehen, Heß, ich habe Recht! Wer soll's denn sonst auch machen?! Ich kenne doch die ganzen Politiker bei uns, es ist doch nicht ein einziger wirklicher Kopf, kein einziges Genie darunter!« Und er hat recht zu dieser Überzeugung von sich selbst. Ich wollte, Ihr hättet einen dieser Vorträge in Thüringen hören können! Seine Vorträge werden immer klarer, schärfer, einfacher im Aufbau. Von unwiderlegbarer Logik. Dabei künstlerisch in den lebendigen Bildern, oft ein aus dem Augenblick heraus schaffender Dichter in der Schönheit der Sprache.

Auf der anderen Seite ist er aber wieder so kühl überlegen, so ganz Politiker größten Formats, Staatsmann. Er hält sich ganz fern von den kleinlichen Tagesfragen, »die für die deutsche Nation ebenso wichtig sind wie für den Schwerkranken, ob die Suppe mit dem Löffel zu essen ist oder ob sie zu trinken sei«. Er zeigt immer das ganz große Grundsätzliche, das dann durchgeführt einst ganz von selbst die Heilung des anderen allen nach sich ziehen muß. [. . .]

---

zu Nr. 372

[1] Martin Mutschmann (1879–1948), seit 1924 Gauführer der sächsischen NSDAP.

Nr. 373

Aus diesem Brief, den Rudolf Heß an seine Kusine schrieb, gehen noch einmal die Motivationen der frühen Nationalsozialisten hervor.

Maschinenschriftlicher Brief Rudolf Heß
an Gret Georg, Schweinfurt

München, 15. 04. 1927

[. . .] Dieser Tage las ich wieder mal ein Buch über Sowjet-Rußland das in den Schilderungen der Tscheka [1] mit anderen Berichten nur zu sehr sich deckte (mir noch nicht ganz erklärlicherweise erschien sogar im Verlag der Frankfurter Zeitung solch ein Buch). Vor allem decken sich aber auch die Berichte mit denen von Bekannten, die selbst drüben waren. Der Tscheka ihre Aufgabe war und ist die Beseitigung der einst führenden Schichten in Rußland, die Ausrottung der Intelligenz, vom Gelehrten bis zum Unternehmer von einst, aller derer, die vielleicht nochmals gegen den Kommunismus hätten aufstehen können, die hätten führen können. Die Tscheka-Leute – die Kommissare übrigens fast durchgehend – Juden und . . . Jüdinnen – haben das Hinrichten bald wie eine Art Sport betrieben. Die Beschreibungen dieser Blutorgien sind grauenhafter wie alle Vorstellungen der Phantasie. Nach monatelanger Gefangenschaft der ziemlich wahllos zusammengetriebenen Opfer in kalten finsteren Kellern, in denen sie halbbekleidet aneinander gepfercht vegetierten, geschah die Abschlachtung auf abwechslungsreichste und unterhaltsamste Weise z. B. durch Einblasen überhitzten Dampfes, was sich aber vielerorts als unpraktisch erwies, weil das durch die Reaktion des kalten Kellers zu lange dauerte und die Bewohner der Nachbarschaft durch das stundenlange Schreien nervös wurden. Man ist dann zu anderen Systemen der Massenhinrichtung übergegangen, wie zum schubweisen in die

Tiefe stürzen lassen durch Wegziehen des Fußbodens; da mußten aber wieder die auf die anderen Drauffallenden erst nachträglich umgebracht werden. Dazwischen hat man aber auch zum Spaß einzelne nach allen Methoden mittelalterlicher oder chinesischer Folter umgebracht wie Därme aus dem Leib winden, Augen ausbrennen usw. (Hauptm[ann] v. Pf[effer?][2] fand selbst solche Opfer im Baltikum.) v. Pf. erzählte mir auch, daß sie eine baltische Adelsfamilie in einem ganz kleinen Raum eingeschlossen fanden. Der Mann war erschossen worden; die Leiche mußte aber im Raum bei Frau und Kindern bleiben; in welchem Zustand sie sich befand, will ich nicht weiter beschreiben. Überhaupt will ich Dir die Fortsetzung der Schilderungen, die ins Unendliche gehen könnte – man glaubt nicht, wie erfinderisch perverse Menschen bei der Befriedigung ihrer Bluttriebe sind – ersparen. Wenn ich Dir davon schrieb, so nur aus einem Grunde: *Nur wer sich obiges lebendig vor Augen hält, darf über uns und unsere Methoden urteilen.* [. . .]

So, das betraf die eine Seite unseres Kampfes, die negative, abwehrende. Nun zur positiven, aufbauenden: Gerade Du, Gret, die Du mit mir gemeinsame Kindheitserinnerungen hast, weißt, wie ich unter dem Zustand leide, in den man unsere einst so stolze Nation gebracht hat. Du weißt, was uns Auslandsdeutschen insbesondere die Flotte war, die Armee, das Ansehen, das uns im Ausland entgegengebracht wurde, die Ehre unserer Flagge. Ich hab' gekämpft für all das dort, wo ein Mann in meinem Alter selbstverständlich zu kämpfen hatte, dort, wo es am härtesten zuging, in Dreck und Schlamm, in der Hölle von Verdun, von Artois und wo es sonst war, hab' das Todesgrauen in allen Spielarten durchgekostet, bin in Trommelfeuer tagelang geschüttelt worden, schlief in einem Unterstand, in dem ein halber Franzose lag, habe gehungert und gelitten, wie eben Frontkämpfer gehungert und gelitten haben. Und das soll alles umsonst gewesen sein?! Und das Leiden der Mehrheit der Guten der Heimat soll umsonst gewesen sein? Ich weiß von Dir selbst, was Ihr Frauen durchgemacht habt! Nein, wär's umsonst gewesen, bereute ich heute noch, daß ich am Tag, da die ungeheuerlichen Waffenstillstandsbedingungen und ihre Annahme bekannt wurden, ich mir nicht eine Kugel durchs Hirn jagte. Ich tat es damals nicht in der einzigen Hoffnung: Du kannst noch irgendwie dein Teilchen beitragen zur Wendung des Schicksals. Und als ich dann nach erfolglosem Herumirren im Jahre 1920 den *einen* Mann traf, wußte ich nach einer Stunde seines Vortrags und nach kurzem persönlichen Zusammensein: der oder keiner schafft's. Hier kann ich noch mitwirken mit Aussicht auf Erfolg; der ist das einzige, der ganz klar erfaßt hat, auf was es ankommt. Wenn überhaupt einer noch Deutschland zu Macht und Ansehen und Ehre zurückführen kann, oder selbst nur den Weg dazu vorbereiten kann, dann ist's dieser. Wenn einer die unerläßlichste Voraussetzung zustandebringt, die Nationalisierung der Masse und hierzu wieder auf der rechten Seite die Grundlagen schafft, so *der*! Und nur mit Hilfe einer nationalisierten Volksmasse vermögen wir die Lebensbedingungen für unsere Nation zu erringen, die materiellen und kulturellen, die ideellen Fesseln des Versailler Vertrags zu brechen und – Raum zu erhalten für unser Volk, Raum! Luft für Entwicklung, Wohlstand, die Voraussetzung für weitere kulturelle Entwicklung.

[...] Was schreibst Du mir also von der »gesünderen Basis«, die Du mir wünschest. Ich stehe auf der gesündesten Basis, die heute für mich möglich ist, unter den gegebenen Umständen. Denn wisse: auf ungesunder Basis befinden wir uns alle, die wir die zweifelhafte Ehre besitzen, heute dem deutschen Volke anzugehören! Und die geänderte Basis [zu] schaffen, ist die Aufgabe der Nationalsozialisten. [...]

Das Bürgertum hat im Kampf gegen die volkszersetzenden Kräfte restlos versagt, das wird man doch hoffentlich zugeben! Es könnte selbst daran zugrundegehen wie in Rußland. Nicht an uns stirbt es – im Gegenteil, vielleicht vermögen wir es noch vor dem russischen Schickasl zu bewahren. Und »abschrecken« würden wir's?! Ach nein, das [Bürgertum] trottet mal eben so brav mit wie es schon bei anderen Gelegenheiten mitgetrottet ist. [...]

Aber vielleicht verstehst Du, wenn mich manchmal eine maßlose Verachtung für unsere besitzenden Kreise packt. Tausende und Zehntausende unter uns opfern ihr Letztes in einem bitterernsten Kampf für die ganze Nation, sie geben ihren letzten Groschen, opfern ihre Nächte, sind bereit, Gesundheit und Leben hinzugeben. Aber es ist bitter, wenn man so völlig im Stich gelassen wird von denen, die es mit am meisten angeht, von denen man wenigstens einen gewissen guten Willen zum Verständnis erwarten könnte. [...]

Die größte Freude war mir, dieser Tage zu hören, daß Hans Grimm[3] der Dir wohl auch bekannte Verfasser des besten neueren politischen Romans, »Volk ohne Raum«, zu einem Bekannten sagte: »Entweder H[itler] schafft's, oder keiner schafft's!«

Und ganz intensiv mit uns befaßt hat sich Chamberlain[4]. Er strahlte immer, wenn der Tribun ihn besuchte. Er las alles, was vom Tribunen kam, einschließlich seiner Presse. Von ihm stammt das Wort, das ich Dir zum Schluß anführen will: »Der Idealist wird immer siegen ... er allein – wie anfechtbar sein Ideal auch sein mag, ja, wie alles Menschliche auch sein muß – er allein besitzt jene übermäßige Lebenskraft, welche ihren Willen gegen anderen Willen durchsetzt ... Wir müssen darauf bedacht sein, in den Herzen unserer Zeitgenossen ein neues Bildungsideal zu wecken, ein vollkommenes klares, zusammenhängendes, logisches, zugleich ein feuriges, unabweisbares, mit aller Zauberkraft der Sehnsucht begabtes; besitzen wir es erst, so wird es sich als ein Übermenschliches schon selbst den Weg in die Praxis bahnen.« [...] [Hervorhebgn. i. Orig.]

---

zu Nr. 373

[1] Russisches Kurzwort für »Außerordentliche Kommission zum Kampf gegen Konterrevolution und Sabotage«, von 1917 bis 1922 die politische Polizei des bolschewistischen Rußlands. Sie trug als Instrument des »Roten Terrors« besonders zur Stabilisierung der Sowjetunion unter Josef Stalin bei, seit 1922 Generalsekretär der KPdSU.

[2] Franz Pfeffer von Salomon (1888–1967), Hauptmann a. D. und Freikorpsführer, ab 1926 Leiter der Personalabteilung der SA, 1931 Oberster SA-Führer (»OSAF«).

[3] Hans Grimm (1875–1959), deutscher Schriftsteller, dessen Roman »Volk ohne Raum« die Forderung nach mehr Lebensraum für das deutsche Volk enthielt.

[4] Gemeint ist Houston Stewart Chamberlain (vgl. Anm. 1 zu Dokument-Nr. 369).

Nr. 374

Auch im Ruhrgebiet, einst Hochburg der Kommunisten und Sozialdemokraten, faßte die nationalsozialistische Bewegung Ende der zwanziger Jahre allmählich Fuß.

Handschriftliche Postkarte Rudolf Heß
an Ilse Pröhl, München

Essen, 25. 04. 1927

[...] Essen im Zeichen des Hakenkreuzes u. unserer Flagge! Umstehend der Begrüßungsobelisk auf dem Platz vorm Bahnhof! Von der Ausstellungshalle wehten unsere Banner lustig im Wind. Der Tribun nahm den Vorbeimarsch ab – strahlend. vvv Alles verlief in Ruhe. – Goebbels[1], Strasser[2], Himmler[3], Hallermanns[4] usw. lassen das Frl. Braut grüßen. Ich schließe mich an, und zwar herzlichst. [...]

zu Nr. 374
[1] Joseph Goebbels (1897–1945), Journalist, 1926 Mitglied der NSDAP, dann Geschäftsführer des Gaues Ruhr, ab November 1926 Gauleiter von Berlin-Brandenburg. Gleichzeitig von 1925 bis 1927 Schriftleiter der von Gregor Strasser herausgegebenen »Nationalsozialistischen Briefe«, 1927 bis 1935 Begründer und Herausgeber der Zeitschrift »Der Angriff«, ab 1928 Reichstagsabgeordneter, ab 1929 Reichspropagandaleiter der NSDAP.
[2] Vgl. Anm. 1 zu Dokument-Nr. 360.
[3] Heinrich Himmler (1900–1945), Studium der Landwirtschaft, ab 1923 Mitglied der NSDAP und des Freikorps Reichskriegsflagge. Er nahm am Hitler-Putsch teil, wurde 1925 Geschäftsführer des Gaues Niederbayern und von 1926 bis 1930 stellvertretender Reichspropagandaleiter der NSDAP, ab 1929 Reichsführer der SS.
[4] Adjutant Pfeffer von Salomons.

Nr. 375

Dabei sprach Hitler nicht nur vor Arbeitern, sondern auch vor Unternehmern.

Handschriftliche Postkarte Rudolf Heß
an Ilse Pröhl, München

Essen, 27. 04. 1927

[. . .] Des Tribunen Rede ist vorbei. Etwa 2½ Stunden sprach er vor den Wirtschaftlern. Es war unerhört! Hat sich selbst übertroffen! Ich hab' ihn kaum je so gehört. Gereizt durch die erste Stunde eisigen Schweigens steigerte er sich derartig, daß gegen Ende in immer kürzeren Zwischenräumen die etwa 400 Anwesenden geradezu in *Beifallsorkane* ausbrachen! Dabei war einer unserer ältesten und angesehensten Industriekapitäne, Kirdorf[1], zugegen: ein knorriger Alter, der in seiner Art an die »Seebären« der Waterkant erinnert. Seine Frau machte die ersten begeisterten Zwischenrufe. Er selbst stand zum Schluß, sichtlich ergriffen, auf und preßte dem Tribunen die Hand. (Dies unter uns!) [. . .] [Hervorhebg. i. Orig.]

zu Nr. 375
[1] Emil Kirdorf (1847–1938), deutscher Großindustrieller, Generaldirektor der Gelsenkirchener Bergwerks-AG und führendes Mitglied des Centralverbandes deutscher Industrieller. Er trat 1927 der NSDAP bei, verließ die Partei jedoch 1928 wieder, um 1934 erneut Mitglied zu werden.

Unter ihrem Gauleiter Joseph Goebbels machte die NSDAP im Laufe des Jahres 1927 auch in der von SPD und KPD beherrschten Reichshauptstadt Berlin Fortschritte, in der sie als Partei vorher bedeutungslos gewesen war. Im Grunde begann damit der Kampf um die Machtergreifung im Reich. Denn wer Berlin hatte, der hatte Deutschland. Am 01. 05. 1927 trat Hitler erstmals als Parteiredner in Berlin auf – noch auf einer geschlossenen Veranstaltung. Nach diversen Zwischenfällen wurde seine Partei von der preußischen SPD-Regierung bald darauf in Groß-Berlin verboten.

Maschinenschriftlicher Brief Rudolf Heß
an Klara und Fritz Heß,
Alexandrien/Ägypten

München, 17. 05. 1927

[. . .] Die letzte Reise [durch das Ruhrgebiet] war sehr interessant. [. . .]
Die Direktion der Krupp-Werke stellte alles zu einer großen Besichtigung des Werkes bereit, Autos usw., die Direktoren rissen sich darum, ihn [Hitler] zu führen. Leider kam an dem betreffenden Tag dem Tribunen etwas dazwischen. Unerwartet für die Leitung gingen wir dann am nächsten Tag – ganz unauffällig – hin, was dem Tribunen an sich lieber war. Wir sahen die Sammlungen [im Werksmuseum], die Modelle der Riesengeschütze usw. Gingen durch die gewaltigen Hallen, in denen gerade auch ungeheure Stahlblöcke unter den Schmiedepressen bearbeitet wurden. Trotz der unauffälligen Führung wurde der Tribun fast überall von den Arbeitern erkannt, teils interessiert und freundlich betrachtet, teils haßerfüllt. – Den Gegnern saß der Riesenaufmarsch vom Sonntag vorher [in Essen], an dem auch soviele Arbeiter beteiligt waren, noch in den Knochen. In Hattingen besichtigte ich die »Henrichshütte« der Henschel-Werke unter Führung des Parteimitgliedes, Generaldirektor Arnold. Einem Prachtskerl, der lange bei seinen Standesgenossen verfemt war wegen seiner offenen Sympathie für uns. Allmählich aber wird er anders betrachtet, nachdem der Tribun so oft im Ruhrgebiet sich persönlich gezeigt und seine Vorträge solch' anderen Eindruck vermittelt haben. Der Tribun war nicht mitgegangen, mit Rücksicht auf den Eindruck bei den noch nicht gewonnenen Arbeitern.– [. . .] Abends sprach der Tribun noch bei der dortigen Ortsgruppe. Ein famoses Bild: Der Generaldirektor neben seinen einfachsten Eisendrehern

sitzend. Übrigens mit unsere beste Ortsgruppe. Wir sind weitaus die stärkste Partei am Ort, der fast nur aus der Henrichshütte besteht. Wenn unsere Leute nicht wollen, hält keine andere Partei eine Versammlung ab, auch nicht die kommunistische. Der Führer unserer SA ist ein baumlanger blonder einstiger U-Boots-Matrose, der bis vor einem Jahr noch Führer von »Rot-Front«, der Kampforganisation der Kommunisten, war.
Das erste Auftreten [Hitlers] in Berlin war natürlich ein Ereignis erster Güte für ganz Berlin. Die Zeitungen aller Richtungen brachten Artikel und Bilder des Tribunen – beim Verlassen des Kraftwagens usw. – auf der Titelseite. Nicht immer freundlich – aber man nahm doch Notiz, und zwar sehr! Daher auch das Verbot der »Berliner Ortsgruppe«. Dieser Brocken mußte der kochenden Judenseele hingeworfen werden! Und das Verbot an sich hat erst recht die Aufmerksamkeit der Öffentlichkeit auf uns gelenkt. [. . .]

Nr. 377

Nach dem ersten Atlantikflug des Amerikaners Charles Lindbergh im Mai 1927 von West nach Ost hatte Rudolf Heß den Ehrgeiz, den Ozean als erster Mensch in ost-westlicher Richtung zu überfliegen. Das sollte mit Unterstützung des US-Millionärs Ford geschehen, dem alten Mentor der NSDAP, scheiterte aber dann an diversen Widrigkeiten. Anstelle von Heß überquerten die Deutschen Hermann Köhl, Ehrenfeld Freiherr von Hünefeld sowie der Ire James C. Fitzmaurice im Frühjahr 1928 den Atlantik als erste von Osten nach Westen. Sie brauchten dafür noch 35 Stunden.

Handschriftlicher Brief Rudolf Heß
an Ilse Pröhl, München

Dessau, 14. 07. 1927

[. . .] Hier ist alles [für den Atlantikflug] klar, bis auf die Geldquelle. [. . .]
Bitte drahtet an Ford, deutsch oder englisch, je nach dem was kürzer ist (das Wort kostet etwa 1 M.) wie folgt:
»Nur einmotoriger Aeroplan brauchbar – Gesamtkosten des Fluges einschließlich Versicherung 200.000 Mark – Start vor August Mitte.

Heß«

Das Telegramm müßte am 15. [Juli] abends abgehen. [. . .]

Nr. 378

Handschriftlicher Brief Rudolf Heß
an Klara und Fritz Heß,
Alexandrien/Ägypten

München, 03. 08. 1927

[. . .] Der Parteitag in 2½ Wochen wird sicher ein gewaltiger Aufmarsch des Nationalsozialismus [werden]. Gäste aus aller Herren Länder werden erwartet. Abordnungen u. Führer der antisemitischen Organisationen in diesen. Der »Deutsche Tag« vom Jahre 1923 in Nürnberg wird sicher übertroffen – aber diesmal werden nicht Einzelverbände am Tribunen vorbeimarschieren, sondern nur Nazisozis, unter *einer* Fahne, unter *einem* Führer, in *einer* Idee. [. . .] [Hervorhebg. i. Orig.]

Nr. 379

Inzwischen waren Fritz und Klara Heß, die Eltern von Rudolf Heß, nach Alexandrien/Ägypten zurückgekehrt, um dort ihr Im- und Exportgeschäft wiederaufzubauen. Mit seinem Brief versuchte der Sohn, seinen Eltern die Bedenken gegen den bis vor kurzem geplanten Atlantikflug noch nachträglich auszureden.

Maschinenschriftlicher Brief Rudolf Heß
an Fritz Heß, Alexandrien/Ägypen

München, 17. 08. 1927

[. . .] Der Brief von Kathreiner[1] war freilich eine böse Überraschung, erst für Dich und dann für mich. Denn das wollte ich natürlich auf jeden Fall vermeiden, daß Ihr Euch drüben unnötige Sorgen macht, umso mehr als es sich nur um einen Plan in den Kinderschuhen handelte. Wie hunderten anderen ist auch mir nicht die Finanzierung [des geplanten Atlantik-Fluges] gelungen. [. . .]

An sich ist das Wagnis bei einer günstigeren Jahreszeit als jetzt gar nicht mehr so groß. Drei Amerikaner haben den Flug glatt bestanden; die deutschen Maschinen sind den amerikanischen aber noch weit überlegen. Außerdem sind sie im äußersten Notfall sogar schwimmfähig, dank besonderer Einrichtungen. [. . .]

Wenn ich als erster nach Amerika gekommen wäre, so hättet Ihr hinterher doch nichts dagegen gehabt. vvv Es wäre mir und Euch eine große Freude gewesen, andere Nationen geschlagen zu haben. Und ganz nebenher, außer dem ausgesetzten Preis von 100.000 M, noch mindestens eine halbe Million, wenn nicht eine ganze durch die Angebote in Amerika seitens Kinofirmen, durch Ausstellung des Flugzeugs als »Ozeanmaschine« gegen 1 $ pro Person, durch Verkauf der »historischen« Maschine usw. einzunehmen, wäre doch gar nicht so ohne gewesen. Auch der Firma[2] [Heß] hätte dieses Betriebskapital gut getan. [. . .]

zu Nr. 379

[1] Gemeint ist die Franz Kathreiner GmbH, München, ein Unternehmen der Lebensmittelbranche.

[2] Seit ihrer Wiedereröffnung war Rudolf Heß an der Firma seines Vaters beteiligt.

Nr. 380

Der dritte Reichsparteitag der NSDAP vom 19. bis 21. 08. 1927 in Nürnberg war mit seinen Fahnen, Märschen und Reden eine eindrucksvolle Demonstration für das Wiedererstarken der nationalsozialistischen Bewegung gewesen. An dem Ereignis hatten 20.000 Parteimitglieder – davon 8.500 in Uniform – teilgenommen. Zwar stagnierten die Mitgliederzahlen in den deutschen Städten. Aber die Partei wuchs langsam und stetig. – Am Rande knüpfte Hitler Beziehungen zu dem italienischen Diktator Benito Mussolini. Durch seine Buchhonorare war er jetzt so vermögend geworden, daß er sich auf dem Obersalzberg bei Berchtesgaden ein rustikales Haus, das »Haus Wachenfels«, mieten konnte.

Handschriftlicher Brief Rudolf Heß
an seine Familie[1], Alexandrien/Ägypten

Köln, 17. 09. 1927

[. . .] Seit dem Ende des Parteitags [in Nürnberg], dessen selbst für uns unerwartet großen Erfolg Ihr wohl aus dem »[Völkischen] Beobachter« und »Illustr[ierten] Beobachter«[2] entnommen habt, ziehe ich nunmehr durch die deutschen Lande. Erst nur für ein paar Tage, um dem Tribunen einen Gefallen zu tun, der mich um die Begleitung bat, damit er nicht allein mit dem »Weibervolk« – er zeigt seiner Wiener Schwester[3], seinem Nichtchen[4] und deren Freundin Deutschland – sich zeigen muß. Bald wurde aber eine

»Dienstfahrt« daraus, mit dem Ziel, den Nürnberger Erfolg und seine Wirkung nach Möglichkeit auszunutzen. [...]
Das Nichtchen des Tribunen ist ein hochgeschossener, hübscher 19-jähriger Backfisch, immer lustig und so wenig auf den Mund gefallen wie der Onkel, im Gegenteil: Kaum daß dieser gegen das schlagfertige Mundwerk aufkommt. Nachdem das Nichtchen das Abitur in einer Knabenschule gemacht hat, will der Onkel es in Deutschland studieren lassen. Er ist freilich überzeugt, daß es kaum über das zweite Semester hinauskommt, sondern vorher heiratet. vvv Andere, einschließlich des Nichtchens, sind der gleichen Meinung. vvv [...]
Die Schwester [Hitlers] ist eine famose Frau, die nach dem frühen Tode ihres Mannes aus eigener Kraft die Kinder ernährte und sogar die sämtlichen Schulklassen absolvieren ließ. Ihr Sohn hat kürzlich sein Lehrerexamen bestanden.
Nachdem wir in Dresden schon in der Oper zwei vollendet gute Vorstellungen – »Cavalleria«[5] u. »Bajazzo«[6] sowie »Carmen«[7] – gesehen bzw. gehört hatten, in dem schönsten Opernbau Deutschlands, wie der Tribun wahrscheinlich mit Recht behauptet, gingen wir in Berlin in Schinckels Schauspielhaus zu Shakespeares »Maß für Maß«. Ein echt Shakespeare'scher Schwank, teils zum Brüllen, dazwischen zum Heulen, fast immer mit sprühendem Geist untermischt, freilich auch von einer Derbheit der damaligen Zeit zeugend, daß dem armen Tribunen in Gedanken an Nichterl u. deren Freundin manchmal die Haare sichtbar zu Berge stiegen. vvv Die haben's aber nicht so tragisch genommen. [...]
In Nürnberg war ein sehr wichtiger und vom Geschehen sehr begeisterter Mann mit seiner jungen Frau, der der nächsten Umgebung des »Mannes« in Italien angehört[8]. Ich nahm mich der beiden besonders an, war ihnen sozusagen als Ehrenbegleiter zugeteilt, holte sie im Auto ab usw. Später in München zeigte ich ihnen das »Deutsche Museum«. Sprachen beide gut Deutsch. – *Bitte schweigt aber darüber.* [...] [Hervorhebg. i. Orig.]

---

zu Nr. 380
1 Ausdrücklich eingeschlossen waren Bruder Alfred und Schwester Grete Heß, die mit ihren Eltern nach Ägypten zurückgekehrt waren.
2 Nationalsozialistische Wochenzeitschrift, herausgegeben von der Parteileitung der NSDAP von 1925 bis 1945.
3 Vgl. Anm. 1 zu Dokument-Nr. 337.
4 Die aus der zweiten Ehe von Hitlers Vater stammende Tochter Angela Hitler wuchs gemeinsam mit dem aus der dritten Ehe seines Vaters stammenden Sohn Adolf Hitler auf. Angela Hitler heiratete später einen gewissen Leo Raubal. Die

beiden hatten eine Tochter, die sie ebenfalls Angela oder »Geli« nannten. In dieses »Nichtchen« verliebte sich Adolf Hitler während eines gemeinsamen Aufenthaltes auf dem Obersalzberg. Die junge Frau war damals 20 Jahre alt – 19 Jahre jünger als Hitler. Als sie 1931 Selbstmord beging, wollte sich auch Hitler das Leben nehmen (Vgl. Anmerkung 2 zu Dokument-Nr. 410).

[5] Gemeint ist die Oper »Cavalleria rusticana« von Pietro Mascagni.

[6] Oper von Ruggiero Leoncavallo.

[7] Oper von Georges Bizet.

[8] Gemeint ist der italienische Diktator Benito Mussolini.

Nr. 381

Auch Rudolf Heß, Hitlers Sekretär, lebte jetzt in bedeutend besseren Verhältnissen, so daß er an die Hochzeit mit seiner Braut Ilse Pröhl denken konnte.

Maschinenschriftlicher Brief Rudolf Heß
an Klara und Fritz Heß,
Alexandrien/Ägypten

München, 20. 11. 1927

[. . .] Allmählich erfüllen sich doch die Voraussagen, das Jahr 1927 und unsere Sache betreffend, wenn auch vorläufig noch weniger nach außen sichtbar, sondern mehr kommende äußere Erfolge vorbereitend, mehr im Stillen grundlegend. Beim Tr[ibunen] bedeutet dies Freilegung und Konzentration seiner Kräfte. Für mich, der ich dauernd in seiner Umgebung bin, ist es erstaunlich zu sehen, wie er jetzt geradezu von Tag zu Tag wächst, immer neue Erkenntnisse grundlegender Art hat, alle an ihn herantretenden Probleme noch ganz anders als früher verarbeitet, von Ideen übersprudelt, in seinen letzten Vorträgen sich selbst übertrifft. Der beste Teil seiner Kräfte wurde eben bisher durch Sorgen kleinlichster Art, die doch ungeheuer drückend sind, aufgesogen. Er strahlt und sprudelt über vor guter Laune, so daß es für Dritte verdächtig werden könnte. Denn außer ihm und mir weiß hier keiner Einzelheiten, ja kaum etwas in der großen Linie. – Ich bitte Euch daher auch selbst, meine Andeutungen nicht über die engste Familie hinausdringen zu lassen.

Mit der Erfüllung eines Traumes des Tribunen erfüllt sich auch für mich ein Traum, über den ich Euch nicht eher schreiben wollte, als bis meine Existenz wirklich gesichert ist, und zwar im großen Stil gesichert ist, was nunmehr der Fall, denn es ist in meinen Augen

ein ungesundes Verhältnis in einer Ehe – darum handelt es sich nämlich vvv – wenn die Frau begütert ist, der Mann hingegen unbegütert, ohne über eine entsprechend gesicherte Existenz zu verfügen, so daß er womöglich eines Tages auf die Frau angewiesen wäre. Bei der von mir beabsichtigten Heirat verfügt nun die Mutter der künftigen Frau über ein für heutige Verhältnisse beträchtliches Vermögen [Anmerkung am Rand:] Da Vater als Kaufmann gern Zahlen hört: Ihr Vermögen in der Fa. König & Eppart, Hannover, wurde auf RM 800.000 aufgewertet – und ich habe meine Heirat daher so lang hinausgeschoben, bis meinerseits die wirklich gesicherte Existenz vorhanden [ist]. Denn verlobt bin ich ja schon lange; freilich ohne daß die Öffentlichkeit davon erfuhr. [. . .]
Mit dem Himmel im landläufigen Sinn haben wir beiden ohnehin nicht viel zu tun, ebenso wie wir zu den heutigen Konfessionen kein rechtes Verhältnis haben – wohl gerade weil wir zutiefst religiös sind. Einen Pfarrer, der unserer Auffassung entspräche, kennen wir hier nicht. Daher machen wir unseren Eheschluß für uns mit dem Herrgott ab und verzichten auf die äußere Formalität. [. . .] Das persönliche Verhältnis zwischen Frau »Musch« – so wird die Schwiegermutter betitelt – und mir ist augenblicklich mal wieder erheblich getrübt wegen politischer Meinungsverschiedenheiten; sie steht nämlich politisch auf ganz anderem Boden als ich. Doch ist das nicht das erste Mal, dazwischen stand ich immer wieder sehr nett zu ihr. Daher nehmen wir die Sache auch in diesem Falle nicht allzu tragisch, sondern sind überzeugt, daß der Konflikt über kurz oder lang wieder beigelegt ist. [. . .]
In der Wohnungsfrage übereilen wir uns nicht. Wir sind noch nicht ganz entschlossen, ob wir ein kleines Häusl im Isartal bauen oder uns vorerst mit einer netten Wohnung in der Stadt begnügen. Jedenfalls wird die Wohnungsfrage erst nach Rückkehr von der Hochzeitsreise in Angriff genommen. – Ilse hat dann während meiner meist langen Abwesenheit von München – manche behaupten, diese immerwährende zeitweilige Abwesenheit sei die Garantie für eine glückliche Ehe vvv – Zeit, sich mit der Umzieherei und Einrichtung des Heims zu befassen. – Die Hochzeitsreise soll in die Schweiz gehen und mit Skilauf in den Schweizer Bergen verbunden werden. [. . .]
Der Tribun strahlt, daß wir endlich soweit sind, er war schon lange für das Heiraten. vvv [. . .]

Im Winter 1927/28 begann die Zahl der Arbeitslosen, die schon im Sommer bei einer halben Million gelegen hatte, zu steigen. Die Warnungen vor einer konjunkturellen Überhitzung mit unerwünschten Folgen für die Geldwertstabilität mehrten sich. Der Reichstag hatte sich jedoch über Fragen des nationalen Prestiges zerstritten. Die Reichsregierung besaß nur noch eine formale Mehrheit. Die Agonie der Weimarer Republik kündigte sich an.

Handschriftlicher Brief Rudolf Heß
an Ilse Pröhl, München

Essen, 05. 12. 1927

Mein allerliebstes kleines Mädelchen,
lang kann ich Dich nicht mehr so titulieren – umso lieber tu ich's noch, weil's mich daran erinnert, daß es nicht mehr lang ist. Ich freu' mich ja so auf Lindau – das hat bereits wieder seinen besonderen Klang – auf die Schweiz, auf eine kleine Wohnung. Dieser Tage freu' ich mich besonders, weil Du so toll in Kassel beim Abschied warst und mir als ein engelhaftes Teufelchen in Erinnerung bist. Kleines Kerlchen, in dieser Stimmung kannst Du mich um den Finger wickeln. vvv [. . .] Du kennst ja den Tribunen. Aber gefreut hab' ich mich über ihn. Beginnend bei Jugenderinnerungen, endete er [in dieser Nacht] bei der Rede, die er Julius [Streicher] [1] halten will, d. h. er hielt sie an mich mit funkelnden Augen, blaß vor Wut im Zimmer hin und herrennend, daß man sich hätte fürchten können. vvv Er fauchte ihn – d. h. mich – an, wenn sich ein »Julius« wohlfühle als Anführer einer perfekten Gaunerband, so tue ihm das leid, *er* heiße aber nicht »Julius«*. Auf mein Bemerken, meiner Ansicht nach habe Julius eben doch einen Charakterfehler, fuhr er auf: »Und *ob* er den hat, und ob er charakterlos ist!« Die Lumpen kommen doch alle an die Reih'!
Hier steht's fabelhaft! Vorgestern 6.000 Mitglieder, nur aus dem Bezirk Essen – polizeilich gesperrt. Für morgen wird der Saal nicht reichen. Alles reißt sich um die Einladungen. Vorgestern hat der Vorsitzende der Vereinigten Arbeitgeberverbände [2] ganz erregt bei einem Bekannten angerufen, er habe gehört, der Tr[ibun] halte in der Umgebung, d. h. 2 Stunden Auto[-fahrt] von hier, eine Besprechung ab. Da müsse er unbedingt dabei sein, sein Auto stünde bereit, er fahre sofort los, seine Sitzungen sage er ab usw. Seine Information war freilich ein falsches Gerücht gewesen. Das Ganze ist aber bezeichnend für die Stimmung.

Sie sind halt am Ende ihres Lateins, u. plötzlich soll's der Tr[ibun] machen. Der lächelt schmerzlich – und doch auch wieder zuversichtlich. [. . .] [Hervorhebgn. i. Orig.]

* [Fußnote von Rudolf Heß] und er spreche daher bis auf weiteres nicht mehr in dessen Ort.

---

zu Nr. 382
[1] Vgl. Anm. 2 zu Dokument-Nr. 359 – Streicher gab ab 1923 das antisemitische Hetzblatt »Der Stürmer« heraus und war ab 1925 Gauleiter der NSDAP in Franken. Unklar ist, worauf sich Hitlers Ingrimm über Streicher bezog.
[2] Gemeint ist Ernst von Borsig (1869–1933), Schwerindustrieller, seit 1923 Vorsitzender der Vereinigung der Deutschen Arbeitgeberverbände.

Nr. 383

Am 20. 12. 1927 heirateten Rudolf und Ilse Heß in München.

Handschriftlicher Brief Rudolf Heß
an Klara Heß, Alexandrien/Ägypten

Silvaplana, 14. 01. 1928

[. . .] Doch nun zur Hochzeit, die die Mutter wohl noch mehr interessiert als alle Wünsche, die halt doch nur Wünsche sind, deren Erfüllung nur zum geringsten Teil in unserer Hand liegt.
Also morgens ½11 [Uhr] fuhr des Tribunen Mercedes mit Maurice am Steuer und den beiden Trauzeugen[1] bei der Ainmillerstr. 33 vor. »Wir« stiegen ein, und dahin ging's zum Standesamt I im alten Rathaus (am Tor beim Marienplatz rechts hinauf). [. . .] Ein Diener [. . .] empfing uns oben und nahm die Ausweise der Zeugen entgegen. Er strahlte, als er den Tribunen sah. [. . .] Dem Standesbeamten verschlug es offensichtlich die Sprache – angesichts des Tribunen unterließ er die gewohnte Ansprache, stellte nur die Personalien fest, forderte und erhielt die »Ja« – und zu unserem Staunen teilte er nur mit, daß wir nunmehr getraut seien. Schmerzlos, wie der General [Haushofer] meinte. Wir waren sehr vergnügt. Der Tribun zitternd und blaß vor Aufregung. [. . .]
Es war ein herrlicher sonniger Wintertag. So fuhren wir den General erst am Englischen Garten entlang heim, dann fuhren wir den Tribunen in seine Wohnung – wo wir sein von Bruckmanns[2] als Überraschung neu eingerichtetes Schlafzimmer bewunderten. [. . .] Dann endlich landeten wir wieder in der Ainmillerstr. in

Ilses Zimmer, das die beiden Schwägerinnen inzwischen reizend hergerichtet hatten mit Grün u. Lichtern u. Blumen, einen Tisch gedeckt mit allerhand Gaben und einer kleinen Flasche Sekt. [. . .] Die Lichter spiegelten sich in der großen Silberschale für Obst vom Tribunen, am Fuß eine Widmung in seiner Handschrift eingraviert. [. . .]
Mit den Schwestern stießen wir an, als wir uns zu unserem kleinen Imbiß setzten, vor allem auch auf Euch Ägypter. Wir wußten Euch bei uns, daß sogar Telegramme von Euch unterwegs sind, ahnten wir nicht. Da wir uns über den Tafelaufsatz des Tribunen so gefreut hatten, riefen wir ihn an und baten ihn, doch [auf] einen Sprung zu kommen, was er auch tat. Er aß sogar ein paar Brötchen mit – ein furchtbares Vergehen vor Frau Bruckmann, die nur unter der Bedingung die Feier auf den Abend gelegt hatte, daß wir nicht zusammenkämen mittags und äßen. Sie hatte nämlich Angst, daß der Tribun dann zuviel im vorhinein zu sich nähme und abends dafür nicht genügend das Festessen (Forellen, gebackene Schwarzwurzeln auf Spinat, Lende usw., Fürst Pückler, entsprechende Weine u. Sekt) genieße. Der gute Tribun hat dann abends vor lauter Aufregung aber doch nichts oder nur wenig gegessen, so daß er nach beendeter Feier mit Freund Maurice noch was aß. vvvv Das darf aber Frau Br[uckmann] um des Himmels Willen nicht erfahren! vvv [. . .]

---

zu Nr. 383

1 Die beiden Trauzeugen von Ilse und Rudolf Heß waren Adolf Hitler und Professor Karl Haushofer.

2 Hugo und Elsa Bruckmann, Münchner Verlegerehepaar und Förderer Hitlers. Bei Bruckmann erschienen u. a. die Werke von Houston Stewart Chamberlain. (Vgl. Anm. 1 zu Dokument-Nr. 369)

Nr. 384

Handschriftlicher Brief Rudolf Heß
an Ilse Heß, München

Essen, 08. 03. 1928

[. . .] Übrigens ist der Tribun von brasilianischen Parteigenossen (Eichhorns) eingeladen, mit ihnen auf der »Cap Arcona«, 1. Kl., nach Südamerika zu reisen, die 14 Tage, die der Dampfer drüben liegt, das Land anzusehen und dann allein wieder zurückzufahren!! Ich versuche, ihn zur Zusage zu bringen. Die 6 Wochen wird die

NSDAP schon nicht zum Schlachtfeld aller entfesselten Leidenschaften werden. *Was würde aber dieser Blick hinaus für den Tr[ibunen] bedeuten! – Er entwickelt sich überhaupt gerade in letzter Zeit einfach erstaunlich fort. Die Vorträge vor den Wirtschaftlern sind von unübertrefflicher Klarheit und Prägnanz.* Und inhaltlich derart, daß ich den Ausdruck eines feinen älteren Herrn in Heidelberg, der ihn zum erstenmal hörte, unserem Herrn Pfeidinger gegenüber begreife: *»Ein Genie! Ein Genie!«* Und wie hat er gelernt, bei seiner uferlosen Phantasie, beim Gedanken an die Verwirklichung seiner Ideen mit den Realitäten, mit den Grenzen des augenblicklich Möglichen zu rechnen! *Er hat mir einen Vortrag über die Lösung des Judenproblems gehalten, daß ich innerlich staunte.* – Im Zusammenhang mit dem u. vielem anderen gibt er mir zu, was ich schon lange behaupte, daß es eine dankenswerte Fügung des Schicksals war, daß er 1923 nicht zum Zug kam, so sehr ihm das Unternehmen damals die Grundlage zur endgültigen Popularität gab. Man kennt ihn; und daß er nötigenfalls die Entschlossenheit zur Tat aufbringt, bezweifelt wohl auch niemand mehr. Abgesehen von der Festungszeit, von der er selbst meint, daß die Gegner diese am meisten zu bedauern allen Grund hätten. Denn hier hatte er Zeit, sich zu sammeln u. grundlegende Erkenntnisse zu schöpfen.
Sein Lieblingsgedanke sind augenblicklich die Staats-Universitäten, in denen der Nachwuchs der staatlichen Führer herangebildet wird. Eine davon kommt an den Chiemsee – schon damit die jungen Menschen Wassersport treiben sowie – Skilaufen und Kraxeln können. vvv Ein Internat nach englichem Muster, mit Stadion, ein »Gymnasion«. Äußerlich im oberbayerischen Stil. Hauptfächer Rhetorik, Massenpsychologie, Geschichte, in der der Hauptwert auf den Triebkräften, inneren Zusammenhängen usw. liegt. Sportlehrer sind Offiziere. Neben der »alten Universität« entstehen die »Havel-Universität« und die »Rhein-Universität«. 100 Millionen für diesen Zweck seien wichtiger als 100.000 Millionen für einen Schlachtkreuzer! Das ist unser Tribun von heute! vvv [. . .] [Hervorhebgn. i. Orig.]

Nr. 385

Im Januar 1928 platzte die bürgerliche Rechtskoalition in Berlin. Im Frühjahr 1928 wurde das NSDAP-Verbot wiederaufgehoben. Bei den Reichstagswahlen im Mai gab es einen Linksrutsch. Die NSDAP war jetzt nur noch mit 12 (vorher 14) Sitzen im Reichstag vertreten – ihre Verluste waren jedoch geringer als die der DNVP, des Zentrums oder der DVP. Reichskanzler Hermann Müller (SPD) übernahm die Regierung an der Spitze einer Großen Koalition, die nur unter großen Mühen zustande kam.

Handschriftliche Postkarte Rudolf Heß
an Klara und Fritz Heß,
Alexandrien/Ägypten

München, 06. 06. 1928

[. . .] Verzeiht das lange Schweigen. Aber: erst die Wahl[1] (mit der wir übrigens, soweit sie uns betrifft, zufrieden sein können), und dann der Umzug. Wir haben nämlich eine Wohnung!! vvv Und noch dazu eine, die unserem Traum entspricht. In einem Neubau in der Nähe des Schwab[inger] Krankenhauses, zwischen Leopoldstraße und Luitpold-Park. 3 Zimmer, Küche, Mädchenkammer usw. und – die Hauptsache vvv – ein wundervolles modernes, gekacheltes Badezimmer. In ihm wie in der Küche über d. Spültisch Sommer und Winter kaltes und 70–80° heißes Wasser! In drei Minuten hat man ein heißes Bad. Und die »Hausfrau« behauptet, daß das Geschirrspülen geradezu ein Vergnügen ist. [. . .]

---

zu Nr. 385
[1] Gemeint ist die Reichstagswahl, bei der die NSDAP auf 2,6% der abgegebenen Stimmen und 12 Sitze kam. Im Vergleich zur Wahl im Dezember 1928 hatte die NSDAP zwei Mandate verloren.

Nr. 386

Maschinenschriftlicher Brief Rudolf Heß
an Klara und Fritz Heß,
Alexandrien/Ägypten

München, 28. 06. 1928

[. . .] Samstag/Sonntag fahren wir nach Berchtesgaden, wo ich an sich zum Tribunen muß, der dort ein neues, anscheinend sehr gutes Buch über Außenpolitik schreibt[1]. Dann steigen wir mit Pfeffer[2] auf's »Steinerne Meer«. – Mit dem Wahlergebnis waren wir Nazis durchaus zufrieden. Mehr hatten wir auf den Kampf im völk[ischen] Lager hin nicht erwartet – im Gegenteil! Nun ist der Kampf endgültig entschieden. Das Bessere, Stärkere, Kampfkräftigere hat sich auf dem Wege der natürlichen Auslese durchgerungen und besteht als einzige Partei völkischer Richtung fort, einheitlich in der Leitung, einheitlich im ganzen Aufbau. Die Einigkeit wurde nicht erzielt durch Kompromiß – umso fester und homogener ist das Ergebnis. Damit ist auch das Vertrauen zu uns wiedergekehrt. Gleichgültig, wann die nächste Wahl auch wäre, nunmehr wäre das Ergebnis für uns ein ganz anderes! Marxisten usw. wissen das am besten und werden daher in Preußen bald versuchen, wieder gegen uns vorzugehen. Es hilt ihnen auf die Dauer aber doch nichts! [. . .]

---

zu Nr. 386

[1] Gemeint ist Hitlers zweites Buch, das erst 1961 der Öffentlichkeit zugänglich gemacht wurde und das eine Art Ergänzung zu »Mein Kampf« darstellt. Vgl. Hitlers zweites Buch. Ein Dokument aus dem Jahr 1928. Eingeleitet und kommentiert von Gerhard L. Weinberg; Stuttgart 1961.

[2] Gemeint ist Franz Pfeffer von Salomon. (Vgl. Anm. 2 zu Dokument-Nr. 373)

Nr. 387

Im Streit um den »Panzerkreuzer A« – ein kleines Kriegsschiff, dessen Bau der Versailler Vertrag zuließ – verlor der Reichstag an Glaubwürdigkeit. Der rechts stehende Medien-Zar Alfred Hugenberg übernahm die Führung der Deutsch Nationalen Volkspartei (DNVP). Die Landwirtschaft wurde bereits von einer Krise geschüttelt, die Arbeitslosenzahlen stiegen, und vor diesem Hintergrund wirkte Hitler wie ein Magnet auf die Berliner, die jetzt zu Tausenden in die NSDAP strömten.

Maschinenschriftlicher Brief Rudolf Heß
an Fritz Heß, Alexandrien/Ägypten

München, 24. 10. 1928

[. . .] Letzte Nacht bin ich nach beinah' 14-tägiger Abwesenheit wieder mal heimgekehrt. War mit dem Tribunen in Berlin, Hamburg, Schleswig-Holstein und Oldenburg. Überall geht es wirklich erfreulich voran. Das beste auf dieser Reise waren die Dithmarscher Bauern, vor denen der Tribun in Heide in Schleswig-Holstein sprach: Prachtskerle, Riesen von Gestalt, knorrig – Typen wie der Fördere Hans. Wie Eisklötze saßen sie die erste Stunde da, aber allmählich wurden sie doch gepackt, und zum Schluß gab's derartige Beifallsstürme, daß alle Kenner dieser nüchternen Wasserkant-Bewohner staunten. Sie sind übrigens schon seit einiger Zeit in hellen Haufen Mitglied geworden – zahlend, was bei

Bauern besonders viel bedeutet. Am liebsten würden sie ja morgen ausziehen, im Geiste ihrer erst bei der Reformation abgewöhnten Blutrache, und an den Regierenden der letzten zehn Jahre Rache nehmen. Man hat nur zu tun, daß sie keine Dummheiten machen! [. . .]
Unter den Bauern steht's im allgemeinen sehr gut. So in der Umgegend von Berlin, im Oldenburgischen, im Hannoverschen, Bayern nicht zu vergessen. [. . .]
Berlin ist eine Freude für sich! Am 16. [11. 1928] spricht der Tribun zum erstenmal öffentlich dort. Gleich im über 12.000 Personen fassenden riesigen »Sportpalast« – mit elektrischem Lautsprecher. Dieses Umsichgreifen der Bewegung in diesem verjudeten Berlin, das, soweit es die Massen betraf, bisher ganz der anderen Seite gehörte, ist ein furchtbarer Ärger! vvv In jeder Nummer der Zeitung des »Zentralvereins deutscher Staatsbürger jüdischen Glaubens« stehen daher auch seit einiger Zeit offene oder versteckte Kassandra-Rufe! [. . .]

Nr. 388

Immer stärker richteten sich die Blicke der Deutschen im düsteren Winter 1928/29 auf die USA – Ursprungsland der Weltwirtschaftskrise, aber unter ihrem neugewählten Präsidenten Herbert Hoover auch die einzige Macht, von der man eine Linderung der wirtschaftlichen Not erhoffen konnte. Unter dem Vorsitz des amerikanischen Finanzexperten Owen D. Young begannen im Februar 1929 internationale Verhandlungen über eine Neuregelung des drückenden Reparationsproblems. Gegen die dadurch angeblich verschärfte »Versklavung des deutschen Volkes« agitierten Hitlers NSDAP, Hugenbergs DNVP sowie andere rechtsextremistische Parteien und Verbände.

Maschinenschriftlicher Brief Rudolf Heß
an Klara und Fritz Heß
Alexandrien/Ägypten

München, 18. 12. 1928

[. . .] In aller Eile sollt Ihr doch noch schnell einen Weihnachtsgruß bekommen – verbunden mit der Hoffnung, daß er noch zur rechten Zeit eintreffe. Ihr müßt halt entschuldigen, wenn er zu spät einläuft – die letzten Tage ging's sowohl in der dienstlichen Betätigung wie auch daheim hoch her. Daheim, weil wir die nun seit einem halben Jahr geplante Einladung von Bruckmanns und dem Tribunen mit Nichterl[1] steigen ließen. Es war die erste hochoffizielle Einladung! Ilse hat sich hausfraulich selbst übertroffen, vor allem in der Entwicklung einer geradezu märchenhaften Kochkunst. Ich habe einen – wie die Gattin behauptet – geradezu eleganten Trinkspruch vom Stapel gelassen, auf den Bruckmann[2] dann erwiderte. vvv Kurz, es hat geklappt und war sogar außerdem gemütlich! vvv Hinterher saßen wir noch lange beim Tee und neustem Gebäck Frau Ilses zusammen, sahen Bilder vom »ewigen Rom« an, die Bruckmanns von dort mitgebracht hatten und die vor allem für den Tribunen etwas waren – er ist ja ein leidenschaftlicher Schwärmer für das klassische Altertum, dessen Kunst für ihn die letzte Vollendung erreichte und noch heute Vorbild sein sollte. Wir sprachen vom krassen Gegensatz Amerika, mit seiner Parvenue-Kultur. Ein gemeinsamer Bekannter war gerade von drüben zurückgekommen, wo er auch irgendeinen X-fachen Millionär aufgesucht hatte, der in einer bis ins einzelne getreuen Kopie des Versailler Schlosses mit seinen Gärten wohnt, nur daß sich zum Unterschied von Versailles ein echt-goldenes Bad darin befindet, das durch einen betreßten Diener den Besuchern gezeigt wird! vvv In der Bildergalerie ist unter jedem Bild ein Schildchen, auf dem der Preis, zu dem es der Besitzer erstanden hat, vermerkt ist! vvv usw. Der Tribun denkt viel an den seines Erachtens über kurz oder lang kommenden Krieg zwischen England und Amerika, bei dem sich Deutschland auf die Seite Englands schlagen müßte – natürlich unter einer Reihe von Bedingungen. Die Begründung der Wilson-Nation gegenüber würde ebenso lauten, wie deren Begründung beim Eintritt in den [Ersten] Weltkrieg: »Aus einer Reihe von Gründen liegt für uns auf dieser Seite das bessere Geschäft!« Der Tribun am Steuer würde bestimmt mit der deutschen Sentimentalität in außen- und innenpolitischer Beziehung gründlich aufräumen! Was ihn nicht hinderte, kulturelle Leistungen ersten Ranges auf vielen Gebieten zu vollbringen. Als Architekt hat er den Ausbau Berlins zur großen Metropole des neuen deutschen Reiches schon im Kopfe – zum Teil auch in wundervollen Einzelentwürfen zu Papier gebracht. Solch' alles überragende Metropole allein könnte als unbestrittener Mittelpunkt den Hang zur Einzel- und Kleinstaaterei endgültig überwinden. – Wir haben oft gelacht – aber doch mit einem ernsten Unterton – wenn er mit uns durch Berlin gehend, das er wie seine Westentasche kennt, mit einer Handbewegung alte und unschöne Häuserblocks niederlegte, damit vorhandene oder erst recht kommende Bauten mehr freien Raum zur besseren Wirkung haben. vvv »ERBAUT IM DRITTEN JAHRE DES NATIONALSOZIALISMUS«, so wird die Inschrift einst ähnlich wie in Italien lauten. Voraussetzung bei all den Plänen ist natürlich, daß man sich so oder so wieder holt, was an materiellen Gütern in den Jahren der heutigen Republik [an die Siegermächte des Ersten Weltkrieges] abgeliefert wurde. Und daß dies der Fall sein wird, die Überzeugung habe ich, je genauer ich die Art dieses Feuerschädels, der doch wieder so kühl und nüchtern berechnend sein kann, kennenlerne und in der Weiterentwicklung verfolge. [. . .]

---

zu Nr. 388

[1] Gemeint ist »Geli« Raubal. (Vgl. Anm. 4 zu Dokument-Nr. 380 und Anmerkung 2 zu Dokument-Nr. 410)

[2] Vgl. Anm. 2 zu Dokument-Nr. 383.

Nr. 389

Der Mitte 1929 verabschiedete Young-Plan verpflichtete Deutschland zu weiteren Reparationszahlungen in den nächsten 59 Jahren – bis 1988. Diese deprimierende Aussicht verhalf dem von Hitler und Hugenberg eingeleiteten »Volksbegehren« – eine Art Volksabstimmung – gegen diesen Plan Ende Oktober 1929 zum Erfolg. Der Deutsche Reichstag lehnte den Young-Plan daraufhin ebenfalls ab. Durch seinen kompromißlosen Kampf gegen die Folgen von Versailles gelang es Hitler angesichts der allgemein steigenden Not jetzt auch, bei den bürgerlichen Mittelschichten einen politisch-psychologischen Durchbruch zu erzielen.

Handschriftlicher Brief Rudolf Heß
an Fritz Heß, Alexandrien/Ägypten

München, 23. 10. 1929

[. . .] Wenn Du diese Zeilen erhältst, wird das »Volksbegehren« schon vorüber sein. Ganz gleich, wie es ausfällt – viell[eicht] ist der Irrsinn noch immer so groß bei uns, daß die 4,1 Mill[ionen] Eintragungen nicht zusammenkommen – ein Gutes hat die Sache auf alle Fälle: Parteien, Minister usw. mußten sich öffentlich für den Plan einsetzen, ihn verteidigen und sich so in jeder Weise u. auf jede Art – bis zum Radio – festlegen. Das wird ihnen bald, wenn die Folgen eintreten, sehr peinlich sein und [sie] sehr teuer zu stehen kommen. Die Herrschaften fühlen auch, es geht um

ihren Kopf – der Tag wird kommen, da das Volk selbst seine Geschicke in die Hand nimmt, durchaus entsprechend der Verfassung, aber nicht im Sinne der Verfasser! Sie werden daher auch allmählich sehr nervös und trampeln in der Angst frisch-fröhlich auf der eigenen Verfassung herum. Es wird ihnen aber kaum etwas helfen!
Freitag ist ein großer Tag: Hitler u. Hugenberg[1] sprechen zusammen im Zirkus[2]. »Wir« werden alle im Braunhemd [dabei] sein. Mutter geht natürlich mit hin, desgleichen Gret Georg[3], die zufällig hier sein wird. – H[itler] läßt Dich übrigens noch vielmals grüßen[4]. Es tat ihm leid, daß er sich nicht mehr von Dir verabschieden konnte. [...]

zu Nr. 389
[1] Alfred Hugenberg (1865–1951), deutscher Unternehmer und Politiker, 1891 Mitgründer des Alldeutschen Verbandes, von 1909 bis 1918 Vorsitzender des Direktoriums der Firma Krupp, baute ab 1916 einen nach ihm benannten Medienkonzern auf. Nach dem Ersten Weltkrieg rechter Flügelmann der Deutsch-Nationalen Volkspartei (DNVP), ab 1928 Vorsitzender, der seine Partei – über das gemeinsam herbeigeführte Volksbegehren gegen den Young-Plan – in die Zusammenarbeit mit der NSDAP und anderen rechtsradikalen Organisationen einbrachte.
[2] Gemeint ist vermutlich der Zirkus Krone in München.
[3] Kusine von Rudolf Heß.
[4] Klara Heß hatte im Sommer 1929 wieder einmal Deutschland besucht und war dabei Hitler begegnet.

Nr. 390

Maschinenschriftlicher Brief Rudolf Heß
an Klara Heß, Alexandrien/Ägypten

München, 13. 11. 1929

[...] Das Ergebnis der Haltung des Kronprinzen bzw. seiner Umgebung in der Volksbegehrenssache und des Nicht-Stellungnehmens des »Stahlhelms«[1] war, daß der hier wohnende Erbprinz von Waldeck-Pyrmont seine Ehrenmitgliedschaft beim »Stahlhelm« niederlegte und bei uns eintrat. Ein ganz famoser Kerl! Er war Sonntag früh bei mir in der Wohnung. Ilse behauptet, meine Bekanntschaften würden alle Monat feudaler. vvv
Über das Wahlergebnis [bei den thüringischen Kommunalwahlen] strahlt der Tribun selbstverständlich. Besonders erfeulich sind die Ergebnisse an der thüringischen Grenze: In Suhl, wo die bürgerlichen Parteien überhaupt keine Wahlversammlung abzuhalten

wagten, weil das Nest knallrot ist, nahmen wir den Sozis 4 Sitze ab und kamen damit auf 7, wodurch wir die rote Mehrheit gebrochen haben. In anderen Orten der Gegend dort wurden wir auf Kosten der Roten die stärkste Partei. In Bonn kamen wir von 500 auf 6.000 [Wähler], in Koblenz sind wir die zweitstärkste Partei nach dem Zentrum, was nur etwa 2.000 [Wähler] mehr hat. In Frankfurt a. M. ausgerechnet sind wir fast doppelt so stark wie die Demokraten. Usw. Es geht herrlich vorwärts!
In der Universität habe ich als Gast an der Vorlesung des demokratischen Professors Weber[2] teilgenommen, als er über den Young-Plan sprach. Unerhört, was er einem teilweise – wohl mit Rücksicht auf die meist ganz jungen Semester – zu bieten wagte. Ich habe ihm eine Erwiderung geschrieben, die er aber größtenteils lieber nicht zur Diskussion stellen, sondern mit mir persönlich durchsprechen will. Wahrscheinlich werde ich noch vor dem Volksentscheid eine Art Erwiderung in der Zeitung veröffentlichen. [. . .]

---

zu Nr. 390

[1] Kronprinz Wilhelm (1882–1951), Sohn des deutschen Ex-Kaisers Wilhelm II., hatte 1918 ebenfalls auf seine Thronrechte verzichtet. Er war Mitglied des Wehrverbandes »Stahlhelm, Bund der Frontsoldaten« und unterstützte wie dieser das Volksbegehren gegen den Young-Plan *nicht*, obwohl er mit dem Nationalsozialismus sympathisierte.

[2] Gemeint ist vermutlich der Nationalökonom Adolf Weber (1876–1963), ab 1920 an der Universität München.

Nr. 391

Handschriftlicher Brief Rudolf Heß
an Klara und Fritz Heß,
Alexandrien/Ägypten

Siegen, 15. 12. 1929

[. . .] Übrigens läßt Frau Newmann[1] aus Hamburg vielmals grüßen. Sie war kürzlich bei Else Schneider[2] in Zürich zu Besuch, als sie nach einer Pension in Zürich suchte, in die sie ziehen will, um die Steuern hier zu sparen und sie dann der Bewegung zufließen zu lassen. – Wißt Ihr übrigens außerdem, was mir Onkel Adolf[3] erzählte? Er hat in Hamburg eine Ortsgruppe von Gret's »Deutsch-Kirche«[4] gegründet und kommt bei der Gelegenheit viel mit Leuten von uns zusammen, die im Braunhemd erscheinen. Er spricht dazwischen auch von der jüdischen Gefahr, eigentlich sollte man die Juden überhaupt zeugungsunfähig machen usw. vvv Wer hätte das gedacht?! vvv [. . .]

---

zu Nr. 391

[1] Konnte nicht ermittelt werden.

[2] Eine Verwandte von Rudolf Heß.

[3] Adolf Heß (1870–1934), jüngerer Bruder von Fritz Heß.

[4] Das »Deutschchristentum« umfaßte den gemäßigten Flügel der »deutschgläubigen« Bewegung, deren Anhänger meistens der »Deutschkirche« oder der »deutschkirchlichen Bewegung« angehörten. Hervorgegangen aus der politischen Theologie des Kaiserreichs, die für die Deutschen und deren Reich einen – aus dem göttlichen Heilsplan abgeleiteten – Sonderplatz in der Geschichte beanspruchte. Verunsichert durch die Niederlage von 1918, den politischen Umbruch in Deutschland und die bolschewistische Revolution, fanden die konservativ-bürgerlichen Mitglieder der deutschkirchlichen Bewegung in den zwanziger Jahren Anschluß erst an nationalistisch-völkische Kreise, später an die nationalsozialistische Bewegung. Im Gegensatz zur »Deutschen Glaubensbewegung« wollte die »Glaubensbewegung Deutscher Christen«, wie sie sich seit 1932 nannte, innerhalb der Evangelischen Kirche Deutschlands (EKD) bleiben. Ihr Ziel war freilich die Umgestaltung der Amtskirche im Sinne des Führerprinzips und auf der Grundlage von Volk, Rasse und Raum – ein Ziel, das sie nach 1933 gegen den Widerstand der »Bekennenden Kirche« auch teilweise erreichte.

Nr. 392

Wie sehr die NSDAP von der Krise profitierte, zeigte die thüringische Landtagswahl vom 08. 12. 1929: Hitlers Partei erhöhte ihren Stimmenanteil sprunghaft von 4,8 auf 11,3 Prozent der Stimmen. Der Nationalsozialist Wilhelm Frick wurde als Minister für Inneres und Volksbildung in die Landesregierung aufgenommen. Währenddessen geriet die Große Koalition in Berlin in immer größere Turbulenzen, weil sie der Finanzprobleme, die sich vor ihr auftürmten, angesichts der wachsenden Arbeitslosigkeit nicht mehr Herr wurde. Eingermaßen stabil blieb nur noch das von der SPD geführte Preußen. Die Zahl der Arbeitslosen stieg im Winter 1929/30 auf über drei Millionen.

Maschinenschriftlicher Brief Rudolf Heß
an Klara und Fritz Heß,
Alexandrien/Ägypten

München, 02. 01. 1930

[. . .] Nochmals herzlichen Dank für die Weihnachtsspenden, mit denen Ihr uns dreien[1] die Erfüllung manches Wunsches ermöglicht habt, und für die Besorgungen an Taschen, Schuhen, Stickereien usw., die ganz nach Wunsch ausfielen.

Unter den heutigen Verhältnissen wissen wir solch' Weihnachtsgeld umso mehr einzuschätzen!
Ich war übrigens neulich in Berlin bei einem Herrn, der im Entschädigungsamt tätig war, und dank seiner noch bestehenden Beziehungen dorthin bei Bekannten in ihren Forderungen noch eine kleine Erhöhung der Endsumme erreichen konnte. Aufgrund dessen habe ich für alle Fälle auch über Vaters Forderungen mit ihm gesprochen. Er erklärte, nach dem vorläufigen Abschluß könne er kaum noch etwas machen. [. . .]
Hier geht alles soweit gut. In Thüringen wird wahrscheinlich eine mehr oder weniger nationalsozialistische Regierung entstehen. [. . .] Die Entwicklung hier spitzt sich immer mehr zu. Im Frühjahr werden Neuwahlen für den Reichstag erwartet. Man nimmt in uns feindlichen Kreisen an, daß wir über 30 Mandate erobern werden (bisher 12). Ein sächsischer Industrieller der Deutschen Volkspartei meinte bei dieser Aussicht: »Ach Du lieber Gott, was soll denn dann aus dem Reichstag werden!« vvv Inzwischen wird man aber wohl noch versuchen, uns in Preußen usw. durch Verbote zu schwächen. Hilft ihnen alles nichts! [. . .]

---

zu Nr. 392
1 Grete Heß war bei ihrem Bruder Rudolf und dessen Frau Ilse auf Weihnachtsbesuch gewesen.

Nr. 393

Maschinenschriftlicher Brief Rudolf Heß
an Fritz Heß, Alexandrien/Ägypten

München, 03. 01. 1930

[. . .] Schnell noch ein paar Zeilen in der Entschädigungssache. Ich bin der Meinung, daß Du die Reichsschuldscheine – oder wie die Dinger heißen, die Du anstelle eines Teils der Entschädigung erhalten hast – so schnell als möglich verkaufen solltest. Der Zustand der Reichsfinanzen ist katastrophal, was ja auch nicht anders sein kann, wenn man jahrzehntelang Milliarden über Milliarden ans Ausland als Reparationen zahlt. Der »Young-Plan« oder ein Ersatzplan für diesen wird zweifellos angenommen werden. Das verschlimmert die Lage noch. Heute ist es schon soweit, daß der Staat nur durch Pump von einem Monat zum anderen noch seinen monatlichen Verpflichtungen nachkommen kann (Zündholz-

Monopol-Anleihe, Telefonanleihe usw.). Aber lange kann das nicht mehr so weitergehen. Einmal haben bereits die Beamten ihr Gehalt 10 Tage zu spät bekommen, weil kein Geld mehr da war. Vertraulich habe ich erfahren, daß die »Versorgungsämter« geheime Anweisung erhielten, die Auszahlung der Unterstützung hinauszuzögern, weil das Geld noch fehle für diesen Monat. (!) Kurz, es ist in meinen Augen nur noch eine Frage der Zeit, bis ein großer finanzieller Krach beim »Reich« kommt. [. . .]
In einem kommenden nationalen Staat wird es hingegen ziemlich gleichgültig sein, ob die betr. Auslandsdeutschen noch im Besitz der Papiere sind. Ich glaube nicht, daß dieser neue Staat, der das Erbe des alten antritt in finanzieller Hinsicht, sobald in der Lage wäre, das Unrecht an den Auslandsdeutschen in vollem Umfang wiedergutzumachen, d. h. *alle* Auslandsdeutschen, gleich ob sie im Ausland noch für Deutschland wirken oder im Inland sich befinden, zu entschädigen bis zur Wiedergutmachung. Wohl aber bin ich überzeugt, daß ein wirklich nationaler Staat *aus eigenstem Interesse* die im Ausland den deutschen Handel vermittelnden deutschen Firmen kapitalmäßig in die Lage versetzen muß, wirklich die Konkurrenz mit den fremden Firmen aufzunehmen. [. . .] Denn die Arbeitslosigkeit mit ihren ungeheuren Erfordernissen an Unterstützung, die die Wirtschaft weiter lähmen, ist ja in erster Linie mit auf den mangelnden Auslandsabsatz zu schieben. Bei diesen Notwendigkeiten wird es aber kaum eine Rolle spielen, ob die Auslandsfirmen noch im Besitz der ursprünglichen Schuldscheine für die Teilentschädigung sind oder nicht. [. . .] [Hervorhebgn. i. Orig.]

Nr. 394

Handschriftlicher Brief Klara Heß
an Rudolf Heß, München

Alexandrien/Ägypten, 21. 02. 1930

[. . .] Ich bin sehr traurig über meines lieben Bruders[1] tragisches Ende. Was mag der Arme seelisch gelitten haben, um zu diesem Entschluß gekommen zu sein. Niemand konnte ihm helfen, da unsere ganze Familie und auch entfernte Verwandte in pekuniärer Misere leben. [. . .]

---

zu Nr. 394
[1] Der Bruder von Klara Heß, geb. Münch, hatte sich aufgrund finanzieller Schwierigkeiten mit Gas das Leben genommen.

Nach einem monatelangen Ringen auf internationaler und nationaler Ebene stimmte der Deutsche Reichstag dem Young-Plan am Ende doch noch zu. Die damit verbundenen Belastungen zerbrachen jedoch die Große Koalition unter Reichskanzler Hermann Müller (SPD). An seine Stelle trat am 30. 03. 1930 der bisherige Vorsitzende der Zentrumsfraktion, Heinrich Brüning, der sich im Reichstag nur noch auf eine Tolerierung durch die SPD stützen konnte. Er regierte deshalb mit Hilfe sogenannter »Notverordnungen«, also auf dem Verordnungswege, der die parlamentarische Demokratie aushöhlte. Der »starke Mann« war jetzt Reichspräsident von Hindenburg, von dessen Wohlwollen der Reichskanzler politisch abhing.

Handschriftlicher Brief Klara Heß
an Ilse Heß, München

Alexandrien/Ägypten, 26. 03. 1930

[. . .] Wir sind durch die Annahme des Young-Planes u. die bevorstehenden katastrophalen Auswirkungen ganz niedergestimmt. Wie müßt Ihr es erst sein, die Ihr in Mitleidenschaft gezogen seid, die Ihr Euch mit aller Kraft dagegen eingesetzt habt u. nun doch den Mißerfolg Eurer Arbeit erleben müßt. Vielleicht mußte es so kommen, damit unser Volk endlich zum Widerstand erwacht. Ich habe ja immer gefürchtet, daß Hindenburg versagt.[1] Er ist zu alt, um eigenmächtig zu handeln, vielleicht war er auch immer schon anders eingestellt, als die Rechtsparteien geglaubt haben. – Die Verbrennung der Schandverträge muß erhebend gewesen sein,[2] die deutsche Seele lebt, lebt – kann u. wird niemals sterben. – Ich bin stolz auf meinen Sohn, den nimmermüden Freiheitskämpfer, u. die vielen Deutschen, die sich nicht versklaven lassen wollen. [. . .]

---

zu Nr. 395

[1] Diese Bemerkung bezieht sich auf das Recht des Reichspräsidenten gemäß Artikel 53 der Weimarer Reichsverfassung, den Reichskanzler zu ernennen. Zwar bedurfte der Reichskanzler laut Artikel 54 des Vertrauens des Reichstages. Da der Reichskanzler aber gemäß Artikel 48 auch mit Hilfe von Notverordnungen regieren konnte – also ohne das Parlament –, hätte Hindenburg theoretisch auch Hitler zum Reichskanzler ernennen können.

[2] Offenbar hatten die Nationalsozialisten aus Protest gegen die Politik der Reichsregierung die internationalen Verträge von Versailles oder/und über den Young-Plan symbolisch verbrannt.

Nr. 396

Maschinenschriftlicher Brief Rudolf Heß
an Klara und Fritz Heß,
Alexandrien/Ägypten

München, 14. 05. 1930

[. . .] Soweit ich meine Reisen künftig allein mache, werden sie sich erheblich abkürzen. Denn ich bekomme – nach vielen Vorstellungen und Bitten beim [Völkischen] Beobachter-Verlag – ein Flugzeug. Es soll mir persönlich gehören und nur als Propaganda »Völkischer Beobachter« aufgemalt haben. Es ist ein ganz reizendes modernstes Maschinchen, direkt von der Fabrik, bei der ich es mir neulich aussuchte. Natürlich ein offenes Sportmaschinchen, für 2 Personen und Gepäck. Über 170 Stundenkilometer Geschwindigkeit. In 3½ Stunden bin ich in Berlin (der Zug braucht 11 Stunden), Kosten des Flugs für 2 Personen 40 M[ark] (3. Kl. Eisenbahn 60 M[ark]). Wenn ich mit »unserm« Minister [1] vvv in Weimar etwas besprechen will, das ich durchs Telefon nicht sagen kann, fliege ich an einem Vormittag nach Weimar und zurück, wobei ich mich dort 2 Stunden aufhalten kann. – Aber abgesehen von dem allen: wieder in einem selbstgesteuerten Flugzeug sitzen! [. . .]
[. . .] Unsere Gegner wissen nicht mehr recht, was sie machen sollen. Sie fühlen, daß unser Vormarsch unaufhaltsam ist. Alles schlägt gegen sie aus! Sie dachten uns zu schaden, indem sie uns »endlich mal« zur »positiven Arbeit«, zum »Mittragen der Verantwortung« in Thüringen heranzogen. Und siehe da, wieder wurde es zu einem Erfolg für uns! Siehe den Ausgang der Gothaer Wahl: Wir von 2 auf 11 Sitze, Bürgerliche und Kommunisten haben verloren. Wir sind anstelle der Kommunisten die stärkste Partei. Selbst die stabile SPD hat an Stimmen verloren, wenn sie auch gerade noch die Sitze behaupten konnte. – Die Industrie in Thüringen hat der DVP [2] gedroht, die Zuschüsse zu sperren, wenn sie nicht mit uns arbeiteten. Nun werden wir aber wohl von uns aus den Landtag auflösen, um eine bessere Regierungsbasis zu schaffen, wenn möglich ohne DVP. – Inzwischen wird Frick wohl einen Nat[ional]soz[ialisten], der heute noch im Braunhemd herumläuft (!) und eine Standarte [3] führt (einen jungen Juristen) zum Polizeidirektor von Weimar ernennen usw.! vvv Die »Frankfurter Zeitung« sieht »mit großen Bedenken« diese Entwicklung. vvv Die Freude des Tribunen über den Gang der Dinge und von uns allen, könnt Ihr Euch vorstellen! [. . .]

zu Nr. 396
1 Gemeint ist Wilhelm Frick (1877–1946), von Januar 1930 bis April 1931 als erster Nationalsozialist Mitglied einer Landesregierung (Vgl. Kommentar zu Dokument-Nr. 392).
2 Deutsche Volkspartei.
3 Untereinheit der nationalsozialistischen Sturmabteilung (SA).

Nr. 397

Da sich die demokratischen Parteien einerseits und die links- und rechtsextremistischen Parteien andererseits nicht auf eine Beilegung der Finanzprobleme einigen konnten, löste Hindenburg den Reichstag auf. Die Neuwahl sollte am 14. 09. 1930 stattfinden. Inzwischen regierte Brüning mit Hilfe von Notverordnungen weiter.

Maschinenschriftlicher Brief Rudolf Heß
an Klara und Fritz Heß,
Alexandrien/Ägypten München, 10. 09. 1930

[. . .] Letzte Woche wollte ich eigentlich nach Ostpreußen über Sachsen fliegen [. . .], aber dann wollte ich den Tribunen doch lieber persönlich auf der Fahrt begleiten und beauftragte einen mir empfohlenen Piloten, die Propaganda-Flüge statt meiner mit meiner Maschine auszuführen – und schon machte er in Würzburg eine »Sau-Landung« und zerschmiß die Maschine restlos!! [. . .] Könnt Euch denken, wie traurig ich war. Zum Glück war sie aber voll versichert. Zum Leidwesen des Tribunen, der meine Fliegerei mit allen Mitteln sabotieren möchte, weil er persönlich sich nicht wohl fühlt in der Luft und daher immer Angst hat, mir könnte was passieren. Hier hat die Logik bei ihm ein Loch, da er sonst bei sich immer den Standpunkt vertritt, es sei Schicksal, ob einem was zustößt oder nicht – das behauptet er, wenn er mit seinem Wagen 100 km [pro Stunde] fährt. Daß meine 175 km [/Std.] – Geschwindigkeit beim Fehlen von Bahnübergängen, Kurven, Hunden, Weibern, Hühnern, Lenkerinnen von entgegenkommenden Autos viel weniger gefährlich ist als seine Raserei auf der Erde, muß er zwar widerwillig zugeben – aber er hat nun mal eine Antipathie gegen alle Fliegerei, seit sie im Feld von oben auf den völlig Wehrlosen heruntergeschossen haben. Mit einigem Recht behauptet er, daß die Flieger dem Krieg den letzten Rest von Romantik genommen hätten, da man wegen ihnen hinten nicht mal mehr Feuer machen könnte. [. . .]

Wenn Ihr diesen Brief erhaltet, wird das Wahlergebnis schon bei Euch sein. Wir rechnen und hoffen auf einen ganz großen Erfolg. Der immer vorsichtig schätzende Tribun rechnet mit 60–70 Mandaten – es können aber auch noch erheblich mehr sein, behaupten – die Gegner. vvv [. . .]

Nr. 398

Bei den Reichstagswahlen vom 14. 09. 1930 gab es einen Erdrutsch zugunsten der NSDAP: Die Partei gewann 6,4 Millionen Wähler und 107 statt der bisherigen 12 Mandate – fast zehnmal soviel! Innerhalb von zwei Jahren war sie – nach der SPD – zur zweitstärksten Partei des Reiches geworden. Auch die KPD schickte 23 Abgeordnete mehr ins Parlament, das durch die wachsende Polarisierung fortan zunehmend gelähmt wurde.

Maschinenschriftlicher Brief Rudolf Heß
an Fritz Heß, Alexandrien/Ägypten

München, 24. 10. 1930

[. . .] Heute ging's mal wieder wild bei uns zu – Ruhe gab's ohnehin nicht seit der Wahl – Hitler verfaßte seine Antwort an Herve.[1] Da diese ja angekündigt war, stürmten die Journalisten auf uns ein. Die London-Times und die Hearst-Presse[2] haben es erhalten. Nun warte ich noch auf den Anruf von Dr. Morreale des Popolo d' Italia,[3] den Ihr ja von Nürnberg her kennt. Er bekommt die Sache als einziger italienischer Journalist, der darauf [hin] förmlich durch's Telefon strahlte, als ich's ihm ankündigte. H[itler]s Antwort ist ein Meisterstück. Inzwischen werdet Ihr ja den [Völkischen] »Beobachter« bekommen haben, in dem morgen der Abdruck erfolgt. Die Sache ist natürlich einige Male überarbeitet worden, unter Mitwirkung meiner Wenigkeit. [. . .]

Ihr macht Euch ja keinen Begriff, wie sich die Lage der Bewegung und besonders H[itler]s selbst wirklich über Nacht – über die Nacht der Wahl – geändert hat. Wir sind plötzlich »hoffähig« geworden. Leute, die früher einen großen Bogen um H[itler] machten, »müssen« ihn plötzlich sprechen. In- und ausländische Presse laufen die Türen ein, drahten von Amerika mit 100 Wort bezahlter Rückantwort, telefonieren aus London und geraten außer sich vor Jammer, wenn H[itler] kühl erklären läßt, nicht zu sprechen zu sein. vvv Prominenteste Wirtschaftsführer bitten heimlich und leise um eine Zusammenkunft. Ganz zu schweigen von denen, die schreiben oder sonstwie wissen lassen, daß sie im Grunde »schon immer *innerlich* zur Bewegung standen« und erklären, daß sie eine innerste Stimme oder ein Kreis von Schustern und Schneidern dazu drängt, das Opfer zu bringen und sich als Kandidat für den nächsten Reichstag anzubieten. Sie sind natürlich überzeugt, augenblicklich unter Rührung vorgemerkt zu werden.! vvv Ihr glaubt nicht, was schon kurz vor der letzten Wahl für Briefe hier eingingen. Und Mitglieder treten bei! Selbst die Tatsache der Nachtschichten – weil tags der Raum nicht ausreicht – ermöglicht kein Nachkommen beim Ausschreiben der Kartothekskarten – umso mehr kann einem der Tribun dann leidtun, wenn mitten in die Erfolge, mitten in seine wohldurchdachte, vorsichtige Arbeit in der Auslandspresse so dumme und ungeschickte Anträge der eigenen Fraktion im Reichstag hineinplatzen, deren Eindruck dann wieder auszugleichen viel Mühe und Geduld erfordern. Wir fuhren gleich nach Berlin – und für die Zukunft ist nun vorgebaut. [. . .] [Hervorhebg. i. Orig.]

---

zu Nr. 398
[1] Gustave Hervé (1871–1944), französischer Sozialist und Publizist, seit 1914 Anhänger Clémenceaus (Vgl. Anm. 1 zu Dokument-Nr. 285).
[2] William Randolph Hearst (1863–1951), amerikanischer Medienzar, besaß zuletzt etwa 38 Zeitungen und Zeitschriften in den USA. Er steigerte ihren Absatz durch populäre Themen und sensationelle Aufmachung.
[3] In Mailand erscheinende Tageszeitung, Hauptorgan der italienischen Faschisten.

Nr. 399

Handschriftlicher Brief Rudolf Heß
an Klara und Fritz Heß,
Alexandrien/Ägypten

Stuttgart, 08. 12. 1930

[. . .] Die Kundgebung [Hitlers] gestern dürfte die größte sein, die als Vortrag bisher überhaupt in Deutschland stattfand. Die allein 16–17.000 [Menschen] fassende Festhalle, deren steile Radrennbahn von tausenden von Braunhemden besetzt war, ist sehr eindrucksvoll gewesen. Durch Lautsprecher wurde die Rede [Hitlers] noch in ein Zelt u. auf einen Sportplatz übertragen. Der Lautsprecher wurde für H[itler] gerade zur rechten Zeit erfunden. Es wäre unmöglich, sonst die Massen zu befriedigen, die ihn an einem Ort allein hören wollen.

Das beste, was H[itler] wohl in letzter Zeit vollbrachte, war eine Rede vor etwa 25 der führenden Wirtschaftler (Industrielle) Deutschlands, nach der sich fast alle zu seinen Ansichten bekannten – in schärfster Form Thyssen.[1] Nicht zurück stand dem gegenüber die Rede vor über 500 führenden Hamburgern, die einen für diese unerhörten Beifall zum Schluß spendeten.[2] [. . .]
Ich freu' mich auch auf den Weihnachtsurlaub, den ersten in diesem Jahr. Es geht ja in dauernder Hetz' weiter. Jeden dritten Tag fast spricht H[itler] in einer Riesenversammlung, und dazwischen haben wir noch laufend Besprechungen mit wichtigsten Leuten, von der wachsenden Postflut gar nicht zu reden. Es ist unerhört, was H[itler] leistet. Im nächsten Jahr wird es kaum besser werden, im Gegenteil, das wird das Entscheidungsjahr – möglicherweise mit neuen Reichstagswahlen im Frühjahr. Es ist nicht ausgeschlossen, daß der Reichskanzler, der doch noch was vom alten Frontsoldaten in sich hat,[3] uns den Gefallen tut. [. . .]

---

zu Nr. 399
[1] Fritz Thyssen (1873–1951), Großindustrieller, Generaldirektor der August-Thyssen-Hütte, Oberhausen, und Inhaber diverser Aufsichtsratspositionen. Er förderte seit 1923 die NSDAP mit Geldzuwendungen, stand der Harzburger Front nahe und forderte im November 1932 von Hindenburg – zusammen mit anderen Industriellen und Bankiers – die Ernennung Hitlers zum Reichskanzler.
[2] Gemeint ist der Auftritt Hitlers vor dem exklusiven »Hamburger Nationalclub von 1919« am 01. 12. 1930 in Hamburg.
[3] Gemeint ist Heinrich Brüning (1885–1970), 1915 Kriegsfreiwilliger und Infanterieoffizier, von 1924 bis 1933 Reichstagsabgeordneter des Zentrums. Der Finanz- und Steuerexperte seiner Partei amtierte vom 28. 03. 1930 bis 30. 05. 1932 als Reichskanzler eines Kabinetts der bürgerlichen Mitte ohne parlamentarische Mehrheit.

Nr. 400

Maschinenschriftlicher Brief Rudolf Heß
an Klara und Fritz Heß,
Alexandrien/Ägypten

Auf der Fahrt zwischen
Magdeburg und München,
17. 12. 1930

[. . .] Vorgestern fuhr ich nach Magdeburg, weil die Lage kritisch war infolge der unverschämten Drohungen des Reichsbanners[1] und ich persönlich alle notwendigen Maßnahmen anordnen oder überwachen wollte. Nun hat das salomonische Urteil der Behörden, das Verbot, mein weiteres Verbleiben überflüssig gemacht. [. . .]

zu Nr. 400
[1] Gemeint ist das »Reichsbanner Schwarz-Rot-Gold«, seit 1924 bestehende Parteiarmee der SPD und anderer republikanischer Parteien, Gegenmacht der 1923 bis 1925 und 1932 nochmals für wenige Monate verbotenen nationalsozialistischen SA und des (1929 verbotenen) kommunistischen Rotfrontkämpferbundes mit 3,5 Millionen Mitgliedern (1932). Im Jahr 1931 schloß sich das Reichsbanner mit den Freien Gewerkschaften zur »Eisernen Front« zusammen.

Nr. 401

Symbol für den Aufstieg der NSDAP zur politischen Kraft auf Reichsebene war ihr neues Hauptquartier, das »Braune Haus« in München, das am 01. 01. 1931 eingeweiht wurde. Hier hatte jetzt auch Rudolf Heß sein Büro.

Maschinenschriftlicher Brief Rudolf Heß
an Klara und Fritz Heß,
Alexandrien/Ägypten

München, 10. 03. 1931

[. . .] Inzwischen sind wir in das »Braune Haus« übergesiedelt. Ihr würdet Eure Freude daran haben. Dieser Sitz ist unserer großen Bewegung würdig! Demnächst werdet Ihr im »Illustrierten Beobachter« wohl die ersten Bilder des Innern sehen. Die Entwürfe für die Einrichtung hat Prof. Troost[1] als Spende übernommen. (Prof. Troost hat die »Europa«, den Luxusdampfer des Nordd[eutschen] Lloyd, eingerichtet.) Die Repräsentationsräume, einschließlich dem Zimmer des Führers, sind so wunderschön, daß jederzeit die Vertreter fremder Staaten dort empfangen werden können. Anfang des vorigen Jahrhunderts war das Haus übrigens ohnehin der Sitz der italienischen Botschaft. Mein Zimmer ist direkt neben dem Zimmer des Führers, daneben wieder das Büro mit meinen Arbeitskräften (einem Büro-Chef und 2 Schreibmaschinen-Damen). Mein Zimmer hat ein Fenster auf die Brienner-Straße, ist sehr schön, licht und luftig. Ich hab's mir extra ganz einfach halten lassen – hatte direkt einen Kampf mit dem Reichsschatzmeister, der es auch recht schön einrichten wollte. vvv – Damit nicht die Besucher den Eindruck bekommen, daß wir an der Zentrale im

Luxus sitzen. Das Zimmer des Führers sticht umso mehr als Repräsentationsraum ab. – In Abständen übernachte ich auch im »Braunen Haus«, als »Stabsführer vom Dienst«, unter mir eine Wache von 12 Mann; also ganz wie einst, als es auch einen Offizier vom Dienst in der Kaserne gab. [. . .]

zu Nr. 401

[1] Paul Ludwig Troost (1878–1934), Architekt, den Hitler bei dem Verlegerehepaar Bruckmann kennengelernt hatte und dessen möglicherweise bedeutsamstes Werk für Hitler das »Haus der deutschen Kunst« in München war.

Nr. 402

Am 31. 03. 1931 weigerte sich der Berliner SA-Führer, Ex-Hauptmann Walter Stennes, dem Kurs Hitler, der legal an die Macht kommen wollte, zu folgen – Zeichen einer schwelenden Krise zwischen der NSDAP und ihrer »Parteiarmee«. Hitler legte die Krise mit Hilfe seiner »Schutzstaffel« (SS) und durch den Einsatz seines Charismas bei. Er setzte Stennes und dessen Gefolgsleute ab.

Handschriftlicher Brief Klara Heß
an Rudolf Heß, München

Alexandrien, 16. 04. 1931

[. . .] Wenig erfreulich waren die Osternachrichten aus der [nationalsozialistischen] Bewegung. Stennes[1] hätte keinen günstigeren Zeitpunkt finden können, um seine Judasnatur kundzugeben. »Der elende Hund«, wie Vater sagte. Diesmal muß ich wirklich beistimmen. vvv Wie eigenartig, als ich Stennes' Bild sah und seine Lebensbeschreibung gelesen [habe], hatte ich sofort das Gefühl, »der« kann sich sicher nicht Hitler unterordnen. Sein Gesicht hat einen lauernden, hochmütigen Zug. – Das waren sicher sehr aufregende Tage für Euch. Gott sei Dank, daß diese Meuterei so rasch zum Stillstand kam und wenige sich der Gegenströmung angeschlossen haben. Wie konnte Stennes sich einbilden, die Masse für sich zu gewinnen. Besonders die Arbeiter werden doch niemals sich einen ehemaligen Offizier als Führer wählen. Sie wissen, daß Hitler mit ihnen verwachsen ist, Leib u. Leben für sie hingeben würde. Bei Stennes ist doch nur Ehrgeiz, nicht Liebe für's Volk, der ihn zum Verrat getrieben. – Wie erfreulich waren doch die Aussichten für die Bewegung nach der Wahl am 14. Sept[ember

1930]. Na, hoffentlich wirken sich diese letzten Stürme reinigend und stärkend aus. [. . .]

---

zu Nr. 402

[1] Walter Stennes (1895–19..), Hauptmann a. D., ehemaliges Freikorpsmitglied, von 1919 bis 1922 Hauptmann der preußischen Schutzpolizei, dann NSDAP-Mitglied und Führer der Berliner SA. Im Winter 1930/31 und im darauffolgenden Frühjahr kam es zu einer Rebellion, weil die SA-Leute in der Reichshauptstadt mit der Unterstützung durch die NSDAP unzufrieden waren. Als Hitler, der legal zur Macht kommen wollte, der SA jede weitere Beteiligung an Straßenkämpfen untersagte, kam es zum Bruch mit Stennes, der aus der SA ausgestoßen wurde. Hitler berief am 05. 01. 1931 seinen alten Kampfgefährten Ernst Röhm, bis dahin Militärberater in Bolivien, zum Stabschef der SA.

Nr. 403

Trotz der angespannten Lage, in der sich seine Partei befand, leistete sich Rudolf Heß immer wieder erstaunliche Eskapaden. Da das Tragen der nationalsozialistischen Parteiuniform in Preußen verboten war, wollte er die Kleider erst während eines Fluges in seiner Propagandamaschine wechseln, um dann – zur Überraschung aller Zuschauer, auch Hitlers – im »Braunhemd« am Zielort zu landen.

Handschriftlicher Brief Klara Heß
an Ilse Heß, München

Alexandrien/Ägypten, 29. 05. 1931

[. . .] Für den bevorstehenden Deutschlandflug hoffen wir für ihn [Rudolf Heß] alles Wünschenswerte. [. . .] Die Sache mit dem »Hemdwechsel« will mir nicht so recht einleuchten. Erstens wird Rudolf dadurch zerstreut u. sicher von der Führung seines Flugzeuges unnütz abgelenkt, und außerdem denke ich mir einen Zusammenstoß mit der Gummiknüppelpolizei nicht so sehr erfreulich. Man soll lieber nicht in das Wespennest stechen. Es wär' doch eine große Freude für die Polizei, Hitlers Sekretär etwas auswischen zu können, und das unerfreuliche Intermezzo würde sicher die Festfreude vieler stören. Auch wäre es nicht erfreulich, würden wir hier in der Zeitung lesen: »Hitlers Sekretär mußte wegen Verstoß gegen die Notverordnung von der Polizei verhaftet werden und wurde gezwungen, den Festplatz zu verlassen.« – Ich halte die Zeit zu ernst für solche Hanswurstiaden und glaube kaum, daß Hitler Verständnis für solche Herausforderung der Polizei haben wird. [. . .]

Nr. 404

Handschriftliche Postkarte Rudolf Heß
an Ilse Heß, München

Hamburg, 11. 06. 1931

[. . .] Über Würzburg, Kassel, Hannover sind wir mit »dem Maschinerl« hierher geflogen – leider bei einem Sauwetter. Hier hab' ich dienstlich zu tun, morgen soll's über Berlin heimgehen. [. . .] In Hannover hab' ich eine Reichsbanner-Kundgebung in niedrigster Höhe beglückt. Der Redner mußte verzweifelnd unterbrechen – leider stellte sich später heraus, daß es der Polizeipräsident war. Ein Strafmandat ist mir sicher. [. . .]

Nr. 405

Im Sommer 1931 erreichte die Weltwirtschaftskrise mit dem Zusammenbruch verschiedener Banken in Deutschland und anderswo ihren vorläufigen Höhepunkt. Da der internationale Kreislauf von Reparationen, Kriegsschulden und Krediten ins Stocken geraten war, setzte US-Präsident Hoover ein einjähriges Zahlungsmoratorium durch. Aber die Arbeitslosenzahlen stiegen in Deutschland auf den neuen Sommer-Höchststand von 3,95 Millionen.

Handschriftlicher Brief Klara Heß
an Ilse und Rudolf Heß, München

Alexandrien/Ägypten,
31. 07. 1931

[. . .] Zu dieser Hitze kam noch die große Aufregung durch die Nachricht von der Darmstädter [und National-] Bank.[1] Die hiesige Deutsche-Orient-Bank wurde daraufhin gestürmt [. . .]. Die Auswirkung auf die deutschen Firmen ist katastrophal. Der arme Vater ist ganz niedergeschlagen, denn er kann z. Zt. einfach nicht mehr arbeiten, da ihm der Bank-Kredit fehlt. Er klagt immer, daß uns Deutschen alles schiefgeht. Hier momentan allerdings nicht nur uns Deutschen, ein Trost, aber ein schwacher. vvv Vater fragt sehr oft, »warum es gerade der liebe Gott auf uns Deutsche abgesehen, schickt immer neue Qualen.« Ich denke mir, vielleicht muß erst vollkommener Zusammenbruch kommen, um das verhetzte, belogene Volk empfänglich zu machen für das »Dritte Reich«.[2] Rudolfs lieber, optimistischer Brief brachte einen Lichtblick. [. . .]

zu Nr. 405

1 Aufgrund der im Sommer 1931 einsetzenden Kapitalflucht und des Zusammenbruchs der renommierten Österreichischen Creditanstalt sowie der allgemein schwachen Eigenkapitalbasis deutscher Banken stellte die Danat-Bank, Berlin, zweitgrößte deutsche Bank, am 13. 07. 1931 ihre Zahlungen ein. Am 14. 07. 1931 wurden daraufhin für zwei Tage alle deutschen Banken geschlossen, um dem Ansturm der Kunden und Gläubiger zu begegnen.

2 Ursprünglich ein Begriff aus der Geschichtstheologie des Joachim von Floris – gleichbedeutend mit dem Reich des Heiligen Geistes, das die Erlösung des Menschen abschließt. In und nach dem Ersten Weltkrieg wurde der Begriff im nationalistischen Sinne umgewertet – zum »Dritten Reich« nach dem Heiligen Römischen Reich deutscher Nation und dem Bismarck-Reich. Der konservativ-völkische Schriftsteller Arthur Moeller van den Bruck publizierte sein Hauptwerk 1923 unter dem Titel »Das Dritte Reich« – eine eschatologische Formel, die von den Nationalsozialisten aufgegriffen wurde.

Nr. 406

Handschriftlicher Brief Rudolf Heß
an Klara und Fritz Heß,
Alexandrien/Ägypten

Berlin, 11. 08. 1931

[. . .] Leider muß ich Euch melden, daß ich im letzten Augenblick auf die Teilnahme am Deutschland-Flug verzichten mußte. Obwohl man mir beim Werk öfters versichert hatte, die mir zur Verfügung gestellte Spezialmaschine habe ebenso wie meine normale das als Bedingung für die Zulassung zum Wettbewerb »Bruchlastvielfache« von 7, stellte sich einen Tag vor meinem Abflug nach Berlin heraus, daß nur 6,2 vorhanden sind. [. . .]

Nr. 407

Reichskanzler Brüning trachtete danach, die Krise der Republik durch eine Lösung des Reparationsproblems, durch die internationale Anerkennung Deutschlands als gleichberechtigte Macht und durch eine Zollunion mit Österreich zu überwinden. Letzteres wurde ihm durch Einspruch der Siegermächte, die den Internationalen Gerichtshof in Den Haag angerufen hatten, am 05. 09. 1931 untersagt. Diese Niederlage nahmen die rechtsextremistischen Verbände und Parteien zum Anlaß, die »Harzburger Front« zu bilden, der sich auch der frühere Reichsbankpräsident Hjalmar Schacht anschloß. Ziel dieses Blocks war die Ablösung der parlamentarischen Demokratie durch eine nationale Diktatur unter der Führung Hitlers.

Handschriftlicher Brief Rudolf Heß
an Klara und Fritz Heß,
Alexandrien/Ägypten

Berlin, 03. 09. 1931

[. . .] H[itler] ist jetzt mehr in Berlin als in München. Er hat es sich zur Aufgabe gesetzt, die noch vorhandenen Stützen der jetzigen Regierung in Industrie- und Bankwelt zum Wanken zu bringen. Er betreibt dies mit großem Erfolg. Sogar führende Bankleute haben sich nun dahin geäußert, daß H[itler] der einzige sei, der die Lage noch retten könne. Einer von ihnen war mit einem der Industriespitzen beim Reichskanzler, um ihm zu sagen, es sei gradezu ein Verbrechen an der Nation, diesen Mann mit diesen Fähigkeiten nicht zuzuziehen. Einer, der von Br[üning] kam und dann H[itler] anhörte, äußerte hinterher begeistert zu einem Begleiter, jetzt wisse er den Unterschied zwischen einem wirklichen Staatsmann u. keinem. Ähnlich äußerten sich führende englische Konservative, bei denen Hitler in einer Stunde alles ausradierte, was Br[üning] in achttägigen Bemühungen für seine Regierung zu erreichen versucht hatte. Sie schrieben ein paar nette Zeilen an H[itler] zum Abschied. Jetzt wüßten sie, auf wem sie in England [unleserlich] müßten (unausgesprochen natürlich als Gegengewicht gegen das England sehr unangenehme und anmaßende Frankreich). Wir sind hier voll guter Hoffnungen! [. . .]

Nr. 408

Während sich die NSDAP in einer ungewöhnlichen Allianz mit DNVP und KPD jeder konstruktiven Mitarbeit im Reichstag versagte, versuchte Hitler durch Mobilisierung der gepeinigten Massen und mit Hilfe von Neuwahlen an die Macht zu kommen. Im bürgerlich-konservativen Lager gab es Kräfte, die glaubten, die Übernahme von Regierungsverantwortung würde die Nationalsozialisten zähmen. Präsident Hindenburg, der Hitler am 14. 10. 1931 zu einem ersten Gespräch empfing, blieb aber reserviert. Er verübelte es andererseits Brüning, daß dieser – gegen die nationale Rechte – praktisch mit der SPD regieren mußte.

Maschinenschriftlicher Brief Rudolf Heß
an Fritz Heß, Alexandrien/Ägypten

München, 09. 09. 1931

[. . .] Zu den Verhältnissen hier läßt sich schwer ein Urteil abgeben; hoffnungslos ist es zum Glück noch immer nicht. Die führenden Leute der Wirtschaft, sogar Groß-Bankiers sind aufgrund der letzten Besprechungen mit H[itler] der Überzeugung, daß nur noch er die Lage meistern könnte – ja, selbst von einem jüdischen Bankier habe ich auf einem Umweg diese Meinung gehört. Es wird durch diese Leute nun versucht, Brüning zu bestimmen, H[itler] zumindest mit an die Regierung zu lassen.[1] H[itler]s Bedingung wäre nur die sofortige Ausschreibung von Neuwahlen, die »Befragung des Volkes« – sehr zum Leidwesen der »Demokraten«, die plötzlich der »Wille des Volkes« nicht mehr so sehr interessiert. H. will sich unbedingt durch eine Neuwahl, die einen erneuten Riesenerfolg für die Bewegung bringen würde, die parlamentarische Basis nach innen und vor allem auch vor dem Ausland sichern; er kann es sich leisten, durchaus sich auf den Boden der Verfassung zu stellen, während die anderen sich mit Artikel 48 über die Verfassung kühl hinwegsetzen. [. . .]

---

zu Nr. 408

[1] Vermutlich ist es auf diese Pressionen zurückzuführen, daß Adolf Hitler am 14. 10. 1931 von Reichspräsident Hindenburg erstmals zu einem Gespräch empfangen wurde. Brüning hatte dafür General Kurt von Schleicher eingeschaltet, einen der engsten Berater des Staatspräsidenten.

Nr. 409

Handschriftlicher Brief Klara Heß
an Ilse und Rudolf Heß, München

Alexandrien/Ägypten,
28. 09. 1931

[. . .] Das Sinken des £ hat Vater veranlaßt, Gretes[1] Monatsgeld vorderhand nicht abzuschicken. Nun wird das arme Mädel in Nöten sein. [. . .] Für uns Ägypter ist der £-Sturz sehr unangenehm, und Vaters sowie alle Firmen arbeiten z. Zt. überhaupt nicht. – Das stolze England fühlt nun mal am eigenen Leibe die Kriegsfolgen, wenn nur nicht auch so viele andere mitleiden müßten. [. . .]

---

zu Nr. 409

[1] Grete Heß, Schwester von Rudolf Heß, besuchte in Berlin die Letteschule, eine Kunstgewerbeschule, um das Buchbinderhandwerk zu erlernen.

Auf Betreiben des DNVP-Vorsitzenden Alfred Hugenberg kam es am 11. 10. 1931 in dem gleichnamigen Städtchen zur Bildung der sogenannten »Harzburger Front« – ein lockerer Zusammenschluß der antirepublikanischen Opposition, die auch die NSDAP, den »Stahlhelm« und den Alldeutschen Verband umfaßte. Neben dem früheren Reichsbankpräsidenten Hjalmar Schacht nahmen auch Reichswehrgenerale wie der frühere Chef der Heeresleitung, Hans von Seeckt, und Hitler an dieser nationalistischen Kundgebung teil. Zwar forderten die Redner den Rücktritt Brünings, Aufhebung der Notverordnungen und Neuwahlen. Doch ließ sich der NSDAP-Führer nur widerwillig auf das Bündnis ein, weil er freie Hand behalten wollte.

Handschriftlicher Brief Klara Heß
an Ilse und Rudolf Heß, München — Alexandrien/Ägypten, 09. 11. 1931

[. . .] Wie leid tut es mir, *daß Ihr so viel getrennt seid.* Hoffentlich kommen bald bessere Zeiten, die Ernte der so mühsamen Saat. Dann gibt es endlich für Euch ein »geruhiges Leben«, und könnt Ihr einmal Euer Daheim so recht nach Herzenslust genießen. [. . .] Die letzten Jahre brachten ja einen herrlichen Aufschwung [der nationalsozialistischen Bewegung], so darf man frohe Hoffnung haben. Ist es nicht eigenartig, als ich Euer Harzburger Zusammenwirken mit dem Stahlhelm [1] gelesen, hatte ich das Gefühl, als sei das nur eine oberflächliche Vereinigung, es fehlte das Herzliche. Und richtig, Rudolfs Äußerung: »Der Himmel behüte uns vor der Masse ›der Führer‹«, bestätigt mir mein Fühlen. [. . .] Wie traurig, daß Hitler gerade in dieser Zeit der größten Nervenanspannung den Verlust seiner lieben Nichte [2] beklagten muß – sie war ihm sicher ein »Sonnenschein« u. konnte ihm die wenigen Erholungsstunden im eigenen Heim verschönen, wirklich zur Erholung beitragen. Sie wird ihm schmerzlich fehlen. Da seine »Berufung« ihn so vollkommen in Anspruch nimmt, kann der Arme sich nicht die Wohltat eines Ehelebens gönnen. Auch für ihn wird es Zeit, daß dieser Kampf für die Rettung des Vaterlandes zum Endsieg kommt. – Gebe ihm Gott auch die körperliche Kraft zum Durchhalten! – [. . .] [Hervorhebg. i. Orig.]

---

zu Nr. 410

[1] 1918 gegründete Organisation ehemaliger Frontsoldaten unter Führung des Ex-Hauptmannes Franz Seldte (1882–1947), der ab 1924 auch immer mehr jüngere Leute zuströmten und die 1930 ungefähr 300.000 Mitglieder umfaßte.

[2] Angela (»Geli«) Hitler verübte in der Nacht vom 17. auf den 18. 09. 1931 mit Hilfe eines Revolvers Selbstmord.

Nr. 411

Durch seinen Vorschlag, die Reparationen einfach abzuschaffen, näherte sich Brüning Anfang 1932 der Lösung dieses Problems, und er konnte auch auf der Genfer Abrüstungskonferenz einige Anfangserfolge verbuchen. Derweil begann in Deutschland das innenpolitische Tauziehen um die fällige Wahl des Reichspräsidenten. Nachdem sich Hindenburg zu einer erneuten Kandidatur entschlossen hatte, mußte sich auch Hitler der Wahl stellen. Da er nach dem Ersten Weltkrieg seine österreichische Staatsbürgerschaft verloren hatte, ohne eine neue zu erwerben, ließ er sich am 25. 02. 1932 von der Braunschweigischen Regierung zum Regierungsrat ernennen. Damit war die Anerkennung als deutscher Staatsbürger automatisch verbunden.

Handschriftlicher Brief Klara Heß
an Rudolf Heß, München

Alexandrien/Ägypten,
01. 02. 1932

[. . .] Hier bespricht man viel Deutschlands Tribut-Absage[1], natürlich je nach Einstellung verständnisvoll od[er] mißgünstig. Man wundert sich allgemein, daß Deutschland niemals die Summe *kundgibt*, die *es* bis jetzt *an Reparationsschulden bezahlt hat.* Manche Gemütsmenschen meinen, überhaupt *noch nichts*, weil es sich darüber ausschweigt. Kann Hitler das nicht von der Regierung erzwingen, daß sie endlich einmal dem Ausland gegenüber »reinen Wein einschenkt«, es würde sehr viel gute Stimmung für Deutschland bringen, man würde verstehen, warum wir erklären, *nichts mehr zu zahlen* und zahlen zu können. [. . .] Bitte, besprich das mit dem Tribun, damit endlich einmal hierher Aufklärung kommt als Gegensatz zu den französischen *Hetzartikeln.* [. . .] [Hervorhebg. i. Orig.]

zu Nr. 411
[1] Gemeint ist Brünnings Forderung, das System der Reparationen ganz abzuschaffen, nachdem sich herausgestellt hatte, daß der Young-Plan auf falschen ökonomischen Annahmen beruhte.

Nr. 412

Die deutsche Präsidentschaftswahl brachte im ersten Durchgang am 13. 03. 1932 noch keine Entscheidung, obwohl sich 49,6 Prozent der Wähler für Hindenburg entschieden. Das war eine klare Niederlage für Hitler, der nur 30,1 Prozent der Stimmen erhielt, zumal sein »Stahlhelm«-Partner einen eigenen Zählkandidaten aufgestellt hatte.

Handschriftlicher Brief Klara Heß
an Ilse und Rudolf Heß, München

Alexandrien/Ägypten,
im März 1932

[. . .] Wir freuen uns für Hitler, daß er so viele Stimmen bekommen hat. Daß er siegen würde, habt Ihr wohl selbst nicht geglaubt. [. . .] Von den Stahlhelmern habe ich nichts anderes erwartet. Ich schrieb Dir ja schon früher einmal, der Neid auf die Nazi u. ihren Führer wird sie niemals zu Hitlers Gunsten zurücktreten lassen. Schon in München sah ich den Führern den Neid an u. die Unaufrichtigkeit, als sie mit Hitler im Zirkus Krone versammelt waren. Wir Frauen haben dafür [ein] *anerkannt* besonderes Feingefühl. – [. . .] Wir haben mit großer Aufregung das Wahlergebnis erwartet. Im ersten Augenblick war ich natürlich enttäuscht, aber nach einiger Überlegung beruhigte ich mich, und nehme ich an, wenn Hitler nicht schon jetzt [Reichs-]Präsident wird, so ist's vielleicht sogar besser. Die Bewegung sammelt noch viel mehr Mitglieder, und durch die Mißwirtschaft der jetzigen Regierung rückt das Volk immer mehr von ihr ab und strömt Hitler zu. Hitler wird dann noch mehr Vertrauen entgegengebracht als jetzt schon, und sollte er einstens regieren, säße er viel fester im Sattel, als es jetzt der Fall wäre. [. . .] Hier haben jetzt plötzlich auch die Deutschen Interesse an ihm und der Bewegung, u. werden wir um aufklärende Schriften oft gebeten. [. . .] [Hervorhebg. i. Orig.]

Nr. 413

Bei der erforderlichen Stichwahl am 10. 04. 1932 konnte Hitler zwar weitere 6,7 Prozent der Stimmen gewinnen. Aber Hindenburg erreichte mit 53 Prozent der Stimmen sogar die absolute Mehrheit und wurde damit eindrucksvoll im Amt des Reichspräsidenten bestätigt. Die republikanischen Kräfte nutzten die Gunst der Stunde am 13. 04. 1932 zu einem Verbot von SA und SS (mit zusammen etwa 500.000 Mitgliedern), die sich mit den Parteiarmeen der Linken immer wieder blutige Straßenschlachten geliefert hatten.

Handschriftlicher Brief Klara Heß
an Ilse und Rudolf Heß, München

Alexandrien/Ägypten,
04. 05. 1932

[. . .] Gestern abend brachte Vater Zeitungen mit, und verschlangen wir all' die erfreulichen Nachrichten von dem Ergebnis der

Wahlen und von dem Betrieb vor und nachher. Der Tribun hat vorbildlich gewirkt. Er hat ja in kurzer Zeit heroisches geleistet. Wenn man weiß, wie ungern er das Flugzeug benützt, muß man ganz besonders seine Energie bewundern, die ihn tagelang bei schlechtestem Flugwetter, davon Gebrauch machen ließ. Er beweist damit seine Willenskraft und Aufopferung für Deutschlands Rettung. [. . .] Vater sagte mit gestern, als er wieder durch den miserablen Geschäftsgang so ganz herunter [war]: »Hätte ich doch lieber Alfred[1] nicht herkommen lassen. Wenn ich geahnt hätte, daß alle Mühe umsonst, das Geschäft wieder in Blüte zu bringen, so hätte ich ihn sicher nicht zum Kommen veranlaßt.« Ich tröstete Vater damit, daß im Dritten Reich ganz sicher auch für Alfred ein Platz freiwerden wird. Ein solch' pflichtgetreuer, leistungsfähiger Arbeiter ist doch nur zu begrüßen. Auch kann er sicher in einer verstaatlichten Bank einen Platz finden, besonders da er ein so hervorragendes Zeugnis von der Deutschen Bank in München hat. Er würde sicher sogar dort wieder unterkommen, wenn die Judenjünglinge ausgeschieden. vvv. Für Alfred wäre es ja ein Glück, von dem qualvollen Dasein hier erlöst zu sein. Das Arbeiten hier in der Firma ist ja eine Tantalusqual für Vater und Sohn. – Wenn nur das Dritte Reich recht bald erstehen würde. Es brächte sicher vielen eine Erlösung. [. . .]

zu Nr. 413

[1] Alfred, der Bruder von Rudolf Heß, war inzwischen in das väterliche Geschäft eingetreten. Er wurde 1934, ein Jahr nach der Machtergreifung, Chef der Abteilung für Wirtschaftsfragen in der NS-Auslandsorganisation, deren Leitung er später übernahm.

Nr. 414

Reichskanzler Brüning nutzte die außen- und innenpolitische Verschnaufpause nichts: Der wiedergewählte Reichspräsident ließ ihn am 30. 05. 1932 nach undurchsichtigen Intrigen in seiner Umgebung plötzlich fallen. Neuer Reichskanzler wurde am 01. 06. 1932 der ehemalige Kavallerieoffizier und Diplomat Franz von Papen, der dem rechten Flügel des Zentrums angehörte. Er hatte im Reichstag freilich ebenso wenig eine Mehrheit wie Brüning. Ohne bei Hindenburg auf Widerstand zu stoßen, hob Papen das Verbot von SA und SS am 16. 06. 1932 wieder auf.

Handschriftlicher Brief Klara Heß
an Ilse und Rudolf Heß, München

Alexandrien/Ägypten,
16. 06. 1932

[...] Heil für weiteren Fortschritt der Bewegung! Freuen uns, daß wieder SA u. SS erlaubt sind. Wenn wir bei Euch sind, müßt Ihr uns viel von politischen Kämpfen der letzten Monate erzählen. Hindenburg scheint endlich aufgeklärt zu sein. [...]

Nr. 415

Wenige Wochen nach Brünings Sturz beendete eine internationale Konferenz am 08. 07. 1932 in Lausanne das System der Reparationen. Deutschland brauchte nur noch eine Abschlußzahlung in Höhe von drei Milliarden Goldmark zu leisten.

Handschriftlicher Brief Klara Heß
an Ilse und Rudolf Heß, München

Alexandrien/Ägypten,
05. 07. 1932

[...] Man harrt seit heute der Nachrichten aus Genf. Gott gebe, daß sie für unser Vaterland endliche Erlösung aus den erniedrigenden Fesseln bringt. Freiheit zur Gesundung. Auch Ihr werdet mit großer Spannung der Nachricht harren. Kürzlich sprach ich einen englischen Lehrer, der auch Deutsch spricht. Er ist sehr für Hitler und seine Bewegung u. sagte: »Nur durch Deutschlands Genesung kann die Weltkrise schwinden. Solange Deutschland lahmliegt, nicht kaufen kann, ist kein Aufstieg möglich.« – Das ist uns nichts Neues! vvv Warum tritt England nicht energisch gegen den Totengräber Frankreich auf, warum lassen sie immer wieder den Franzosen freie Hand? – Ein ebensolcher Schädling in Deutschland ist das Zentrum, wenn es doch endlich ausgeschaltet werden könnte. »Unkraut verdirbt nicht.« vvv Wie sehr freue ich mich [darauf], mal wieder [an] einer großen Kundgebung der Bewegung teilnehmen zu können. [...]

Nr. 416

Dieser Brief des früheren Reichsbankpräsidenten Hjalmar Schacht entstand drei Tage vor der Reichstagswahl, die der NSDAP mit 37,4 Prozent der Stimmen und 230 Mandaten zwar einen überwältigenden Erfolg, aber immer noch nicht die absolute Mehrheit brachte.

Maschinenschriftliche Abschrift eines Briefes
von Reichsbankpräsident a. D.,
Dr. Hjalmar Schacht[1]
an Adolf Hitler, München

Gühlen, Post Lindow/Mark,
29. 08. 1932

Lieber Herr Hitler!
Darf ich hoffen, daß Sie mir diese Anrede erlauben, da mein Brief nichts anderes bezweckt, als in einer Zeit schwerer Hemmungen Sie meiner unveränderlichen Sympathie zu versichern. Ich weiß, daß Sie keines Trostes bedürfen. Der Aufstieg auf 14 Millionen [Wähler], der treulose Gegenschlag von der anderen, formal stärkeren Seite und der Abfall der Konjunkturmitläufer sind alles Dinge, die Sie ernstlich nicht überraschen konnten. Was Ihnen aber vielleicht in diesen Tagen erwünscht ist, ist ein Wort aufrichtigsten Mitfühlens. Ihre Bewegung ist innerlich von so starker Wahrheit und Notwendigkeit getragen, daß der Sieg in der einen oder anderen Form nicht ausbleiben kann. Sie haben sich in den Zeiten des Aufschwungs der Bewegung nicht von falschen Götzen verführen lassen. Ich habe die feste Zuversicht, daß jetzt, da Sie für kurze Zeit in die Verteidigung gedrängt sind, Sie ebenfalls der Versuchung widerstehen werden, sich falschen Idolen zu verbünden. Wenn Sie bleiben, der Sie sind, so kann Ihnen der Erfolg nicht fehlen.
Sie wissen, daß ich Ihnen keinerlei taktische Ratschläge geben will, nachdem ich Ihre Überlegenheit darin restlos anerkenne. Aber vielleicht darf ich als Wirtschaftler eines sagen: Bringen Sie möglichst *kein* detailliertes Wirtschaftsprogramm. Es gibt kein solches, worüber sich 14 Millionen [Wähler] einigen könnten. Wirtschaftspolitik ist keine parteibildende Kraft, sondern sammelt bestenfalls Interessenten. Überdies schwanken Wirtschaftsmaßnahmen nach Zeit und Umständen. Es kommt allein darauf an, aus welchem *Geiste* sie geboren werden. Diesen Geist lassen Sie maßgebend sein.
Wo immer mich die Arbeit in der nächsten Zeit hinführt – auch wenn Sie mich einmal *innerhalb* der Festung erblicken sollten, Sie können auf mich zählen als Ihren zuverlässigen Helfer.
Ich hatte das Bedürfnis, Ihnen das zu schreiben, weil in unserer

Zeit so wenige begreifen, daß alles heute auf die innere Kraft ankommt. [Hervorhebgn. i. Orig.]
Mit einem kräftigen »Heil«
Ihr
Dr. Hjalmar Schacht

---

zu Nr. 416
[1] Horace Greely Hjalmar Schacht (1877–1970), 1916 Direktor der Nationalbank für Deutschland, 1923 Reichskommissar für die deutsche Währung, von 1924 bis 1929 Reichsbankpräsident. Von diesem Amt mußte er zurücktreten, nachdem er gegen den Young-Plan Front gemacht hatte. Schacht, der an der Harzburger Front mitwirkte, wurde von Hitler nach der Machtergreifung erneut zum Reichsbankpräsidenten ernannt.

Nr. 417

Während Rudolf Heß an einer schweren Furunkulose erkrankte, mußte Hitler mit einer Absage Hindenburgs an eine Regierungsübernahme durch den NS-Führer fertigwerden. Verhandlungen über eine Regierungsbeteiligung der NSDAP nach der siegreichen Wahl hatten sich an der Alles-oder-nichts-Haltung Hitlers, der unbedingt Reichskanzler werden wollte, zerschlagen.

Handschriftlicher Brief Klara Heß
an Rudolf Heß, München

Reicholdsgrün, 13. 09. 1932

[. . .] Hoffentlich geht es Dir nach Wunsch und bist Du bald wieder vollkommen geheilt.[1] Das war ja eine scheußliche Sache und gewiß sehr schmerzhaft. Ich hatte Dir schon in München angemerkt, daß Du nicht ganz in Ordnung. Ich glaubte Dich durch Deinen Beruf überanstrengt. Wir sind Hitler sehr dankbar, daß er so energisch aufgetreten und Dich in ein Sanatorium »befohlen« hat. [. . .]

---

zu Nr. 417
[1] Wie aus einem Brief von Klara Heß vom 26. 09. 1932 hervorgeht, bedurfte die Furunkulose einer stationären Behandlung.

Nr. 418

Durch unlautere Verfahrenstricks gelang es dem neuen Reichstagspräsidenten Hermann Göring, Repräsentant der stärksten Fraktion, Reichs-

kanzler Papen in der Parlamentssitzung von 12. 09. 1932 eine schmetternde Niederlage beizufügen. Für November 1932 wurden daraufhin Neuwahlen ausgeschrieben, an welche die NSDAP die Hoffnung auf Sieg knüpfte.

Handschriftlicher Brief Klara Heß
an Rudolf Heß, München

Reicholdsgrün, 26. 09. 1932

[. . .] Daß Hitler Dich möglichst nahe haben will, ist ja zu verstehen und bei ihm zu sein für Dich eine Beruhigung. Die Regierung ist dem Volk gegenüber gänzlich gewissenlos, indem sie durch abermalige Wahl diese Riesenausgaben veranlaßt. Gott gebe, daß durch des Volkes Willen die Regierung endlich unschädlich gemacht wird. Es stehen Euch allen wieder harte Kämpfe u. Anstrengungen bevor. Wenn sie zu endgültigem Sieg führen, so nehmt Ihr sie sicher gern auf Euch. [. . .]

Nr. 419

Handschriftlicher Brief Klara Heß
an Rudolf Heß, München

Reicholdsgrün, 29. 09. 1932

[. . .] Gestern waren Meta und Frida, unsere früheren Dienstmädel aus Alexandrien, bei mir. [. . .] Beide sind begeisterte Nazi. Sie sind aber in rechter Sorge, daß die Wahl schlechter ausfallen wird als die letzte. Sie können nicht genug betonen, daß Hitler vor der Wahl nach Hof kommen sollte, dann würden viele wieder neuen Mut fassen und für H[itler] stimmen. Die Streitigkeiten zwischen [Name unleserlich] u. einigen Hofer Führern hätte sehr geschadet, und die Deutschnationalen nutzen das sehr aus. Der Schwiegersohn von Herrn Heinrich ist ein begeisterter Deutschnationaler, scheint sehr gut zu reden u. gibt sich *erdenkliche Mühe für seine Partei.* Ich glaube auch, daß es sehr erwünscht ist, wenn H[itler] noch *nach so langen Jahren* mal wieder in Hof spricht. Es sagen viele von den Arbeitern u. dem Mittelstand, »wenn wir ihn halt e mol reden hörten, wir kennen ihn nicht, wissen nicht, was er will, so können wir ihn doch nicht wählen.« Nehmt's nicht auf [die] zu leichte Seite, mit dieser Wahl steht doch sehr viel auf dem Spiel. Hof liegt Euch doch auf dem Weg nach Berlin, so verliert Ihr nicht unnütz Zeit, wenn Ihr Euch [dort] ein paar Stunden aufhaltet. Es würden dann hauptsächlich auch aus der ganzen Umgegend Hörer kommen. Von allen Seiten sprechen uns die Leute an: »Könnte Hitler denn nicht einmal zu uns kommen, es wäre sehr nötig.« Die Leute fühlen sich natürlich zurückgesetzt, wenn sie wissen, daß Hitler öfters nach Bayreuth u. Nürnberg kommt und sie links liegen läßt. Hof u. Umgegend haben doch immer sehr gut gewählt. [. . .] [Hervorhebgn. i. Orig.]

Nr. 420

Bei der Reichtstagswahl vom 06. 11. 1932 verlor die NSDAP zwei Millionen Stimmen und 34 Sitze – ein deutlicher Rückschlag für Hitler, der seinen Zenit nach dem Urteil mancher Beobachter damit bereits überschritten hatte. Da Papen weiterhin keine Mehrheit fand, verhandelte Hindenburg jedoch jetzt auch mit Hitler, um endlich wieder eine »nationale Regierung« mit einer parlamentarischen Mehrheit zu erhalten. Nach langem Tauziehen wurde dann aber am 03. 12. 1932 Kurt von Schleicher, seit längerem die graue Eminenz der Reichswehr hinter den Kulissen, neuer Reichskanzler, während sich in der NSDAP Spaltungstendenzen zeigten.

Handschriftlicher Brief Klara Heß
an Ilse und Rudolf Heß, München

Reicholdsgrün,
Anfang Dezember 1932

[. . .] Eine Gemeinheit, daß Hitler abermals aus der Regierung ausgeschlossen [wird]. Es tut mir so leid, nachdem Ihr Euch alle während der Wahlen mit so viel Aufopferung für die Bewegung eingesetzt habt. Hoffentlich bringt auch diese Niederlage Gutes. [. . .]

Nr. 421

Handschriftlicher Brief Klara Heß
an Ilse und Rudolf Heß, München

Alexandrien/Ägypten,
16. 12. 1932

[. . .] Gret[1] schrieb uns, daß sie von Hitler den Auftrag, seine Bücher zu binden, bekommen [habe]. Sie ist natürlich sehr, sehr glücklich darüber u. wir Eltern nicht minder. Es ist mir ein Stein vom Herzen, denn es ist doch für Gret ein großer Vortrieb, wieder beruflich arbeiten zu können, sie gewinnt dadurch an großer Übung, u. pekuniär hat sie ja auch Vorteil. Hoffentlich kann ihr jemand behilflich sein beim Kostenanschlag, damit sie, wenn auch unabsichtlich, den Tribun nicht übervorteilt, u. doch muß auch sie einen Gewinn haben. [. . .]

zu Nr. 421
[1] Grete Heß, jüngere Schwester von Rudolf Heß, war gelernte Buchbinderin.

Nr. 422

Da auch Schleicher keine Mehrheit hatte, verhandelte Ex-Kanzler Papen hinter seinem Rücken mit Hitler, der seine Machtübernahme durch Kontakte zu mächtigen Wirtschafts- und Finanzkreisen vorbereitet hatte. Schließlich wollte sich auch Hindenburg, von seinen engsten Beratern in diesem Sinne beeinflußt, einer Kanzlerschaft Hitlers nicht länger verschließen. Am 30. 01. 1933 ernannte der Reichspräsident den neuen Reichskanzler, nachdem die Koalitionsverhandlungen mit der DNVP im Kabinett eine starke Mehrheit nicht-nationalsozialistischer Minister ergeben hatten. Hindenburg und die konservativ-nationale Rechte wähnte sich damit am Ziel ihrer Wünsche – mit einer »Regierung der nationalen Konzentration« und einem »gezähmten« Kanzler Hitler an deren Spitze.

Handschriftlicher Brief Rudolf Heß
an Ilse Heß, München

Berlin, Reichskanzlei
am Tage nach dem Regierungsantritt
durch Adolf Hitler (31. 01. 1933)

M[ein] l[iebes] kl[eines] M[ädele]!
Träum' ich oder wach' ich – das ist hier die Frage! Ich sitze im Arbeitszimmer des Kanzlers in der Reichskanzlei am Wilhelmsplatz. Ministerialbeamte nähern sich auf weichen Teppichen geräuschlos, um Akten »für den Herrn Reichskanzler« zu bringen, der augenblicklich dem Ministerrat vorsitzt und die ersten Regierungshandlungen vorbereitet. Draußen steht die Menge geduldig Kopf an Kopf und wartet, bis »er« abfährt – stimmt das Deutschlandlied an und bringt Heil-Rufe auf den »Führer« oder auf den »Reichskanzler« aus. Und dann durchschüttelt es mich wieder, und ich muß die

Zähne aufeinanderbeißen – wie gestern, als der »Führer« als »Reichskanzler« vom Reichspräsidenten wiederkehrte und mich zu sich in sein Schlafzimmer im [Berliner Hotel] Kaiserhof holte, aus der Menge der wartenden Führer im Empfangszimmer heraus – als Wirklichkeit war, was ich bis zum letzten Augenblick nicht für möglich hielt, daß es Wirklichkeit würde. Ich war ja fest überzeugt, daß im Augenblick *doch* noch alles sich zerschlüge. Und der Chef gestand mir auch, daß es ein paar Mal auf des Messers Schneide stand, wegen der Intransigenz der alten Spitzmaus im Kabinett.[1]
Der Fackelzug am Abend, vor dem einfach glücklichen alten Herrn vorbei, der aushielt, bis der letzte SS-Mann um 12 Uhr vorüber war, die Kapelle Fahsel mit ihren Militärmärschen durch den Takt der Fäuste begleitend – die Kapelle war selbstverständlich vor seinem Fenster und nicht vor dem [des] Chefs. Dann der Jubel zum Führer herauf, der sich in den Jubel für den Reichspräsidenten mischte. Das stundenlange Vorbeischieben von alten Männern, Frauen, die ihre Kinder dem Führer entgegenstreckten, von Mädchen und Buben, das Aufstrahlen der Gesichter, wenn sie »ihn« am Fenster der Reichskanzlei erkannten – wie leid hat es mir getan, daß Du nicht dabei warst!
Der Chef tritt hier mit unerhörter Sicherheit auf. Und die Pünktlichkeit!!! Stets einige Minuten *vor* der Zeit!!! Ich habe mich entschließen müssen, mir sogar eine Uhr zu kaufen! vvv Eine neue Zeit und eine neue Zeiteinteilung sind angebrochen! [Hervorhebgn. i. Orig.]

01. 02. 1933

Der Chef ist durch Beschluß (vvv) seines Ministerrates dazu gezwungen worden, seine »Proklamation« selbst am Rundfunk zu verlesen. Da Amerika auch um Übertragung bat, ging es im Original u. in englischer Inhaltsangabe hinüber. In der Hoffnung, daß Du vielleicht doch inzwischen in München eingetroffen [bist], rief ich bei Dir an, um die Radio-Rede des Chefs anzukündigen. Leider vergeblich. Ob Ihr sie auf der Bichelalm[2] gehört habt? Wie Ihr wohl überhaupt die Mitteilung von der Kanzler-Ernennung erhalten [habt]? – Die Familie [d. h. die in Alexandrien lebenden Eltern und den Bruder] benachrichtigte ich wenigstens von der Funk-Rede; die *liebe* Inge[3] war am Telefon. vvv Ich werde wohl nur für einen Sprung nächster Tage nach München kommen. Wie's auf die Dauer wird, steht noch nicht fest. Bormännle[4] hab' ich raufgeholt.

Herbert[5] muß nun in München wirken als mein Statthalter. vvv
Wie geht es ihm – Grüß ihn! [Hervorhebg. i. Orig.]
Eine Etappe zum Sieg haben wir hoffentlich endgültig hinter uns. Die zweite schwere Kampfperiode hat begonnen! Hilf mit in Deiner Art wie bei der ersten!
Sehr herzlich
Dein
M[uck]

---

zu Nr. 422

[1] Wahrscheinlich Anspielung auf Alfred Hugenberg, Vorsitzender der DNVP, der am 30. 01. 1933 zum Reichswirtschafts- und -ernährungsminister ernannt wurde.

[2] Skihütte in der Nähe Kitzbühls.

[3] Ingeborg Pröhl, Schwester von Ilse Heß, geb. Pröhl.

[4] Martin Bormann (1900–1945), seit 1927 in der NSDAP, ab Juli 1933 Stabsleiter und ab 1934 Reichsleiter beim »Stellvertreter des Führers«, ab 1941 – nach dem Englandflug von Rudolf Heß – Leiter der Parteikanzlei, 1943 Sekretär des Führers.

[5] Herbert Stenger, Bekannter von Ilse Heß.

Dokumenten-Verzeichnis

Teil I: Jugendjahre

Nr.	Datum	Absender/Empfänger	Seite
1	27. 09. 1908	Rudolf Heß an Klara und Fritz Heß, Alexandrien/Ägypten	53
2	11. 10. 1908	Rudolf Heß an Klara und Fritz Heß, Alexandrien/Ägypten	54
3	18. 10. 1908	Rudolf Heß an Klara und Fritz Heß, Alexandrien/Ägypten	54
4	08. 11. 1908	Rudolf Heß an Klara und Fritz Heß, Alexandrien/Ägypten	55
5	28. [?]11. 1908	Rudolf Heß an Klara und Fritz Heß, Alexandrien/Ägypten	56
6	17. 01. 1909	Rudolf Heß an Klara und Fritz Heß, Alexandrien/Ägypten	57
7	24. 01. 1909	Rudolf Heß an Klara und Fritz Heß, Alexandrien/Ägypten	57
8	07. 03. 1909	Rudolf Heß an Klara und Fritz Heß, Alexandrien/Ägypten	58
9	14. 04. 1909	Rudolf Heß an Klara und Fritz Heß, Alexandrien/Ägypten	58
10	14. 04. 1909	Klara Heß an Rudolf Heß, Bad Godesberg	59
11	Ende April 1909	Klara Heß an Rudolf Heß, Bad Godesberg	60
12	Ende Juni 1909	Klara Heß an Rudolf Heß, Bad Godesberg	60
13	03. 07. 1909	Klara Heß an Rudolf Heß, [Aufenthaltsort unbekannt]	61
14	11. 07. 1909	Rudolf Heß an Klara und Fritz Heß, Alexandrien/Ägypten	62
15	07. 09. 1909	Klara Heß an Rudolf Heß, [Aufenthaltsort unbekannt]	62
16	10. 10. 1909	Rudolf Heß an Klara und Fritz Heß, Alexandrien/Ägypten	63
17	17. 10. 1909	Klara Heß an Rudolf Heß, Bad Godesberg	63
18	20. 10. 1909	Klara Heß an Rudolf Heß, Bad Godesberg	63
19	31. 10. 1909	Rudolf Heß an Klara und Fritz Heß, Alexandrien/Ägypten	64
20	07. 11. 1909	Rudolf Heß an Klara und Fritz Heß, Alexandrien/Ägypten	64
21	12. 12. 1909	Rudolf Heß an Klara und Fritz Heß, Alexandrien/Ägypten	65
22	19. 12. 1909	Rudolf Heß an Klara und Fritz Heß, Alexandrien/Ägypten	65
23	09. 01. 1910	Rudolf Heß an Klara und Fritz Heß, Alexandrien/Ägypten	65
24	16. 01. 1910	Rudolf Heß an Klara Heß, Alexandrien/Ägypten	66

Nr.	Datum	Absender/Empfänger	Seite
25	30. 01. 1910	Rudolf Heß an Klara und Fritz Heß, Alexandrien/ Ägypten	67
26	13. 02. 1910	Rudolf Heß an Klara und Fritz Heß, Alexandrien/ Ägypten	68
27	19. 06. 1910	Rudolf Heß an Klara und Fritz Heß, Alexandrien/ Ägypten	68
28	31. 07. 1910	Rudolf Heß an Klara und Fritz Heß, Reicholdsgrün	69
29	18. 10. 1910	Klara Heß an Rudolf und Alfred Heß, Bad Godesberg	69
30	18. 10. 1910	Rudolf Heß an Klara und Fritz Heß, Alexandrien/ Ägypten	70
31	09. 02. 1912	Klara Heß an Rudolf Heß, Neuchâtel/Schweiz	71
32	27. 02. 1912	Klara Heß an Rudolf Heß, Neuchâtel/Schweiz	71
33	10. 06. 1912	Rudolf Heß an Klara und Fritz Heß, [Aufenthaltsort unbekannt]	72
34	27. 06. 1912	Rudolf Heß an Klara und Fritz Heß, Alexandrien/ Ägypten	73
35	29. 09. 1912	Rudolf Heß an Klara und Fritz Heß, [Aufenthaltsort unbekannt]	73
36	20. 11. 1913	Klara Heß an Rudolf Heß, Hamburg	74
37	04. 03. 1914	Klara Heß an Rudolf Heß, Hamburg	74
38	26. 03. 1914	Rudolf Heß an Klara Heß, [Aufenthaltsort unbekannt]	75
39	11. 04. 1914	Rudolf Heß an Klara Heß, [Aufenthaltsort unbekannt]	76
40	16. 04. 1914	Fritz Heß an Rudolf Heß, Hamburg	77
41	28. 04. 1914	Rudolf Heß an Klara Heß, [Aufenthaltsort unbekannt]	77
42	11. 05. 1914	Rudolf Heß an Klara Heß, [Aufenthaltsort unbekannt]	78
43	Juni 1914	Klara Heß an Rudolf Heß, Hamburg	79
44	17. 06. 1914	Rudolf Heß an Klara und Fritz Heß, Reicholdsgrün	79
45	25. 06. 1914	Rudolf Heß an Klara und Fritz Heß, Reicholdsgrün	81
46	30. 06. 1914	Klara Heß an Rudolf Heß, Hamburg	82
47	12. 07. 1914	Rudolf Heß an Klara und Fritz Heß, Reicholdsgrün	82
48	19. 07. 1914	Klara Heß an Rudolf Heß, Hamburg	83
49	27. 07. 1914	Rudolf Heß an Klara und Fritz Heß, Reicholdsgrün	84

Teil II: Das Fronterlebnis

Nr.	Datum	Absender/Empfänger	Seite
50	03. 08. 1914	Rudolf Heß an Klara und Fritz Heß, Reicholdsgrün	87
51	05. 08. 1914	Rudolf Heß an Klara und Fritz Heß, Reicholdsgrün	88
52	06. 08. 1914	Rudolf Heß an Klara und Fritz Heß, Reicholdsgrün	89
53	06. 08. 1914	Klara Heß an Rudolf Heß, München	90
54	15. 08. 1914	Rudolf Heß an Klara und Fritz Heß, Reicholdsgrün	91
55	17. 08. 1914	Fritz Heß an Rudolf Heß, München	92
56	19. 08. 1914	Klara Heß an Rudolf Heß, München	94
57	21. 08. 1914	Rudolf Heß an Klara und Fritz Heß, Reicholdsgrün	95
58	23. 08. 1914	Rudolf Heß an Klara und Fritz Heß, Reicholdsgrün	95
59	23. 08. 1914	Klara Heß an Rudolf Heß, Herrsching bei München	96
60	24. 08. 1914	Rudolf Heß an Klara und Fritz Heß, Reicholdsgrün	97
61	26. 08. 1914	Bescheinigung Fritz Heß	97
62	27. 08. 1914	Rudolf Heß an Klara und Fritz Heß, Reicholdsgrün	98
63	29. 08. 1914	Klara Heß an Rudolf Heß, München	98
64	30. 08. 1914	Rudolf Heß an Klara und Fritz Heß, Reicholdsgrün	99

Nr.	Datum	Absender/Empfänger	Seite
65	01. 09. 1914	Klara Heß an Rudolf Heß, München	100
66	08. 09. 1914	Klara Heß an Rudolf Heß, München	101
67	13. 09. 1914	Rudolf Heß an Klara und Fritz Heß, Reicholdsgrün	102
68	16. 09. 1914	Klara Heß an Rudolf Heß, München	103
69	19. 09. 1914	Klara Heß an Rudolf Heß, München	104
70	20. 09. 1914	Klara Heß an Rudolf Heß, München	105
71	25. 09. 1914	Klara Heß an Rudolf Heß, München	106
72	25. 09. 1914	Fritz Heß an Rudolf Heß, München	107
73	28. 09. 1914	Rudolf Heß an Klara und Fritz Heß, Reicholdsgrün	107
74	04. 10. 1914	Rudolf Heß an Klara und Fritz Heß, Reicholdsgrün	108
75	29. 10. 1914	Rudolf Heß an Fritz Heß, Reicholdsgrün	109
76	04. 11. 1914	Rudolf Heß an Klara und Fritz Heß, Reicholdsgrün	109
77	05. 11. 1914	Rudolf Heß an Klara und Fritz Heß, Reicholdsgrün	110
78	06. 11. 1914	Rudolf Heß an Klara und Fritz Heß, Reicholdsgrün	110
79	06. 11. 1914	Rudolf Heß an Klara und Fritz Heß, Reicholdsgrün	111
80	10. 11. 1914	Rudolf Heß an Klara und Fritz Heß, Reicholdsgrün	111
81	10. 11. 1914	Rudolf Heß an Familie Dr. Stifler, München	112
82	[ohne Datum]	Rudolf Heß an Aga Stifler, München	112
83	12. 11. 1914	Rudolf Heß an Klara und Fritz Heß, Reicholdsgrün	113
84	16. 11. 1914	Rudolf Heß an Klara und Fritz Heß, Reicholdsgrün	113
85	18. 11. 1914	Rudolf Heß an Klara und Fritz Heß, Reicholdsgrün	114
86	21. 11. 1914	Rudolf Heß an Klara und Fritz Heß, Reicholdsgrün	115
87	23. 11. 1914	Rudolf Heß an Klara und Fritz Heß, Reicholdsgrün	115
88	24. 11. 1914	Rudolf Heß an Klara und Fritz Heß, Reicholdsgrün	117
89	14. 12. 1914	Rudolf Heß an Klara und Fritz Heß, Reicholdsgrün	117
90	18. 12. 1914	Rudolf Heß an Klara und Fritz Heß, Reicholdsgrün	119
91	23. 12. 1914	Rudolf Heß an Klara und Fritz Heß, Reicholdsgrün	119
92	28. 12. 1914	Rudolf Heß an Klara und Fritz Heß, Reicholdsgrün	120
93	06. 01. 1915	Klara Heß an Rudolf Heß, [Westfront]	120
94	10. 01. 1915	Klara Heß an Rudolf Heß, [Westfront]	121
95	14. 01. 1915	Rudolf Heß an Klara Heß, Reicholdsgrün	122
96	16. 01. 1915	Klara Heß an Rudolf Heß, [Westfront]	122
97	22. 01. 1915	Klara Heß an Rudolf Heß, [Westfront]	123
98	25. 01. 1915	Rudolf Heß an Klara und Fritz Heß, Reicholdsgrün	123
99	26. 01. 1915	Rudolf Heß an Klara und Fritz Heß, Reicholdsgrün	123
100	30. 01. 1915	Klara und Fritz Heß an Rudolf Heß, [Westfront]	124
101	05. 02. 1915	Rudolf Heß an Klara und Fritz Heß, Reicholdsgrün	125
102	Anf. Febr. 1915	Klara Heß an Rudolf Heß, [Westfront]	126
103	11. 02. 1915	Rudolf Heß an Klara und Fritz Heß, Reicholdsgrün	126
104	14. 02. 1915	Rudolf Heß an Klara und Fritz Heß, Reicholdsgrün	127
105	15. 02. 1915	Rudolf Heß an Klara und Fritz Heß, Reicholdsgrün	127
106	20. 02. 1915	Klara Heß an Rudolf Heß, [Westfront]	127
107	22. 02. 1915	Klara Heß an Rudolf Heß, [Westfront]	128
108	02. 03. 1915	Klara Heß an Rudolf Heß, [Westfront]	129
109	05. 03. 1915	Klara Heß an Rudolf Heß, [Westfront]	130
110	05. 03. 1915	Rudolf Heß an Klara und Fritz Heß, Reicholdsgrün	131
111	10. 03. 1915	Klara Heß an Rudolf Heß, [Westfront]	131
112	14. 03. 1915	Rudolf Heß an Klara und Fritz Heß, Reicholdsgrün	132
113	20. 03. 1915	Rudolf Heß an Klara und Fritz Heß, Reicholdsgrün	133
114	20. 03. 1915	Rudolf Heß an Klara und Fritz Heß, Reicholdsgrün	134
115	22. 03. 1915	Klara Heß an Rudolf Heß, [Westfront]	134
116	15. 04. 1915	Klara Heß an Rudolf Heß, [Westfront]	135
117	21. 04. 1915	Rudolf Heß an Klara und Fritz Heß, Reicholdsgrün	135

Nr.	Datum	Absender/Empfänger	Seite
118	30. 04. 1915	Rudolf Heß an Klara und Fritz Heß, Reicholdsgrün	137
119	04. 05. 1915	Klara Heß an Rudolf Heß, [Westfront]	138
120	15. 05. 1914	Klara Heß an Rudolf Heß, [Westfront]	138
121	16. 05. 1915	Rudolf Heß an Klara und Fritz Heß, Reicholdsgrün	139
122	20. 05. 1915	Rudolf Heß an Klara und Fritz Heß, Reicholdsgrün	141
123	31. 05. 1915	Rudolf Heß an Fritz Heß, Reicholdsgrün	142
124	31. 05. 1915	Rudolf Heß an Klara Heß, Reicholdsgrün	142
125	13. 06. 1915	Rudolf Heß an Klara und Fritz Heß, Reicholdsgrün	144
126	15. 06. 1915	Rudolf Heß an Klara und Fritz Heß, Reicholdsgrün	144
127	30. 06. 1915	Rudolf Heß an Klara und Fritz Heß, Reicholdsgrün	145
128	15. 07. 1915	Rudolf Heß an Klara und Fritz Heß, Reicholdsgrün	145
129	23. 07. 1915	Rudolf Heß an Klara und Fritz Heß, Reicholdsgrün	146
130	26. 07. 1915	Rudolf Heß an Klara und Fritz Heß, Reicholdsgrün	146
131	30. 07. 1915	Rudolf Heß an Klara und Fritz Heß, Reicholdsgrün	147
132	09. 08. 1915	Rudolf Heß an Klara und Fritz Heß, Reicholdsgrün	148
133	16. 08. 1915	Rudolf Heß an Klara und Fritz Heß, Reicholdsgrün	148
134	20. 08. 1915	Rudolf Heß an Klara und Fritz Heß, Reicholdsgrün	149
135	23. 08. 1915	Klara Heß an Rudolf Heß, München	150
136	31. 08. 1915	Rudolf Heß an Klara und Fritz Heß, Reicholdsgrün	150
137	03. 09. 1915	Rudolf Heß an Klara und Fritz Heß, Reicholdsgrün	151
138	22. 09. 1915	Rudolf Heß an Klara und Fritz Heß, Reicholdsgrün	151
139	04. 10. 1915	Rudolf Heß an Klara und Fritz Heß, Reicholdsgrün	152
140	07. 10. 1915	Rudolf Heß an Klara und Fritz Heß, Reicholdsgrün	153
141	10. 10. 1915	Klara Heß an Rudolf Heß, Munster-Lager	153
142	08. 11. 1915	Notiz Rudolf Heß	155
143	23. 11. 1915	Rudolf Heß an Klara und Fritz Heß, Reicholdsgrün	155
144	05. 12. 1915	Rudolf Heß an Klara und Fritz Heß, Reicholdsgrün	156
145	11. 12. 1915	Klara Heß an Rudolf Heß, [Westfront]	157
146	14. 12. 1915	Rudolf Heß an Klara und Fritz Heß, Reicholdsgrün	157
147	17. 12. 1915	Rudolf Heß an Klara und Fritz Heß, Reicholdsgrün	158
148	18. 12. 1915	Klara Heß an Rudolf Heß, [Westfront]	160
149	24. 12. 1915	Rudolf Heß an Klara und Fritz Heß, Reicholdsgrün	160
150	13. 01. 1916	Rudolf Heß an Klara und Fritz Heß, Reicholdsgrün	160
151	19. 01. 1916	Rudolf Heß an Klara und Fritz Heß, Reicholdsgrün	161
152	26. 01. 1916	Klara Heß an Rudolf Heß, [Westfront]	162
153	30. 01. 1916	Klara Heß an Rudolf Heß, [Westfront]	163
154	03. 02. 1916	Rudolf Heß an Klara und Fritz Heß, Reicholdsgrün	163
155	11. 02. 1916	Klara Heß an Rudolf Heß, [Westfront]	164
156	16. 02. 1916	Rudolf Heß an Klara und Fritz Heß, Reicholdsgrün	165
157	25. 02. 1916	Klara Heß an Rudolf Heß, [Westfront]	166
158	25. 02. 1916	Klara Heß an Rudolf Heß, [Westfront]	167
159	28. 02. 1916	Rudolf Heß an Klara und Fritz Heß, Reicholdsgrün	167
160	29. 02. 1916	Klara Heß an Rudolf Heß, [Westfront]	168
161	03. 03. 1916	Rudolf Heß an Klara und Fritz Heß, Reicholdsgrün	168
162	04. 03. 1916	Klara Heß an Rudolf Heß, [Westfront]	169
163	06. 03. 1916	Rudolf Heß an Klara und Fritz Heß, Reicholdsgrün	170
164	07. 03. 1916	Klara Heß an Rudolf Heß, [Westfront]	170
165	11. 03. 1916	Rudolf Heß an Klara und Fritz Heß, Reicholdsgrün	171
166	20. 03. 1916	Rudolf Heß an Klara und Fritz Heß, Reicholdsgrün	171
167	20. 03. 1916	Klara Heß an Rudolf Heß, [Westfront]	172
168	21. 03. 1916	Klara Heß an Rudolf Heß, [Westfront]	172
169	21. 03. 1916	Rudolf Heß an Klara und Fritz Heß, Reicholdsgrün	173
170	30. 03. 1916	Rudolf Heß an Klara Heß, Reicholdsgrün	175

Nr.	Datum	Absender/Empfänger	Seite
171	03. 04. 1916	Rudolf Heß an Klara und Fritz Heß, Reicholdsgrün	178
172	April 1916	Klara Heß an Rudolf Heß, [Westfront]	179
173	April 1916	Klara Heß an Rudolf Heß, [Westfront]	179
174	12. 04. 1916	Klara Heß an Rudolf Heß, [Westfront]	180
175	17. 04. 1916	Klara Heß an Rudolf Heß, [Westfront]	181
176	06. 06. 1916	Rudolf Heß an Klara und Fritz Heß, Reicholdsgrün	181
177	08. 06. 1916	Rudolf Heß an Klara und Fritz Heß, Reicholdsgrün	182
178	12. 06. 1916	Rudolf Heß an Klara und Fritz Heß, Reicholdsgrün	182
179	15. 06. 1916	Rudolf Heß an Klara und Fritz Heß, Reicholdsgrün	183
180	23. 06. 1916	Rudolf Heß an Klara und Fritz Heß, Reicholdsgrün	184
181	22. 06. 1916	Rudolf Heß an Klara und Fritz Heß, Reicholdsgrün	187
182	13. 12. 1916	Rudolf Heß an Klara und Fritz Heß, Reicholdsgrün	187
183	15. 12. 1916	Rudolf Heß an Klara und Fritz Heß, Reicholdsgrün	188
184	19. 12. 1916	Klara Heß an Rudolf Heß, [Südostfront]	189
185	27. 12. 1916	Rudolf Heß an Klara und Fritz Heß, Reicholdsgrün	190
186	05. 01. 1917	Rudolf Heß an Klara und Fritz Heß, Reicholdsgrün	191
187	16. 01. 1917	Klara Heß an Rudolf Heß, [Südostfront]	191
188	22. 01. 1917	Klara Heß an Rudolf Heß, [Südostfront]	192
189	30. 01. 1917	Rudolf Heß an Klara und Fritz Heß, Reicholdsgrün	193
190	02. 02. 1917	Klara Heß an Rudolf Heß, [Südostfront]	194
191	19. 03. 1917	Klara Heß an Rudolf Heß, [Südostfront]	195
192	März 1917	Aufruf	196
193	März 1917	Gegenaufruf Rudolf Heß	197
194	30. 03. 1917	Rudolf Heß an Klara und Fritz Heß, Reicholdsgrün	197
195	18. 04. 1917	Klara Heß an Rudolf Heß, [Südostfront]	198
196	24. 04. 1917	Klara Heß an Rudolf Heß, [Südostfront]	199
197	19. 05. 1917	Rudolf Heß an Klara und Fritz Heß, Reicholdsgrün	200
198	07. 06. 1917	Klara Heß an Rudolf Heß, [Südostfront]	200
199	18. 06. 1917	Klara Heß an Rudolf Heß, [Südostfront]	201
200	14. 07. 1917	Klara Heß an Rudolf Heß, [Südostfront]	202
201	29. 07. 1917	Rudolf und Alfred Heß an Klara und Fritz Heß, Reicholdsgrün	202
202	05. 08. 1917	Rudolf und Alfred Heß an Klara und Fritz Heß, Reicholdsgrün	203
203	10. 08. 1917	Rudolf Heß an Klara und Fritz Heß, Reicholdsgrün	204
204	13. 08. 1917	Rudolf Heß an Klara und Fritz Heß, Reicholdsgrün	204
205	17. 08. 1917	Klara Heß an Rudolf Heß, [Südostfront]	205
206	26. 08. 1917	Klara Heß an Rudolf Heß, [Südostfront]	205
207	07. 09. 1917	Rudolf Heß an Klara und Fritz Heß, Reicholdsgrün	206
208	11. 09. 1917	Klara Heß an Rudolf Heß, [Südostfront]	207
209	27. 09. 1917	Rudolf Heß an Klara und Fritz Heß, Reicholdsgrün	208
210	30. 09. 1917	Rudolf Heß an Klara und Fritz Heß, Reicholdsgrün	208
211	22. 10. 1917	Rudolf Heß an Klara und Fritz Heß, Reicholdsgrün	209
212	28. 11. 1917	Klara Heß an Rudolf Heß, Meißen	209
213	04. 12. 1917	Rudolf Heß an Klara und Fritz Heß, Reicholdsgrün	210
214	01. 01. 1918	Klara Heß an Rudolf Heß, München	211
215	03. 01. 1918	Rudolf Heß an Klara und Fritz Heß, Reicholdsgrün	211
216	07. 01. 1918	Rudolf Heß an Klara und Fritz Heß, Reicholdsgrün	212
217	12. 02. 1918	Klara Heß an Rudolf Heß, München	212
218	21. 02. 1918	Klara Heß an Rudolf Heß, München	213
219	23. 02. 1918	Rudolf Heß an Klara und Fritz Heß, Reicholdsgrün	214
220	03. 03. 1918	Rudolf Heß an Fritz Heß, Reicholdsgrün	214

Nr.	Datum	Absender/Empfänger	Seite
221	06. 03. 1918	Klara Heß an Rudolf Heß, München	215
222	18. 03. 1918	Rudolf Heß an Klara und Fritz Heß, Reicholdsgrün	216
223	21. 03. 1918	Klara Heß an Rudolf Heß, München	216
224	26. 03. 1918	Klara Heß an Rudolf Heß, München	216
225	04. 04. 1918	Rudolf Heß an Klara und Fritz Heß, Reicholdsgrün	217
226	10. 04. 1918	Klara Heß an Rudolf Heß, München	217
227	18. 04. 1918	Klara Heß an Rudolf Heß, München	218
228	23. 04. 1918	Rudolf Heß an Klara und Fritz Heß, Reicholdsgrün	218
229	02. 06. 1918	Rudolf Heß an Klara und Fritz Heß, Reicholdsgrün	218
230	22. 06. 1918	Klara Heß an Rudolf Heß, Lechfeld	219
231	29. 06. 1918	Rudolf Heß an Klara und Fritz Heß, Reicholdsgrün	219
232	19. 07. 1918	Klara Heß an Rudolf Heß, Lechfeld	220
233	22. 07. 1918	Rudolf Heß an Klara und Fritz Heß, Reicholdsgrün	220
234	05. 10. 1918	Rudolf Heß an Klara und Fritz Heß, Reicholdsgrün	221
235	06. 10. 1918	Rudolf Heß an Klara und Fritz Heß, Reicholdsgrün	221
236	11. 10. 1918	Rudolf Heß an Klara und Fritz Heß, Reicholdsgrün	222
237	14. 10. 1918	Rudolf Heß an Klara und Fritz Heß, Reicholdsgrün	223
238	17. 10. 1918	Rudolf Heß an Klara und Fritz Heß, Reicholdsgrün	223
239	17. 10. 1918	Klara Heß an Rudolf Heß, [Westfront]	224
240	26. 10. 1918	Rudolf Heß an Klara und Fritz Heß, Reicholdsgrün	225
241	29. 10. 1918	Rudolf Heß an Klara und Fritz Heß, Reicholdsgrün	226
242	31. 10. 1918	Klara Heß an Rudolf Heß, [Westfront]	227
243	01. 11. 1918	Rudolf Heß an Klara und Fritz Heß, Reicholdsgrün	227
244	06. 11. 1918	Klara Heß an Rudolf Heß, [Westfront]	229
245	07. 11. 1918	Rudolf Heß an Klara und Fritz Heß, Reicholdsgrün	230
246	11. 11. 1918	Rudolf Heß an Klara und Fritz Heß, Reicholdsgrün	230

Teil III: Die Kampfzeit

Nr.	Datum	Absender/Empfänger	Seite
247	13. 11. 1918	Klara Heß an Rudolf Heß, [Aufenthaltsort unbekannt]	235
248	14. 11. 1918	Rudolf Heß an Klara und Fritz Heß, Reicholdsgrün	236
249	24. 11. 1918	Rudolf Heß an Klara und Fritz Heß, Reicholdsgrün	237
250	16. 01. 1919	Gret Georg an Rudolf Heß, München	237
251	07. 04. 1919	Rudolf Heß an Klara und Fritz Heß, Reicholdsgrün	238
252	23. 04. 1919	Rudolf Heß an Klara und Fritz Heß, Reicholdsgrün	238
253	10. 05. 1919	Klara Heß an Rudolf Heß, München	239
254	15. 05. 1919	Fritz Heß an Rudolf Heß, München	239
255	18. 05. 1919	Rudolf Heß an Klara und Fritz Heß, Reicholdsgrün	240
256	26. 05. 1919	Rudolf Heß an Fritz Heß, Reicholdsgrün	242
257	25. 06. 1919	Rudolf Heß an Klara und Fritz Heß, Reicholdsgrün	243
258	03. 08. 1919	Klara Heß an Rudolf Heß, München	244
259	26. 10. 1919	Gret Georg an Rudolf Heß, München	244
260	09. 11. 1919	Rudolf Heß an Klara und Fritz Heß, Reicholdsgrün	244
261	18. 01. 1920	Rudolf Heß an Klara Heß, Reicholdsgrün	245
262	22. 01. 1920	Rudolf Heß an Klara Heß, Reicholdsgrün	247
263	06. 02. 1920	Rudolf Heß an Fritz Heß, Reicholdsgrün	247
264	08. 03. 1920	Rudolf Heß an Klara und Fritz Heß, Reicholdsgrün	248
265	16. 03. 1920	Rudolf Heß an Klara Heß, Reicholdsgrün	250
266	24. 03. 1920	Rudolf Heß an Klara und Fritz Heß, Reicholdsgrün	250
267	März 1920	Rudolf Heß an Klara und Fritz Heß, Reicholdsgrün	252
268	27. 03. 1920	Rudolf Heß an Klara Heß, Reicholdsgrün	253

Nr.	Datum	Absender/Empfänger	Seite
269	10. 04. 1920	Rudolf Heß an Klara und Fritz Heß, Reicholdsgrün	253
270	16. 04. 1920	Rudolf Heß an Klara und Fritz Heß, Reicholdsgrün	254
271	25. 04. 1920	Klara Heß an Rudolf Heß, München	254
272	04. 05. 1920	Rudolf Heß an Fritz Heß, Reicholdsgrün	256
273	01. 06. 1920	Rudolf Heß an Klara Heß, Reicholdsgrün	256
274		Auszug aus dem »Kladderadatsch«	257
275	10. 06. 1920	Rudolf Heß an Klara Heß, Reicholdsgrün	259
276	17. 06. 1920	Rudolf Heß an Klara und Fritz Heß, Reicholdsgrün	260
277	11. 08. 1920	Rudolf Heß an Ilse Pröhl, München	262
278	August 1920	Ausarbeitung Rudolf Heß	262
279	14. 09. 1920	Rudolf Heß an Klara und Fritz Heß, Reicholdsgrün	264
280	22. 09. 1920	Rudolf Heß an Klara und Fritz Heß, Reicholdsgrün	265
281	1921	Notiz Rudolf Heß	265
282	24. 02. 1921	Rudolf Heß an Klara Heß, Reicholdsgrün	266
283	11. 04. 1921	Rudolf Heß an Milly Kleinmann, [Aufenthaltsort unbekannt]	267
284	19. 05. 1921	Rudolf Heß an Klara und Fritz Heß, Reicholdsgrün	268
285	03. 07. 1921	Rudolf Heß an Milly Kleinmann, [Aufenthaltsort unbekannt]	269
286	09. 08. 1921	Rudolf Heß an Ilse Pröhl, München	275
287	01. 09. 1921	Rudolf Heß an Ilse Pröhl, München	276
288	03. 09. 1921	Rudolf Heß an Ilse Pröhl, München	277
289	06. 09. 1921	Rudolf Heß an Ilse Pröhl, München	278
290	Sept. 1921	Notizen Rudolf Heß	278
291	07. 10. 1921	Walter Heß an Rudolf Heß, München	280
292	12. 10. 1921	Amtlicher Bescheid	281
293	17. 10. 1921	Rudolf Heß an Ilse Pröhl, München	282
294	24. 10. 1921	Rudolf Heß an Ilse Pröhl, München	283
295	Oktober 1921	Konzept Rudolf Heß	283
296	09. 02. 1922	Rudolf Heß an Klara und Fritz Heß, Reicholdsgrün	285
297	07. 03. 1922	Rudolf Heß an Klara und Fritz Heß, Reicholdsgrün	285
298	11. 03. 1922	Klara Heß an Rudolf Heß, München	287
299	16. 03. 1922	Gedicht Rudolf Heß für Ilse Pröhl	287
300	27. 03. 1922	Rudolf Heß an Ilse Pröhl, München	289
301	02. 04. 1922	Rudolf Heß an Ilse Pröhl, München	289
302	April 1922	Gedicht Rudolf Heß für Ilse Pröhl	290
303	07. 07. 1922	Rudolf Heß an Klara und Fritz Heß, Reicholdsgrün	291
304	Juli 1922	Gedicht Rudolf Heß für Ilse Pröhl	291
305	31. 08. 1922	Rudolf Heß an Ilse Pröhl, München	292
306	11. 09. 1922	Rudolf Heß an Ilse Pröhl, München	293
307	13. 09. 1922	Rudolf Heß an Ilse Pröhl, München	294
308	Anfang 1923	Ausarbeitung Rudolf Heß	295
309	03. 03. 1923	Rudolf Heß an Klara und Fritz Heß, Reicholdsgrün	297
310	15. 07. 1923	Rudolf Heß an Klara und Fritz Heß, Reicholdsgrün	298
311	10. 08. 1923	Rudolf Heß an Ilse Pröhl, München	300
312	27. 08. 1923	Rudolf Heß an Ilse Pröhl, München	301
313	07. 09. 1923	Rudolf Heß an Ilse Pröhl, München	302
314	10. 09. 1923	Rudolf Heß an Ilse Pröhl, München	302
315	16. 09. 1923	Rudolf Heß an Ilse Pröhl, München	303
316	19. 09. 1923	Rudolf Heß an Ilse Pröhl, München	305
317	01. 10. 1923	Rudolf Heß an Ilse Pröhl, München	305

Nr.	Datum	Absender/Empfänger	Seite
318	04. 10. 1923	Epigramm Rudolf Heß	306
319	10. 10. 1923	Rudolf Heß an Ilse Pröhl, München	306
320	14. 10. 1923	Rudolf Heß an Ilse Pröhl, München	308
321	24. 10. 1923	Rudolf Heß an Ilse Pröhl, München	309
322	08. 11. 1923	Rudolf Heß an Klara und Fritz Heß, Reicholdsgrün	309
323	28. 11. 1923	Rudolf Heß an Ilse Pröhl, München	314
324	29. 11. 1923	Rudolf Heß an Ilse Pröhl, München	314
325	Januar 1924	Rudolf Heß an Klara Heß, Reicholdsgrün	314
326	28. 02. 1924	Rudolf Heß an Ilse Pröhl, München	315
327	02. 04. 1924	Rudolf Heß an Klara und Fritz Heß, Reicholdsgrün	316
328	09. 04. 1924	Ausarbeitung Rudolf Heß	317
329	18. 04. 1924	Rudolf Heß und Ilse Pröhl an Klara und Fritz Heß, Reicholdsgrün	321
330	11. 05. 1924	Rudolf Heß an Klara Heß, Reicholdsgrün	321
331	12. 05. 1924	Rudolf Heß an Ilse Pröhl, München	322
332	16. 05. 1924	Rudolf Heß an Klara Heß, Reicholdsgrün	322
333	18. 05. 1924	Rudolf Heß an Ilse Pröhl, München	326
334	25. 05. 1924	Rudolf Heß an Ilse Pröhl, München	329
335	27. 05. 1924	Rudolf Heß an Ilse Pröhl, München	329
336	02. 06. 1924	Rudolf Heß an Ilse Pröhl, München	331
337	08. 06. 1924	Rudolf Heß an Ilse Pröhl, München	332
338	11. 06. 1924	Rudolf Heß an Ilse Pröhl, München	332
339	11. 06. 1924	Rudolf Heß an General Haushofer, München	333
340	11. 06. 1924	Notiz Adolf Hitler	335
341	15. 06. 1924	Fritz Heß an Rudolf Heß, Festung Landsberg	335
342	18. 06. 1924	Rudolf Heß an Ilse Pröhl, München	337
343	16. 06. 1924	Gesprächsaufzeichnung Rudolf Heß	339
344	26. 06. 1924	Rudolf Heß an Ilse Pröhl, München	341
345	29. 06. 1924	Rudolf Heß an Ilse Pröhl, München	341
346	03. 07. 1924	Rudolf Heß an Ilse Pröhl, München	343
347	05. 07. 1924	Rudolf Heß an Ilse Pröhl, München	344
348	10. 07. 1924	Rudolf Heß an Ilse Pröhl, München	345
349	23. 07. 1924	Rudolf Heß an Ilse Pröhl, München	346
350	24. 07. 1924	Rudolf Heß an Klara Heß, Alexandrien/Ägypten	347
351	04. 08. 1924	Rudolf Heß an Ilse Pröhl, München	347
352	17. 08. 1924	Rudolf Heß an Fritz Heß, Alexandrien/Ägypten	348
353	20. 08. 1924	Rudolf Heß an Ilse Pröhl, München	350
354	10. 09. 1924	Gedicht Rudolf Heß für Ilse Pröhl	351
355	24. 09. 1924	Rudolf Heß an Ilse Pröhl, München	352
356	14. 10. 1924	Rudolf Heß an Ilse Pröhl, München	353
357	21. 10. 1924	Rudolf Heß an Ilse Pröhl, München	354
358	27. 11. 1924	Rudolf Heß an Gret Georg, Schweinfurt	355
359	11. 12. 1924	Rudolf Heß an Ilse Pröhl, München	357
360	20. 12. 1924	Rudolf Heß an Ilse Pröhl, München	358

Teil IV: Der Weg zur Macht

Nr.	Datum	Absender/Empfänger	Seite
361	01. 01. 1925	Rudolf Heß an Klara und Fritz Heß, Alexandrien/Ägypten	363
362	02. 03. 1925	Rudolf Heß an Klara und Fritz Heß, Alexandrien/Ägypten	363
363	15. 03. 1925	Rudolf Heß an Ilse Pröhl, München	364

Nr.	Datum	Absender/Empfänger	Seite
364	24. 04. 1925	Rudolf Heß an Klara und Fritz Heß, Alexandrien/Ägypten	366
365	07. 07. 1925	Rudolf Heß an Klara und Fritz Heß, Alexandrien/Ägypten	368
366	24. 10. 1926	Rudolf Heß an Fritz Heß, Alexandrien/Ägypten	370
367	12. 12. 1926	Rudolf Heß an Herrn Volck, [Aufenthaltsort unbekannt]	371
368	16. 12. 1926	Fritz Heß an Rudolf Heß, München	371
369	11. 01. 1927	Rudolf Heß an Klara und Fritz Heß, Alexandrien/Ägypten	372
370	14. 01. 1927	Rudolf Heß an Ilse Pröhl, München	373
371	23. 01. 1927	Rudolf Heß an Ilse Pröhl, München	374
372	23. 01. 1927	Rudolf Heß an Klara Heß, Alexandrien/Ägypten	375
373	15. 04. 1927	Rudolf Heß an Gret Georg, Schweinfurt	376
374	25. 04. 1927	Rudolf Heß an Ilse Pröhl, München	379
375	27. 04. 1927	Rudolf Heß an Ilse Pröhl, München	380
376	17. 05. 1927	Rudolf Heß an Klara und Fritz Heß, Alexandrien/Ägypten	381
377	14. 07. 1927	Rudolf Heß an Ilse Pröhl, München	382
378	03. 08. 1927	Rudolf Heß an Klara und Fritz Heß, Alexandrien/Ägypten	383
379	17. 08. 1927	Rudolf Heß an Fritz Heß, Alexandrien/Ägypten	383
380	17. 09. 1927	Rudolf Heß an seine Familie, Alexandrien/Ägypten	384
381	20. 11. 1927	Rudolf Heß an Klara und Fritz Heß, Alexandrien/Ägypten	386
382	05. 12. 1927	Rudolf Heß an Ilse Pröhl, München	388
383	14. 01. 1928	Rudolf Heß an Klara Heß, Alexandrien/Ägypten	389
384	08. 03. 1928	Rudolf Heß an Ilse Heß, München	390
385	06. 06. 1928	Rudolf Heß an Klara und Fritz Heß, Alexandrien/Ägypten	391
386	28. 06. 1928	Rudolf Heß an Klara und Fritz Heß, Alexandrien/Ägypten	392
387	24. 10. 1928	Rudolf Heß an Fritz Heß, Alexandrien/Ägypten	393
388	18. 12. 1928	Rudolf Heß an Klara und Fritz Heß, Alexandrien/Ägypten	394
389	23. 10. 1929	Rudolf Heß an Fritz Heß, Alexandrien/Ägypten	396
390	13. 11. 1929	Rudolf Heß an Klara Heß, Alexandrien/Ägypten	397
391	15. 12. 1929	Rudolf Heß an Klara und Fritz Heß, Alexandrien/Ägypten	398
392	02. 01. 1930	Rudolf Heß an Klara und Fritz Heß, Alexandrien/Ägypten	399
393	03. 01. 1930	Rudolf Heß an Fritz Heß, Alexandrien/Ägypten	400
394	21. 02. 1930	Klara Heß an Rudolf Heß, München	401
395	26. 03. 1930	Klara Heß an Ilse Heß, München	402
396	14. 05. 1930	Rudolf Heß an Klara und Fritz Heß, Alexandrien/Ägypten	403
397	10. 09. 1930	Rudolf Heß an Klara und Fritz Heß, Alexandrien/Ägypten	404
398	24. 10. 1930	Rudolf Heß an Fritz Heß, Alexandrien/Ägypten	405

Nr.	Datum	Absender/Empfänger	Seite
399	08. 12. 1930	Rudolf Heß an Klara und Fritz Heß, Alexandrien/Ägypten	406
400	17. 12. 1930	Rudolf Heß an Klara und Fritz Heß, Alexandrien/Ägypten	407
401	10. 03. 1931	Rudolf Heß an Klara und Fritz Heß, Alexandrien/Ägypten	408
402	16. 04. 1931	Klara Heß an Rudolf Heß, München	409
403	29. 05. 1931	Klara Heß an Rudolf Heß, München	410
404	11. 06. 1931	Rudolf Heß an Ilse Heß, München	411
405	31. 07. 1931	Klara Heß an Ilse und Rudolf Heß, München	411
406	11. 08. 1931	Rudolf Heß an Klara und Fritz Heß, Alexandrien/Ägypten	412
407	03. 09. 1931	Rudolf Heß an Klara und Fritz Heß, Alexandrien/Ägypten	412
408	09. 09. 1931	Rudolf Heß an Fritz Heß, Alexandrien/Ägypten	413
409	28. 09. 1931	Klara Heß an Ilse und Rudolf Heß, München	414
410	09. 11. 1931	Klara Heß an Ilse und Rudolf Heß, München	415
411	01. 02. 1932	Klara Heß an Rudolf Heß, München	416
412	im März 1932	Klara Heß an Ilse und Rudolf Heß, München	416
413	04. 05. 1932	Klara Heß an Ilse und Rudolf Heß, München	417
414	16. 06. 1932	Klara Heß an Ilse und Rudolf Heß, München	418
415	05. 07. 1932	Klara Heß an Ilse und Rudolf Heß, München	419
416	29. 08. 1932	Hjalmar Schacht an Adolf Hitler, München	419
417	13. 09. 1932	Klara Heß an Rudolf Heß, München	421
418	26. 09. 1932	Klara Heß an Rudolf Heß, München	421
419	29. 09. 1932	Klara Heß an Rudolf Heß, München	422
420	Anf. Dez. 1932	Klara Heß an Ilse und Rudolf Heß, München	423
421	16. 12. 1932	Klara Heß an Ilse und Rudolf Heß, München	423
422	31. 01. 1933	Rudolf Heß an Ilse Heß, München	424

Personenregister

(Mit Ausnahme der Familien Heß und Adolf Hitlers)

Arco-Valley, Maximilian von 16, 245f., 313
Aechter, General 311, 313
Aristoteles 270, 275
Beatty, David 125
Bechstein, Helene 353
Beneš, Eduard 26, 319, 321
Bernreuther, Otto 312f.
Beseler, Hans Hartwig 150
Bethmann Hollweg, Theobald von 165, 173f., 188, 252
Bismarck, Otto von 80f., 118, 258
Bizet, Georges 78f., 212, 386
Bormann, Martin 425f.
Borsig, Ernst von 388f.
Bothmer, Felix von 262
Bratianu, Jon J. 189
Bruckmann, Elsa 389f., 395
Brüning, Heinrich 41, 402, 404, 407, 412ff., 418f.
Bruckmann, Hugo 389f., 395
Burckhardt, Jacob 42
Buttmann, Rudolf 363f.
Calker, Fritz van 297f.
Chamberlain, Houston Stewart 372, 379, 390
Chamberlain, Joseph 165
Chamberlain, Joseph Austen 165
Class, Heinrich 252
Clemenceau, Georges Benjamin 270, 275
Curzon, George Nathaniel 318, 320f., 328
Dahn, Felix 19
Dawes, Charles Gates 317
Dohm, E. 258
Drexler, Anton 263f., 275, 359
Dürer, Albrecht 326, 328f.
Ebert, Friedrich 277, 348, 350, 364
Ebertin, Elsbeth 338, 368
Eckart, Dietrich 266
Ehrhardt, Hermann 242, 307
Eichenberg, von 54, 59f.
Eisner, Kurt 16, 236, 245f.
Erzberger, Matthias 223ff., 230, 269, 276
Escherich, Erich 268f.
Esser, Hermann 357f., 363
Falkenhayn, Erich von 166
Feder, Gottfried 263f.
Ferdinand I., König von Rumänien 189
Fischer, Fritz 48
Fitzmaurice, James C. 382
Floris, Joachim von 412
Ford, Henry 27, 37, 266, 302f., 305
Franz Ferdinand, Erzherzog von Österreich-Ungarn
Franz Joseph, Kaiser von Österreich-Ungarn 207
French, John Denton Pinkstone 99
Frick, Wilhelm 399, 403f.
Friedrich II., König von Preußen 326, 329
Friedrich Franz II. von Mecklenburg-Schwerin 166
Friedrich Wilhelm III., König von Preußen 283
Friedrich Wilhelm I., Kurfürst von Brandenburg-Preußen 258
George, Stefan 309
Goebbels, Joseph 325, 379ff.
Goethe, Johann Wolfgang von 163, 238, 255
Göring, Carin 297f.
Göring, Hermann 297f., 311, 313, 421
Grey, Edward 154
Grimm, Hans 378f.
Gundelfinger, Friedrich 308f.
Habsburg, Erzherzog, Ferdinand von 82, 87
Hallermann 379f.
Hanfstaengl, Erna 316f.
Hanfstaengl, Ernst 317
Harrer, Karl 275

Hauff, Wilhelm 208f.
Hausen, Max von 170
Haushofer, Albrecht 261
Haushofer, Karl 15, 17ff., 20, 28, 30, 245, 261, 286, 322, 333, 368, 389f.
Hausleithner 252
Hearst, William Randolph 405f.
Held, Heinrich 363
Hervé, Gustave 405f.
Heyse, Paul 19
Himmler, Heinrich 304, 379f.
Hindenburg, Paul von 41, 95, 98, 100, 103, 192, 195f., 216f., 258, 366, 402, 404, 407, 413f., 416ff., 421, 424
Hitler, Paula 332
Hoover, Herbert 394, 411
Horthy, Miklos 280
House, Oberst 52
Hugenberg, Alfred 393f., 397, 415, 425f.
Hünefeld, Ehrenfeld von 382
Hutier, Oskar von 355f.
Joffré, Joseph 101, 119, 133, 154, 158
Kahl, Wilhelm 256
Kahr, Gustav von 25f., 268f., 277f., 305ff., 311ff., 316, 318, 328
Kalisch, D. 258
Kampf, Arthur 326, 329
Kapp, Wolfgang 250
Karl, Kaiser von Österreich-Ungarn 207, 280
Kennan, George 48
Keynes, John Maynard 287
Kirdorf, Emil 35, 380
Kjellen, Rudolf 20
Kluck, Alexander von 99
Knilling, Eugen von 297f., 305, 311ff.
Köhl, Hermann 382
Kriebel, Hermann 323, 325, 344ff., 349ff.
Kun, Bela 280
Lasalle, Ferdinand 286
Lehmann, Julius F. 313
Lenin, Wladimir Ilijtsch 198
Leoncavallo, Ruggiero 386
Lettow-Vorbeck,. Paul von 241f.
Lindbergh, Charles 35, 382
List, G. von 252
Lossow, Otto von 25f., 306f., 309, 311ff., 316
Löwenstein, R. 258
Ludendorff, Erich 19, 47, 95, 98, 192, 216f., 221f., 226, 228f., 258, 265, 268, 310ff., 323, 325, 333, 335, 354, 357f.
Ludwig III., König von Bayern 14, 212, 235
Luitpold, Prinz von Bayern 98
Lützow, von 242
Mackensen, August von 189, 193
Mantel, Karl 312f.
Marie, Königin von Rumänien 189
Marie Louise von Habsburg 358
Marie Therese von Bayern 212
Marx, Karl 271, 275
Marx, Wilhelm 366
Mascagni, Pietro 386
Maupassant, Guy de 148
Maurice, Emil 323, 325, 349f., 369
Mecklenburg-Strelitz 283
Meyer, Conrad Ferdinand 19f.
Meyer, W. 64
Moeller van den Bruck, Arthur 412
Möhl, Arnold von 250f.
Moltke, Helmuth von 96, 102, 209, 333, 335
Müller, Hermann 392, 402
Mussolini, Benito 26, 305, 318, 320, 373, 384ff.
Mutschmann, Martin 375f.
Naegelsbach, Ernst 105
Naegelsbach, Ludwig 87f., 91
Napoleon I. Bonaparte 258, 275, 357f.
Obrenovič, Alexander, König von Serbien 82
Offenbach, Jacques 152f.
Oskar, Prinz von Preußen 58
Papen, Franz von 41, 418, 423
Pernet, Heinz 323, 325
Pfeffer von Salomon, Franz Felix 377, 379ff., 392f.
Pflugk-Hartung, Julius von 283
Pöhner, Ernst 313
Poincaré, Raymond 114, 154
Rathenau, Walther 280, 284ff.
Ratzel, Friedrich 20
Raubal, Angela 384f.
Raubal, Geli 385f., 395f., 415
Richthofen, Manfred von 228f.
Richthofen, Wolfram von 268f.
Röhm, Ernst 410
Rohrbach, Paul 173f.
Roon, Albrecht von 334f.
Roosevelt, Theodore 46
Rosenberg, Alfred 266
Rumpler, Edmund 245

Rupprecht, Kronprinz von Bayern 161
Savonarola, Girolamo 299f.
Schacht, Hjalmar 412, 415, 419ff.
Scheer, Reinhard 181, 304
Scheidemann, Philipp 225
Schlageter, Albert Leo 298, 300
Schleich, Ritter von 224
Schleicher, Kurt von 414, 424
Schmidt, Otto Ernst 209
Schroeder, Ludwig von 355f.
Schubert, Franz 353f.
Schwarz, Franz Xaver 369
Schweyer, Franz 312f., 350
Sebottendorf, Rudolf von 16
Seeckt, Hans von 25f., 310, 318, 320, 415
Seisser, Hans von 311ff.
Seldte, Franz 415
Shakespeare, William 149, 212
Siry, Alexander 323, 325
Soden, Josef Graf 312f.
Spann, Othmar 343
Speer, Albert 329
Spengler, Oswald 28, 328f.
Spielhagen, Friedrich 209
Stalin, Josef 379
Stenger, Herbert 426
Stennes, Walter 409f.
Strasser, Gregor 359, 370, 379f.
Streicher, Julius 357, 388f.
Stresemann, Gustav 256, 322f., 369f., 373
Strindberg, August 102f.
Taylor, Frederick Winslow 339f.
Thoma, Ludwig 209
Thyssen, Fritz von 407
Tirpitz, Alfred von 173f., 324f.
Troost, Paul Ludwig 408f.
Wagner, Richard 79, 289, 353f., 372
Wagner, Robert 344
Wagner, Siegfried 373
Wagner, Winifrid 373
Walz, Johann Baptist 268f.
Weber, Friedrich 300, 323, 325, 344, 349f.
Wildenbruch, Ernst von 209
Wilhelm I., König von Preußen und Deutscher Kaiser 258, 334f.
Wilhelm II., König von Preußen und Deutscher Kaiser 14, 47, 81, 88, 207, 230, 235
Wilson, Woodrow 52, 194, 196, 222ff., 227ff., 239, 263f.
Wirth, Joseph 285
Wulff, Wilhelm 338
Wunderlich, Richard 63, 173f.
Wutzelhofer, Johann 312f., 348, 350
Xylander, Oskar von 161
Young, Owen D. 394
Zwiedinek-Südenhorst, Otto von 297f.